权威·前沿·原创

皮书系列为
"十二五""十三五""十四五"时期国家重点出版物出版专项规划项目

BLUE BOOK

智库成果出版与传播平台

中国社会科学院创新工程学术出版资助项目

日本蓝皮书
BLUE BOOK OF JAPAN

日本研究报告（2023）
ANNUAL REPORT ON RESEARCH OF JAPAN (2023)

内外震荡与战略进取中的日本

组织编写／中华日本学会
　　　　　中国社会科学院日本研究所
主　　编／杨伯江
副 主 编／唐永亮　张晓磊

社会科学文献出版社
SOCIAL SCIENCES ACADEMIC PRESS (CHINA)

图书在版编目（CIP）数据

日本研究报告.2023：内外震荡与战略进取中的日本/杨伯江主编.--北京：社会科学文献出版社，2024.3
（日本蓝皮书）
ISBN 978-7-5228-1706-4

Ⅰ.①日… Ⅱ.①杨… Ⅲ.①日本-概况-2023 Ⅳ.①K931.3

中国国家版本馆 CIP 数据核字（2023）第 236624 号

日本蓝皮书
日本研究报告（2023）
——内外震荡与战略进取中的日本

主　　编／杨伯江
副 主 编／唐永亮　张晓磊

出 版 人／冀祥德
组稿编辑／祝得彬
责任编辑／王晓卿
责任印制／王京美

出　　版／社会科学文献出版社
　　　　　　地址：北京市北三环中路甲29号院华龙大厦　邮编：100029
　　　　　　网址：http://www.ssap.com.cn
发　　行／社会科学文献出版社（010）59367028
印　　装／三河市东方印刷有限公司
规　　格／开　本：787mm×1092mm　1/16
　　　　　　印　张：27.25　字　数：411千字
版　　次／2024年3月第1版　2024年3月第1次印刷
书　　号／ISBN 978-7-5228-1706-4
定　　价／168.00元

读者服务电话：4008918866

▲ 版权所有 翻印必究

日本蓝皮书编委会

主　　编　杨伯江
副 主 编　唐永亮　张晓磊
编　　委　(按姓氏笔画排序)
　　　　　卢　昊　吕耀东　李　薇　杨伯江　吴怀中
　　　　　张伯玉　张季风　张建立　张　勇　陈　祥
　　　　　林　昶　胡　澎　徐　梅　高　洪　唐永亮

主编简介

杨伯江 法学博士，中国社会科学院日本研究所所长、东海问题研究中心主任，研究员，博士生导师，中华日本学会常务副会长（法人代表），中国亚洲太平洋学会副会长，中国太平洋学会常务理事，亚太安全合作理事会中国委员会委员。曾任国际关系学院教授、中国现代国际关系研究院研究员、美国布鲁金斯学会访问学者、哈佛大学费正清东亚研究中心访问学者、日本国际论坛客座研究员、日本综合研究开发机构客座研究员。主要研究方向为大国关系、亚太地区安全、日本问题。

近年主要研究成果：《平成日本：战后历史流变中的国家战略转型》、《中日邦交正常化与台湾问题处理再考》、《中日关系50年发展演变与未来走势——兼论日本战略因素及其规定性作用》、《中日韩合作战"疫"与东北亚区域治理》、《从尼克松到特朗普：国际战略视角下两场"冲击"的历史比较与日本因应路径分析》、《日本参与"一带一路"合作：转变动因与前景分析》、《日本国家战略转型：认知重构与路径选择》、《构建中日新型国家关系：双轮驱动下的合作共赢》、《国际权力转移与日本的战略回应》、《新时代中美日关系：新态势、新课题、新机遇》、《"一带一路"推进过程中的日本因素》（合著）、《习近平国际战略思想与对日外交实践》（合著）、《美国对日政策内在矛盾及地区战略影响分析》、《日本强化介入南海：战略动机、政策路径与制约因素》、《美国战略调整背景下日本"全面正常化"走向探析》、《日本自民党政治走向历史性衰退》、《从总体趋势中把握中美日三边关系》、《当前日本社会思潮与"新民族主义"》等。

唐永亮　哲学博士，中国社会科学院日本研究所研究员、科研处处长，《日本学刊》副主编，中国社会科学院大学教授、硕士生导师。兼任中华日本哲学会常务理事、中国日本史学会常务理事、中华日本学会理事。曾任日本法政大学、国立历史民俗博物馆、皇学馆大学客座研究员、访问学者。研究领域为日本文化，主要研究方向为日本思想史、社会思潮。主要著作有：《中江兆民的国际政治思想——日本近代小国外交思想的源流》（专著，2010）、《中江兆民》（专著，2012）。论文有：《试析丸山真男的思想史研究方法论》《日本的"近代"与"近代的超克"之辩——以丸山真男的近代论为中心》《日本神道中的时空观》《日本国民意识调查的历史、现状与意义》《试析日本的东亚文化共同体思想》《近代以来冲绳人群体认同的历史变迁》《近年来的冲绳基地问题：核心问题、利益博弈及其影响》等。译著有：《何为日本人》（合译，2010）、《丸山真男讲义录　第六卷》（独译，2017）、《丸山真男——一位自由主义者的肖像》（独译，2021）等。

张晓磊　法学博士，中国社会科学院日本研究所政治研究室副主任、研究员，日本政治研究中心秘书长，硕士生导师，中国亚非学会理事。首届"中国社会科学院青年英才"获得者（2021年）；入选首批中国社会科学院青年人才"培远计划"（2023年）。曾在大阪国际交流中心做访问学者；曾在中央外事办公室政策研究局和中央纪委国家监委驻中国社会科学院纪检监察组借调和挂职锻炼。主持或作为首席专家完成中央及省部级课题十余项。主要研究方向为日本政治和安全战略。主要代表作有：《冷战后美国学界的日本安全战略研究评析——兼论日本安全战略的走向及对中日安全关系的影响》《日本海洋军事战略动向及对中日安全关系的影响》《中日海上非传统安全合作：意义、现状及路径》《日本网络战攻势化转型问题研究》，等等。

摘 要

2022年，日本经受了新冠疫情、俄乌冲突、美国加息、安倍遇刺身亡等内外双向冲击，经济社会形势震荡起伏。首相岸田文雄的执政基础受到削弱，"新资本主义"迟迟无法落实，内阁支持率多次跌破"危险水域"。日本借国际局势动荡、地缘安全环境之变强化民众国家安全意识，通过出台"安保三文件"加快"正常国家化"建设。日本利用俄乌冲突，加强日美军事一体化建设，及与欧洲、韩国、加拿大、澳大利亚及东南亚各国等"志同道合者"的安保防务合作，积极拉北约介入亚太事务。同时，日本意图将台湾问题类比俄乌冲突，对中俄实施战略捆绑。

2022年，日本政治局势呈现波动状态。与岸田政府在上半年应对俄乌冲突获得民意支持、稳定维持高支持率，并顺势在参议院选举中领导自民党大获全胜形成明显对比，下半年前首相安倍遭遇枪击身亡事件引发连锁反应，岸田政府应对不利，支持率持续下滑，不支持率反超支持率。安倍身亡还引发自民党内政治力学格局和派系实力对比发生明显变化，给"安倍路线"的未来带来一定不确定性。总体上，在岸田个人政治需求、自民党主流意志及日本战略安全认知三重因素支撑下，预计日本仍将按照安倍晋三时代设定的路线继续发展。

在国际经济形势复杂变化、全球通胀持续背景下，日本经济呈现缓慢复苏状态，面临俄乌冲突、疫情反复、日元贬值、通胀加剧等短期问题，人口老龄化加剧、创新能力下降等结构性问题并未得到有效缓解。日本实际GDP在2022年第二季度恢复到疫情前水平，企业设备投资成为经济增长的

重要支撑，但居民消费低迷、工业生产震荡、外需拉动效应不明显，增长动力明显不足。政府财政支出不断增加，债务不断累积，货币政策陷入两难境地。岸田政府实施"新资本主义"政策，着力增加人力资本投资、实施经济安保政策、促进初创企业发展、强化推进对外经贸战略，但效果有待观察。在外部环境复杂变化背景下，日本经济前景难言乐观。

2022年，日本金融市场大幅波动，其中，外汇市场中日元对美元急速贬值，跌破1美元兑150日元，为32年来最低值。日元大幅贬值对经济造成的负面影响加剧，日本政府及央行时隔24年三次实施史上最大规模外汇干预。与此同时，2022年12月，日本银行调整收益率曲线控制（YCC）框架，将长期利率变动幅度从±0.25%扩大至±0.5%，但此举并不意味着长期非常规超宽松政策走向的改变。植田和男继任日银总裁后，基于外部经济环境及日本自身现实，虽然或将小幅进行部分政策调整，但2%的物价稳定目标以及超宽松货币政策基调在短期内不会改变。

2022年，日本国会通过《经济安全保障推进法》，标志着岸田上台以来力推的招牌政策正式成为国内法律。该法包含四大支柱内容，集中显示了大国博弈背景下日本经济安保战略的发展趋势，意在对标美欧，弥补日本在经济安全领域的制度性短板；为将经济安保要素纳入年底出台的新版《国家安全保障战略》铺平道路；为日本政府获得绕过国会、仅通过政令即可干预经济运行的特权赢得空间。此外，该法还带有明显的指向性，意在配合美国加强对华供应链限制与科技竞争。

日本政府以内阁决议方式出台"安保三文件"，推动"由守转攻"的战略蜕变。岸田提出"新时代现实主义外交"理念，将价值观外交、"人权问题"、"强化日本防卫力量"等作为外交安保政策重点。岸田政府依托日美同盟强化"自由开放的印太"及其安全机制，对华安全政策确立"迄今为止最大的战略挑战"的基调。借势俄乌冲突，日本在追随美欧不断加大对俄制裁力度的同时，渲染"中国威胁"，制造地区紧张气氛，破坏东亚和平稳定，为放弃"专守防卫"原则、增加防卫预算制造借口。

2022年，在国内外各领域冲击下，日本社会形势不确定性及现实、潜

摘　要

在风险增加，人口超老龄化、少子化发展加速，国民负担率与社会保障压力持续攀升。同时，社会冲突事件频发，社会分裂加剧，"分众化"进程加快。对此，日本政府加快社会保障制度改革，筹划设立"儿童家庭厅"，对家庭开展全方位支援，以期提高人口出生率。此外，为积极构建多元包容型社会，加速推进地方创生，部分地区实施"同性伴侣宣誓制度"，扩大引入外籍劳工规模等。如何在充满不确定性的时代大潮中寻找出路，已成为日本社会面临的突出挑战。

2022年，中美博弈叠加俄乌冲突爆发，外部环境更加复杂严峻，中日关系遭遇更为多元的挑战和冲击，结构性矛盾故态依旧，中日之间的政治安全分歧未见弥合，两国关系始终在低位震荡，未见有效改善。日本更积极介入台湾问题，推出具有明显指向性的《经济安全保障推进法》及相关政策措施，进一步增加了促进中日关系改善发展的政治障碍。2023年是《中日和平友好条约》签署45周年，两国关系能否借此契机逐渐重回正常发展轨道，取决于一系列内外因素交叉互动的结果。

关键词： 岸田文雄　俄乌冲突　安倍遇刺　新时代现实主义外交　安保三文件

目 录

Ⅰ 总报告

B.1 内外震荡与战略进取：2022年日本形势回顾与展望
………………………………… 杨伯江 朱清秀 陈 祥 / 001

Ⅱ 分报告

B.2 2022年日本政治：岸田内阁执政"一年考" ………… 张伯玉 / 030
B.3 2022年日本经济：后疫情时代中的艰难复苏 ………… 田 正 / 048
B.4 2022年日本外交：岸田"新时代现实主义外交"
及取向 …………………………………………… 吕耀东 / 065
B.5 2022年日本社会：于多重风险中寻求出路 …… 郭 佩 胡 澎 / 084
B.6 2022年日本文化：国家发展理念争议难抉 ………… 张建立 / 102
B.7 2022年中日关系：两国关系的评估与展望 …… 吴怀中 朱清秀 / 115

Ⅲ 剧烈变化中的日本

B.8 俄乌冲突对日本经济和社会的冲击 ………… 张晓磊 张 梅 / 134

B.9　自民党内派系政治的变动及其对"安倍路线"影响……… 孟明铭 / 150
B.10　俄乌冲突对日本供应链安全政策的影响 …… 崔　健　陈子琪 / 164
B.11　日本《经济安全保障推进法》实施状况评析 ………… 常思纯 / 179
B.12　2022年日本金融市场与货币政策回顾及展望………… 刘　瑞 / 194
B.13　安倍遇刺牵出自民党政治违宪真相 …………………… 赵　刚 / 212
B.14　岸田内阁新"安保三文件"评析 ……………… 朱清秀　吴怀中 / 225

Ⅳ　日本与世界

B.15　俄乌冲突背景下日本对国际秩序的认知、研判
　　　 及应对 ……………………………………………… 王　珊 / 239
B.16　俄乌冲突背景下的日本能源外交 ……………………… 庞中鹏 / 254
B.17　日本岸田政府"印太战略"新动向及其影响 ………… 孟晓旭 / 269
B.18　俄乌冲突下的日美同盟形势与战略影响 ……………… 卢　昊 / 282
B.19　国际变局下日本与北约的战略协调 …………………… 陈静静 / 301
B.20　国际变局下日本对俄政策调整及其走势 …… 张　勇　陈梦莉 / 315
B.21　日本对非洲的外交新动向
　　　 ——以第八届东京非洲发展国际会议为中心 ……… 王一晨 / 331
B.22　RCEP机遇与中日经贸关系现状与展望 ……………… 吕克俭 / 346

附录　2022年日本大事记 ……………… 吴　限　孙家珅　沈丁心 / 358

Abstract ……………………………………………………………… / 377
Contents ……………………………………………………………… / 381
要　旨 ………………………………………………………………… / 399
目　次 ………………………………………………………………… / 403

总报告
General Report

B.1
内外震荡与战略进取：2022年日本形势回顾与展望

杨伯江　朱清秀　陈　祥[*]

摘　要： 2022年，日本的内政外交面临多重因素冲击，新冠疫情的持续扩散、安倍遇刺身亡及日元快速贬值引发日本国内政治、经济、社会动荡，岸田内阁的支持率多次跌破"危险水域"；俄乌冲突的爆发严重破坏安倍执政时期推行的日俄政策，也将日俄关系推向崩溃边缘。在内外交困之际，岸田利用积极的穿梭外交来重新赢得日本选民的认可，一方面积极强化日美同盟关系，加快推进日美军事"一体化"进程；另一方面深化日本与欧洲、印度以及东南亚各国间的关系，推动日英、日德及日法关系朝着"同

---

[*] 杨伯江，法学博士，中国社会科学院日本研究所所长、东海问题研究中心主任、中华日本学会常务副会长，主要研究方向为大国关系、亚太地区安全、日本问题；朱清秀，法学博士，中国社会科学院日本研究所副研究员、东海问题研究中心副秘书长，主要研究方向为日本政治与外交、海洋安全；陈祥，文学博士，中国社会科学院日本研究所副研究员，主要研究方向为日本问题、环境史和近代日本侵华史。

盟化"方向发展，拉拢北约积极介入亚太事务。岸田在外交上的积极进取不仅为日本赢得了较为有利的国际环境，也遏止了国内支持率单边下滑的趋势。同时，岸田利用动荡的国际形势及日趋恶化的周边地缘环境，重塑日本国民的安全认知、强化日本国民的安全意识，为"安保三文件"的顺利落地扫清了舆论障碍。"安保三文件"的出台是日本突破"和平宪法"束缚、谋求"正常国家化"的阶段性成果，防卫政策从坚持"专守防卫"向构建"反击能力"的转变不仅将严重冲击战后日本的和平主义道路，加速"和平宪法"的解体，还将动摇亚太地区安全秩序及中日关系发展的根基，具有深远的影响。2023年是《中日和平友好条约》签署45周年，中日两国应秉持条约精神，坚持用和平手段化解两国间的分歧，缓和两国日趋尖锐的结构性矛盾，推动中日关系重回正轨。

关键词： 岸田文雄　俄乌冲突　新资本主义　安保三文件　印太经济框架

2022年，日本经受了新冠疫情、俄乌冲突、美国加息、安倍遇刺身亡等一系列来自国内外的冲击，经济社会形势震荡起伏。岸田执政基础受到削弱，"新资本主义"迟迟无法落实，内阁支持率一度跌破30%。另外，日本欲借国际局势动荡、地缘安全环境之变强化民众的国家安全意识，通过出台"安保三文件"加快日本"正常化"国家建设。日本利用俄乌冲突，加强日美军事一体化建设，及与欧洲、韩国、加拿大、澳大利亚及东南亚各国等"志同道合者"进行安保防务合作，积极拉北约介入亚太事务。同时，日本意图将台湾问题类比俄乌冲突，对中俄实施战略捆绑。2022年，中美博弈叠加俄乌冲突爆发，使得中日关系的外部环境更加复杂严峻，遭遇更为多元的挑战和冲击，两国结构性矛盾故态依旧，政治安全分歧未见弥合，关系始终在低位震荡，未能得到有效改善。日本更积极介入台湾问题，同时推出具有明显指向性的《经济安全保障推进法》及相关政策措施，进一步增加了促进中日关系改善发展的政治障碍。2023年是《中日和平友好条约》签署45周年，两国能否抓住机遇、让双边关系重回正常发展轨道，取决于一系列内外因素交叉互动的结果。

一 岸田内阁周年大考，深陷"信任危机"

在安倍超长期执政之后，日本重启"一年一相"模式。2021年10月接替"周年而终"的菅义伟内阁执政后，首相岸田文雄同样面对着新冠疫情扩散、经济增长乏力、贫富差距拉大等突出问题。进入2022年，在新冠疫情对经济社会的冲击有所减缓之际，俄乌冲突骤然爆发，加之安倍晋三遇刺身亡、美国持续加息等内外因素的多重冲击，岸田未能有效利用执政开局的"黄金三年"，反而在一系列挫折中面临多重压力。

（一）俄乌冲突恶化外部环境，日本经济复苏受阻

就在新冠疫情趋于减弱之际，2022年2月，俄乌冲突爆发，对日本经济社会造成强烈冲击。冲突持续升温及呈现长期化趋势加剧了世界局势紧张，在全球地缘政治、经贸关系等方面产生了蝴蝶效应，也对日本粮食与能源进口、产供链、经贸安全等造成一系列连锁影响。

日本制造业供应链承压，输入型通胀抬头。日本作为全球重要的制造业强国，对国际供应链的依赖程度极高。随着俄乌冲突爆发，国际大宗商品价格持续上涨，全球供应链更趋紧张。岸田文雄直言，"事态的发展有可能使日本陷入战后以来的最大危机"[1]。俄乌冲突对日本经济的影响首先体现为能源价格暴涨，除日本大幅减少从俄罗斯进口石油、天然气导致能源供应不足外，国际能源价格暴涨还直接引发日本国内电力成本大幅上升。根据日本

---

[1] 首相官邸「令和3年度 防衛大学校卒業式 内閣総理大臣訓示」、2022年3月27日、https：//www.kantei.go.jp/jp/101_kishida/statement/2022/0327kunji.html［2023-01-03］。

商工会议所在3月15~22日对1995家中小企业进行的调查，79.1%的受访企业表示能源资源价格暴涨引起电力成本上升，56.2%的受访企业表示"能源资源市场急剧动荡造成采购成本上升"①。与此同时，日本在俄乌冲突伊始即追随美欧对俄实施制裁且不断追加制裁措施，这招致俄罗斯反制措施升级。此外，日本90%的小麦依赖进口，俄乌冲突直接导致民众生活必需的面包、拉面等食品价格跳涨，依赖海外进口原料的产品出现不同程度的涨价，消费者不得不承受终端涨价的压力。冲突爆发月余，日本经济研究中心即下调了日本经济增长预期，认为"日本经济增长率在21世纪20年代将进一步降低，2024~2027年甚至会出现负增长，最终导致日本对内大量发行国债变得举步维艰，财政政策空间缩小，整体社会生活水平下降"②。

日元大幅贬值导致金融市场动荡，日本央行罕见地实施市场干预。以往在地缘政治风险或突发事件引发国际金融市场震荡之际，日元往往表现出较强的避险属性。这是由于日本国内资本充足且长期维持低利率，存在套利交易空间，以及日本海外资产规模巨大且具有较高流动性，因此大量资本在短期内流向日本，推动日元升值。然而，俄乌冲突爆发后，日元一改"避险货币"属性，转而成为"抛售货币"，日元对美元汇率一路下跌，美元与日元的比价从2022年初的1：115，到5月变为1：130，大大超出了1：125的"黑田东彦线"③。此后，叠加美国收紧银根、连续加息，加之日本央行坚持量宽、零利率政策，日元在2022年大幅贬值。6月15日，美联储宣布加息75个基点（为30年以来最大的单次加息幅度），并表示下半年将再次大幅加息，引发市场做空日债。日本10年期国债期货盘中大跌2.01日元至145.58日元，创2013年来最大单日跌幅，并两度触发大阪证券交易所熔断

---

① 「ウクライナ侵攻、中小2割『影響』　日本商工会議所調査　『先行き懸念』7割」、SankeiBiz、2022年4月6日、https：//www.sankeibiz.jp/article/20220406-Y6IWC3LWCFKPNBVI3OJ5TJZXLU/［2023-01-03］。
② 日本経済研究センター「ウクライナ侵攻後の日本経済」、2022年4月1日、https：//www.jcer.or.jp/economic-forecast/20220330.html［2023-01-03］。
③ 「止まらない円安、『黒田ライン＝125円』は通過点か」、日経QUICKニュース、https：//moneyworld.jp/news/05_00073302_news［2023-01-03］。

机制。随后，日本央行出面救市，宣布继续无限量购买日本国债期货交割券。9月22日，日本财务省入市干预，这是日本政府自1998年6月以来首次以卖出美元、买入日元的方式干预汇率。日本政府及央行在9月22日动用的资金高达2.8382万亿日元，创下市场干预单日额的最高历史纪录。① 根据日本银行发布的资金循环统计（速报）数据，至2022年第三季度末，日本家庭金融资产维持在2000万亿日元以上，② 民众对未来经济预期持谨慎态度，消费受到抑制。

日元大幅贬值导致食品和能源价格飙升，民众生活和企业运营饱受冲击，11月9日，黑田赴首相官邸与岸田会谈，双方"一致认识到，在此内外经济和金融市场具有极高不确定性状况下，政府和日本央行将紧密合作，通过机动政策努力实现经济增长、工资增长和物价稳定"③。12月20日，日本央行货币政策会议决定将长期利率波动幅度从此前的±0.25%提高至±0.5%。④ 尽管黑田坚称，此次调整"不是加息，不是货币紧缩，现在讨论推出货币宽松政策为时尚早，也没有考虑进一步扩大长期利率浮动幅度……之所以做出这样的决定，是因为海外市场波动性加剧削弱了日本债券市场的功能"，调整"将促进在收益率曲线控制（YCC）框架下产生的货币宽松效应的传导，使货币宽松政策更具可持续性，以实现稳定价格的目标"⑤，但鉴于日本通胀目标超预期达成、通缩风险下降及日元大幅贬值对经济造成过度压力，日本调整宽松货币政策已势在必行。

30年来的物价稳定局面被打破，民众生活成本负担加重。2013年黑田

---

① 「9月の為替介入2.8兆円＝円安阻止で最大—財務省—」、nippon、2022年9月22日、https：//www.nippon.com/ja/news/yjj2022093001107/ ［2023-01-03］。
② 日本銀行調査統計局「2022年第3四半期の資金循環（速報）」、2022年12月19日、6頁、https：//www.boj.or.jp/statistics/sj/sjexp.pdf ［2023-01-03］。
③ 「黒田総裁『経済成長と物価安定実現へ政府と連携』首相と会談」、NHK、2022年11月10日、https：//www3.nhk.or.jp/news/html/20221110/k10013887251000.html ［2023-01-03］。
④ 日本銀行「当面の金融政策運営について」、2022年12月20日、https：//www.boj.or.jp/mopo/mpmdeci/mpr_2022/k221220a.pdf ［2023-01-03］。
⑤ 日本銀行「総裁記者会見—2022年12月20日（火）—」、2022年12月21日、https：//www.boj.or.jp/about/press/kaiken_2022/kk221221a.pdf ［2023-01-03］。

东彦出任日本银行总裁后,采取激进货币宽松政策,将实现2%的通货膨胀率作为"安倍经济学"政策目标之一,以刺激经济、摆脱通缩,但这一目标直到2020年安倍下台也未能实现。2022年,上述多方因素推高了食品行业等企业的涨价压力,根据已有数据,截至2022年10月,涨价食品超过2万种,其中10月涨价的食品种类最多,约6700种,其中加工食品、调味料、酒类和饮料涨价幅度约为15%。① 同期,日本核心消费者物价指数(CPI)涨幅达到3.6%,创40年零8个月以来最高纪录。② "帝国数据银行"在2022年12月对上市的105家食品饮品公司2023年调价计划的统计显示,2023年1月涨价的将有514项,2月达3269项,且涨幅较2022年有所提升,食品类平均涨幅达到17%,比2022年上升3个百分点。③

同时,针对能源紧缺导致电力供应紧张和价格上涨,日本政府在6月召开相关阁僚会议,要求家庭和企业在夏季采取节电措施,呼吁在不影响生活与企业运营的限度内予以配合。④ 从12月1日起,日本正式启动全国企业和家庭节电计划,实施时间为2022年12月至2023年3月。这是日本政府自2015年以来,时隔7年再次要求国民在夏天和冬天节约用电。⑤ 为确保电力供应,日本政府要求此前因设备老化等已停运的发电厂继续运作,同时继续加大力度采购液化天然气(LNG)等发电燃料,以及最大限度利用正在运转的核电站。

---

① 「10月の値上げは今年最多の6700品目 値上げ率は年内2番目の高さ」、株式会社帝国データバンク、2022年10月1日、https://www.tdb.co.jp/report/watching/press/p221001.html[2023-01-03]。

② 「10月の消費者物価指数3.6%上昇 上昇率は40年8か月ぶりの水準」、NHK、2022年11月18日、https://www3.nhk.or.jp/news/html/20221118/k10013895631000.html[2023-01-03]。

③ 「23年の食品値上げ、4000品目突破 値上げペース『今年超え』」、株式会社帝国データバンク、2022年12月1日、https://www.tdb.co.jp/report/watching/press/p221201.html[2023-01-03]。

④ 首相官邸「電力需給に関する検討会合の開催について」、2022年6月7日、https://www.kantei.go.jp/jp/tyoukanpress/202206/7_a.html[2023-01-03]。

⑤ 首相官邸「2022年度冬季の電力需給対策」、2022年11月1日、https://www.kantei.go.jp/jp/singi/electricity_supply/index.html[2023-01-03]。

（二）"新资本主义"迟迟未见落地，日本经济难抵"逆风"

一方面，2022年，岸田内阁的作为有限，推动经济安保立法是其中之一。近年来，随着中美博弈激化，日本强化经济安全保障战略的趋势逐步明朗，2019年6月，经济产业省设立经济安全保障室；2020年4月，日本效仿美国国家经济委员会，在国家安全保障局增设经济班，由其全面统筹国家经济安全；2021年10月，岸田新内阁增设经济安全保障担当大臣职位。俄乌冲突导致日本能源、矿物、农产品等基本物资，半导体、汽车制造等所需的原材料和零部件等出现供给短缺困难，对社会稳定和产业发展造成冲击，日本朝野强化经济安保的紧迫感进一步上升。2022年2月25日，即俄乌冲突爆发次日，日本内阁通过"经济安全保障推进法案"并提交国会审议，日本众参两院先后在4月、5月审议通过。《经济安全保障推进法》主要由四部分构成，即强化日本国内供应链构筑、确保基础设施安全、推进尖端技术的官民合作研究以及特定专利的不公开。其旨在加强经济领域的安全保障，使日本在经济安全领域免受来自供应链、尖端技术等领域的威胁与挑战。① 值得关注的是，除应对俄乌冲突导致地缘政治风险上升外，日本此举在很大程度上意在配合美国对华战略竞争、强化防范中国在高科技领域的崛起，抢占通信技术、网络技术、军事技术和能源技术的有利位置。

另一方面，岸田标榜的"新资本主义"迟迟未见落地。2013年以来，以量宽货币政策和积极财政政策著称的"安倍经济学"虽在一定程度上刺激了日本经济，但因激进而引发政府债务增加、通缩压力积聚、贫富差距拉大等问题。岸田内阁在延续"安倍经济学"量宽货币政策的同时，努力加以调整，树立"岸田色彩"。2021年10月就任首相之初，岸田即承诺要实现增长和分配的良性循环，标榜将推行"新资本主义"经济政策；11月设

---

① 内阁官房「経済安全保障推進法案の概要」、2022年2月25日、https://www.cas.go.jp/jp/houan/220225/siryou1.pdf［2023-01-03］。

立"数字田园都市国家构想实现会议"、"数字临时行政调查会议"和"全年龄层型社会保障构建会议",称将在汇总研讨结果后提出新的经济政策。2022年元旦,岸田在新年致辞中强调,"我的目标是实现作为日本经济复苏之关键的'新资本主义'。对市场的过度依赖导致了日益严重的不平等和贫困,对自然的过度开发加剧了气候变化问题,我们将针对这些资本主义的弊端,构建可持续发展的经济"①。然而,在国内国际形势的掣肘下,岸田内阁的施政整体呈现"重外交轻内政""重安保轻经济"态势,落实"新资本主义"的具体政策措施迟迟不见出台。

岸田在上台执政10个月后,于2022年6月推出了《"新资本主义"的整体设计及执行计划》,核心是"增长战略"和"分配战略"并举,实现平衡发展。增长战略包含"四大支柱":对人的投资(科技立国);对科技创新的重点投资;对加速创业的投资和开放式创新的投资;对绿色和数字(产业)的投资。分配战略主要包括:提高工资以促进国民收入增长;大力加强对人的投资;提高育儿、青年家庭的收入。② 7月,自民党在参议院竞选公约中提出,战后日本资本主义经历了两个发展阶段:一是20世纪中叶的福利国家建设阶段;二是20世纪80年代以后的新自由主义阶段。这两个阶段的核心问题是政府和市场的作用哪个更大。目前,日本资本主义将发生第三次变化,即构建"市场和政府相协调的资本主义"。③ 上述计划和公约看似是毅然决然的经济政策大转变,但缺乏实质性内容,相关政策被在野党和民众诟病为"换汤不换药"。

为缓解通胀压力、加快经济复苏,同时实现"新资本主义"政策目标,日本政府在10月宣布了高达71.6万亿日元的经济刺激计划(约占日本GDP的14%),财政预算将追加29.1万亿日元,达到39万亿日元规模。然

---

① 首相官邸「岸田内阁总理大臣新年致辞」、2022年1月1日、https://www.kantei.go.jp/cn/101_kishida/statement/202201/_00001.html [2023-01-03]。
② 内阁官房「未来を切り开く『新しい资本主义』—成长と分配の好循环—」、https://www.kantei.go.jp/jp/headline/seisaku_kishida/newcapitalism.html [2023-01-03]。
③ 自民党「第26回参议院选举」、https://storage.jimin.jp/pdf/pamphlet/202206_manifest.pdf [2023-01-03]。

而，根据日本央行公布的数据，一方面，日本的国债规模维持在1200万亿日元以上；另一方面，家庭金融资产和现金存款的总额均创新高，超过2000万亿日元。① 这表明日本是发达经济体中公共负债率最高的国家，同时，民间虽保有大量资金，但难以用于消费、刺激经济增长。2022年第一季度，日本实际GDP下降0.5%，第二季度增长1.1%，第三季度负增长0.3%，第四季度增长0.2%。② 叠加日元贬值因素，2022年，日本实际GDP只有3.9万亿美元，这是1992年以来日本GDP首次低于4万亿美元。总体来看，岸田内阁以过量举债刺激经济、以"撒钱"方式透支日元信用，没有取得预期效果，反而对经济的长期稳定运行造成冲击。

（三）执政基础削弱，岸田内阁进入"危险水域"

在2023年新年致辞中，岸田将过去的2022年描述为"动荡不安"的一年③，这不仅是对日本国内外局势动荡的描述，还是对岸田内阁自身的生动写照。日本NHK民调显示，岸田在2022年上半年保持了较高支持率。进入7月，在安倍遇袭身亡事件助推下，自民党赢得参议院选举，岸田因未来三年不会面临重大国政选举而迎来所谓"黄金三年"执政期。然而，岸田内阁支持率在此之后连续下跌，从上半年的50%以上降至11月的33%（见图1）。尤其是在10月下旬后，出现了四位内阁大臣连续被撤换的"多米诺骨牌效应"。30%的支持率通常被视为日本首相的一条"生死边界线"，33%意味着岸田内阁进入了"危险水域"。岸田内阁支持率持续走低，主要源于如下几个方面的原因。

一是岸田罔顾民意坚持为安倍举行"国葬"。7月8日，日本前首相安倍晋三在奈良市街头演讲时遭枪击，后因伤势过重不治身亡。安倍身亡事发

---

① 日本銀行「資金循環」、https：//www.boj.or.jp/statistics/sj/index.htm［2023-02-05］。
② 内閣府「2022年10~12月期四半期別GDP速報（1次速報値）」、2023年2月14日、https：//www.esri.cao.go.jp/jp/sna/data/data_list/sokuhou/files/2022/qe224/pdf/gaiyou2241.pdf［2023-02-20］。
③ 首相官邸「岸田内閣総理大臣　令和5年　年頭所感」、2023年1月1日、https：//www.kantei.go.jp/jp/101_kishida/statement/2023/0101nentou.html［2023-01-04］。

009

突然，且正值第26届参议院选举、第七波疫情肆虐及物价高企之际，岸田政府迅速做出决定，动用大笔政府预算为安倍举行"国葬"。岸田强调，"不能屈服于暴力……必须表现出对民主主义的坚守"①，意在借此展开"葬礼外交"，扩大日本的国际影响力。但是，大批日本民众反对为安倍举行"国葬"，理由主要包括反对从国库支付高达16.6亿日元的天价"国葬"费用②，安倍在任期间并未做出突出贡献且留下许多丑闻和"烂尾工程"，以及安倍遇刺牵出自民党与"统一教"难以撇清的复杂关系等。至9月27日"国葬"举行之际，岸田内阁支持率已下降到岌岌可危的境地。美欧国家对日本此次"葬礼外交"并不买账，七国集团（G7）其他国家的首脑没有出席。

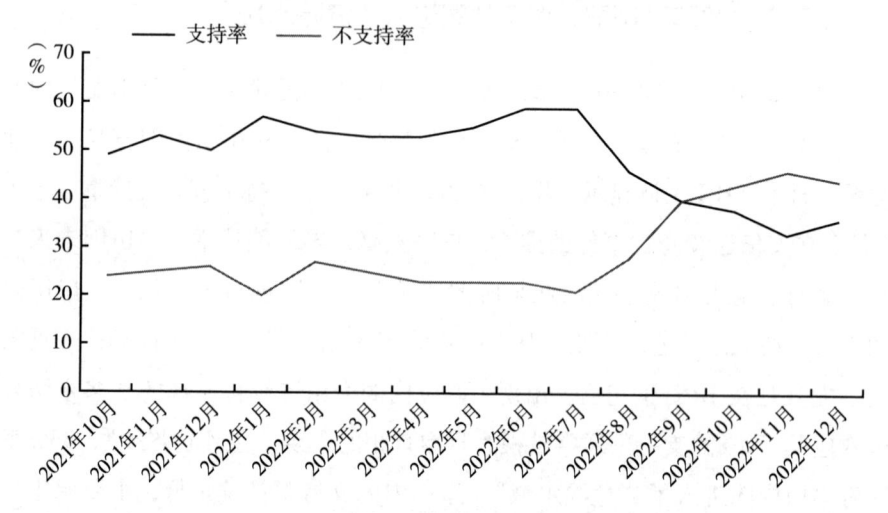

图1 岸田内阁支持率和不支持率变化趋势

资料来源：「内閣支持率」、NHK、https：//www.nhk.or.jp/senkyo/shijiritsu/［2023-01-04］。

① 岸田文雄「安倍晋三元総理の逝去にあたり」、岸田文雄サイト、2022年7月8日、https：//kishida.gr.jp/activity/8257［2023-01-03］。
② 注：关于安倍"国葬"费用，直接支出方面为2.5亿日元，包括葬礼会场运营费、安保强化费、献花费等；间接支出方面还包括警备费、外国政要接待费等14多亿日元，共计高达16.6亿日元。「『国葬』めぐる閉会中審査 岸田首相はどう説明した？」、NHK、2022年9月8日、https：//www3.nhk.or.jp/news/html/20220908/k10013808541000.html［2023-01-03］。

二是岸田政府在处理"统一教"问题上举棋不定。安倍遇刺身亡使得日本政治中长期存在的"政教不分"问题成为舆论焦点，自民党与"统一教"的利益瓜葛浮出水面。该教不仅存在大规模敛财问题，还与自民党参众两院379名议员中的179人存在各种说不清道不明的关联。[①] 岸田起初对解散"统一教"持谨慎态度，称"从保障'信教自由'的观点出发，有必要'慎重'地判断"[②]。8月改组内阁后，至少有5名新成员与"统一教"存在关联，但岸田对清查自民党籍国会议员与"统一教"的关系只是草草要求"自主申告"。此后，在舆论持续发酵、在野党穷追猛打的压力之下，岸田逐渐意识到"统一教"问题成为导致内阁支持率持续下跌的重要因素，不得不指示文部科学大臣对"统一教"高层启动"质询"等调查。其间，经济再生担当大臣山际大志郎因被曝与"统一教"有多次交集的丑闻而辞职。截至2023年2月，日本政府已对"统一教"高层进行了三轮"质询"，预计"统一教"问题的受害者将越来越多地浮出水面。

三是岸田任命长子担任首相政务秘书官，为"岸田家世袭政治"铺路。10月4日，岸田宣布任命长子岸田翔太郎为首相政务秘书官。该职务一向被视为"首相首席秘书"，是负责协调首相日程、沟通政府各部门及党内各方面的关键岗位。日本首相配备8名秘书官，其通常由各省厅派出的经验丰富、较为年长的精英人士担任，他们负责首相官邸的日常运行管理，在任期结束后通常会返回原本所属的省厅再谋高就。但是，岸田翔太郎时年31岁，仅在一家商社工作过，从2020年起才担任其父秘书，与其他7位"60后"秘书官形成鲜明对比。岸田任人唯亲、公权私用，引发民众诟病、在野党"炮轰"乃至自民党同僚质疑。

四是岸田政府扩充军费遭遇"预算瓶颈"。12月16日，日本政府以内阁会议决定的形式推出新版《国家安全保障战略》《国家防卫战略》《防卫力量

[①] 「自民『旧統一教会と接点の国会議員は179人』うち121人氏名公表」、NHK、2022年9月8日、https://www3.nhk.or.jp/news/html/20220908/k10013809081000.html ［2023-01-03］。

[②] 「旧統一教会に『質問権』初行使へ 世論で動いたその舞台裏」、NHK、2022年10月20日、https://www.nhk.or.jp/politics/articles/feature/90670.html ［2023-01-03］。

整备计划》，即所谓"安保三文件"，此举标志着战后以来日本"专守防卫"原则与安全理念的重大转向。根据"安保三文件"，日本2023年的防卫预算将增加26.3%，达到创纪录的68219亿日元。① 而根据日本官方统计数据，其GDP从1994年后一直在500万亿~550万亿日元徘徊，② 占全球的比重从1994年的17.7%下降至2021年的5%，同时，国债规模持续扩大，财政赤字有增无减，解决增加防卫费所需的财源问题成为突出难点。岸田主张通过增税为防卫费开源，但遭到主流民意、在野党甚至自民党内其他派系的普遍反对。日本民众尽管对岸田强军政策表示支持，希望日本具备"对敌基地攻击能力"，但是"总论赞成、各论反对"，63%的受访民众反对"防卫增税"，支持者的比例仅为28%。③

二 提升战略活跃度，扩大国际影响力

2022年，日本的对外战略更为积极主动，外交活跃度持续提升。在加速自身安全战略转型的同时，持续强化日美同盟，全力推动日美军事一体化建设。积极利用俄乌冲突，一方面推动与北约在外交、军事安保领域的合作，推动"日美+X"同盟战略升级；另一方面意图将中俄进行捆绑，渲染"明天的东亚地区可能成为今日的乌克兰"④，制造地区紧张局势。在周边外交方面，日本积极推进与东南亚国家合作，推动日韩关系回暖，但日俄、日朝关系陷入僵局，短期内难见转圜迹象。

---

① 「来年度予算案を閣議決定、防衛費は過去最大6兆8219億円…GDP比1·19%」、『読売新聞』2022年12月23日、https：//www.yomiuri.co.jp/economy/20221223-OYT1T50177/［2023-01-03］。

② 内閣府「統計類（四半期別GDP速報）」、https：//www.esri.cao.go.jp/jp/sna/data/data_list/sokuhou/files/files.sokuhou.html［2023-01-03］。

③ 「世論調査"反対63%"なのになぜ増税？防衛費確保へ岸田首相の考えは？」、日テレnews、2023年1月19日、https：//news.ntv.co.jp/category/politics/084afc4fd8bc40deaa5af0cd03f5e673［2023-02-01］。

④ 『岸田首相、「ウクライナは明日のアジア」と危機感 対ロ追加制裁表明」、ロイター、2022年5月5日、https：//jp.reuters.com/article/japan-kishida-idJPKCN2MR18A［2023-01-03］。

（一）周边外交形势严峻，日韩关系回暖

2022年，日本周边外交面临复杂局面。俄乌冲突爆发后，日本不仅中断了日俄政府间交流，还追随美欧对俄罗斯实施制裁并不断追加制裁措施。日朝关系继续处于僵局，难见起色。作为对美韩、美韩日频繁联合军演的反应，朝鲜持续推进导弹发射活动，不断展示其军事威慑力，日朝关系继续处于"零接触"状态。日美围绕朝鲜发射导弹问题沟通频密，双方不仅积极就朝核问题、对朝制裁等展开磋商，还拉拢韩国共建美日韩应对朝核问题的协商机制，使朝鲜与日本及美韩关系陷入恶性循环。与此同时，日本持续发展与东南亚各国间的关系，深化与菲律宾、越南等国在经贸、军事安全等领域的合作。日韩关系在韩方妥协让步下驶入回暖轨道，成为2022年日本周边外交的最大亮点。

日俄关系陷入僵局，两国实施的制裁与反制裁措施使双边关系冻结，短期内恢复改善的可能性较低。2022年2月22日，俄罗斯宣布承认乌东两区"独立"，日本外相随即发表谈话，表示"俄罗斯该行为侵犯了乌克兰的主权、违反了国际法，日本坚决不予承认，并准备携手G7等国际社会力量，实施包括制裁在内的严厉措施"[1]。2月24日，日本外相再次发表谈话，严厉谴责俄罗斯的军事行动。25日，首相岸田召开记者招待会，严厉谴责俄罗斯的军事行动并宣布日本将对俄进行制裁，包括对俄相关个人及团体禁发签证及冻结资产，对与俄军方有关联的团体实施半导体等设备的出口管制等[2]。26日，岸田文雄与乌克兰总统泽连斯基举行电话会谈，表示将向乌提供经济支援及防护面罩、小型无人机等自卫队装备。日本高调追随欧美参与对俄制裁。4月，日本取消俄罗斯最惠国待遇，部分上调自俄进口的商品关

---

[1] 外務省『ロシアによる「ドネツク人民共和国」及び「ルハンスク人民共和国」の「独立」の承認について（外務大臣談話）』、2022年2月22日、https：//www.mofa.go.jp/mofaj/press/danwa/page4_005514.html［2023-01-03］。

[2] 『岸田首相 対ロシア追加制裁公表 資産凍結や半導体輸出規制など』、NHK、2022年2月25日、https：//www3.nhk.or.jp/news/html/20220225/k10013500511000.html［2023-01-03］。

税。此后，日本多次追加对俄制裁措施。针对日本持续扩大对俄制裁，5月4日，俄罗斯宣布对日实施反制裁，包括永久禁止日本首相岸田文雄、内阁官房长官松野博一及外务大臣林芳正等63名日本公民入境俄罗斯。① 日俄相互制裁事实上冻结了双边关系，断绝了岸田内阁改善与发展日俄关系的机会。同时，日本不仅针对俄乌冲突在国际上积极发声造势，而且持续炒作俄乌冲突，将俄乌冲突与性质截然不同的台海争端相关联，将中俄进行战略捆绑。日本政要多次发表"乌克兰的今天就是东亚的明天"等不当言论，意图加大对华舆论威慑力度，借乌克兰冲突影射东亚安全形势，制造地区紧张局势，为强化军备寻找借口。岸田内阁坚定追随美欧对俄政策，不仅让安倍执政时期建立的对俄外交遗产归零，而且给未来日俄关系的改善与发展设置了障碍，日俄签订和平条约、解决南千岛群岛（日称北方四岛）问题变得更加遥不可及。

日韩关系逐渐回暖，走向"第二次正常化"。2022年3月10日，韩国最大在野党国民力量党候选人尹锡悦以微弱优势胜选，成为第20届韩国总统。3月11日，岸田与候任韩国总统尹锡悦通电话，祝贺其当选，表示作为重要邻国，日韩健全的双边关系对地区及世界的和平不可或缺，而且日韩美三国间的合作非常重要。岸田还表示期待尹锡悦发挥领导力，愿为推动日韩关系改善而与其密切合作。尹锡悦表示重视韩日关系，愿双方携手推动两国关系改善。② 此后，日本政府开始推动与尹锡悦候任班底间的沟通，为尹上任后日韩关系的改善与发展铺路。4月25日，候任总统尹锡悦派出"韩日政策协商代表团"访日，其在与日本外务大臣林芳正的会谈中反复向日方传递尹政府将全力改善韩日关系的信息。③ 26日，岸田排除政府及自民党

---

① 『ロシア 岸田首相らの入国禁止措置 日本は新たな制裁措置』、NHK、2022年5月4日、https://www.nhk.or.jp/politics/articles/lastweek/82043.html［2023-01-03］。

② 外務省『岸田総理大臣と尹錫悦（ユン・ソンニョル）韓国次期大統領との電話会談』、2022年3月11日、https://www.mofa.go.jp/mofaj/a_o/na/kr/page1_001114.html［2023-01-03］。

③ 『戦後最悪の日韓関係新大統領就任で改善なるか』、NHK、2022年5月12日、https://www.nhk.or.jp/politics/articles/feature/82339.html［2023-01-03］。

内不同意见，会见代表团，表示重视日韩关系，将与尹总统一道共同推动日韩关系改善。5月9日，林芳正以首相特使身份访问韩国，并参加尹锡悦的就职典礼。访问期间，林芳正与韩国外交部长举行会谈，双方确认了日韩关系及日美韩合作的重要性，并一致认为改善两国关系时不我待。① 尹锡悦接见了林芳正，并接受了由林芳正转交的岸田亲笔信。经过两个多月的多次沟通，日本政府和尹锡悦执政团队摸清了对方在改善关系方面的意见和态度，也协调了双方在应对朝核问题、日美韩合作及日韩历史问题等方面的立场。6月29日，美日韩首脑在参加北约峰会期间举行了时隔五年的首脑会谈，这也是尹锡悦担任韩国总统后的首次出访。虽然尹锡悦与岸田碍于两国在"征用劳工"问题上仍存在分歧而未举行双边会谈，但美日韩三方会谈说明美国乐见日韩改善双边关系，这意味着日韩关系的改善将进入正轨。此后，日韩两国政府围绕朝核问题、"征用劳工"问题等举行多次会谈，双方分歧逐步弥合，为实现首脑会谈扫清了障碍。9月21日，岸田和尹锡悦在参加联合国大会期间举行会谈；10月6日，双方举行电话会谈；11月13日，岸田和尹锡悦在参加东盟首脑峰会期间再次举行会谈。日韩短期内频繁举行各层级会谈，弥合了双方在朝核问题、"征用劳工"等问题上的分歧，将日韩关系的改善推入快车道。但是，日韩关系快速回升、日美关系进一步强化，意味着日朝关系在岸田任内得到改善的可能性进一步走低。

日本对东盟外交稳步推进，防务合作日益紧密。东南亚历来是日本外交、经贸关系重点发展的区域。2022年，日本着力深化与东盟关系，支持东盟发挥地区及国际影响力。4月底至5月初，岸田先访问印尼、越南及泰国，之后才赴欧洲地区进行访问，以显示对东南亚国家的重视。11月，第25届日本-东盟峰会在柬埔寨举行，岸田在会上表示，"日本支持同盟的整体性和中心性，在迈向日本-东盟合作50周年之际，希望强化双方在海上安全、高质量

---

① 外務省『林芳正外務大臣と朴振（パク・チン）韓国外交部長官候補との会談（夕食会）』、2022年5月9日、https：//www.mofa.go.jp/mofaj/a_o/na/kr/page1_001164.html［2023-01-03］。

基础设施建设、气候变化及供应链管理等领域的合作"①。同月，岸田出席第二届东盟全球对话会，在发言中表示坚决支持东盟发挥中心作用，将从供应链、气候变化、救灾、人文交流等领域全面强化与东盟的合作。与此同时，随着南海争端不断发酵，日本积极与部分东盟国家开展防务合作，菲律宾、越南等成为其重点拉拢对象。首先，日菲关系进一步深化，双边防务合作日益升级。2022年是日菲防务合作动作最为频密的一年。4月，日菲防长举行会谈，双方就东海、南海局势及俄乌冲突交换意见，一致反对以武力单方面改变现状，同意加快加强在防务装备、技术及人道支援等领域的合作。② 同月，日菲举行首次外长和防长"2+2"会谈，菲律宾成为第九个也是东南亚地区继印尼之后第二个与日本建立外长和防长"2+2"磋商机制的国家。根据会后发表的联合声明，"双方同意强化日本自卫队与菲律宾军队之间在日常训练、演习以及装备等领域的协作，推进海洋信息搜集及海上执法等领域的合作，支持在东海及南海地区推进航行自由及国际海洋法在解决海洋纷争中发挥重要作用，并就签署《互惠准入协定》（RAA）达成共识等"③。其次，日越关系得到强化。岸田在5月1日访问越南，与越南领导人举行会谈，双方同意推进在经贸、人文以及外交、安保领域的合作，强化日本自卫队与越南军队在网络安全、海上安保能力构建等领域的合作。④ 可以预见，在中美博弈背景下，随着南海局势持续升温，军事安保领域将成为日本加强与东盟国家合作的重点方向，日本尤其将持续强化与南海周边国家在海上巡逻、军事演训以及武器出口等领域的合作。特别的是，结合此前菲律宾决定购买三菱电机公司的4套雷达系统，日菲军事防卫合作将迈上新台阶。

---

① 外务省『第25回日ASEAN首脑会议』、2022年11月12日、https：//www.mofa.go.jp/mofaj/a_o/rp/page1_001395.html［2023-01-03］。
② 防卫省『日比防卫相会谈について』、2022年4月7日、https：//www.mod.go.jp/j/approach/exchange/area/2022/20220407_phl-j.html［2023-01-03］。
③ 『第1回日・フィリピン外务・防卫阁僚会合（「2+2」）共同声明』、2022年4月9日、https：//www.mofa.go.jp/mofaj/files/100330015.pdf［2023-01-03］。
④ 外务省「日ベトナム首脑会谈」、2022年5月1日、https：//www.mofa.go.jp/mofaj/s_sa/sea1/vn/page4_005581.html［2023-01-03］。

（二）强化日欧合作，拉欧洲介入亚太事务

2022年，日本与欧洲的联系日益紧密，与北约在军事防卫领域的合作呈现加速发展态势。2022年5月，日本防卫省武官最高领导统合幕僚长山崎幸二赴布鲁塞尔参加北约参谋长会议，这是日本统合幕僚长首次出席该会议。6月，岸田出席在西班牙举行的北约峰会，这是日本首相首次出席北约峰会。这些动向预示着日本与北约的军事安全合作将进一步升级，北约介入亚太事务的力度将持续加大。日本与欧盟的关系也在稳步提升，深化日欧合作、强化日欧各层级各领域交流成为2022年日本外交的一大特点。这一是由于俄乌冲突爆发后，日本需要与欧洲各国协调政策立场；二是出于日本利用俄乌冲突将中俄进行捆绑，从而拉欧洲介入亚太事务的战略需要。

首先，高层互动日益密切。2022年，岸田与法国总统马克龙共举行四次会谈，俄乌冲突、朝核问题、"印太"秩序、海洋问题及网络安全等议题成为会谈主要内容。日德首脑互动得到强化。4月，德国总理朔尔茨访日，与岸田举行会谈。这是朔尔茨上任后首次访问亚洲国家，与前总理默克尔在出访亚洲时通常优先考虑中国形成对照，这预示着朔尔茨政府将日本视为亚洲外交的重点。5月，日德领导人在G7峰会期间举行会谈，双方同意进一步深化双边合作。日英两国首相间的互动尤其频密，包括电话会谈在内的双方会谈共进行了6次。5月，岸田与英国首相约翰逊举行会谈，双方"认识到欧洲大西洋和印太地区的安全密不可分，反对单方面以实力改变现状"，确认日英将携手推动"自由开放的印太"，[1] 双方还就签署新防务协定——《互惠准入协定》达成原则共识。2022年，岸田访问意大利、梵蒂冈，并在出席北约峰会期间与西班牙、瑞典等国领导人举行会谈。5月，第28届日欧峰会在日本举行，岸田与欧洲理事会主席米歇尔、欧盟委员会主席冯德莱恩举行会谈，双方一致同意正式启动日欧"数字伙伴关系"。

---

[1] 外務省『日英首脳会談及びワーキング・ランチ』、2022年5月5日、https：//www.mofa.go.jp/mofaj/erp/we/gb/page6_000700.html［2023-01-03］。

其次，安保合作机制化提速。加强日欧在军事安保领域的合作是日本推进日欧关系的一大动力。2022年，日本与英法德等国的军事合作持续深入，双方不仅继续深化外长和防长"2+2"会谈、防长互访等合作机制，还积极探索推动在军事技术交流、部队互访、联合训练及演习等领域的制度建设。一是推动完善日本与欧洲各国间的外长和防长"2+2"磋商机制。2022年1月，日法举行第六届外长和防长"2+2"会谈，商定重点为强化自卫队与法军在印太海域及新兴技术等领域开展合作。11月，日德在德国举行第二届外长和防长"2+2"会谈，双方就推进防卫装备与技术合作达成一致，并将致力于签署《物资劳务相互提供协定》。二是强化与欧洲各国间的双边及小多边安保合作。这主要体现为推动军事人员的互访与交流。2022年3月，法国印太司令官访问日本，就强化日法在印太海域开展军事合作进行交流；11月，日法防卫部门会议在巴黎召开。10月，日英防卫相举行电视会议，同时，日英加强部队及军事科技领域合作。2月，日本和英国宣布将合作开发战斗机专用的传感器技术。5月，日本海上自卫队与法国海军在亚丁湾举行海上共同训练。6月，日本海上自卫队军舰停靠法国土伦港，停靠期间与法国海军举行共同训练。同月，日本海上自卫队"出云"号及"高波"号驱逐舰与法国军舰在夏威夷周边举行联合训练。9月，德国空军3架军机飞抵日本，与日本航空自卫队举行联合演习。这是二战后德国首次派战斗机进入日本，凸显德国对日本的重视及介入亚太事务的决心。12月，日本、英国及意大利三国宣布，将在2035年前完成下一代战斗机的共同开发。

最后，扩大合作领域，强化日欧在气候变化、太空、网络安全等新兴技术领域的合作。4月日德领导人会谈中，双方同意为实现2050年碳中和排放计划目标，强化在各个领域的合作。5月日英领导人会谈中，双方一致同意推进在气候变化、数字领域的合作。[1] 6月，岸田在与马克龙会谈时表示，要加强日法在网络安全、核能、太空等领域的合作。[2]

---

[1] 外務省『日英首脳会談及びワーキング・ランチ』、2022年5月5日、https://www.mofa.go.jp/mofaj/erp/we/gb/page6_000700.html［2023-01-03］。

[2] 外務省『日仏首脳会談』、2022年6月26日、https://www.mofa.go.jp/mofaj/erp/we/fr/shin4_000041.html［2023-01-03］。

（三）升级日印、日澳合作，完善日美印澳"四边机制"

2022年，日美印澳"四边机制"快速发展，"准同盟化"建设加速推进。一方面，日印、日澳合作进一步升级，双边关系"准同盟化"进程加快；另一方面，日美印澳"四边机制"进一步体系化，实现了从领导人峰会到事务层级会谈再到二轨对话的全方位覆盖，使得该机制对地区事务的介入更为便利。

首先，日印关系趋于稳固，双方战略相互倚重进一步增强。自安倍在2016年提出"印太"概念以来，印度在日本外交战略中的地位日益提升，2022年，利用两国建交70周年契机，在巩固原有的外交、防务领域的合作之外，日本积极向印度提供日元贷款、基础设施建设及强化供应链等合作选项，日印双边合作关系大幅提升。2022年，日印在防务、供应链、基础设施及人文交流等领域全面开展合作。一是领导人互访机制化。3月，岸田访问印度，与印度总理莫迪举行会谈。这是岸田首次访印，也是其就任日本首相后的第二次出访。会谈后发表的联合声明称，双方"确认通过首脑互访的机制化所获得的成果对发展两国关系非常重要，期待两国首脑的互访机制进一步强化"[①]。5月，岸田与莫迪在日美印澳"四边机制"峰会期间举行双边会谈。9月，莫迪赴日本参加安倍葬礼，并与岸田举行会谈。二是部长级对话机制化，外长和防长"2+2"会谈成为日印协调外交安保政策的重要机制。2022年1月，日印外长举行电话会谈；2月，日印外长在出席日美印澳"四边机制"外长会议期间举行双边会谈；5月，日印防长在日美印澳"四边机制"峰会期间举行会谈，就强化双方在防卫装备领域的合作达成共识；9月，日印举行第二届外长和防长"2+2"会谈，双方就强化安保合作达成共识，表示将推动日印在防卫装备、参谋部及事务层级（包括海警间）的合作；同期，日印举行第14届外长战略对话，双方同意推进

---

① 『日印首脑共同声明—平和で安定し繁栄した新型コロナ後の世界のためのパートナーシップ』、2022年3月19日、https：//www.mofa.go.jp/mofaj/files/100319659.pdf［2023-01-03］。

在高铁等基础设施领域的合作，强化在 5G 通信、能源安保及气候变化等领域的政策协调，加强在 IT 人才及人文领域的交流。三是强化日印在网络安全、5G、量子通信等新兴科技领域的合作。3 月，日印签署《日本外务省与印度外交部间的网络安全领域合作备忘录》，同意加强在"日印数字伙伴关系"框架下的研发合作，加强两国 IT 人才的交流，共同推动双方在人工智能、量子通信等领域的技术研发合作。

其次，日澳"准同盟"关系进一步升级，防务合作迈向新阶段。近年来，日澳关系快速发展，两国不管是在政治、外交、安保还是经济领域的合作都比以往提升一个新台阶，使得两国关系可以用"准同盟"关系来形容。随着日澳《互惠准入协定》的签署，未来日澳关系有可能升级为"军事同盟关系"。

2022 年 1 月，岸田与澳大利亚总理莫里斯举行视频会议，双方签署旨在方便两国防务与安全合作的《互惠准入协定》。该协定的主要内容包括：在出现为共同训练或救灾而需要进入对方国家情况时，在出入境时免除签证申请和审查；对购买或获得用于训练等的车辆和器材免税；简化武器弹药进出对方国家的手续。[①] 事实上，早在 2014 年，日澳即已同意启动《互惠准入协定》谈判，但澳方对协定部分内容存有疑虑，如担心一旦澳大利亚军人或平民在日期间发生重大刑事犯罪，可能被日方依据国内法判处死刑。[②] 澳大利亚已于 1985 年废除死刑，一旦发生国人在外国被判处死刑的情况，就将对现政府产生严重冲击。为解决该问题，日澳特意以在协定后增加附件的形式做了解释。日澳《互惠准入协定》是除美国外日本与他国签署的首个此类协定，不仅为日澳武装人员进入对方国家提供便利，也为两国军事合作关系升级为"同盟"关系打开了通道。正如莫里斯在会谈中所言，日澳

[①] 『日本国の自衛隊とオーストラリア国防軍との間における相互のアクセス及び協力の円滑化に関する日本国とオーストラリアとの間の協定』、https://www.mofa.go.jp/mofaj/files/100283785.pdf［2023-01-03］。

[②] 佐竹知彦『日豪円滑化協定の署名—その意義と役割』、NIDS コメンタリー第 203 号、2022 年 1 月 27 日、http://www.nids.mod.go.jp/publication/commentary/pdf/commentary 203. pdf［2023-01-03］。

《互惠准入协定》的签署"将成为澳日关系的历史转折点，将为两国防务合作翻开新的一页"①。

日澳还发布联合声明，规划面向未来十年的长期合作。2022年10月岸田访澳期间，两国领导人举行会谈并发表致力于制定未来十年合作指针的联合宣言。宣言包含15条内容，涵盖强化日澳两国政府各层级合作、双方对全球及地区形势的认知、推动双方在新兴科技领域的合作、深化日本自卫队与澳军合作以及构建"自由开放的印太"秩序等。② 宣言着眼于未来十年有关日澳合作的发展规划，显示了日澳构建"同盟"关系的决心。宣言具有总揽性、纲领性特点，并未涉及执行层面的具体政策，更像是指导未来十年日澳在安保、政治、外交等领域深化合作的战略指南。同时，宣言内容以安保合作为核心，纳入了日澳对国际形势及地区局势的关切，并在此基础上强调战略合作与协调。

最后，日美印澳"四边机制"更加完备。自2021年3月日美印澳"四边机制"首次峰会召开以来，截至2022年底，四国在不到两年的时间里共举行了四次峰会。四国外长会议自2020年10月首次举行以来，在两年多的时间里共举行了四次。该机制在相关四国外交安全战略中的地位日益上升，日美印澳急于借此强化对国际地区局势的影响力、掌控力。2022年5月，日美印澳"四边机制"峰会在日本举行。日本利用主场优势，在日程安排、议题设置以及对外宣传等环节为峰会"带方向""掺私货"，意图将该机制打造成对华"战略包围圈"。在会后的记者招待会上，岸田言及峰会成果时反复强调"决不允许在任何区域以武力单方面改变现状"，"极为重要的是，四国领导人强烈传达了他们的承诺，将尽最大努力实现自由开放的印太"③。会议发

---

① 在日オーストラリア大使館『日豪円滑化協定について—首相メディアステートメント』、2020年11月17日、https：//japan. embassy. gov. au/tkyojapanese/pr2020_ tk17. html［2023-01-03］。
② 外務省『安全保障協力に関する日豪共同宣言』、2022年10月22日、https：//www. mofa. go. jp/mofaj/files/100410297. pdf［2023-01-03］。
③ 川田篤志・バンコク・岩崎健太朗『対ロシアでは温度差くっきり　日米豪印首脳会合「中国包囲網」強調の陰で』、『東京新聞』2022年5月25日、https：//www. tokyo-np. co. jp/article/179346［2023-01-03］。

表的联合声明直接针对中国，全文对"基于法律的支配及民主价值观"的重视，以及对于东海及南海局势的关注，无不显示日美印澳正不断协调强化对华立场。

（四）强化日美同盟建设，打造对华出口协调机制

2022年，日美领导人互动活跃，政府各层级沟通呈机制化发展趋势。首脑互访的机制化是体现两国关系密切程度的重要标志，也是衡量两国合作深度的重要体现。2022年，除积极利用视频会议、电话会议及出席国际会议机会进行对话交流外，5月美国总统拜登访日。这是拜登首次以美国总统身份访问日本，受到日方高度重视。日美领导人举行会谈，并发表"强化自由开放的国际秩序"联合声明。日美两国政府各层级交流更为频繁，呈机制化发展趋势。日美外长及防长间往来频繁，副部长级及司局级部门的交流日益密切。日本将日美同盟视为外交政策基轴，在中美大国博弈持续演进、中日东海钓鱼岛争端日益升级的背景下，日美同盟的军事一体化速度加快。

首先，推进日美军事一体化发展。近年来，日美军事合作日益呈现一体化发展趋势，2022年，岸田内阁在酝酿、出台"安保三文件"过程中，进一步加快这一趋势。一方面，日本决定设立"联合司令部"，在军事指挥体系方面向美国靠拢，以强化自卫队统一指挥，提升实战能力。[1] 设立"联合司令部"是日本仿制美军指挥体系、推动日美军事一体化发展的战略举措。在日本自卫队现有指挥体系中，联合参谋部负责对海陆空自卫队进行领导、指挥，统合幕僚长作为自卫队最高军事长官，不仅负责辅佐首相和防卫大臣、执行首相和防卫大臣的命令，而且承担与美军沟通、协调的职责。"联合司令部"的设立不仅让日美军事沟通变得更为顺畅、双方在军事防务交流方面更加对等，而且让"联合参谋部"和"联合司令部"在职责分工上更为明确。以往在日美同盟中，日本一直扮演后勤支援等辅助型角色。然

---

[1] 防衛省『国家防衛戦略』、2022年12月、https：//www.mod.go.jp/j/policy/agenda/guideline/strategy/pdf/strategy.pdf［2023-01-03］。

而，随着岸田内阁"安保三文件"提出构建"反击能力"、加强攻击性力量建设，自卫队将被打造成攻守兼备型的武装力量，在美军军事行动中扮演更多的角色，甚至被编入美军、卷入美国与其他国家的战争。[①] 另一方面，日本对标北约，将防卫费支出提升到 GDP 的 2%。2012 年安倍再次执政后，日本的防卫费一直呈增长态势，然而仍未满足美国希望日本"对标北约"的要求。为此，岸田内阁决定到 2027 年将防卫费支出提升到 GDP 的 2%，从而能够在日美同盟中承担更多的责任。

其次，推动日美双多边军事演练制度化。军事同盟的强化离不开高质量的联合演练。2022 年，日美不仅增加双边演习的频率，还针对亚太地区安全环境开展灵活、机动的多边军事演练。据日本防卫省发布的消息，截至 2022 年 11 月，日美共举行 100 多场双边军事演习，内容涵盖反潜训练、网络对抗、扫雷、水上补给及水上对抗等多个项目，尤其是反潜训练，呈现机制化发展趋势。反潜训练一直是日美在亚太军事训练的重要内容，2022 年，两国共举行两次大型反潜训练，尤其是 10～12 月的第二次训练，涵盖了从日本到夏威夷周边的广阔海域，几乎横跨第一、二、三岛链。[②] 同时，日美与澳大利亚、印度、菲律宾等国举行多次联合演练，内容包括海上战术、海上救援、防空及导弹跟踪等。随着亚太局势趋于紧张，尤其是中美在台海、南海以及中日在东海的对抗升级，日美双边及多边联合演练越来越具有针对性，日美印、日美澳、日美韩、日美菲等"日美+X"式小多边演练机制日益成熟。

最后，打造"印太经济框架"（IPEF），构建对华出口协调机制。5 月，拜登在东京宣布启动包括日本在内的"印太经济框架"。其囊括了全球 60% 的人口和 40% 的国内生产总值，主要包括四个支柱：在数字经济、贸易及劳工等领域制定所谓公平、高标准的规则；提高半导体、关键矿物原料、医疗产品等重要产业供应链的韧性、安全性及可持续性；加快脱碳及绿色科技

[①] 「社説：日米首脳会談　危うい軍事の一体化では」、『京都新聞』2023 年 1 月 17 日、https：//www.kyoto-np.co.jp/articles/-/956471［2023-01-20］。

[②] 防衛省「令和 4 年度第 2 回米国派遣訓練（潜水艦）について」、2022 年 10 月 3 日、https：//www.mod.go.jp/msdf/release/202210/20221003-2.pdf［2023-01-03］。

的发展，为高标准基础设施的建设提供资金、技术支持；税收和反腐败。① IPEF是拜登担任美国总统以来推出的首个针对亚太地区的战略安排，也是美国欲主导亚太经贸合作、替代跨太平洋伙伴关系协定（TPP）的战略框架，具有降低对华供应链依赖的性质。

三 中日关系低位震荡，积极因素逐步酝酿

2022年，中日关系处于低位震荡状态，尽管面临邦交正常化50周年这一重要节点及探索两国相处之道的机遇窗口，但也未能扭转总体局面。两国结构性矛盾持续发酵，而俄乌冲突对国际局势的冲击又给双边关系发展增添了新的不确定性。岸田内阁出台"安保三文件"、构建"反击能力"以及对华"迄今为止最大的战略挑战"的定位更是为中日关系的发展前景蒙上阴影。尽管形势更趋严峻复杂，但中日交流互动并未中断，两国领导人在出席亚太经合组织（APEC）领导人非正式会议期间举行会谈，再次确认中日关系稳定发展的目标方向，点燃了新的希望。2023年是《中日和平友好条约》签署45周年，两国能否抓住机遇排除艰险、直面问题克服挑战，重新将中日关系导入发展正轨，值得期待。

（一）日本对华政策消极面凸显，中日关系低位震荡

中日间存在的结构性矛盾因素是两国关系稳定发展的主要障碍，加上俄乌冲突的爆发以及中美博弈的持续深化，使得中日关系中的负面因素不断被激发，进一步给两国关系稳定发展增添了阻力。日本推出针对中国的经济安保政策、制定构建"反击能力"的"安保三文件"、积极介入台湾问题，叠加中日东海争端等固有矛盾，导致中日关系的发展举步维艰。

首先，日本改变对华战略定位，对华政策消极面持续扩大。日本政府持

---

① 外務省『繁栄のためのインド太平洋経済枠組みに関する声明』，2022年5月23日，https://www.mofa.go.jp/mofaj/files/100347420.pdf［2023-01-03］。

续渲染"中国威胁",不仅将中国正常的对外军事活动定位为"严重的担忧事项",还在新版《国家安全保障战略》中将中国定位为"迄今为止最大的战略挑战"。尽管这一定位未超出美国对华"最大的挑战"定位,但对中日关系的发展仍造成严重负面影响,并将干扰、破坏中日关系发展的未来方向。对此,中国外交部发言人、中国驻日使馆发言人均表示,日方的有关说法严重偏离基本事实,违背中日四个政治文件原则精神,肆意煽动"中国威胁",挑动地区紧张对立,中方对此强烈不满,坚决反对。①

其次,日本将中俄进行捆绑,积极介入台海争端。俄乌冲突爆发后,日本政府一方面积极追随欧美对俄进行制裁;另一方面将俄乌冲突与台湾问题进行不当类比,以吸引欧美关注东亚局势、台湾问题,进而实现对华多边施压的目的。日本政要反复渲染东亚紧张局势,利用国际多边场合散布错误言论,积极推销台海议题。8月4日,G7外长会议发表所谓《关于维持台湾海峡和平及稳定的声明》,不仅粗暴干涉中国内政,还故意抹黑中国为维持台海地区和平稳定所付出的努力。②

最后,日本制定《经济安全保障推进法》,配合美国对华施行出口管制。岸田内阁推动国会审议通过"经济安全保障推进法案",尽管日方以维护供应链稳定、保障国内经济社会及民生事业发展为借口,但难掩该法明显的"中国指向性"。实际上,降低对华依赖、维护供应链稳定安全一直是日本维护经济安全的主要内容。7月29日,日美首次经济版"2+2"磋商在美国召开,尽管会谈更多强调的是两国协调强化供应链体系,并未点名指责中国,但从公布的会谈结果看,围堵中国半导体、芯片产业发展的意图明显。③ 12月20日,日本政府以

---

① 《驻日本使馆发言人就日本政府发布安保战略三文件涉华消极内容发表谈话》,中华人民共和国驻日本国大使馆网站,2022年12月16日,http://jp.china-embassy.gov.cn/chn/sgkxnew/202212/t20221216_10991313.htm[2023-01-03]。
② 「台湾海峡の平和及び安定の維持に関するG7外相声明」、2022年8月4日、https://www.mofa.go.jp/mofaj/press/release/press3_000891.html[2023-01-03]。
③ 竹中治堅「日米、経済版2プラス2初開催　半導体量産で協力対中国、人権・インフラ投資で秩序づくり」、『日本経済新聞』2022年7月29日、https://www.nikkei.com/article/DGXZQOUA26C540W2A720C2000000/[2023-01-03]。

内阁决议的形式明确了《经济安全保障推进法》中"特定的重要物资"的种类，主要包括半导体、蓄电池、重要矿产、机床和产业用机器人、飞机零部件、天然气、抗菌制剂等11类，明显是要配合美国对华发动"芯片战争"。

此外，积极利用所谓"人权"问题打压中国，也成为2022年日本对华政策极为不光彩的一页。2月1日和12月5日，日本国会众参两院先后通过所谓"人权决议"，粗暴干涉中国内政。

（二）高层互动引领关系走向，积极因素开始萌芽

尽管2022年中日关系保持低位震荡，始终未能走出谷底，但应看到，中日双方为推动关系改善与发展做出了积极努力。

一是实现领导人会谈，为中日关系发展注入新动能。11月17日，习近平主席与岸田在出席APEC领导人非正式会议期间举行会谈，指出"中日关系的重要性没有变，也不会变。中方愿同日方一道，从战略高度把握好两国关系大方向，构建契合新时代要求的中日关系"，岸田表示"日中作为近邻，互不构成威胁，需要也应该和平共处……日中合作拥有很大潜力，两国对地区和全球和平繁荣负有重要责任，日方愿同中方共同努力，实现日中关系的健康、稳定发展。在台湾问题上，日方在日中联合声明中做出的承诺没有丝毫变化。我愿同中方加强对话沟通，共同引领日中关系的正确方向"。中日领导人在时隔近三年后首次实现面对面的会谈，就稳定和发展双边关系达成五点共识，不仅明确了"构建契合新时代要求的建设性、稳定的中日关系"目标，而且提供了实施路径，即尽早举行新一轮中日经济高层对话、尽早举行新一轮中日高级别人文交流磋商机制会议、尽早开通防务部门海空联络机制直通电话，这对于推动中日关系重回正轨具有重要的意义。中日"两国经济相互依存度很高，要在数字经济、绿色发展、财政金融、医疗养老、维护产业链供应链稳定畅通等方面加强对话合作，实现更高水平优势互补和互利共赢"①。

---

① 《习近平会见日本首相岸田文雄》，中华人民共和国外交部网站，2022年11月18日，https：//www.mfa.gov.cn/web/gjhdq_676201/gj_676203/yz_676205/1206_676836/xgxw_676842/202211/t20221118_10977298.shtml［2023-01-03］。

二是两国外交沟通渠道保持畅通。2022年，中日两国政府部级及事务层面保持正常交流。首先是中日两国外长举行视频会议。2022年5月18日，中日两国外长举行视频会议，双方同意为了构建"建设性、稳定的双边关系"而共同努力，并明确双方应推动经济领域各级别的交流，两国政府的努力将是中日两国国民及经济交流的重要推动力。[①] 与此同时，司局级磋商有序推进。日本外务省亚大局局长与中国外交部亚洲司司长共举行两次对话，双方就当前中日间存在的问题进行了坦诚的对话，并希望能保持密切的沟通与交流。

三是涉海沟通交流呈现机制化发展趋势。6月23日，中国外交部边海司司长与日本外务省亚大局局长以视频会议方式共同主持中日海洋事务高级别磋商团长会谈。双方就涉海问题坦诚深入交换意见，强调应根据两国领导人达成的重要共识和四点原则共识精神，妥善处理两国间涉海矛盾分歧，加强海空风险管控，积极促进海洋生态、环保、科研、气象、减灾防灾、搜救、渔业等涉海务实合作，加强双方涉海部门人员交流，维护东海和平稳定，为把东海建设成为和平、合作、友好之海做出积极努力。[②] 11月22日，中日举行海洋事务高级别磋商机制第十四轮磋商，参会双方举行了全体会议和海上防务、海上执法与安全及海洋经济三个工作组会议，就涉海议题及海洋领域的交流进行深入对话，达成六点共识。[③] 涉海议题一直是影响中日关系发展的重要因素，中日双方涉海团队能够克服困难、开展坦诚深入的对话交流，对中日关系健康稳定发展具有重要意义。

此外，经贸合作在中日关系健康稳定发展中仍扮演重要角色，尽管日本

[①] 『日中外相テレビ会談』、2022年5月18日、https：//www.mofa.go.jp/mofaj/press/release/press1_000872.html［2023-01-03］。

[②]《中日举行海洋事务高级别磋商团长会谈》，中华人民共和国外交部网站，2022年6月23日，http：//foreignjournalists.fmprc.gov.cn/wjdt_674879/sjxw_674887/202206/t20220623_10708853.shtml［2023-01-03］。

[③]《中日举行海洋事务高级别磋商机制第十四轮磋商》，中华人民共和国外交部网站，2022年11月22日，https：//www.mfa.gov.cn/web/gjhdq_676201/gj_676203/yz_676205/1206_676836/xgxw_676842/202211/t20221122_10979395.shtml［2023-01-03］。

不断收紧经济安保相关法律政策，但是中日经贸合作的发展势头依然较为强劲。据日方统计，2022年，日本对华出口额为1848.3070万亿美元，较上年减少10.3%，但该数值在自2011年以来日本对华出口额中排名第三，仅次于2021年和2011年。同期，日本自中国进口额达到1887.673万亿美元，较2021年增长1.7%，连续两年增长。[①]

（三）面对45周年机遇窗口，中日关系能否企稳向好？

2022年，中日关系未见改善，反而遭遇更为多元的挑战和冲击，两国结构性矛盾故态依旧，政治安全分歧未能有效弥合。中美博弈叠加俄乌冲突爆发，使得中日关系发展面临更加复杂严峻的外部环境。日本欲借俄乌冲突强化民众国家安全意识，通过"安保三文件"加速日本"正常化"国家建设。2023年是《中日和平友好条约》签署45周年，中日双方能否抓住机遇、让两国关系重回正常发展轨道，取决于一系列内外因素交叉互动的结果，其中至少包括以下几个方面。

首先，岸田能否实现长期稳定执政。支持率低位运行的岸田内阁一旦不能保持政局稳定，就将无法有效管控自民党内保守强硬势力，那么2023年的中日关系会面临各种困难曲折。反之，若岸田内阁支持率回升，且能持续较长时间，那么岸田可能实现较为稳定的长期执政，这将给中日关系重回正轨提供相对确定的预期，两国关系可能有所恢复。

其次，中日能否妥善处理钓鱼岛争端。日本持续推动钓鱼岛争端发酵，在不断升级海洋装备、从"硬件"方面增强在东海地区存在感的同时，持续强化对钓鱼岛及东海附近水域的海洋监视。日本新版《国家安全保障战略》提出要强化自卫队与海上保安厅的合作，而一旦"海保""海自"强化

[①] 『2022年の日中貿易は前年比で微減、輸出は2桁減、輸入は微増』、JETRO、2023年4月4日、https://www.jetro.go.jp/biznews/2023/04/319daa306a0f403b.html#:~:text=2022%E5%B9%B4%E3%81%AE%E6%97%A5%E6%9C%AC%E3%81%AE,%E3%81%AE%E9%87%91%E9%A1%8D%E3%81%A8%E3%81%AA%E3%81%A3%E3%81%9F%E3%80%82［2023-04-08］。

围绕东海钓鱼岛区域的合作，就势必会进一步升级相关海域的紧张局势。

最后，日本如何配合美国强化出口管制。随着日本将半导体、蓄电池等 11 类物品列为"特定的重要物资"，相关产品的对华出口极有可能进一步受到限制。2022 年 7 月，日美举行首次经济版"2+2"磋商即日美经济政策协商委员会会议，明确将在新兴技术及共建韧性供应链等领域强化合作。可以预见，随着中美博弈的持续演进，美国将不断对日施压，迫使其在半导体等领域强化对华出口管制。

此外，日本是否有足够的战略智慧妥善应对中美博弈的长期化、胶着化，以及如何认识台湾问题，都将对 2023 年中日关系走向产生重要影响。如果岸田内阁将自民党内保守强硬派关于台湾问题的错误认知上升为官方政策，那么中日关系改善的空间就会被极度压缩，"构建契合新时代要求的建设性、稳定的中日关系"的目标就将渐行渐远。

分 报 告
Situation Reports

B.2
2022年日本政治：
岸田内阁执政"一年考"

张伯玉*

摘　要： 至 2022 年 12 月底，岸田文雄内阁上台执政已近一年零三个月。其在继 2021 年 10 月领导自民党赢得众议院绝对稳定过半数议席之后，又在 2022 年 7 月赢得参议院改选议席的过半数议席。从众参两院国会选举结果来看，岸田内阁堪称以高分通过两次国会选举"大考"，有望成为长期政权。从处理内政外交问题等的执政能力来看，岸田内阁上半年在处理俄乌冲突等外交热点问题上得分高，下半年在应对内政问题，尤其是在处理引发舆论高度关注的前首相安倍晋三遇刺身亡引发的系列问题，以及阁僚丑闻等问题的过程中得分偏低，导致其执政态势总体呈现一种不稳定状态。岸田执政一年多来，在"三大能力考试"即"选举能力"

---

* 张伯玉，法学博士，中国社会科学院日本研究所政治研究室主任、研究员，日本政治研究中心副主任，主要研究方向为日本政治。

"外交能力""内政能力"考试中,"选举卷"合格,"外交卷"合格,"内政卷"不合格。

关键词: 日本政治 岸田内阁 参议院选举 长期政权 不稳定执政

2022年日本政治形势的发展变化,以7月参议院选举为"分水岭",内阁支持率高开低走,总体呈不稳定状态。岸田内阁上半年执政态势良好,在内政问题上为降低风险有所不为,其应对俄乌冲突的举措赢得民意支持,稳定维持高支持率,为打赢参议院选举战营造了良好的舆论环境;下半年则在处理前首相安倍晋三遇刺身亡引发的系列问题,以及阁僚丑闻问题的过程中,因应对不利而招致民众不满,导致内阁支持率持续下滑,不支持率反超支持率。

一 应对俄乌冲突举措获高支持率

岸田政府上台四个余月即遇到能否处理好国际事务的挑战,这是对岸田领导能力的考验。其追随美欧严厉制裁俄罗斯、"超规格"支持乌克兰背后的政治意图复杂,有多重政治考虑。仅从赢得日本国内民意支持的角度来看,岸田政府在应对俄乌冲突采取的举措方面是成功的。

自20世纪90年代末以来,日本内阁成立半年后支持率仍然维持在50%以上的情况并不常见。2022年4月4日,岸田内阁执政届满半年。日本广播协会调查统计数据显示,4月的内阁支持率为53%,与3月持平;不支持率为23%。此后,内阁支持率在6月、7月迎来新高,连续两个月保持在59%。与此同时,内阁不支持率在7月迎来新低(21%),连续三个月维持在23%的不支持率下降了2个百分点。[①] "2021年10月成立之初,岸田内阁

---

① 「内閣支持率」、https://www.nhk.or.jp/senkyo/shijiritsu/ [2022-12-25]。

支持率不足50%（49%），此后一直保持在50%以上。虽然调查方式有所不同，不能进行简单的比较，但自小渊内阁以来，成立半年后支持率稳定维持在50%以上的，只有小泉内阁和第二次安倍内阁。"①

从日本国内各种有关内阁支持率统计调查数据来看，岸田内阁在2022年上半年稳定维持高支持率与其应对俄乌冲突的举措密切相关。自2022年2月24日俄乌冲突爆发以来，岸田内阁采取的制裁俄罗斯、支持乌克兰的政策方针获得日本国民的高度评价。

（一）追随美欧不断加大对俄制裁力度

实施金融制裁。2022年2月22日，美国拜登总统公布了与日英等七国集团（G7）成员联合实施的第一轮对俄金融制裁措施。其针对的是俄政府下属的外国开发经济银行（VEB）和Proms Byaji银行（PSB）以及42家相关企业。这两家银行虽然不是俄罗斯最大银行，但与俄军火行业关系密切。此外，普京总统的5名助手也受到制裁。2月27日，岸田宣布与美国和欧盟一起将俄部分银行排除在全球银行结算交易网络"环球同业银行金融电信协会（SWIFT）管理的国际资金清算系统"之外。

限制半导体等尖端技术产品对俄出口。2月25日，为配合美国在2月24日发起的重点针对俄军事、国防和航空航天领域的第二轮制裁措施，岸田内阁公布了以限制半导体等尖端技术产品对俄出口为重点内容的追加制裁措施，主要包括三项内容：冻结俄罗斯个人和团体的在日资产，以及停止发放签证；冻结俄金融机构的资产；限制对俄军事相关团体出口，以及受国际协议管制物品和半导体等产品对俄出口。

冻结包括普京在内的6名俄政府高官以及俄中央银行的在日资产。2月27日，岸田宣布将冻结包括普京在内的俄政府高官个人的在日资产。3月1日，内阁会议通过决议，冻结普京以及俄外交部部长、国防部部长等6名高

---

① 「岸田政権半年 支持率堅調の要因と今後の行方を世論調査から分析」、2022年4月12日、https://www.nhk.or.jp/kaisetsu-blog/700/466716.html［2022-12-25］。

官，以及俄中央银行的在日资产。此外，日本参议院预算委员会在3月1日还讨论了是否追加禁止俄飞机飞越日本领空的制裁措施，以及日企是否应该退出在俄远东萨哈林地区进行的石油天然气合作开发项目"萨哈林2号"。

从2022年4月8~10日日本广播协会进行的舆论调查来看，在回答"你如何评价迄今为止日本政府在俄罗斯入侵乌克兰问题上所采取的应对措施"时，71%的受访者肯定了政府采取的应对措施，比5月（58.1%）提高近13个百分点。其中，表示"高度评价"的为12.5%，表示"一定程度上给予评价的"为58.5%，只有两成多的受访者表示"不评价"。在回答关于对俄罗斯采取的一系列制裁措施的看法时，高达81.6%的受访者支持日本政府制裁俄罗斯，比5月（82.2%）降低了0.6个百分点。其中，35.1%的受访者表示制裁措施是"妥当的"，46.5%的受访者表示"应该进一步加强"制裁措施，只有6.5%的受访者表示"太过严厉"。[①]

（二）"破格"支持乌克兰

提供经济援助。2022年2月28日，岸田在与乌克兰总统举行电话会谈时，确认向乌政府提供1亿美元借款和1亿美元紧急人道主义援助。对此，泽连斯基当天在推特（Twitter）上称，"对俄罗斯的严厉制裁就是对乌克兰的全力支持"。

承诺接收乌克兰难民，或对接收难民的欧洲国家提供经济支持。3月2日，岸田在与波兰总统举行电话会谈时表示，"将为接收难民的欧洲各国提供必要的经济支持"；同时，还表示已经"为接收乌克兰难民做好了相关准备，随时可以派出包机（接难民）"。由此，岸田成为二战后日本第一个宣布无条件接收难民的日本首相。迄今为止，日本在难民问题上虽然仍面临很多难题，但岸田的决定可以说前进了一大步。

提供防弹背心和头盔等防卫装备和应急物资。2022年3月4日，日本

---

① 「2022年4月 政治意識月例電話調査」、https：//www.nhk.or.jp/senkyo/shijiritsu/pdf/aggregate/2022/y202204.pdf［2022-12-25］。

国家安全会议（NSC）决定向乌克兰军队提供防弹背心和头盔等防卫装备。日本向受到武力攻击的国家提供防卫装备，可以说是二战后史无前例的"创举"。日本防卫大臣岸信夫在解释捐赠目的时指出，"向乌克兰人民提供最大限度的支持，并与国际社会团结合作以维护国际秩序，是政府的方针政策"。除防卫装备外，日本还向乌克兰提供应急食品、防寒服、帐篷、发电机、照相机、卫生用品等物资。虽然《防卫装备转让三原则》规定，禁止向联合国安理会决议指定的"纠纷当事国"提供装备，但岸田政府对此的解释是，"乌克兰不是联合国安理会决议对象国，也不是纠纷当事国"。

岸田政府对乌方的"破格"支持，不仅得到美国驻日大使的高度评价，还赢得了日本民众的高度支持。3月4日，美大使伊曼纽尔发表声明称，"通过向乌提供防卫装备重要支持是史无前例的决定，强烈表明了日本的意志""日本发挥了历史性作用"。岸田政府对乌克兰的支持也得到了日本民众的高度支持，75.6%的受访者肯定政府派专机去接希望到日本避难的乌克兰难民；67.9%的受访者支持日本降低对俄罗斯的能源依存度，并愿意忍受因此带来的能源价格上涨。[①]

俄乌冲突发生后，日本国内舆论出现了一种尖锐批评前首相安倍对俄政策全面失败的声音。2014年俄罗斯进入克里米亚半岛时，日对俄制裁的重点是限制进口克里米亚产品、禁止5家俄罗斯银行在日本发行证券，但这些制裁措施几乎未对俄造成实质性伤害。时任首相安倍晋三担心对俄采取严厉制裁措施会对日俄和平条约问题谈判产生不利影响。岸田政府则基于所谓俄乌冲突对国际秩序产生的深刻影响与2014年完全不同的判断，与欧美密切合作对俄实施严厉制裁。外务省官员指出，与2014年相比，日本国内几乎不再期待俄罗斯归还"北方领土"。对岸田来说，这可能是与安倍外交政策相区别的绝佳机会。严厉制裁俄罗斯，与安倍政府推行的对俄政策进行切割，是打破安倍外交神话与打造岸田外交成果的绝佳时机。从舆论调查数据

---

① 「2022年4月　政治意識月例電話調査」，https：//www.nhk.or.jp/senkyo/shijiritsu/pdf/aggregate/2022/y202204.pdf［2022-12-25］。

来看，岸田政府的应对措施得到了日本国民的积极回应。有民众表示，虽然为乌克兰提供军事支持在日本法律和外交上是困难的，但日本别无选择，只能提供人道主义支持，继续慷慨地支持乌克兰。①

二 参议院选举自民党大胜，岸田执政基础稳固

2022年，岸田政府最重要的政治目标是在7月举行的参议院选举中获得改选议席的过半数。对2021年10月4日就任首相的岸田来说，要想实现长期稳定执政，必须在国会众参两院选举中领导自民党打赢选举战。7月10日，即在举国震惊的前首相安倍晋三遇袭身亡两天后，参议院选举结果揭晓。自民党单独赢得改选议席的过半数，联合执政的自公两党继续控制参议院过半数议席。在野党势力分散，虽然日本维新会的议席增加，但立宪民主党和国民民主党的议席减少，因此难以形成与执政党相抗衡的合力。在2021年10月31日领导自民党赢得众议院稳定过半数议席后，岸田首相继续领导自民党在参议院选举中赢得过半数改选议席，这为其长期执政奠定了稳固的基础。

（一）参议院选举后日本朝野政治势力分布态势

2022年7月参议院选举后，自民党所获议席为63个，与选举前相比增加了8个，自民党赢得参议院改选议席的过半数。日本参议院议席定数由2016年的242个经2019年参议院选举（定数增加3个）、2022年参议院选举（定数增加3个）增至248个，2022年参议院选举改选议席为124个。由于选举前参议院缺员1人，缺员议员选举与本届选举一起举行，因此，本届参议院选举议席为125个。参议院过半数议席为125个，过2/3议席为166个。

自民党所获议席与选举前日本主流媒体以及资深媒体人士的预测结果基

---

① 「岸田内閣支持率68.9% 発足以来最高　経済に影響出ても対ロ制裁を73.6%　FNN世論調査（2022年5月）」、2022年5月23日、https://www.fnn.jp/articles/-/363832 [2022-12-25]。

本一致。6月22日参议院选举结果公布后，日本富士新闻网分别在选举初期（6月28日发布）、中期（7月4日发布）、末期（7月8日上午发布，几乎与安倍遇袭时间相同）进行的民意调查结果显示，自民党议席有望从选举前的55个增加到60个或超过60个，修宪势力（日本维新会、国民民主党、公明党、自民党）有望维持2/3以上议席。其中，在决定朝野政党胜负走向的32个一人区（一个选举区选出一名民意代表），自民党所获议席有望超过2019年的22个。日本共同通信社编辑委员兼评论员久江雅彦对自民党议席的预测是，最少56个议席，最多64个议席。从开票结果来看，自民党所获议席为63个，与选举前相比增加了8个议席，其中有7个议席来自一人区。32个一人区的选举结果是自民党赢得28个议席，以立宪民主党、日本共产党为核心的在野党只获得4个议席。

  在自民党内拥有重要影响力的前首相安倍突然遇袭身亡，给日本政治尤其是自民党政治带来重大影响。但从选举结果尤其是自民党所获议席数来看，安倍遇袭事件并未对参议院选举产生特别重大的影响。这说明安倍遇袭事件虽然给自民党政治带来重大冲击，但从对选民投票行为影响的角度来看，其产生的影响是有限的。日本广播协会就"安倍遇袭事件"是否给选民投票行动和投票对象带来影响进行的舆论调查结果显示，只有12%的受访者表示"受到影响"，58%的受访者表示"没有影响"，表示"在投票日前已经完成投票即提前投票"的受访者占25%。从不同党派支持者来看，"在野党支持者"表示"受到影响"的占8%；"无党派支持者"表示"受到影响"的占9%；"自民党支持者"表示"受到影响"的占16%。此外，提前投票的出口调查结果显示，事发后第二天，投票给自民党的人的比例比前一天增加了4个百分点，这说明该事件在一定程度上鼓励了尚未投票的自民党支持者前去投票。[①]

  以最大在野党立宪民主党和日本共产党为核心的日本左翼政党势力更趋

[①] 参见曽我英弘「参院選後の政治課題と今後の政局」、2022年7月20日、https://www.nhk.or.jp/kaisetsu-blog/700/471258.html［2022-12-25］；「NHK世論調査（2022年7月）」、2022年7月19日、https://www.nhk.or.jp/senkyo/shijiritsu/archive/2022_07.html［2022-12-25］。

薄弱。从左右政治光谱分野来看，保守政党——自民党、日本维新会是参议院选举的赢家。自民党议席增加8个，日本维新会议席增加1倍，由改选前的6个议席增加到12个议席。左翼政党都出现议席减少。其中，立宪民主党议席减少6个，由改选前的23个减少到17个。日本共产党议席减少2个，由改选前的6个减少到4个。立场显著接近自民党的国民民主党议席减少2个，由改选前的7个减少到5个。以中道立场自居的公明党议席也减少1个。由于参议院实行的选举制度与众议院不同，日本参议院选举中各党派议席增减幅度不是很大。自2012年民主党下台以来，日本左翼势力的衰微趋势始终难以遏制。无论是从中长期来看，还是从短期来看，日本左翼势力日趋衰微的趋势很难改变。

（二）从参议院选举政策公约看岸田内阁未来施策重点

无论是从岸田政府在2022年上半年通过的政策方针来看，还是从参议院选举政策公约以及参议院选举后举行的记者会发言内容来看，岸田政府今后施政政策重点主要在安全、外交政策领域。

首先，从安全政策来看，岸田政府正在走上突破"专守防卫"政策框架的轨道。"从2023年起五年内实现防卫费占国内生产总值（GDP）2%的预算目标"被明确写进参议院选举政策公约。在7月14日举行的记者会上，岸田特别强调，"要加快讨论制定新的国家安全战略等，在五年内把大力加强国防力量具体化"。在回答记者关于"希望致力于解决哪些政治问题、政策问题以作为其任期内的政治遗产"的问题时，岸田表示："硬要说的话，我想完成两件事，一件是国内的，一件是外交安全方面的。控制新冠疫情、物价高涨，振兴日本经济并使之可持续发展，是其中之一。在当前的国际环境下，为日本能够在国际社会中维持和平的国际秩序而努力，这是我希望做的两件事。"[1] 从媒体报道的信息来看，"五年内实现防卫费占GDP 2%的预

---

[1]「首相記者会見詳報」、2022年7月14日、https://www.sankei.com/article/20220714-PIZSVF3BSBNZDPMRZU5BCBM3PA/ ［2022-12-25］。

算目标"是在安倍的压力下被写进岸田政府的政策方针的。在安全政策转向的推进轨道上，虽然与安倍相比，岸田存在一定的差异（主要是在发展速度上），但是总体方向是一致的——要切实加强日本的防卫力量，发展"反击能力"。

从各派政治势力在发展防卫力量问题上的主张来看，除日本共产党和社会民主党（该党仅有2个参议院议席）外，其他各派已经基本形成共识且并无大的分歧，就连以中道、和平政党自诩的公明党也主张要"确保真正必要的防卫预算"。也就是说，在转换安全政策的发展方向上，来自政治上的阻力不大，岸田内阁面临的最大问题是财政预算问题。具体的政策措施主要是，2022年底完成《国家安全保障战略》《防卫计划大纲》《中期防卫力量整备计划》的修改，并以增加财政预算来保障具体政策措施落地实施。

其次，自民党将重点推进与中国相关的政策，首次将与中国台湾地区的关系写进参议院选举政策公约。具体包括在经济安全上，要实现重要物资供应链的强韧化、加强对尖端技术开发的支持；实现"自由开放的印太"；加强与美国、澳大利亚、印度、东盟、太平洋岛国和中国台湾地区等的联合。

最后，岸田在修宪问题上持谨慎态度。在有关修宪问题上，岸田与自民党干事长茂木之间存在分歧。与岸田相比，茂木的态度更为积极。茂木在参议院选举后表示要"尽快在国会发起修宪动议"，而岸田的表态则是积极推动国会宪法审查会的讨论以及在国民中推动有关修宪的"对话活动"，以期实现在国会发起修宪动议。

（三）参议院选举后岸田内阁趋向长期执政

从日本国会选举规律来看，本届参议院选举后，如果在任期届满前不提前解散众议院，至2025年7月下届参议院选举前，岸田内阁将获得三年"黄金"执政期。但是，由于自民党总裁任期届满时间是在2024年9月，在此之前如果岸田不提前解散众议院的话，其"黄金"执政期将是两年，而不是三年。如果岸田有意在2024年9月再次参与自民党总裁选举，则将在此之前寻找有利时机解散众议院举行大选。从国会选举与自民党总裁选举的制度安排来看，岸田内阁具备长期执政的可能性。

首先，从朝野政治势力力量对比来看，在野党力量薄弱不具备挑战自民党的实力。从外部政治环境对手来看，岸田领导下的自民党没有实力强大的竞争对手。2012年民主党下台以来，除自民党、公明党外，其他政党不断重组、合并，在国会参众两院拥有议席并具备政党（非政治团体）资格的政党主要有立宪民主党、日本维新会、国民民主党、日本共产党。在野党势力分散，各政党支持率低迷不振，很难统合在一起，根本不具备挑战自民党的实力。此外，自民党还有一个选举实力强大的联合执政伙伴公明党的加持。

其次，从自民党党内政治格局来看，"安倍不在"的自民党内派系重组的变动对现任首相岸田有利，有助于增强岸田的凝聚力。"安倍不在"的自民党面临的最大问题，就是围绕最大派系安倍派继任会长人选的竞争，可能出现派系势力重组的状况，即"一派独大"的现状被打破，从而出现派系势力均衡的态势。对岸田来说，最关键的是维持党内派系势力的均衡与稳定，其中最有效的工具是人事权。因此，党政人事改组是关键，也是观察岸田政府能否稳定执政的风向标。

总之，在党内强势竞争对手、意欲第三次竞选自民党总裁的前首相安倍意外身故后，岸田内阁具备长期执政的可能性——党外无强势在野党竞争，党内无强势挑战者。

三 应对安倍"国葬"等问题不利，内阁支持率持续下滑

2022年7月8日，参议院选举前两天，前首相安倍晋三在奈良的一个车站前发表选举演说时被枪杀。由于事件发生在选举期间，最初被认为是政治恐怖主义行为。但是，嫌疑人的供述使安倍及其所属派系与新兴宗教"统一教"之间的关系问题浮出水面。在7月14日岸田首相决定为安倍举行"国葬"后，围绕是否应该为安倍举行"国葬"的问题，舆论呈"支持"与"反对"两分的局面。随着越来越多的自民党政治家与"统一教"

关系的曝光，以及"统一教"涉嫌对其信众洗脑、疯狂敛财等问题被揭露，岸田政府深陷"统一教陷阱"难以自拔。

（一）为安倍举行"国葬"遭到国民反对

7月14日，前首相安倍意外身亡6天后，岸田首相突然宣布要为其举行"国葬"。岸田在记者会上指出："安倍前首相执政历时八年零八个月（第一次执政和第二次执政合起来计算），是宪政史上执政时间最长的首相。执政期间，在严峻的国内外形势下，其以卓越的领导才能和行动力肩负首相之重任。从东日本大地震后的复兴、日本经济的振兴到以日美关系为基轴的外交的开展等，其在各个领域取得的成就令人瞩目，堪称丰功伟绩。他受到包括外国领导人在内的国际社会的高度赞扬。同时，其因在作为民主基础的选举中突然死于非命，而受到国内外广泛的哀悼、追悼。考虑到这些因素，我决定在今年秋天以国葬的形式为前首相安倍举行葬礼。通过举行国葬，在哀悼安倍前首相的同时，彰显我国不屈服于暴力、坚决捍卫民主的决心。同时，我要向世界表明，我们决心继承和开辟一个充满活力的日本。"[①] 刺杀政治人物事件在日本已经很久未发生了。对于安倍遭刺杀，无论是普通民众还是政界人士，无不感到震惊。在尚未清楚犯罪分子真正动机及其背景的情况下，岸田首相就匆忙将事件定性为对民主的挑战而要"坚决捍卫民主"，并以安倍执政时间最长及在内政、外交各领域政绩卓著为由决定为其举行"国葬"。此举为2022年下半年国内政治形势的变化埋下隐患。随着"统一教"自身问题及其与以安倍为核心的自民党政治家关系的曝光，为安倍举行"国葬"越来越遭到国民反对。

继1967年吉田茂首相之后，这是二战后日本第二次为前首相举行"国葬"。二战前举行"国葬"依据的法律是1926年颁布的《国葬令》，皇室成员、前首相、军人等均有资格举行"国葬"。二战后，该法律被废除，吉田

---

① 「首相記者会見詳報」、2022年7月14日、https://www.sankei.com/article/20220714-45CJ6IUEBVPWHD45QM3J4HD6C4/［2022-12-25］。

茂去世后，当时的佐藤荣作内阁通过内阁会议决定为其举行"国葬"。佐藤荣作去世时，由政府、自民党和市民有志之士三方出资为其举行所谓"国民葬"。在1980年大平正芳去世后，由政府和自民党共同为首相举行葬礼成为惯例。

与佐藤内阁的决定程序不同，为安倍举行"国葬"，首先是以岸田首相在记者会上宣布其决定的形式公之于众，然后于7月22日以内阁会议决定的形式追认岸田首相的决定并进而决定相关事宜。佐藤内阁在决定为吉田举行"国葬"前，与在野党等各方进行了充分沟通，这是因为举行"国葬"需要超越朝野政治分野、最大在野党党首在葬礼上致辞等，在野党的支持是不可或缺的。岸田在做此决定之前，既未听取最高国家权力机关国会众参两院议长的意见，也未举行朝野党首会谈以寻求在野党领导人的支持，更未经过国会审议。岸田仓促做出为安倍举行"国葬"的决定，除了考虑到安倍家属、自民党副总裁麻生太郎的意向以及安倍派的期待外，还希望借此展现其"能做决定"的领导能力，从而消除因频繁使用"研讨"（不做决定、不下结论）而被揶揄为"研讨使"的消极形象。"岸田首相执政后的10个多月，其行事原则是对可能影响政权运营的疑难问题，经常采取'慎重研究讨论、最终综合判断'等暂缓下结论的态度。'首相本人想在（参议院）选举获胜后再转变为决断型（领导）'，这次是摆脱'研讨使'（形象）的第一步。"[1] 此外，其更期待利用"国葬"邀请世界各国领导人参加葬礼以开展盛大的"葬礼外交"而彰显其外交能力，赢得"外交的岸田"之定评。在为安倍举行"国葬"的背后隐藏着岸田首相的诸多政治打算。

为安倍举行"国葬"的决定，招致在野党与市民团体的反对。在7月22日内阁会议做出决定当天，反对为前首相安倍举行"国葬"的市民团体在首相官邸前举行集会抗议政府决定。据主办抗议活动的民间团体称，约有

---

[1] 「岸田首相『安倍氏の国葬決断』で見せた驚く大変身」、2022年7月21日、https：//toyokeizai.net/articles/-/605408？page=3［2022-12-20］。

400人参加了抗议活动，其中包括11个团体和个人。社会民主党党首福岛瑞穗也参加了抗议活动。她指出："前首相佐藤荣作的葬礼就因为缺乏法律依据而未能举行。这次也同样缺乏法律依据，却以内阁会议决定的方式举行国葬，这不正常。"立宪民主党代表泉健太在记者会上表示，"岸田首相的仓促决定引发国民诸多疑问，岸田政府也未能做出回应。我反对政府的决定，因为（举行国葬）缺乏法律依据也没有（实施）标准，政府对此并未做出解释说明"。①

此外，随着安倍遇袭事件背后自民党与"统一教"之间的复杂关系，以及"统一教"涉嫌对其信众进行洗脑、不择手段疯狂敛财等问题的曝光，舆论形势对自民党越来越不利，为安倍举行"国葬"越来越不受国民支持，内阁支持率持续下滑。在2022年7月、8月、9月日本广播协会进行的民意调查显示：支持举行"国葬"的受访者比例不断减少，分别为49%、36%、32%；反对举行"国葬"的受访者比例不断增加，分别为38%、50%、57%。内阁对举行"国葬"的支持率不断下滑，分别为59%、46%和40%；不支持率持续上升，分别为21%、28%和40%。2022年9月27日"国葬"仪式完成后日本广播协会进行的舆论调查显示，支持举行"国葬"的比例为33%，反对举行"国葬"的比例为54%。日本广播协会在10月还增加了一项有关支持和反对举行"国葬"理由的调查，关于对其支持的理由，选择"受到国际社会的高度评价"的为43%，选择"政绩很大"的为27%，选择"宪政史上任期最长的首相"的为16%，选择"选举期间被枪杀"的为10%；关于反对理由，选择"葬礼费用全部由政府承担"的为34%，选择"举行国葬的依据不明确"的为25%，选择"未经国会审议就做出决定"的为20%，选择"作为政治家的评价尚不确定"的为18%。岸田内阁的支持率在10月被不支持率反超，支持率为38%，不支持率为43%。② 从民意

---

① 「安倍元首相の『国葬』9月27日に実施決定 東京 日本武道館で」、2022年7月22日、https://www3.nhk.or.jp/news/html/20220722/k10013730561000.html［2022-12-25］。
② 「NHK世論調査（2022年7月）」、2022年7月19日、https://www.nhk.or.jp/senkyo/shijiritsu/archive/2022_07.html［2022-12-25］。

支持与舆论形势来看，岸田首相为安倍举行"国葬"可谓重大失算。"如果岸田首相仔细考虑此事，听取国会的意见，像许多历任首相一样，由内阁和自民党一起举行葬礼，目前的混乱局面毫无疑问将不会发生。"[1] 但是，无论如何，为安倍举行"国葬"还是满足了自民党保守派以及安倍支持者的心愿。

（二）仓促进行党政人事改组留隐患

2022年8月10日，岸田改组党政人事。与为安倍举行"国葬"的决定一样，这也成为岸田首相向"一切由我决定"的"新岸田"形象转变的重要一环。改组党政人事是在绝对保密的情况下决定的，与自民党和公明党的联系也是在决定之后进行的。结果，双方都以"突然改组人事会引起执政党内部的混乱"为由提出异议。但岸田首相坚称，"已经决定了"，其背后隐藏着强烈的危机感。在舆论对"国葬"决定以及"统一教"问题的批评不断升温的情况下，岸田内阁还面临日元贬值等导致物价上涨和第七波新冠疫情暴发的危机。民意调查显示，由于对新冠疫情的担心和对举行"国葬"的反感，内阁支持率跌至岸田政府成立以来的最低水平。在这种情况下，"如果什么措施都不采取，政府将陷入重大危机"。[2]

8月10日，岸田第二次改组内阁成立。打着"突破国难"的旗号来进行人事改组的岸田首相的人事改组的基本方针是维持党和内阁基本体制、排除与"统一教"有密切关系的人员、积极任用女性和年轻政治家而不是论资排辈。此次人事改组，在维持党和内阁基本框架的同时，即自民党和政府要职麻生副总裁、干事长茂木敏充、内阁官房长官松野博一、财务大臣铃木俊一、外务大臣林芳正继续留任，根据公明党代表山口那津男的要求，国土

---

[1] 星浩「国葬で求心力低下、揺らぐ岸田政権にさらなる難題」、2022年10月1日、https://toyokeizai.net/articles/-/622821？page=2［2022-12-25］。
[2] 「なぜ今？岸田首相『8月10日に電撃人事』の裏事情」、2022年8月9日、https://toyokeizai.net/articles/-/610032？page=2［2022-12-25］。

交通相齐藤铁夫也留任，还延揽党内反主流派势力的重要人物进入党的执行部，即任命与前首相菅义伟、前干事长二阶俊博关系密切的森山裕为"党四役"之一的选举对策委员长。从党执行部人事安排来看，除政调会长萩生田光一外，副总裁麻生、干事长茂木、总务会长远藤利明、选举对策委员长森山等领导干部都是派系领袖，因此，这被称为"超重量级的举党一致体制"。19名内阁成员中除外务大臣、财务大臣、内阁官房长官等继续留任外，14名阁僚均被更换。被认为是重要阁僚的经济产业大臣、厚生劳动大臣以及防卫大臣均由经验丰富的人选填补，有5名前阁僚重新入阁。首次入阁的9位阁僚中，大部分是根据各派系推荐名单任命的，是"优先考虑党内平衡的人事"。①

安倍突然去世改变了自民党内的权力结构，岸田首相在此次人事改组中特别强调要兼顾各派系和实力派人物。其在巧妙安抚以前首相菅义伟为代表的党内反主流派势力的同时，还利用"领袖去世"的安倍派内部矛盾进行人事安排来操纵安倍派。通过党政人事改组，岸田首相维持了党内凝聚力。

但对岸田首相来说，与党政人事安排相比，更重要、更棘手的问题是如何处理"统一教"问题。在此次人事改组中，岸田首相更换了与"统一教"有关系的7名阁僚。但是，包括经济再生担当大臣山际大志郎（兼管新冠疫情防控）、总务大臣寺田稔等在内的7名新阁僚很快被发现也与"统一教"有关联②。这遭到在野党，尤其是立宪民主党和日本共产党的严厉批评。立宪民主党党首泉健太批评称，"简而言之，这是一个'隐瞒统一教的内阁'"。泉健太还在8月10日举行的该党内部会议上批评改组内阁成立当天被曝光的总务大臣寺田稔等与"统一教"的关系。日本共产党书记长

---

① 「岸田新体制が始動『超重量級』人事でも不安募る訳」、2022年8月13日、https://toyokeizai.net/articles/-/610878?page=2［2022-12-25］。
② 「第2次岸田改造内閣自民閣僚全員が靖国派—7人が統一協会系と接点—」、2022年8月14日、https://www.jcp.or.jp/akahata/aik22/2022-08-14/2022081401_01_0.html［2022-12-20］。

小池晃称,"这已经证明,自民党如果排除与'统一教'相关的国会议员,就不能组阁了"。① 改组内阁成立伊始,立宪民主党和日本共产党就准备围绕岸田政府与"统一教"问题追究岸田首相的人事任命责任。

(三)连续四位阁僚辞职

随着"统一教"问题不断被揭露,该组织与日本政界关系之深、之广不断被曝光。除自民党国会议员或出席该教组织的会议,或通过发贺电等方式参与该教活动不断被曝光外,在野党国会议员,以及地方政府行政长官、地方议会议员等与"统一教"相关团体也有密切关系。尤其是8月10日新入阁的负责经济振兴的经济再生担当大臣山际大志郎与"统一教"的密切关系被曝光,其在9月底召开的特别国会接受在野党质询时,再三以"我不记得""没印象"等来回应,并在相关事实被确认后迫不得已予以"追认",这招致媒体严厉批评。山际最终在10月24日被迫辞职。

此外,阁僚的"失言""金钱"等相关问题也很突出,由此引发所谓"阁僚辞职多米诺"问题。10月上旬,时任总务大臣、前首相池田勇人的孙女婿寺田稔被发现政治资金收支记录不完备等问题,其在11月21日辞职。10月中旬,时任复兴大臣秋叶贤也被曝与其存在关联的两个政治团体曾向其母亲和妻子支付了约1400万日元租金,而她们是其家乡仙台市事务所房产的持有人,由此引发的政治资金等问题接连被曝光,在野党不断追究其责任。此外,秋叶还与"统一教"有关联以及在2021年众议院选举中也有问题。秋叶于12月27日辞职。11月9日,时任法务大臣叶梨康弘有关"法务大臣是只在盖(执行)死刑的章时才上新闻的不起眼的职务"的发言,被认为是"对法务大臣职务和死刑的不尊重",叶梨很快撤回该发言。岸田首相原本不打算让叶梨辞职,但其最终还是在两天后的11月11日辞职。

日本广播协会进行的舆论调查统计数据显示,自9月内阁支持率与不支持率持平(均为40%)以来,支持率呈下降趋势,分别为38%(10月)、

---

① 「立憲・共産、旧統一教会で追及姿勢 維新・国民は注文 内閣改造」、『毎日新聞』2022年8月10日。

33%（11 月）、36%（12 月），不支持率呈上升趋势，分别为 43%（10月）、46%（11 月）、44%（12 月）。在日本广播协会于 12 月 9~12 日进行的电话调查中，对于"10 月以来不到一个月的时间相继有三位阁僚辞职，如何评价岸田首相对该问题的处理"，65% 的受访者表示"不太赞成"，只有 25% 的受访者表示"赞成"。①

在岸田执政一周年之际，时事通讯社进行的民意调查显示，内阁支持率较上月下滑 4.9 个百分点，首次跌破 30%（27.4%），创岸田内阁成立以来最低纪录，也低于菅义伟内阁时期的最低纪录（2021 年 8 月的 29.0%）。不支持率增加 3 个百分点，上升至 43.0%。有关岸田首相一年来的工作表现，近六成（59.7%）受访者表示"不太赞赏"（45.8%）或"一点儿也不赞赏"（13.9%），32.1% 的受访者表示"在某种程度上赞赏"，1.6% 的受访者表示"非常赞赏"。② 时事通信社的调查显示，"统一教"与自民党的关系、为前首相安倍晋三举行"国葬"、物价飞涨等问题是引发受访者强烈不满的主要问题。

对连续四位阁僚因被曝光丑闻而被迫辞职事件，12 月 28 日，内阁官房副长官木原诚二在朝日电视台的一档节目上坦率地承认，"这确实是相当严重的事态"。关于连续四位阁僚辞职给持续低迷的内阁支持率带来的影响，木原表示："虽然有人说不要因为（内阁支持率）的一升一降而一喜一忧，但是，（我认为）应该以一喜一忧来郑重对待其造成的影响。"③

结　语

至 2022 年 12 月底，岸田内阁上台执政已近一年零三个月。岸田在 2021年 10 月就任首相、组成内阁后不久即宣布解散众议院，在领导自民党赢得

---

① 『NHK 世論調査（2022 年 12 月）』、2022 年 12 月 12 日、https://www.nhk.or.jp/senkyo/shijiritsu/archive/2022_12.html［2022-12-20］。
② 『内閣支持続落 27%＝初の 3 割割れ、不支持 43%—時事世論調査』、2022 年 10 月 13 日、https://sp.m.jiji.com/article/show/2831785［2022-12-28］。
③ 『相次ぐ閣僚辞任「かなり重大事態」木原官房副長官』、2022 年 12 月 28 日、https://www.sankei.com/article/20221228-X5U6ROTJWBJVLIUEBTSCJOVNT4/［2022-12-28］。

众议院绝对稳定过半数议席之后，在2022年7月赢得参议院改选议席的过半数。从国会众参两院选举结果来看，岸田内阁堪称以高分通过两次国会选举"大考"。在意欲第三次竞选自民党总裁的前首相安倍意外身故后，在党内无强势竞争对手能够取而代之的形势下，岸田首相有望在2024年9月自民党总裁选举中连任，基本具备长期执政的可能性。从其处理内政外交问题等执政能力来看，由于长期担任安倍内阁的外务大臣，其在处理外交问题上更得心应手，但在处理引发舆论高度关注的安倍"国葬"、阁僚丑闻等内政问题的过程中应对不利，内阁支持率持续下滑，导致其执政态势总体呈现一种不稳定状态。

（审读专家：卢　昊）

B.3
2022年日本经济：
后疫情时代中的艰难复苏*

田 正**

摘 要： 2022年，日本经济发展呈现缓慢复苏的态势，企业设备投资成为经济增长的重要支撑，但居民消费波动、工业生产震荡、外需拉动效应不明显，经济增长动力不足。日本经济发展不仅面临俄乌冲突、疫情反复、日元贬值、通胀加剧等短期问题，人口老龄化加剧、创新能力下降等结构性问题也未得到有效缓解。随着日本财政支出不断增加、政府债务不断累积，货币政策陷入两难境地。岸田政府积极实施"新资本主义"政策，着力增加人力资本投资、实施经济安全保障政策、促进初创企业发展、加强对外经贸战略的实施，但效果还有待观察。在国际政治经济形势复杂变化的背景下，日本经济形势难言乐观。

关键词： 日本经济 日元贬值 通货膨胀 人口老龄化 新资本主义

在国际经济形势复杂变化、全球通胀持续的背景下，日本经济依靠内需的恢复在2022年实现了缓慢增长，其实际国内生产总值（GDP）在第二季度终于恢复到新冠疫情前的水平。俄乌冲突的持续、日元贬值以及日本国内通胀加剧

---

* 本报告为国家社会科学基金一般项目"战后日本经济内外循环关系的历史、理论与政策研究"（项目编号：21BGJ057）的阶段性研究成果。
** 田正，经济学博士，中国社会科学院日本研究所经济研究室副主任、副研究员，中日经济研究中心秘书长，主要研究方向为日本产业、日本经济。

等新问题影响日本经济增长，而未得到实质性缓解的人口老龄化等结构性问题成为日本经济增长的严重制约性因素。岸田政府着重实施"新资本主义"政策，调整新自由主义经济政策，试图实现"增长与分配"的良性循环。

一　2022年日本经济形势

在俄乌冲突、疫情反复、国际大宗商品价格上涨等因素影响下，日本的内需与外需发展情况均受到严重影响，日本经济增长动力不足。

（一）2022年日本经济形势跌宕起伏

2022年第一季度，受新冠病毒奥密克戎变异毒株感染扩大的影响，日本政府在34个都道府县范围内实施了"防止蔓延等重点措施"，降低了居民消费和企业投资，从而使2022年第一季度实际GDP出现了环比0.5%的负增长，换算为年率后更是达到-1.8%。① 2022年3月底，日本政府全面解除"防止蔓延等重点措施"，取消了针对服务行业企业营业时间的限制，增加了餐饮、住宿等服务业需求，加快物流行业的恢复速度，促进制造业恢复正常生产经营活动，进而提振了日本的民间消费与民间企业设备投资需求，推动第二季度日本经济增长。如表1所示，2022年第二季度，实际GDP环比增长达1.1%，换算成年率为4.5%。第二季度日本的实际GDP达547.9万亿日元，终于超过2019年第四季度542.1万亿日元的水平，促使日本实际GDP恢复到了新冠疫情前的水平。② 但是进入2022年下半年，俄乌冲突对日本经济的影响开始显现，石油、铜、大豆、小麦等大宗商品价格持续走高，叠加日元大幅贬值的影响，日本通胀率持续走高。2022年12月日本核

---

① 内閣府「四半期別GDP速報時系列表2022年1~3月期」、2022年6月8日、https://www.esri.cao.go.jp/jp/sna/data/data_list/sokuhou/files/2022/qe221_2/pdf/jikei_1.pdf［2022-10-20］。

② 内閣府「2022年10~12月期四半期別GDP速報（1次速報値）」、2023年2月14日、https://www.esri.cao.go.jp/jp/sna/data/data_list/sokuhou/files/2022/qe224/pdf/gaiyou2241.pdf［2023-02-20］。

心消费者物价指数（CPI）同比上涨4.0%，创1981年12月以来的历史新高。① 与居民生活息息相关的天然气、电力、食品等价格不断上涨，给日本居民生活带来沉重负担。能源、原材料价格的上涨导致日本企业的生产成本上升，从而降低了出口以及企业设备投资的增速。受此影响，2022年第三季度，日本国内需求再次出现下降，日本实际GDP环比增速再度转负，为-0.3%。在日本政府大规模经济刺激政策的推动下，第四季度，日本实际GDP环比增速转正，为0.2%，换算成年率为0.6%。日本内阁府2023年2月的统计结果显示，2022年日本实际GDP增速为1.1%。②

表1 2021年、2022年日本经济增长情况（环比）

单位：%

	2021年	2022年 第一季度	第二季度	第三季度	第四季度
实际GDP	2.1	-0.5	1.1	-0.3	0.2
内需	1.1	0.0	1.0	0.4	-0.2
民间需求	0.7	0.1	1.1	0.5	-0.4
民间消费支出	0.4	-1.0	1.7	0.0	0.5
民间住宅投资	-1.1	-1.7	-1.9	-0.4	-0.1
民间企业设备	0.8	-0.4	2.0	1.5	-0.5
公共需求	2.3	-0.2	0.7	0.2	0.3
政府消费支出	3.5	0.5	0.7	0.1	0.3
公共固定资本	-1.9	-3.1	0.7	0.7	-0.5
货物、服务净出口	(1.0)	(-0.5)	(0.1)	(-0.6)	(0.3)
出口	11.7	1.2	1.5	2.5	1.4
进口	5.1	3.7	1.0	5.5	-0.4

注：括号内为对GDP的贡献率。
资料来源：内阁府「2022年10~12月期四半期别GDP速报（1次速报值）」、2023年2月14日、https://www.esri.cao.go.jp/jp/sna/data/data_list/sokuhou/files/2022/qe224/pdf/gaiyou2241.pdf [2023-02-20]。

---

① 《日本2022年12月CPI创41年来最大涨幅》，日经中文网，2023年1月20日，https://cn.nikkei.com/politicsaeconomy/epolitics/51180-2023-01-20-11-29-26.html [2023-02-20]。
② 内阁府「2022年10~12月期四半期别GDP速报（1次速报值）」、2023年2月14日、https://www.esri.cao.go.jp/jp/sna/data/data_list/sokuhou/files/2022/qe224/pdf/gaiyou2241.pdf [2023-02-20]。

（二）经济复苏动力明显不足

在国内需求方面，消费增长动力不足，设备投资逐渐增加。在消费方面，随着疫情管控措施的松动，日本的消费出现恢复态势，但截至2022年第三季度日本的民间消费支出仅为295.1万亿日元，仍未达到疫情前2019年第三季度304.7万亿日元的水平。① 此外，日本国内物价的持续上涨使得日本消费者减少购买商品、降低消费支出的心理倾向更为明显。日本内阁府对"消费动向调查"结果显示，消费者态度指数从2022年8月的32.5下降到2022年12月的31，约50%的消费者表示在购买耐用消费品时需要慎重考虑。② 为提振消费，日本政府从2022年10月开始实施"全国旅行支援"活动，对于交通、住宿等旅行费用给予40%的政府补贴，每人最多可享受1.1万日元的旅游优惠。在投资方面，日本企业不仅注重强化对数字化、绿色转型等领域的设备投资，而且随着服务消费需求的上升，针对服务领域的投资持续增加。日本财务省"法人企业统计调查"结果显示，2022年第三季度，制造业设备投资同比增长8.2%，非制造业设备投资同比增长10.7%。另外，日本企业经营利润也在持续增加，为日本企业开展制造业及服务业领域投资提供了丰富的资金来源。2022年第三季度，日本企业经营利润同比增速达18.3%，其中，制造业企业增速为35.4%，非制造业企业增速为5.6%。③

在国内供给方面，工业生产反复延宕。在疫情反复、芯片短缺等影响下，2022年上半年，日本汽车供应链再次出现断裂的现象。2022年6月，丰田汽车表示因零部件供应不足，日本国内四条生产线延长停产时间，使7

---

① 内阁府「四半期别GDP速报时系列表2022年7~9月期」、2022年11月15日、https://www.esri.cao.go.jp/jp/sna/data/data_list/sokuhou/files/2022/qe223/pdf/jikei_1.pdf［2023-02-20］。
② 内阁府「消费动向调查」、2023年1月15日、https://www.esri.cao.go.jp/jp/stat/shouhi/youten.pdf［2023-02-20］。
③ 财务省「四半期别法人企业统计调查（令和4年7~9月期）」、2022年12月1日、https://www.mof.go.jp/pri/reference/ssc/results/r4.7-9.pdf［2023-02-20］。

月汽车产量与原计划相比下降5万辆。① 供应链的断裂导致日本企业的生产计划受到干扰，工矿业生产指数从2022年第一季度的95.7下降至第二季度的93.1。随着第三季度供应链中断现象的缓解，日本钢铁、机械、汽车等行业的生产开始逐步恢复，工矿业生产指数上升至98.5。② 但是，受海外半导体制造设备、平板电脑显示器、记忆芯片需求疲软的影响，生产用机械及电子零部件行业生产降幅明显，第四季度工矿业生产指数下降至95.4，环比下降3.1%。③

在外需方面，出口对于日本经济的拉动作用减弱。虽然在日元大幅贬值的背景下，2022年，日本出口情况得以继续改善，出口额达98.2万亿日元，同比增长18.2%，但是受到能源、原材料等进口产品价格大幅上涨的影响，2022年，日本进口额高达118.1万亿日元，同比上涨幅度高达39.2%。④ 这使得日本在2022年出现总额达19.9万亿日元的贸易赤字，创下1979年以来的最高纪录。日本的出口增长主要依靠汽车、钢铁等传统优势行业，在信息服务等新兴产业方面则处于贸易逆差地位。日本本土并未涌现出强有力的数字化互联网新兴企业，其在数字领域的竞争力持续下降，并在该领域的贸易逆差凸显。2022年《日本经济新闻》的统计结果显示，2022年，日本数字逆差高达4.7万亿日元，是5年前的1.9倍。⑤ 随着日本企业开展全球化经营，对外直接投资为日本企业带来的收益持续增加。2022年，日本对外直接投资收益达2323.1亿日元，同比增长幅度高达38%。日

---

① 《丰田两座日本工厂追加停产10天》，日经中文网，2022年6月23日，https://cn.nikkei.com/industry/icar/48958-2022-06-23-09-03-16.html［2023-02-20］。
② 経済産業省「鉱工業指数（生産・出荷・在庫、生産能力・稼働率）」、2023年2月14日、https://www.meti.go.jp/statistics/tyo/iip/result-1.html［2023-02-20］。
③ 経済産業省「鉱工業指数（生産・出荷・在庫、生産能力・稼働率）」、2023年2月14日、https://www.meti.go.jp/statistics/tyo/iip/result-1.html［2023-02-20］。
④ 財務省「令和4年分貿易統計（速報）の概要」、2023年1月19日、https://www.customs.go.jp/toukei/shinbun/trade-st/gaiyo2022.pdf［2023-02-20］。
⑤ 《日本数字逆差达4.7万亿日元，5年增至1.9倍》，日经中文网，2023年2月9日，https://cn.nikkei.com/politicsaeconomy/epolitics/51355-2023-02-09-09-04-07.html［2023-02-20］。

本的对外纯资产在2021年末达到411.2万亿日元的规模，创下历史新高。日本已经连续31年成为世界最大的纯债权国。①

二 2022年日本经济存在的主要问题及原因分析

2022年，日本经济发展除面临内外需不足等短期负面因素影响外，还面临一系列长期的结构性问题。泡沫经济崩溃后，日本经济陷入停滞状态，其原因在于少子老龄化导致的劳动人口数量下滑，以及资本收益率下降导致的资本积累速度放缓，使得全要素生产率增速停滞不前。

（一）俄乌冲突与疫情反复影响日本企业经营恢复和利润提升

俄乌冲突的爆发导致国际原油和天然气价格猛增，使日本企业生产成本上升，压缩了企业利润空间。截至2022年7月，布伦特原油期货价格达到114.8美元，每桶同比上涨53.8%，而普氏日韩天然气期货价格达到38.7美元每百万英热单位。②受俄乌冲突影响，由于日本三菱商事、三井物产等综合商社参与开发的"萨哈林2号"项目出口的石油和天然气减少，日本国内的能源供应形势更加紧张。③此外，俄罗斯和乌克兰还是关键矿产资源的重要生产国，俄罗斯生产的钯占据全球市场43%的份额，乌克兰生产的氖占据全球70%左右的份额。④俄乌冲突导致关键矿产资源供应趋紧，使日本汽车、半导体等产业生产受到波及。进入7月后，日本遭遇第七波新冠疫情的严重冲击。世界卫生组织统计数据显示，截至8月21日的一周内，日本新增确诊病例为147.6万例，连续五周成为全球新冠确诊人数最多的国家。虽然日本政府没有再次实施"防止蔓延等重点措施"，但由于出行人数

---

① 「日本の対外純資産、過去最大の411兆円」、『日本経済新聞』2022年5月27日。
② 《布伦特原油CFD$_{(OIL)}$》，新浪网，2022年8月20日，https://finance.sina.com.cn/futures/quotes/OIL.shtml［2023-02-20］。
③ 三菱商事「ロシア初のLNGプロジェクト」、2022年12月1日、https://www.mitsubishicorp.com/jp/ja/bg/natural-gas-group/project/sakhalin-2/［2022-12-20］。
④ 「希少資源に調達危機、なぜ今？」、『日本経済新聞』2022年3月4日。

减少，日本服务业的发展再次陷入困境。日本企业对未来经济发展的预期在下降。2022年12月日本银行"短观"调查显示，大型制造业企业景气判断指数较2022年10月调查时下降了1个点，连续四个季度恶化，而大型非制造业企业则预期在2023年4月调查时下降8个点，反映出日本企业对未来市场走向的担忧。①

（二）日元贬值导致输入型通货膨胀风险加剧

2022年美国通胀持续升温，6月CPI一度高达9.1%。3月后，美国联邦储备系统进入加息通道，实施了七次加息操作，截至12月，其基准利率已经提升至4.25%~4.5%。日本因经济增长疲弱，仍然维持大规模货币宽松政策，将长期利率上限维持在0.5%左右。② 日美之间的利率差距不断扩大导致日元迅速贬值。2022年10月，日元对美元汇率一度跌至1美元兑换150日元的水平，创下自1990年8月以来的历史新低。③ 日元的快速贬值导致日本进口商品价格持续攀升，引发通胀担忧。日本财务省的统计数据显示，12月，日本进口同比增长20.6%，其中，煤炭、原油、天然气进口的增长幅度分别高达108.1%、41.4%、36.8%，日本进口连续23个月上涨。④ 日本总务省统计数据显示，12月，日本消费者物价指数，在剔除波动较大的生鲜食品后，综合指数同比上涨4%，已经连续16个月上涨，创1981年12月以来的历史新高。⑤ 一般认为，日元贬值可以拉动日本出口，从而促进日本经济增长，但日本企业的生产已经高度全球化，且出口企业无法将进口原材料价格上涨的部分充分转嫁到出口产品价格上，导致此轮日元贬值的经

---

① 日本銀行「短観（概要）」、2022年12月14日、https：//www.boj.or.jp/statistics/tk/gaiyo/2021/index.htm［2022-12-30］。
② 「日米金利差とは　円安・ドル高の一因に」、『日本経済新聞』2022年10月21日。
③ 「円相場一時1ドル=150円台 1990年以来約32年ぶりの円安水準」、NHK、2022年10月20日、https：//www3.nhk.or.jp/news/html/20221020/k10013862341000.html［2022-12-20］。
④ 財務省「令和4年12月分貿易統計（速報）の概要」、2023年1月19日、https：//www.customs.go.jp/toukei/shinbun/trade-st/gaiyo2022_12.pdf［2023-01-30］。
⑤ 総務省統計局「消費者物価指数」、2023年1月20日、https：//www.stat.go.jp/data/cpi/sokuhou/tsuki/index-z.html［2023-01-30］。

济拉动效果有限。此外，日本居民的生活负担持续增加。日本经济智库瑞穗调查的测算结果显示，2022年日本家庭的平均支出将较2021年增加8.2万日元，其中食品支出增加3.9万日元，能源支出增加3.4万日元。①

（三）少子老龄化问题继续制约日本经济增长

当前，日本少子老龄化问题愈演愈烈。截至2022年8月，日本65岁及以上的老年人达到3625.6万人。老年人（65岁及以上）在总人口中所占比重提升到29%，达到历史最高水平，高于意大利（24.1%）、芬兰（23.3%）、希腊（22.8%）、德国（22.4%）。日本团块世代（1947~1949年出生）的人从2022年起陆续年满75岁，75岁及以上老年人在总人口中的占比达到15.4%。厚生劳动省的预测结果显示，到2040年，日本65岁及以上老龄人口的比重将提升至35%左右，到2060年时则将进一步提升至38%左右。② 同时，日本的少子化形势非常严峻，0~14岁人数为1456.3万人，占总人口的比例为11.6%。少子化现象使得人口结构发生巨大变化，改变了整个社会的生产关系，不利于社会经济发展，导致日本劳动力人口逐渐减少。2022年，日本15~64岁的劳动年龄人口下降至7426.3万人，比2021年减少35.2万人，同比下降0.47%。③ 劳动人口不足不仅导致日本企业雇佣人员成本上升，而且会进一步导致日本消费能力下降。为解决日本的少子化问题，日本政府在2022年6月通过了"儿童家庭厅"设置相关法律，在2023年4月正式设立"儿童家庭厅"，以综合应对少子化、虐待儿童、贫困家庭等问题，加强育儿、孕妇支援等。④

---

① 「止まらぬ円安、家計や企業に痛み生活費は年8万円増も」、『日本経済新聞』2022年10月15日。
② 厚生労働省「我が国の人口について」、2022年12月1日、https：//www.mhlw.go.jp/stf/newpage_21481.html［2022-12-20］。
③ 総務省統計局「人口推計」、2023年1月20日、https：//www.stat.go.jp/data/jinsui/pdf/202301.pdf［2023-01-30］。
④ 内閣府「こども政策の推進（こども家庭庁の設置等）」、2022年6月15日、https：//www.cas.go.jp/jp/seisaku/kodomo_seisaku_suishin/index.html［2022-12-20］。

（四）创新能力下滑阻碍日本经济增长

从长期来看，维持一国经济增长的最重要因素是持续不断的创新力。这是因为虽然增加资本、劳动等生产要素的投入能够在短期内起到促进经济增长的作用，但随着经济的发展，生产要素规模报酬递减的副作用愈发显现，生产要素的投资回报率会不断下滑，促进创新成为支撑经济增长的最主要因素。虽然日本具有强大的科技实力与创新能力，但近年来日本的创新能力在持续下降。日本经济产业研究所的日本工业生产率统计数据显示，体现创新能力的全要素生产率增长率从2010~2015年的年均0.42%下降至2015~2018年的年均0.02%。① 2022年，日本文部科学省公布的"科学技术指标"报告显示，近年来，日本论文发表的数量和质量均出现下滑。按分数法计算，日本论文发表数量排名从2008~2010年的世界第2位下降至2018~2020年的世界第5位。在反映论文质量的被引次数排名前1%论文数量方面，日本的国际排名从2008~2010年的第7位下降至2018~2020年的第10位。此外，由于研究工作的不稳定性提升，日本愿意从事科研工作的人数在下降。日本的博士入学人数从2003年的1.8万人下降至2021年的1.5万人。② 受创新能力下降的影响，日本经济的潜在增长率也在持续下滑。日本银行的测算结果显示，日本的潜在增长率已经从2014年第一季度的1.02%下降至2022年第一季度的0.31%。③

（五）日本宏观经济政策调整空间有限

在财政方面，财政重建的目标难以实现。在经济长期低迷的背景下，日本的税收持续减少，2022年，日本的税收总额为65.2万亿日元，比

---

① 独立行政法人経済産業研究所「JIPデータベース2021」、2021年3月21日、https://www.rieti.go.jp/jp/database/JIP2021/index.html［2022-12-20］。
② 文部科学省「科学技術指標2022」、2022年8月1日、https://www.nistep.go.jp/research/science-and-technology-indicators-and-scientometrics/indicators［2022-12-20］。
③ 日本銀行「需給ギャップと潜在成長率」、2023年1月6日、https://www.boj.or.jp/research/research_data/gap/index.htm［2023-01-30］。

2021年下降了1.8万亿日元。① 但是，人口老龄化的加剧导致社会保障支出增加，推动经济数字化转型、脱碳化发展以及提升防卫费用均需要财政资金支持。在这些因素的综合作用下，日本的财政支出不断上升。2023年日本的财政预算额再创新高，一般会计预算额达到110万亿日元，比2022年增加745.1亿日元。② 此外，2022年，受日元贬值和国内通胀因素的影响，日本推出了两轮经济刺激计划，以缓解食品及能源方面物价持续上涨的负面影响、提振日本经济。如表2所示，2022年4月日本政府推出规模达13.2万亿日元的"综合紧急对策"，财政支出规模达6.2万亿日元。其中，1.5万亿日元用于控制燃油价格；0.5万亿日元用于稳定能源、原材料价格，维持粮食供应稳定；1.3万亿日元用于中小企业增加工资支出和进行成本转移；1.3万亿日元用于对生活困难者进行补助。2022年10月，为应对世界经济下行风险，增强国民经济增长稳定性，日本政府推出规模达71.6万亿日元的"综合经济对策"，财政支出规模为39万亿日元。其中，12.2万亿日元用于强化能源补贴、稳定物价；4.8万亿日元用于改善地方的经济结构；6.7万亿日元用于促进实施岸田政府的"新资本主义"政策；10.6万亿日元用于强化防灾减灾、国土韧性，构建安心、安全环境。③ 日本的财政缺口不断扩大，基础财政收支赤字从2022年的13万亿日元进一步上升至2023年的19.2万亿日元。④ 在财政支出增加、税收减少的情况下，日本难以实现2025年财政重建目标。为弥补财政缺口，日本政府不得不增发国债，2023年日本的国债费用将达到25.2万亿日元，同比增长3.7%，国债发行额将达

---

① 财务省「税收に関する资料」、2022年12月1日、https：//www.mof.go.jp/tax_policy/summary/condition/a03.htm［2022-12-20］。
② 财务省「令和5年度予算」、2022年9月5日、https：//www.mof.go.jp/policy/budget/budger_workflow/budget/fy2023/fy2023.html［2022-12-20］。
③ 内阁府「经济对策等」、2022年10月28日、https：//www5.cao.go.jp/keizai1/keizaitaisaku/keizaitaisaku.html［2022-12-20］。
④ 财务省「日本の财政关系资料」、2021年10月1日、https：//www.mof.go.jp/policy/budget/fiscal_condition/related_data/202110_00.pdf［2022-12-20］。

到35.6万亿日元。2022年日本政府债务余额与GDP的比值上升到227.2%。[①]

表2 2022年日本经济刺激计划的规模与用途

单位：万亿日元

2022年4月"综合紧急对策"		
主要内容	财政支出	支出总额
石油价格高涨对策	1.5	1.5
能源、原材料、食品稳定供给对策	0.5	2.4
中小企业对策	1.3	6.5
对生活困难者的补助	1.3	1.3
其他预备费用	1.5	1.5
合计	6.2	13.2
2022年10月"综合经济对策"		
主要内容	财政支出	支出总额
物价高涨对策	12.2	37.5
推动恢复地方经济活力	4.8	8.9
加快实施"新资本主义"政策	6.7	9.8
强化防灾减灾、国土韧性，构建安心、安全环境	10.6	10.7
其他预备费用	4.7	4.7
合计	39.0	71.6

资料来源：内閣府「経済対策等」、2022年10月28日、https：//www5.cao.go.jp/keizai1/keizaitaisaku/keizaitaisaku.html［2023-02-20］。

日本在货币政策方面陷入两难境地。岸田文雄上台以来，在货币政策方面基本延续了"安倍经济学"的量化与质化相结合的宽松货币政策，以为"新资本主义"政策的实施提供良好的环境。在2022年欧美主要国家纷纷加息的背景下，日本仍然努力维持超宽松货币政策。3月，日本央行的货币政策会议纪要显示，日本维持大规模经济刺激政策措施的决心毫不动摇。10月，日本央行货币政策会议宣布继续实施超宽松货币政策，将短期政策利率

[①] 財務省「令和5年度予算のポイント」、2023年1月15日、https：//www.mof.go.jp/policy/budget/budger_workflow/budget/fy2023/seifuan2023/01.pdf［2023-01-30］。

维持在-0.1%，10年期国债利率维持在0%，保持每年购买12万亿日元的交易所上市交易基金（ETF）和不动产投资信托基金（J-REIT），以及2万亿日元的商业票据和3万亿日元的公司债券等金融资产，并维持2%的通货膨胀目标。① 2022年下半年，俄乌冲突导致资源价格不断走高，美国加息导致日元贬值进一步加速，日本的消费者物价指数不断上涨，家庭负担持续增加，日本内部对于日本央行维持宽松货币政策的不满持续增强。为此，12月，日本央行货币政策会议决定，维持短期政策利率-0.1%以及10年期国债利率0%的目标不变，但将10年期国债利率的波动范围从此前的±0.25%提升至±0.5%，这反映出日本央行的货币政策开始出现转向，对于日本货币政策正常化的预期正在不断升温。② 但是，日本央行的利率上调将直接导致日本政府债务利息支出进一步增加，日本的债务可持续性问题将愈发凸显，日本的货币政策和财政政策相互掣肘，宏观经济政策调整空间将越来越小，风险不断累积，长期发展形势堪忧。

三　岸田政府经济政策分析及日本经济发展走势

面对日本经济的增长难题，岸田政府着力实施"新资本主义"政策，包括强化人力资本投资、进一步实施经济安全保障政策、促进初创企业发展、促进经济绿色转型与数字化转型、实施积极的对外经贸战略等。未来日本经济的发展仍然面临风险与挑战。

（一）强化人力资本投资

岸田文雄上台后提出"新资本主义"政策，调整新自由主义经济政策，希望通过缩小社会贫富差距的方式，改善社会分配的情况，提升消费者的消

---

① 日本銀行「当面の金融政策運営について」、2022年10月28日、https：//www.boj.or.jp/mopo/mpmdeci/mpr_2022/k221028a.pdf ［2023-02-20］。
② 日本銀行「金融政策決定会合の運営」、2022年12月19日、https：//www.boj.or.jp/mopo/mpmsche_minu/index.htm ［2023-02-20］。

费意愿。为此，强化人力资本投资就成为"新资本主义"政策的重要组成部分。其包括以下内容。一是促进工资水平提升。通过设置法人税减税措施，将工资薪金增加额中可用于扣除法人税的比例从20%提升到30%。帮助中小企业将劳务费、原材料费、能源费等生产成本上涨部分顺利转移给发包方，推动大企业和中小企业实现共同成长。调整政府定价标准，全面提升看护、护理、保育等行业从业人员工资。二是提升人力资源质量。通过推动企业开展数字化、绿色转型、经营业务拓展等领域的人才培养活动，完善劳动人员再教育制度以及推动企业增加正式雇佣人数，加强对非正式雇佣人员的能力提升培训、再就业支持等。改善年轻科研人员待遇，构建确保进行长期科研的体制和机制。三是完善劳动力市场制度。建立并完善保育场所，降低老年人看护费用，减轻家庭育儿养老负担。消除女性就业限制，完善女性劳动者权益保障制度。继续实施雇佣调整补助金制度，减轻运营困难企业的工资支出负担。日本的雇佣情况有所改善，失业率维持在2.6%的低水平，2022年12月，日本的人均工资达到57.2万日元，同比提升4.8%。①

（二）进一步实施经济安全保障政策

面对日趋激烈的国家间竞争，日本出现强化经济安全保障（简称"经济安保"）的新动向。一是制定《经济安全保障推进法》。2022年5月，日本参议院表决通过《经济安全保障推进法》，将经济安保提升到法律层面，主要内容包括：降低重要物资对其他国家的依赖程度，实现重要基础设施服务的稳定运行，强化重要技术的研究开发，建立专利申请非公开制度等。未来，日本将以经济安保为由持续推动实施一系列配套举措，提升经济安全水平。② 二是提升产业链供应链稳定性。一方面，强化关键零部件的国内生产。在2022年10月推出的"综合经济对策"中，日本政府分别投资

---

① 厚生労働省「毎月勤労統計調査令和4年12月分結果速報」、2023年2月7日、https://www.mhlw.go.jp/toukei/itiran/roudou/monthly/r04/2212p/dl/houdou2212p.pdf［2023-02-20］。
② 内閣府「経済安全保障推進法」、2022年9月30日、https://www.cao.go.jp/keizai_anzen_hosho/index.html［2023-02-20］。

2158亿日元、416亿日元、417亿日元用于促进重要矿物、机床、航空飞机零部件等企业回归国内生产。① 另一方面，加强与美国等"志同道合"国家的合作，加强产业链供应链建设。2022年5月，日美两国达成"半导体合作基本原则"，合作提升半导体供应链韧性，发挥各自在计算机技术以及材料制造等方面的优势，合作研发新一代半导体。三是促进科技创新。日本加大对科技创新的投入力度。制订"量子未来社会计划"，强化量子技术的研发与实际应用。推出"人工智能战略2022"，推动人工智能在防灾减灾、行政手续、医药开发等领域的应用。根据"生物战略路线图"，促进生物技术研发基地建设，推动生物技术市场化、商品化。

（三）促进初创企业发展

创新能力的下降已经成为制约日本经济发展的重要因素。岸田政府认为，初创企业的发展对于提升日本的创新能力、激发经济社会活力具有重要意义。初创企业的发展不仅能促进企业经营业务模式调整转换，而且能提升市场的竞争性，推动大企业进行积极创新。为此，日本政府在2022年制订"初创企业培育5年计划"，加快初创企业的成立与发展。一是加强初创人才培养。日本政府所属科研机构制订新兴领域研发计划，以大学生、高中生为中心培育初创企业人才。促进初创企业与大学合作，积极利用大学所拥有的专利与技术，开展创新性业务。选拔优秀的青年人才赴美国硅谷等地开展研修活动，学习国际先进经验与技术。二是完善初创企业资金供应体制。推动中小企业基盘整备机构针对有发展潜力的初创企业实施200亿日元的投融资活动。促进产业革新机构将对初创企业的投资从1200亿日元提升到2400亿日元。将新能源产业技术综合开发机构对研发型初创企业的补助金从每年60亿日元提升到200亿日元，加大对研发型初创企业的支持力度。三是推进开放式创新。建立促进开放式创新的税收制

---

① 内閣府「経済対策等」、2022年10月28日、https://www5.cao.go.jp/keizai1/keizaitaisaku/keizaitaisaku.html［2023-02-20］。

度，消除初创企业公开招股限制，完善针对初创企业的破产处置制度，促进人才向初创企业流动等。①

（四）促进经济绿色转型与数字化转型

在绿色转型方面，日本高度重视气候变化问题，已经提出到2030年削减46%的二氧化碳排放量以及到2050年实现"碳中和"的目标。在俄乌冲突背景下，日本更重视在维持能源安全稳定供给的基础上，有效推动经济绿色转型，提升能源自给率。2022年，日本发布"清洁能源战略中间报告"，提出未来日本在绿色转型领域发展的计划。一方面，建设并完善绿色转型领域制度，包括：创设企业绿色转型债券，完善节能标准，制定促进可再生能源利用相关规则，建立"绿色转型联盟"制度，推动企业自主减少碳排放。另一方面，通过财政金融措施，加大政府对氢能、海上风电、蓄电池、碳回收、新能源汽车、节能住宅、半导体等产业领域的投入力度，促进相关产业发展。②在数字化转型方面，岸田上台后提出"数字田园都市国家构想"，于2022年6月提出"数字田园都市国家构想基本方针"，主要内容包括：强化后5G与6G研究开发、规范平台企业市场行为、推动中小企业进行数字化技术应用等。③

（五）实施积极的对外经贸战略

《区域全面经济伙伴关系协定》（RCEP）的生效是2022年日本推进实施《经济伙伴关系协定》（EPA）战略方面的亮点。一方面，通过参与RCEP，日本的自由贸易协定覆盖率提升到80%左右，便于日本企业开展对

---

① 内閣官房「スタートアップ育成5か年計画（案）」、2022年12月7日、https：//www.mhlw.go.jp/content/10600000/001020920.pdf［2023-02-20］。
② 経済産業省「クリーンエネルギー戦略中間整理」、2022年5月13日、https：//www.meti.go.jp/shingikai/sankoshin/sangyo_gijutsu/green_transformation/pdf/008_01_00.pdf［2023-02-20］。
③ 内閣官房「デジタル田園都市国家構想基本方針について」、2022年6月1日、https：//www.cas.go.jp/jp/seisaku/digital_denen/pdf/20220607_gaiyou.pdf［2023-02-20］。

外经贸活动。另一方面，RCEP 的签署标志着中日两国首次达成双边关税减让安排，有助于推动中日经贸活动开展。中国从日本进口产品零关税覆盖率将上升，日本对中国的工业品市场开放度也会达到 95%。日本国际贸易投资研究所的研究报告显示，RCEP 生效后的 5 年内，日本从中日贸易中获得的关税减让效果将达到 8.6 亿美元，在 21 年后将扩大到 24.1 亿美元。[①] 此外，日本还积极参与拜登政府提出的"印太经济框架"（IPEF）。IPEF 是美国维护在亚太地区经济影响力的重要措施，日本试图借助其在亚太经贸体系中的枢纽作用提升影响力。IPEF 主要包括：一是构建国际经贸规则，如数字贸易规则、劳工与环境规则等；二是构建富有弹性的供应链，强化参与国在战略性物资供应领域的合作；三是促进清洁能源与低碳化发展；四是完善税收与反贪腐机制等。

纵然岸田政府推出"新资本主义"政策试图重振日本经济，但其实施效果仍有待观察。由于日本经济长期低迷，企业提升工资的动力不足，无法有效提振消费者的消费意愿，经济安全保障政策的实施或阻碍企业的正常经营活动。经济数字化与绿色转型也面临企业认识不足、转型路径不清晰等问题，难以成为日本经济增长的新支柱。在对于 2023 年日本经济展望方面，国际秩序加速调整、地缘政治冲突加剧、俄乌冲突持续、资源能源价格高企等因素仍将影响未来日本经济的增长。特别是全球经济增长速度的放缓，可能会拖累日本出口发展。但随着疫情缓解，日本国内的消费、投资需求或将得到释放，从而改善日本国内需求情况，支撑日本经济增长。2023 年 2 月，国际货币基金组织（IMF）发布的《世界经济展望》显示，2023 年，日本的实际 GDP 增长率将达到 1.8%，较 2022 年 11 月（1.6%）的预测结果有所上调。[②] 受到日元持续疲软的影响，预计 2023 年日本的通货膨胀率仍将维持增长趋势。考虑到日本政府债务负担日益沉重，即使日本在 2022 年末

---

① 高橋俊樹「RCEPの効果を最大にするにはどうすればよいか」、『季刊国際貿易と投資』第 128 号、2022 年 6 月、86-104 頁。
② IMF, "World Economic Outlook," https://www.imf.org/en/Publications/WEO/Issues/2023/01/31/world-economic-outlook-update-january-2023 [2023-02-20].

出现了调整宽松货币政策的迹象，实现货币政策正常化的进程仍将是缓慢的。2023年4月，植田和男接替黑田东彦成为日本央行新总裁。日本央行新总裁对调整2%的通货膨胀目标以及宽松货币政策持谨慎态度。日本央行货币政策在短期内发生"急速转弯"的可能性较低，但不排除在中长期内货币政策回归正常的可能性。此外，预期岸田政府仍将继续推动实施"新资本主义"政策的相关内容，包括强化人力资本投资、维护经济安全、促进初创企业发展、推动经济绿色转型与数字化转型、实施积极的对外经贸战略等。

（审读专家：闫　坤）

B.4
2022年日本外交：
岸田"新时代现实主义外交"及取向

吕耀东*

摘　要： 2022年，日本政局发生重大变动，加之受到俄乌冲突影响，日本内政外交进入调整期。岸田文雄提出"新时代现实主义外交"理念，将价值观外交、"人权问题"和"强化日本防卫力量"等作为外交及安保重点。岸田政府依托日美同盟强化"自由开放的印太"及其安全机制的意向，与"迄今为止最大的战略挑战"的对华政策形成巨大反差。借俄乌冲突，日本在会同美欧加大制裁俄罗斯力度的同时，大肆渲染中国是最大的"地区威胁"，不断破坏东亚的和平与稳定，为自身增加防卫预算、提升"防卫力量"等利益服务。

关键词： 俄乌冲突　岸田内阁　新时代现实主义外交　日美同盟　中日关系

在新冠疫情与国际变局叠加冲击下，日本对外政策出现较大变动。岸田文雄首相在第207届国会发表施政演说时表示："我们迎来了'历史的转折点'，为立足于普世价值，坚决捍卫国家利益，将开展积极且强有力的新时代现实主义外交。""继续进一步强化日美同盟的遏制力和应对能力"，"充

---

* 吕耀东，法学博士，中国社会科学院日本研究所副所长、研究员，主要研究方向为国际关系、亚太地区冲突与合作、日本政治外交及中日关系。

分利用日美印澳等机制，并深化与亚洲、欧洲、大洋洲等伙伴国家的合作，进一步强化旨在推进自由开放的印度洋-太平洋的合作关系"。① 上述理念及政策导向是岸田内阁在继承安倍价值观外交、战略性外交和"地球仪外交"等理念的基础上，调整日本对外关系理念，出台新时代现实主义外交方针及政策的根本所在。本报告就此对2022年日本对外关系及外交政策取向进行如下探讨。

一 2022年日本的外交态势

近年来，随着日本国内修宪势力不断壮大，日本政党格局受到严重冲击，弱势的反修宪势力几乎无法发挥政策制衡作用。自民党倡导的价值观外交、"自由开放的印太"及提升日本防卫能力的外交及安保政策大行其道。尤其是俄乌冲突发生后，日本一直与美西方一道对俄施压，并渲染俄乌冲突将引发所谓"台海之变"，希望欧美关注东亚，并极力拉拢东盟国家，企图打造针对中俄的国际"包围圈"，实现其外交及安保政策的战略预期，其"搅局者"的图谋已暴露无遗。

第一，借维护所谓"珍视自由、民主主义、人权、基于法治等价值观和原则的国际秩序"，强化日美同盟的"威慑力"和应对能力，推进"自由开放的印太"战略。日本一直致力于改变"不对等"的日美同盟关系，力图改变过去日美安全政策中"盾与矛"的职责分工状态。在美国实力相对衰弱的背景下，日本试图通过"进一步强化日美同盟的威慑力和应对能力"②，以在国际事务中更加自主地发挥"主导作用"。2021年底，岸田文雄在第207届国会发表施政演说时强调"自由、民主、人权和法治"等价值和规则的重要性，表示"将进一步增强作为国际社会和平与繁荣基础

---

① 首相官邸「第二百十一回国会における岸田内閣総理大臣施政方針演説」，https：//www.kantei.go.jp/jp/101_kishida/statement/2023/0123shiseihoshin.html ［2023-02-22］。
② 首相官邸「第二百七回国会における岸田内閣総理大臣所信表明演説」，https：//www.kantei.go.jp/jp/101_kishida/statement/2021/1206shoshinhyomei.html ［2022-11-27］。

的日美同盟的威慑力及应对能力"，"与东盟和欧洲等志同道合的国家合作，同时利用日美印澳四边机制，为实现'自由开放的印太'而深化合作"，并将"坚定不移地致力于维护和加强这一国际秩序，包括国际人权问题的解决"[①]。2022 年初，岸田文雄在第 208 届国会发表施政演说时再次强调，要珍视所谓"普世价值"，并且解释其提出的"新时代现实主义外交"的第一支柱就是珍视"自由、民主主义、人权、基于法治"等价值和原则。[②] 这显示出岸田政府不仅要继续深化日美同盟，而且要体现日本维护以上述价值观为原则的国际秩序的强烈意愿。为此，岸田指责俄对乌发动的特别军事行动"违反《联合国宪章》，动摇国际秩序根基"。可见，日本借俄乌冲突炒作亚太安全威胁、渲染地区紧张局势，其实质是力求强化自身的防卫能力，为自卫队入宪和参与乃至主导构建新的国际秩序制造舆论。

第二，通过"价值观外交"强化同盟和"准联盟"关系，推进"自由开放的印太"战略，寻求在国际社会中发挥"自主外交"的主动性。日本借俄乌冲突渲染"台海问题"，企图加强与北约国家的防卫安全合作，强化日美同盟和与北约的"准联盟"关系。日本将俄乌冲突和"台海问题"加以类比，并声称中国成为地区和国际社会的"重要安全关切"，其目的在于，对外借北约和日美同盟的力量削弱俄罗斯和中国，对内突破"和平宪法"束缚，进一步提升军事实力。2022 年 1 月，日本与澳大利亚签署《互惠准入协定》以强化安保合作，日澳"特殊战略伙伴关系"得以确立。随后，日本与英国就有关新防务合作的《互惠准入协定》展开积极磋商。2023 年 1 月，日英签署该协定，意味着英国的军事力量可触及亚太地区，给亚太地区的安全环境带来了不稳定因素。

此外，日本借口俄乌冲突和"台海问题"，加紧在东南亚构建所谓"自

[①] 首相官邸「第二百七回国会における岸田内閣総理大臣所信表明演説」、https://www.kantei.go.jp/jp/101_kishida/statement/2021/1206shoshinhyomei.html［2022-11-27］。
[②] 首相官邸「第二百八回国会における岸田内閣総理大臣施政方針演説」、https://www.kantei.go.jp/jp/101_kishida/statement/2022/0117shiseihoshin.html［2022-11-30］。

由开放的印太"的战略支点。岸田政府提高与东南亚国家的互动频率，与印度尼西亚就供应链安全、经济安保加强合作，与泰国达成新的防务协议，推进与越南的"广泛战略伙伴关系"等，试图通过加强与东南亚国家的政治、经济、安全合作，进一步充实和强化其"自由开放的印太"战略。同时，日本配合美国拉拢东南亚国家在"俄乌冲突"和"台海问题"上"选边站队"，鼓动东南亚国家"共同反对以武力改变现状"，力图在国际事务中发挥所谓"地区影响力"。

第三，渲染"周边威胁论"，借机提升"防卫能力"。日本所谓"周边外交"涉及中国、俄罗斯、朝鲜和韩国等，宣称"地区的和平与稳定至关重要"，力争构筑"既具建设性又稳定"的日中关系，力争解决日俄"领土问题、缔结和平条约"。[①] 但是，近年来，日本在推进其"周边外交"的过程中，除渲染"俄乌冲突"外，还不断渲染所谓"南海、东海及台海问题"。岸田文雄出访必称"任何地区不允许使用武力单方面改变现状"，力图将欧洲局势与亚太形势加以捆绑，刻意渲染"台海问题"，力求将"俄乌冲突"的话题延伸至"印太"、亚太，借援助乌克兰之名，行提升自身军事实力、遏制中国之实。

二 2022年日本外交热点问题评析

2022年，日本政局发生重大变动，安倍晋三遇刺身亡，参议院进行第26届大选，使得日本内政外交进入调整期。岸田政府在对外关系上延续了安倍执政时期的外交理念，将"修宪"、新现实主义、"人权问题"和"强化日本防卫力量"等作为外交及安保重点。岸田依托日美同盟强化"自由开放的印太"及其安全机制的意向，与对华"对话"外交口号形成反差及背离的状况。借"俄乌冲突"之机，日本在"一边倒"与美欧制裁俄罗斯

---

① 首相官邸「第二百八回国会における岸田内閣総理大臣施政方針演説」，https://www.kantei.go.jp/jp/101_kishida/statement/2022/0117shiseihoshin.html［2022-11-30］。

的同时，不忘渲染"中国威胁论"。岸田政府在构建日澳"准同盟"关系、主办第八届东京非洲发展国际会议过程中无不表现出明显的对华针对性，日本对华外交仍存在不稳定性和不确定性。

（一）日本对"俄乌冲突"的反应及"一边倒"政策取向

日本在俄乌冲突之初就与美西方站在一起，保持对俄施压态势。但是，日俄领土问题又使得日本国内对俄态度较为复杂。尽管日本政府保持与美西方步调一致，但执政党内也有人担忧这可能会影响存在领土问题的日俄关系。为此，日本更倾向于"西祸东引"的意图，进而渲染"俄乌冲突"引发"台海变局"的可能性，希望欧美保持对华"威压式经济政策"，以达成自身借机强化防卫力量的战略目的。

在日本看来，"俄乌冲突"是对"国际秩序"的冲击。一方面，日本在俄乌冲突问题上，以七国集团成员的面目出现，借力对俄施压和制裁。首相岸田文雄称，俄罗斯的一系列行动"违反了国际法和旨在解决乌克兰东部地区争端的《明斯克协议》"，[1] 是在"动摇国际秩序的根基，应予以强烈谴责"。[2] 同时，日本将"密切关注局势的发展，并与七国集团等国际社会其他成员协调应对措施、合作应对该情况"。另一方面，关于保护留在该地区的日本侨民及第三方国民，日本"将继续通过大使馆呼吁撤离"。[3] 外务大臣林芳正于2022年2月24日将俄驻日大使加卢津召至日本外务省，表示俄军应立即停止进攻乌克兰撤回俄罗斯境内，同时，强烈要求"无条件保护包括在乌日

---

[1] 「ロシアの行動を強く非難、侵攻なら制裁含む強い対応を調整＝岸田首相」、nipponニュース、2022年2月22日、https://www.nippon.com/ja/news/reu20220222KBN2KR081/［2023-01-03］。

[2] 「岸田首相、ロシアを非難『国際秩序の根幹揺るがす』」、AFP News、2022年2月24日、https://www.afpbb.com/articles/-/3391707［2023-01-03］。

[3] 「ロシアの行動を強く非難、侵攻なら制裁含む強い対応を調整＝岸田首相」、nipponニュース、2022年2月22日、https://www.nippon.com/ja/news/reu20220222KBN2KR081/［2023-01-03］。

侨以及第三国公民的安全"①。9月21日，岸田在联合国大会一般性辩论上发言时强调安理会改革的必要性，认为联合国的公信力因俄罗斯对乌克兰发动的特别军事行动而受到严重动摇，为此，必须改革联合国，加强其自身职能，并强调"日本愿意发挥带头作用，为改革铺平道路"。②

2022年2月26日，林芳正与美国国务卿布林肯举行电话会谈时称，"俄罗斯对乌克兰的武装袭击是侵略行为"，两人一致认为，"俄罗斯进攻乌克兰对安全保障层面所造成的负面影响绝不仅仅是在欧洲"。双方明确表示不会容忍违反国际法的单方面改变现状行动。③ 同样，岸田在2月27日的记者会上表明，俄罗斯对乌克兰发动的特别军事行动是"凭借力量单方面改变现状的尝试，明显违反国际法，绝对不能允许，并予以强烈谴责"。④

日本加大对俄制裁力度，涉及冻结普京资产等相关措施。俄乌冲突发生后，日本政府担心这会对日俄领土谈判造成影响，避免使用"对俄制裁"一词，仅称"将采取强硬行动"。俄乌冲突升级后，日本基于美国的要求对俄采取强硬姿态，视美国等七国集团成员的动向而做出相应的制裁决定。日本外务省和经济产业省制定了多个制裁方案。具体措施包括限制对俄出口高科技产品和冻结俄罗斯相关人士、企业的资产。其中，出口限制对象是半导体和人工智能（AI）方面的高科技产品及尖端技术产品，冻结资产方案的对象包括与俄总统普京有关联的个人和企业。2022年2月23日，岸田针对俄罗斯承认乌东部"亲俄派"控制的两个地区独立，宣布了三项制裁措施：（1）停止向两个地区相关人士发放签证并冻结其资产；（2）禁止与两个地

---

① 外务省「林外務大臣によるガルージン駐日ロシア連邦大使の召致」、2022年2月24日、https：//www.mofa.go.jp/mofaj/press/release/press4_009277.html［2023-01-04］。
② 「岸田首相"安保理改革へ交渉開始を"国連総会で一般討論演説」、NHK、2022年9月21日、https：//www3.nhk.or.jp/news/html/20220921/k10013829021000.html［2023-01-05］。
③ 「日米外相『侵略』と非難 ロシアのウクライナ攻撃に」、高知新聞、2022年2月24日、https：//www.kochinews.co.jp/article/detail/545217［2023-01-03］。
④ 「ウクライナ情勢に関する我が国の対応についての会見」、岸田文雄公式サイト、2022年2月27日、https：//kishida.gr.jp/activity/8128［2023-01-03］。

区的进出口交易；（3）禁止俄罗斯政府在日本发行、流通新的主权债券。①2月28日，岸田在参议院预算委员会上宣布"对包括普京总统在内的俄罗斯政府官员实施资产冻结，并正在考虑对支持并协助俄罗斯对乌克兰采取军事行动的白俄罗斯实施制裁"②。5月5日，岸田公布了对俄追加制裁措施，包含追加对约140名俄罗斯公民实施个人资产冻结，将俄罗斯银行列入应被冻结资产的名单，禁止向俄出口量子计算机等尖端科技产品。③ 2023年2月25日，岸田宣布对俄罗斯追加制裁措施，包括冻结俄罗斯120多个个人及团体的在日资产、冻结在日俄罗斯金融机构的资产、扩大禁止包括无人机等在内的出口商品的范围。④

日本指责俄罗斯对乌克兰的军事行动违反《联合国宪章》。林芳正于2022年3月1日在参议院预算委员会会议上，批评俄罗斯总统普京下达的核武器部队转入战斗警戒状态是危险的行动，强调"即使是不得不使用核武器的情况下也不能使用核武器"。他指出，俄罗斯对乌克兰发动的特别军事行动是"行使《联合国宪章》第2条第4项禁止的非法武力，严重违反了国际法"。此外，对于俄罗斯在回应日本、美国、欧洲和其他国家对俄罗斯实施的制裁时提及核威慑，林芳正表示，这"可能会导致局势进一步不稳定"。⑤

日本出现突破禁忌讨论与美国"核共享"的论调，显露出日本政客"见机行事"的图谋。借俄乌冲突，前首相安倍晋三于2022年2月27日宣称，应在日本讨论"核共享"政策。安倍提及欧洲国家的"核共享"政策，

---

① 「対ロ経済制裁 岸田首相の発言全文」、『日本経済新聞』2022年2月23日、https://www.nikkei.com/article/DGXZQOUA230RT0T20C22A2000000/［2023-01-03］。
② 「岸田首相"資産凍結速やかに実施 ベラルーシの制裁措置検討"」、NHK、2022年2月28日、https://www3.nhk.or.jp/news/html/20220228/k10013504931000.html［2023-01-03］。
③ 「岸田首相 ロシアに新たな制裁措置を発表」、NHK、2022年5月5日、https://www3.nhk.or.jp/news/html/20220505/k10013613061000.html［2023-01-03］。
④ 「ウクライナ侵攻1年 G7首脳会合 岸田首相 ロシアへ追加制裁表明」、NHK、2023年2月25日、https://www3.nhk.or.jp/news/html/20230225/k10013990431000.html［2023-03-03］。
⑤ 「林外相、ロシアに核不使用を要求 ウクライナ侵攻『国連憲章違反』」、『静岡新聞』2022年3月1日、https://www.at-s.com/news/article/national/1033315.html［2023-01-03］。

指出比利时、德国和北大西洋公约组织（NATO）的其他成员国共同使用美国的核武器。他表示，"日本也应讨论'核共享'政策的利弊，而不应忌讳讨论如何保护世界安全"。对于与美国"核共享"的相关话题，安倍强调"日本也应将各种选项纳入视野进行讨论"。① 对此，岸田首相就美国在日本部署核武器并与其"核共享"的可能性予以否定，但是，安倍借俄乌冲突讨论与美国"核共享"的言论，显现出日本政坛已产生突破"无核三原则"的理念与苗头。

（二）日澳签署《互惠准入协定》，构建"准同盟"关系

近年来，日本不断加强与"准同盟国"澳大利亚在政治与安全领域的密切合作。2022年1月6日，岸田文雄与澳大利亚首相莫里森签署简化两国派遣部队的防务合作协定——《互惠准入协定》，规定了日本自卫队和澳大利亚军队在参加联合演习等场合访问对方国家时的法定地位。日澳两国首脑会谈确认双方为实现"自由开放的印太"构想而携手合作。岸田在签署《互惠准入协定》仪式上强调，"这是日澳安全合作迈向新台阶的划时代协定"②。莫里森表示，通过签署协定，"两国间将开启在战略、安全保障层面的新篇章"③。双方还发表联合声明，其中写明为了印度洋-太平洋地区的和平稳定，双方将进一步加强防务合作；还确认在日美印澳"四边机制"内展开合作。该联合声明不忘渲染"中国威胁论"，对东海和南海局势"表示严重关切"，还强调"台湾海峡和平稳定的重要性"。④

《互惠准入协定》是提前规定双方部队联合训练时简化携带武器入境和

---

① 「安倍氏、『核共有』政策に言及 議論の必要性提起」、『日本経済新聞』2022年2月27日、https://www.nikkei.com/article/DGXZQOUA270SX0X20C22A2000000/［2023-01-03］。
② 「日豪首脳『円滑化協定』署名安全保障や防衛面で協力拡大」、NHK、2022年1月6日、https://www.nhk.or.jp/politics/articles/lastweek/75176.html［2023-01-03］。
③ 石原明徳「日豪円滑化協定の概要について」、防衛省、https://www.mod.go.jp/msdf/navcol/assets/pdf/column212_01.pdf［2023-01-03］。
④ 外務省「日本国の自衛隊とオーストラリア国防軍との間における相互のアクセス及び協力の円滑化に関する日本国とオーストラリアとの間の協定」、2022年1月6日、https://www.mofa.go.jp/mofaj/files/100283785.pdf［2023-01-03］。

海关手续等的协定。它可以使两国间部队派遣变得顺畅,安全合作更方便展开。除了《日美地位协定》外,这是日本首次与他国缔结此类协定。经过日澳两国各自的国内程序后,《互惠准入协定》生效,日澳还为此设置了就运用该协定展开磋商和协调的新机构"联合委员会"。[①] 日本政府以日澳《互惠准入协定》为模本,力争与其他"志同道合"国家缔结《互惠准入协定》。日本与英国在 2021 年 10 月启动《互惠准入协定》谈判,并于 2023 年 1 月正式签署;法国也有意与日本缔结《互惠准入协定》。

事实上,日澳两国于 2014 年就已经启动《互惠准入协定》谈判,但因日本死刑制度等问题而陷入僵局。譬如,废除死刑的澳大利亚的军方人员在被派往日本期间犯了重罪能否适用豁免?谈判难点在于"是否对在日本犯下重罪的澳大利亚士兵适用维持死刑的日本司法制度"。要求适用日本司法制度的日本政府与反对死刑的澳大利亚之间持续存在分歧,谈判一度进展缓慢。在谈判中,日本政府最初主张澳大利亚军方人员在驻日执行公务期间犯罪的审判权归日方;澳大利亚则驳斥无论是否在执行公务期间,都不应适用日方法规。在双方约七年的谈判过程中,相当一部分时间被用于讨论"死刑"如何适用的问题。

出于优先进行日澳合作的共识,日本政府根据规定驻日美军与美军士兵法律地位的《日美地位协定》推进日澳《互惠准入协定》谈判。根据《日美地位协定》,如果驻日美军士兵在执行公务时犯罪,美国拥有优先审判权。在 2022 年 1 月 6 日签署的日澳《互惠准入协定》规定,士兵在执行公务时犯罪,派遣国拥有审判权,而士兵在执行公务外犯罪,接收国拥有审判权。出于强化日澳"准同盟"关系,岸田首相对达成协定表示满意。从发展双边关系来看,对于日澳《互惠准入协定》能够迅速谈妥,澳大利亚战略政策研究所(ASPI)高级分析师马尔科姆·戴维斯(Malcolm Davis)认为,其是双方在日美印澳"四边机制"密切对话的基

[①] 外務省「日本国の自衛隊とオーストラリア国防軍との間における相互のアクセス及び協力の円滑化に関する日本国とオーストラリアとの間の協定」、2022 年 1 月 6 日、https://www.mofa.go.jp/mofaj/files/100283785.pdf[2023-01-03]。

础上，以"合作应对日益具有攻击性的中国"。①

值得关注的是，日本自卫队首次对澳军实施"武器等防护"，是与日澳签署《互惠准入协定》同样重要的军事合作。所谓"武器等防护"是指日本自卫队守护他国舰艇和飞机的活动。这是源于2016年日本施行的"安全保障相关法"赋予日本自卫队的任务。2021年11月12日日澳在日本周边开展联合训练时，海上自卫队护卫舰"稻妻"号对澳大利亚海军驱逐舰"瓦拉蒙加"号实施了基于"安全保障相关法"的"武器等防护"。日本防卫省称，澳大利亚是特别的战略伙伴，实施"武器等防护"提升了部队间的相互运用性，可进一步密切双边合作。② 这是日本首次对美国以外的国家实施"武器等防护"。

2022年5月24日，澳大利亚新任总理阿尔巴尼斯访问日本，日澳再次确认将进一步推进双边安全和防务合作。双方商定争取让有关日本自卫队与澳大利亚部队相互往来的《互惠准入协定》早日生效。岸田首相在会谈中呼吁与澳大利亚建立"紧密的互信关系"，强调加强日澳"特殊战略伙伴关系"的重要性并为实现"自由开放的印太"而努力。③ 双方一致同意，进一步加大日本与澳大利亚之间在安全和经济领域的合作力度。6月15日，日本防卫大臣岸信夫与到访的澳大利亚副总理兼国防部长马尔斯举行会谈时强调："日澳两国共通的战略难题堆积如山，应进一步加强日澳两国之间的实战性防务合作，包括促进相互运用性训练和活动的水平的提高。"岸信夫还在会后发布的联合新闻稿中表示："日澳在会后立即举行第二轮会谈，这证明日澳两国之间在安全防卫领域的合作达到了前所未有的重要水平。"马尔斯则回应称："澳大利亚和日本之间的特殊战略伙伴关系从未如此牢固。"

---

① 「中国関連の懸念が高まる中、オーストラリアと日本が防衛協力協定を締結」、Indo-Pacific Defense、2022年1月23日、https：//ipdefenseforum.com/ja/2022/01/［2023-01-03］。
② 防衛省「自衛隊法第95条の2に基づく豪州軍の部隊の武器等の警護について」、2022年11月12日、https：//www.mod.go.jp/j/press/news/2021/11/12c.pdf［2023-01-03］。
③ 野平悠一「日豪首脳会談 豪新首相『外交方針は不変』中国の動きに『懸念』」、朝日新聞デジタル、2022年5月24日、https：//www.asahi.com/articles/ASQ5S6FHGQ5SUTFK010.html［2023-01-03］。

他同意加强与日本在太空和网络领域的合作,以及通过供应链合作加强日澳在工业基础等方面的防务合作。① 两人在会谈中还讨论了《互惠准入协定》的生效问题,就强化日澳部队联合训练、加强在防卫装备和技术方面的合作达成一致。② 此次日澳防长会谈是在6月12日新加坡亚洲安全会议期间会谈后短期内的再度会晤,彰显了日澳紧密的安全合作关系。

(三)第八届东京非洲发展国际会议定位日非为"共同成长的伙伴"

"东京非洲发展国际会议"(TICAD)自1993年起由日本与联合国、非洲联盟(AU)等共同举办,力图促进受困于争端或贫困的非洲地区发展。近年来,日本通过主办TICAD,强化"援非"话语权,努力深化日非关系。日本在加大经援、投资和安保合作力度的基础上,力求在非洲打造"自由开放的印太"战略支点,对冲"一带一路"倡议的国际影响力。

2022年3月26日,在东京非洲发展国际会议的部长会议上,日本外务大臣林芳正将中国通过"一带一路"倡议帮助发展中国家的本意诬陷为"债务陷阱"。他认为应完善金融投资环境,"亟须应对包括不公平、不透明的贷款等不遵守国际规则和标准的开发性融资问题"③。这次会议还讨论了新冠疫情对策、人才培养和民间投资的推进方法。

近年来,日本政府大力扶持本国企业在非洲创业。2022年8月8日,日本经济产业大臣萩生田光一出席了由官民组成的"非洲商务磋商会"第二次全体会议,为日本在突尼斯召开第八届东京非洲发展国际会议"暖场"。萩生田表示,将扶持旨在解决贫困和卫生等非洲各国社会问题的创业

---

① 松山尚幹「自衛隊と豪州軍の『相互運用性向上』で一致　防衛相会談」、朝日新聞デジタル、2022年6月15日、https://www.asahi.com/articles/ASQ6H6X59Q6HUTFK01F.html［2023-01-03］。
② 「日豪防衛相が異例の再会談　中国にらみ岸氏『協力昇華の証』」、『産経新聞』2022年6月15日、https://www.sankei.com/article/20220615-4QNB55O5WRJ47C5WK6TZRT4VTE/［2023-01-03］。
③ 「『債務のわな』脱却を支援　外相、日アフリカ会議で」、『日本経済新聞』2022年3月26日、https://www.nikkei.com/article/DGXZQOUA264020W2A320C2000000/［2023-01-03］。

企业。荻生田就非洲形势称："受新冠疫情以及俄乌局势影响，非洲面临一系列挑战。我们希望通过创新解决非洲的社会问题、通过人才培养提升产业水平、通过可再生能源和矿产资源的绿色增长以及激发民间投资活力等举措来促进非洲企业发展。"①

8月28日，在突尼斯召开的第八届东京非洲发展国际会议上，岸田文雄在线发表演说称，非洲具有蓬勃的增长潜力，预计到2050年非洲人口将占世界人口的1/4，日本希望成为非洲"共同成长的伙伴"，并以日本独特的"以人为本"的方式实现非洲的强大。为促进非洲经济增长，日本计划在未来三年内投资总额达300亿美元的资金。② 岸田特别强调发展日非关系的目的。他指出，"为了推进'自由开放的印太'、实现包括联合国安理会改革在内的加强联合国整体机能的目标，日本将从各个层面与非洲加强合作"。③ 具体措施包括以下几项。一是促进绿色发展。日本将成立"非洲绿色发展倡议"，并通过官民联合的方式对非洲投资40亿美元。二是促进投资。特别是投资日本与非洲极富活力的年轻人所致力的初创企业。三是为了提高非洲人民的生活水平，日本将与非洲开发银行携手进行50亿美元的共同融资。其目的是推进针对财务稳健性的改革、可持续性发展的非洲建设。四是除了强化防控新冠疫情外，日本还将对非洲的艾滋病、结核、疟疾等传染病的防控提供对策和支援，日本将在未来三年内提供10.8亿美元资金，以加强保健系统建设。五是培养人才。日本将在未来三年内培养产业、医疗保健、教育、农业、司法行政等领域的30万名人才，立足日本与非洲的未来以培养更多有用的人才。

第八届东京非洲发展国际会议以"经济、社会、和平与稳定"为议题，探讨应对粮食和能源价格高涨、不透明开发金融等非洲发展过程中面临的难

---

① 「アフリカビジネス協議会が第2回本会議を開催」、経団連タイムス、2022年9月8日、https://www.keidanren.or.jp/journal/times/2022/0908_14.html［2023-01-03］。
② 「TICAD 岸田首相 アフリカに300億ドル規模の資金投入方針表明」、NHK、2022年8月27日、https://www3.nhk.or.jp/news/html/20220827/k10013790921000.html［2023-01-03］。
③ 首相官邸「令和4年8月27日 TICAD 8 開会式 岸田総理スピーチ」、https://www.kantei.go.jp/jp/101_kishida/statement/2022/0827ticad8kaikaishiki.html［2022-12-03］。

题，并就俄乌冲突对非洲和全球经济造成的影响表达"严重关切"。基于重视"经济增长质量"的日方意向，该会议同意在宣言中写入将实现面向非洲可持续发展的"结构转型"。会后通过成果文件《突尼斯宣言》，日本表示将通过培养人才和促进投资支援非洲实现高质量的经济增长。日本在本届会议上宣布对非提供支援的主要内容包括：为应对俄乌冲突导致的全球性粮食危机，将提供3亿美元的新贷款，以加强非洲粮食生产体系建设，从中长期提高非洲的粮食生产能力；促进透明度高的资金筹措，培养财政管理专家；将支援非洲的创新企业，协助非洲创业者与日企合作；着眼于日本未来能源采购，将推动向可再生能源投资；帮助普及新冠疫苗，为防治传染病培养医务人员；通过强化海上执法能力，助力地区稳定。[1]

值得关注的是，日本在第八届东京非洲发展国际会议上表现出深化发展日非安全关系的意向。事实上，在发展日非经贸关系的基础上，日本对非关系不断扩展至政治与安全领域。以参与"反海盗"及联合国维和行动等"国际贡献"的名义，日本逐步扩大海外自卫队的活动范围和权限，加大了派遣自卫队参与非洲安全事务的力度，以展示突破"和平宪法"束缚、谋求政治大国的诉求。2022年5月20日，日本防卫省宣布将把派遣到南苏丹的联合国维和人员的任期延长至2023年5月31日。防卫省指出，"南苏丹联合国维和行动是日本目前唯一派遣人员的联合国维和行动，日本将与国际社会一道支持南苏丹的和平进程"，此外，还表示"从确保继续密切参与联合国活动、与非洲邻国合作以及人才培养等角度来看，日本继续派遣联合国维和人员具有重要意义"。[2] 日本在第八届东京非洲发展国际会议上表示要"通过强化海上执法能力，助力地区稳定化"，反映出日本在非洲参与政治与安全事务的长远意向。可见，日本以参与在非洲的联合国维和行动为先导，派遣自卫队介入非洲国际事务的做法仍会继续进行。

---

[1] 《岸田在TICAD表态将投入300亿美元援非》，日本共同社，2022年8月28日，https：//china.kyodonews.net/news/2022/08/672850e4df8e-ticad300.html［2022-12-03］。
[2] 「南スーダン派遣1年間延長を決定」、防衛日報デジタル、2022年6月1日、https：//dailydefense.jp/_ct/17544683［2023-01-03］。

日本对非政策主要服务于其实现发展与安全、成为联合国安理会常任理事国、推进实现"自由开放的印太"战略的总体目标。日本对非政策的变化主要表现为，正在从原来的提供政府开发援助到进行经贸投资、从加强发展合作到朝着安全合作的方向发展，日本正在从全球和地区战略角度重视非洲，非洲已被日本视为"自由开放的印太"战略的重要延伸。日本正通过TICAD的平台功能加大对非洲的投入力度，包括强调加强高质量基础设施合作，加大人才培养力度，加强海上执法合作。同时，维持在非洲的海外军事基地、参与联合国维和行动，依然是日本突破"和平宪法"限制、谋求政治军事目标的重要途径。针对中国在非洲的影响，日本正积极利用科技优势、人才培养优势如在非洲培养财务人员，来对抗"一带一路"倡议。

（四）日本出台"安保三文件"，称中国为"最大的战略挑战"

岸田政府自成立以来，延续安倍执政时期的防卫力量强化路线。2022年12月16日，日本政府在内阁会议上正式通过《国家安全保障战略》《国家防卫战略》《防卫力量整备计划》（下文称"安保三文件"）。《国家安全保障战略》确定了未来10年的外交防卫基本方针；《国家防卫战略》由《防卫计划大纲》更名而来，规定了未来10年日本防卫力量的应有水平、基本原则和基本政策；《防卫力量整备计划》由《中期防卫力量整备计划》更名而来，依据《国家安全保障战略》及《国家防卫战略》制定，明确未来5~10年的具体防卫力量建设目标及计划。岸田文雄指出，"日本将在未来5年内紧急提升防卫能力，并为此实施防卫费总额为43万亿日元的防卫力量整备计划"[①]。"安保三文件"突破了"专守防卫"原则，背离了日本"和平宪法"，将给东亚地区乃至世界局势的安全稳定带来负面影响。

第一，"安保三文件"渲染"中国威胁"。"安保三文件"将中国定位

---

① 自民党「新たな国家安全保障戦略、国家防衛戦略及び防衛力整備計画の閣議決定にあたって岸田内閣総理大臣記者会見」、2022年12月16日、https://www.jimin.jp/news/press/204860.html［2023-01-03］。

为日本"迄今为止最大的战略挑战",称中国对外姿态及军事活动是国际社会的"严重关切事项",并宣称中国台湾地区是日本"极其重要的伙伴"。① 对此,中国外交部发言人汪文斌在2022年12月16日的记者会上表示:"日方出台的防卫政策文件罔顾事实……对中国国防建设和正常军事活动等无端抹黑,中方对此坚决反对。台湾问题纯属中国内政,不容任何外部势力置喙……日方放任右翼势力在东海滋事,伙同有关国家在南海渲染甚至人为制造紧张,这才是对本地区和平稳定的最大挑战。"② 日本不断渲染来自周边国家的威胁,由此出现一系列反华错误言行,其目的就在于突破"和平宪法"第九条,让自卫队"入宪",最终谋求成为政治和军事大国。

第二,"安保三文件"明确提出要拥有"反击能力"(对敌基地攻击能力)。《国家防卫战略》指出,"针对日本的导弹攻击成为现实威胁,仅靠现有的导弹防御网难以完全应对,因此,通过导弹防卫拦截飞来的导弹,同时为防止对手的进一步武力攻击,日本有必要保有向对手施加有效反击的能力"。同时,"构建'反击能力',为防御攻击不得不拥有必要最小限度的自卫措施,维持并强化构建有机融合太空、网络、电磁等新领域和陆海空领域的'多维综合防卫力量'的方针,为实现'自由开放的印太',加强与同盟国及志同道合国家的关系"。③ 同时,文件还提出如采购战斧巡航导弹等具有作战能力的进攻性武器,这超出了日本固有防区,其将拥有摧毁他国疆域内导弹基地等进攻能力,日本将在军事上变得更加具有攻击性,这实际上违背了日本"和平宪法"规定的"专守防卫"原则。

第三,大幅增加防卫费,未来5年,日本防卫费总额将达到43万亿日元④。

---

① 防衛省「国家安全保障戦略」、https://www.mod.go.jp/j/policy/agenda/guideline/pdf/security_strategy.pdf [2023-01-03]。
② 《2022年12月16日外交部发言人汪文斌主持例行记者会》,中华人民共和国外交部网站,2022年12月16日,https://www.mfa.gov.cn/web/fyrbt_673021/jzhsl_673025/202212/t20221216_10991336.shtml [2023-01-03]。
③ 防衛省「国家防衛戦略」、2022年12月16日、https://www.mod.go.jp/j/policy/agenda/guideline/strategy/pdf/strategy.pdf [2023-01-03]。
④ 防衛省「防衛力整備計画」、2022年12月16日、https://www.mod.go.jp/j/policy/agenda/guideline/plan/pdf/plan.pdf [2023-01-03]。

《防卫力量整备计划》明确规定，未来 5 年，日本将聚焦提升现有装备完善率，10 年后建成"可在更早时间且更远地方遏制进攻"的防卫力量。2023~2027 年的防卫费总额约为 43 万亿日元，与 2018~2023 年的约 27 万亿日元相比，增长约 60%；到 2027 年，防卫预算为 GDP 的 2%以上，这突破了战后以来防卫费不超过 GDP 1%的限制，届时，日本的防卫费支出将跃升至世界第三位。① 作为二战战败国，日本现行防卫预算占 GDP 1%是基于"和平宪法"的限制，日本试图突破这一限制，就需要渲染所谓"周边威胁论"，为其增加防卫预算、强化防卫力量制造依据。

修改后的"安保三文件"把《防卫计划大纲》更名为《国家防卫战略》，这意味着日本的防卫政策发生了明显转变，表现出背离"和平宪法"理念、提升"防卫力量"以谋求国家利益的战略意图。日美两国通过不断渲染东亚"地区威胁论"，为日美同盟的延续提供理由。未来，日本将进一步强化日美同盟，随着日本防卫实力的不断上升，其攻击性将日益显现，不断强化的日美同盟关系将给东亚地区的和平稳定带来更多不确定性因素。

三 日本外交前景及走向

在外交和安全保障领域，岸田首相基本继承安倍和菅义伟两届政权的政策。加强以"民主、人权和法治"为口号的价值观外交，深化与美国、澳大利亚和印度等国的安全合作，继续推动"自由开放的印太"战略进程。② 若《国家安全保障战略》《国家防卫战略》《防卫力量整备计划》中的有关政策措施在未来得以落实，日本的海上保安能力和导弹防御能力就会得到大幅度提升，将对东亚地区乃至世界的安全稳定产生影响。

第一，以俄乌冲突可能波及东亚安全为由，趁机为自卫队"入宪"寻

---

① 防衛省「防衛力整備計画」、2022 年 12 月 16 日、https：//www.mod.go.jp/j/policy/agenda/guideline/plan/pdf/plan.pdf ［2023-01-03］。
② 竹中治坚：《岸田新政权扬帆起航，"经济"和"疫情"考验其掌舵能力》，日本网，https：//www.nippon.com/cn/in-depth/a07701/ ［2022-11-27］。

找借口，增强日本的"防卫能力"和"对敌反击能力"。岸田文雄在第208届国会发表施政演说时表示："朝鲜弹道导弹问题、不断升级的单方面改变现状的国家企图、日新月异的军事平衡、太空和网络等新领域给日本的经济和安全等方面带来了风险和挑战，为保护日本的领土、领海和领空以及人民的生命和财产，日本制定了新的《国家安全保障战略》《国家防卫战略》《防卫力量整备计划》。"日本将考虑包括"'反击能力'（对敌基地攻击能力）在内的所有选项，迅速地从根本上加强国防能力"。[1] 在俄乌冲突爆发后，日本再次炒作"中俄威胁论"，强调自身的安全环境愈发严峻，有必要大幅强化防卫能力，并着手修改其外交安全政策长期指针《国家安全保障战略》、《防卫计划大纲》和《中期防卫力量整备计划》等，将拥有对敌基地攻击能力等写入其中。根据"安保三文件"，日本将在2027年之前把防卫费占GDP的比例从此前的1%提高到2%，并"构筑从平时到有事的各个阶段的无缝隙、跨领域的作战体制"。[2] 此举是日本借俄乌冲突加紧提升军事实力，力求"军事正常化"的具体体现。近年来，日本政坛保守势力竭力渲染周边安全紧张态势，不断为提升军事实力制造口实，使得日本军备扩张愈演愈烈，而俄乌冲突正是其梦寐以求的借口。

第二，明里强调俄罗斯"不能凭实力改变现状"，暗里影射中国。在俄乌冲突爆发之初，日本自民党广报总部长河野太郎在2022年2月称，鉴于俄罗斯对乌克兰的军事行动，完善日本的防卫力量以防备中国台湾出现突发事态很重要。日本国会参议院还就发生突发事态时营救在外侨民，有必要修改向海外派遣自卫队的必要条件进行讨论，并积极着手修改"防卫装备转移三原则"的运用指针，尝试向乌克兰提供防弹衣、头盔、防护面罩等装备，动用自卫队飞机运送物资。其名义上是援助乌克兰，实为突破自卫队行

---

[1] 首相官邸「第二百八回国会における岸田内閣総理大臣施政方針演説」、2022年1月17日、https：//www.kantei.go.jp/jp/101_kishida/statement/2022/0117shiseihoshin.html ［2023-01-03］。

[2] 防衛省「防衛力整備計画」、2022年12月16日、https：//www.mod.go.jp/j/policy/agenda/guideline/plan/pdf/plan.pdf ［2023-01-03］。

动区域限制，大有针对"台海"之意图。俄乌冲突爆发以来，岸田文雄在"穿梭外交"中必提"任何地区不允许使用武力单方面改变现状"，肆意抹黑中国海洋维权的正当性。岸田不仅与美国进一步加强军事协调，确认"防止任何以武力改变印太地区现状的企图"，还在访问英国时称"明天的东亚可能成为乌克兰"，其实质是以俄乌冲突类推所谓"台海变局"，意在制造紧张局势，不断暗示美西方尽快介入东亚安全事务。

第三，强化日美同盟，联手在东亚制造新的冲突策源地。2022年1月7日，美国国务卿布林肯、国防部长奥斯汀与日本外务大臣林芳正、防卫大臣岸信夫在线举行"2+2"视频会议，在会后的联合声明中，日本强调"决心考虑国家防卫所需的所有选项"。双方表达了"不断实现同盟现代化和加强联合能力的决心"，还在"制订联合作战计划以应对紧急事态"方面达成一致。① 过去，日美同盟强调军事安全等方面，现在则在之前的基础上增加了所谓的经济安全保障，这意味着日美可能更多在高科技、特定重要战略物资供应链等方面对中国采取一些所谓经济安全保障的相关措施。11月13日，在美国-东盟峰会期间，日美就增强日美同盟的威慑力和应对能力达成共识，宣称，"在周边安全环境日益严峻的情况下，两国应在涉及中国的各种问题上密切合作"，双方还对旨在对抗中国的"印太经济框架"取得的进展表示肯定。② 上述举动将给地区的和平与稳定带来新的负面影响。

总之，日本试图通过强化日美同盟关系，借俄罗斯与乌克兰冲突之机，突出日本对所谓"国际秩序和规则"的维护和影响，积极推动"自由开放的印太"战略落实。为了转移疫情冲击下日本经济加速下滑的影响，岸田政府提出"新现实主义"外交理念，力求在对外关系方面有所作为，但其

---

① 「日米2プラス2「同盟を絶えず現代化」新たな共同研究の意向も」、朝日新聞デジタル、2022年1月7日，https://www.asahi.com/articles/ASQ173QY9Q17UTFK001.html［2023-01-03］。

② 「日米首脳 同盟の抑止力と対処力 一層の強化図ることで一致」、NHK、2022年11月13日，https://www3.nhk.or.jp/news/html/20221113/k10013889931000.html［2023-01-03］。

在周边外交领域仍难有作为。在处理国际事务层面，日本作为二战的始作俑者仍未吸取历史教训，借俄乌冲突不断渲染在东亚同样存在冲突爆发的可能性，意图制造东亚乱局，趁机提升军事实力并推动自卫队"入宪"。俄乌冲突爆发后，日本加快自卫队"走出去"步伐、松绑武器出口，力求突破"和平宪法"限制，谋求军事实力实质性提升。同时，日本试图联合美西方在东亚制造新的冲突策源地，这种做法不仅给东亚地区安全带来新的威胁，更是在破坏世界和平与稳定。

（审读专家：张　勇）

B.5
2022年日本社会：
于多重风险中寻求出路

郭佩 胡澎*

摘　要： 在世界百年未有之大变局和新冠疫情的持续影响下，2022年的日本社会面临国际环境与国内社会的多重风险，如人口超老龄化、少子化发展加速，国民负担率与社会保障压力不断上升。同时，社会冲突事件频发，社会分裂加剧，个体化进程加速。在这一社会背景下，日本政府加快社会保障制度改革，筹划设立"儿童家庭厅"，拟对家庭开展全方位支援，以期提高人口出生率。此外，积极构建"共生包容型"社会，加速推进地方创生，部分地区实施"同性伴侣宣誓制度"，扩大引入外籍劳工规模等。在充满不确定性的时代大潮中寻找出路，已成为日本社会面临的严峻挑战。

关键词： 人口老龄化　少子化　社会分裂　"共生包容型"社会

在世界格局变动与新冠疫情等持续影响下，日本不仅面临现代社会所带来的一系列风险因素，也同样面临深度的治理困境。自贝克提出"风险社会"概念以来，风险社会及其延伸问题就一直为社会各界所关注，各种全球性风险越来越多地影响人类的生产和生活。与传统的"自然风险"或者

---

* 郭佩，文学博士，中国社会科学院日本研究所社会文化研究室副主任、助理研究员，主要研究方向为日本人口老龄化、少子化、社会福利；胡澎，历史学博士，中国社会科学院日本研究所社会文化研究室研究员，主要研究方向为日本社会、日本史。

"外部风险"不同的是，今天的风险更多地来自人类自身，而这些所谓的"人造风险"或者"文明的风险"是现代性的产物，根源在于人类实践本身带来的风险性、现代化的盲目发展、市场经济的负面效应以及政治失灵和社会治理失灵等。这也体现在2022年的日本社会中，俄乌冲突、日元贬值、前首相安倍晋三街头演讲遇刺身亡、出生人口再创新低等国内外危机层出不穷，由此及彼，层层传导，愈演愈烈。越来越多的日本人感受到来自社会、职场、家庭等多方面的不确定性。在这样一个风险叠加的时代，构建一个应对危机和不确定性的社会政策支持体系，已成为日本社会治理的当务之急。

一 超老龄化社会的冲击与应对

2022年，出生于1947~1949年的日本第一批"婴儿潮"一代开始步入75岁。总务省公布的数据显示，2022年，日本75岁及以上老龄人口较前一年增加72万人，高达1937万人，占总人口的比例首次超过15%，日本进入了不折不扣的超老龄化社会。[1] 超老龄化社会有哪些新特征，面临怎样的不确定因素，将形成何种连锁反应，这些都需要日本政府做出研判并予以积极应对。

（一）2022年日本人口老龄化状况

日本总务省统计局数据显示，截至2022年8月，日本总人口数比上一年减少82万人，65岁及以上的老年人比上一年增加6万人，达到3625.6万人，占总人口的比例为29%，再创历史新高。据统计，日本65岁及以上的老年人中，男性有1572.6万人，占男性人口的比例为26.0%；女性有2053万人，占女性人口的比例为32.0%。70岁及以上人口为2872万人

---

[1] 総務省統計局「統計から見た我が国の高齢者」、2022年9月18日、https：//www.stat.go.jp/data/topics/topi1321.html［2022-12-25］。

（占23.0%），比上一年增加39万人，增加了1.4%。75岁及以上老年人共有1937万人，比上一年增加72万人，占总人口的比例为15.4%，首次超过15%。80岁及以上人口为1235万人，较上一年增加41万人，占总人口的比例为9.9%。①

日本人口老龄化进程较快，65岁及以上老年人占总人口的比例从1950年的4.9%开始不断升高，1985年上升至10%，2005年超过20%，到2022年已达29%。据国立社会保障和人口问题研究所预测，日本的老龄化率还将进一步提升，到2040年第二批"婴儿潮"（1971～1974年）人口达到65岁，老龄化率将高达35.3%，② 由此将带来诸如劳动力不足、社会保障难以为继、地方差距进一步扩大等一系列问题，这被称为"2040年问题"。此外，从世界范围来看，2022年，日本的老龄化率（29%）仍稳居榜首，其次为意大利（24.1%）、芬兰（23.3%）、希腊（22.8%）。③

（二）人口超老龄化带来的主要挑战

随着人口超老龄化不断发展，社会保险费支出增加，国民负担率势必缓慢提高。所谓"国民负担率"是一项重要的国际比较指标，是根据国民收入中税金和社会保险费（以下简称"保费"）的比例，在国际上比较公共负担程度的指标之一。日本财务省发布了2022年度日本国民负担率，高达47.5%，其中税收负担为28.6%，社会保障负担为18.8%。2022年度的国民负担率虽略低于2021年度的48.1%（历史最高点），但各种公共负担也几乎占国民收入的一半。④ 针对各种公共负担几乎占国民

---

① 厚生劳働省「我が国の人口について」、2022年12月1日、https：//www.mhlw.go.jp/stf/newpage_21481.html［2022-12-20］。
② 国立社会保障・人口問題研究所「日本の将来推計人口」、2019年11月18日、https：//www.pref.nagasaki.jp/shared/uploads/2019/11/1572912420.pdf［2022-12-25］。
③ 厚生劳働省「我が国の人口について」、2022年12月1日、https：//www.mhlw.go.jp/stf/newpage_21481.html［2022-12-20］。
④ 加谷珪一「『五公五民』と嘆きの声…日本の『税金・社会保障の"負担感"』はなぜこんなに大きいのか？その意外な理由」、『現代ビジネス』2023年3月8日、https：//gendai.media/articles/-/107133［2023-03-08］。

收入一半的现象，不少日本国民认为好像回到了"五公五民"①的江户时代。

同时，日本老年人对于照护和医疗的需求还将继续攀升。具体表现为，一方面，护理保险覆盖人数持续增长，保费支出逐年攀升，财政基础愈发脆弱。厚生劳动省关于日本护理保险事业状况报告的数据显示，截至2022年4月，日本护理保险制度第1号被保险者为3590万人，被认定为需要护理（支援）的人数为691.0万人，65岁及以上被认定者人数占全体第1号被保险者的19%。从服务类别来看，利用居家服务的人数（402.6万人）最多，其次为利用养老机构的人数（95.6万人）与利用社区紧凑型服务②的人数（87.6万人）。在制度创始的2000年，第1号被保险者为2165万人，22年间增长了约65%；被认定为需要护理（支援）的人数为218万人，22年间增长了2.17倍。从第1号被保险者人均保费支出变化趋势来看，2022年的养老机构人均保费每月平均支出为6856日元，相比2000年人均每月平均支出（8892日元）减少了22.9%；而居家型养老服务人均保费则呈现大幅增长态势，2022年每月平均支出为14277日元，相比2000年的4755日元，增幅高达200.3%。③ 另一方面，在超老龄化的影响下，老年医疗费用不断攀升。日本将75岁及以上的高龄老年人称为"后期老龄者"，人均医疗费为75岁以下老年人的4倍左右。厚生劳动省预测，该群体人口占比在2021~2025年将增至16%，预计达到2180万人。④ 如果不统筹负担和支付的相对平衡，那么医疗保险的可持续性岌岌可危。

---

① "五公五民"原本是指江户时代租赁领主土地的农民将收获的大米的一半，也就是50%作为年贡或地租上缴，剩下的50%用于生活，这是江户时代税率的一种说法。
② "社区紧凑型服务"的日语为"地域密着型サービス"，指基于老年人生活圈提供的一种多样化照护服务，日本一般以中学学区为单位创建生活圈，主要服务类型包括夜间访问护理、认知症日托护理、小规模多功能型居家护理、指定机构服务等。
③ 厚生労働省「介護保険事業報告：結果の概要」、2022年4月10日、http://www.mhlw.go.jp/topics/kaigo/osirase/jigyo/m22/dl/2204a.pdf ［2022-12-25］。
④ 「医療体制、見えぬコロナ後　社会保障費36.9兆円で最大に」、『日本経済新聞』2022年12月24日、https://www.nikkei.com/article/DGXZQOUA224ND0S2A221C2000000/ ［2022-12-25］。

此外,在超老龄化的发展中,对晚年生活感到不安的老人不在少数。2022年,内阁府的一项关于老年人就业和经济的调查显示,65岁及以上老年人对于老年生活感到"有所担心"的比例为32.5%。统计显示,老年家庭的平均收入为312.6万日元,约为其他家庭(全部家庭中去除老年家庭和母子家庭)平均收入(664.5万日元)的一半。从老年家庭的收入分布来看,年收入为150万~200万日元的占比最高,占所有老年家庭的12.3%,其余依次为100万~150万日元(12.0%)和200万~250万日元(11.7%)。也就是说,年收入在250万日元以下的老年家庭的比例约为1/3。同时,有48.4%的老年家庭仅靠公共养老金为生。

日本单身独居老人数量较多,如何迎接自己的"百岁人生"成为很多独居老人思考的问题。国立社会保障和人口问题研究所发布的数据显示,1960年以后,日本的单身家庭在一般家庭中所占比例呈增加趋势。近年来,随着未婚率的上升以及家庭规模不断缩小,今后日本的单身家庭数量还将进一步增加。对于老年单身家庭而言,如果没有来自家人的支持,生活容易面临危机。厚生劳动省发布的"关于接受生活保护的被保护者调查(2022年11月)"显示,在全部领取低收入保护的家庭中,老年家庭所占比例为55.4%,其中单身家庭占比高达51.2%,两人以上家庭的比例仅为4.2%。[①]因此,避免老后贫困和使老年人可以安度晚年,离不开政府的政策支持与地域社会的协同机制构建。

(三)积极应对人口老龄化的主要举措

为积极应对人口老龄化,2022年,日本政府主要采取以下四项举措。

第一,日本政府进一步加大对社会保障费的投入力度,在2022年底内阁会议上决定的2023年度预算案中,一般会计总额高达114.3万亿日元,首次超过110万亿日元。其中,社会保障费为36.9万亿日元,创历史新高,

---

① 厚生労働省「被保護者調査-令和4年度被保護者調査」、2023年2月1日、https://www.mhlw.go.jp/toukei/saikin/hw/hihogosya/m2022/11.html[2023-02-05]。

约占一般会计总额的三成，与2022年预算相比增加了6154亿日元（增长1.7%）。其中医疗相关支出为12.2万亿日元，约占社会保障费的三成，比2022年度增加587亿日元（增长0.5%）。①

第二，日本政府加快了社会保障改革的步伐，厚生劳动省社会保障审议会多次审议老年人的养老金、医疗、介护等费用。具体来看，从2022年10月起调整部分高收入75岁及以上老年人的医疗自付费用比例，从目前的10%提高至20%；提高"特殊诊费"（没有介绍信直接去大医院就诊的费用），从现行的最低5000日元提高到最低7500日元，以缓解大型医院的诊疗压力。②此外，日本政府于2022年3月启动关于护理保险改革的相关讨论，并于2022年6月召开的内阁会议上在"骨太方针"（经济财政运营和改革的基本方针）中提到未来要推行护理管理收费制度，计划将原来的免费制定护理服务计划调整为付费项目，重新评估根据收入支付护理费用的收费体系等。③

第三，各地继续鼓励推进老年友好社区构建，具体为政府、居民、企业、民间组织一起探索更适合老年人生活的社区样态。如从2022年4月起，老年人的护理保险费用不仅能在之前规定的银行、邮局缴纳，还可在就近的便利店完成支付。便利店与健康管理企业或社会团体开展合作，在店内开设保健咨询窗口，搭建老年人与护理和医疗机构之间的桥梁。

第四，号召更多的企业、民间组织加入独居老人的看护服务行列。家电智能感应技术被运用到独居老人家庭，可以监测独居老人在家是否发生危险，实现对独居老人的"云守护"。全日本已有18个自治体引入此类合作。

---

① 「医療体制、見えぬコロナ後　社会保障費36.9兆円で最大に」、『日本経済新聞』2022年12月24日、https：//www.nikkei.com/article/DGXZQOUA224ND0S2A221C2000000/［2022-12-25］。
② 厚生労働省「後期高齢者の窓口負担割合の変更等（令和3年法律改正について）」、2022年12月25日、https：//www.mhlw.go.jp/stf/seisakunitsuite/bunya/kenkou_iryou/iryouhoken/newpage_21060.html［2022-12-25］。
③ 内閣府「経済財政運営と改革の基本方針2022」、2022年6月7日、https：//www5.cao.go.jp/keizai-shimon/kaigi/cabinet/2022/decision0607.html［2022-12-25］。

来自独居老人的申请件数呈快速增加态势，每月服务费为1078日元。①快递运输业也参与到独居老人的守护中，如日本大和运输从2021年开始推出"黑猫守护服务"，在寄送快递的同时帮助确认独居老人的健康安全状况。饭纲町的一家"7-11"便利店试用AR眼镜，供独居老人远程购物。不仅如此，日本政府还从2022年开始大力普及"数字推广员"，从原计划的3000名增至1万名。"数字推广员"帮助老年人学习使用智能手机，以实现在线购物、在线医疗、在线支付等操作。

二 应对"少子化"困局：从"催生"转向对家庭开展全方位的支持

日本自20世纪90年代初起出现生育率下降、幼年人口不断减少的"少子化"现象。前首相安倍晋三不止一次形容"少子化"已成为日本的国难。为鼓励生育，日本政府推出一系列应对政策和措施，如不断提高育儿补贴，计划于2023年提高新生儿补助金，同时在2023年4月设立"儿童家庭厅"，专门负责应对少子化、虐待儿童、儿童贫困等问题。然而，这些政策和措施并未有效逆转一路疾驰而下的出生率，少子化现象愈发严重。靠单纯提高生育补贴很难真正解决少子化问题，未来仍需继续探索和构建适合年轻人结婚生子的社会环境。

（一）2022年日本人口少子化状况

厚生劳动省于2022年12月20日发布人口动态速报，2021年的出生人数为81.2万人，2022年的出生人数为79.9万人，这是日本自1899年有统计数据以来首次跌破80万人。国立社会保障和人口问题研究所在2017年预测日本出生人口将在2030年跌破80万人，而现实比预想提前8年来临。第

---

① 「一週間も放置されたら、一人暮らし高齢者見守りサービス拡大中」、『朝日新聞』2023年3月13日，https://www.asahi.com/articles/ASR3F4HZ9R3BULFA00S.html［2023-03-13］。

一生命经济研究所调查显示，2022年，日本总和生育率跌至1.27，接近2005年的1.26历史最低纪录。从全球来看，截至2022年9月，日本人口总和生育率在全世界208个国家中排在第191位。[①]

此外，该调查显示，低、中等收入的家庭比其他阶层更容易产生育儿焦虑，这必将进一步加剧日本的少子化现象。第一生命经济研究所通过2000年以后的国民生活基础调查，分析了20~30岁家庭收入与生育率的关系。结果指出，年收入不足300万日元的低收入家庭和年收入为300万~600万日元的中等收入家庭均呈现生育率下降的特点。对于出生人口数减少的主要原因，有专家指出受新冠疫情的影响，适龄妇女有结婚意愿降低和减少生育的倾向。其实早在2019年，20~30岁女性的生育率已经开始呈现走低态势，这说明除受疫情影响外，还存在其他方面原因。劳动年龄人口减少将对未来经济增长造成深远影响，同时，现有劳动人口支持老年人的护理医疗、退休金等的负担更为沉重。

（二）设立"儿童家庭厅"

2022年6月15日，参议院全体会议通过了2023年4月设立儿童家庭厅的相关法律。日本政府提出要"构建以儿童为中心的社会"，增加对儿童预算的投入，综合应对少子化、儿童虐待、儿童贫困等问题。儿童家庭厅主要以整合与儿童福利相关的纵向与横向职能为目标，除儿童教育仍然由文部科学省负责之外，其他相关儿童政策皆由儿童家庭厅进行整合，以打破行政壁垒。

根据儿童家庭厅的行政构想，由厚生劳动省负责的儿童虐待、残障儿童支援与贫困儿童救助等问题将悉数转移至儿童家庭厅。关于儿童教育，虽然仍由文部科学省负责，但儿童家庭大臣对文部科学省的政策保有建议与劝告的权力，并且可以直接向首相提议。儿童家庭厅计划设置三个部门："企划

[①] 「（2022年）日本の出生率、少子化が加速する日本と世界の動向」、2022年10月6日、https://eleminist.com/article/2257 ［2022-12-13］。

立案与综合调整部门"、"育儿成长部门"与"援助部门"。不仅如此，儿童家庭厅还另设以有识之士为主要成员的"儿童家庭审议会"，其负责讨论与儿童及育儿相关的重要事项、维护儿童权利和开展相关调查等，为政策制定建言献策。同时，法律明确规定以5年为周期对儿童家庭厅的组织架构进行评估，顺应时代要求并随时调整组织功能。儿童家庭厅能否真正为儿童出台切实有效的政策，有待继续观察。

（三）从"催生"转为对家庭开展全方位的支持

面临日益严峻的"少子化"困境，日本政府从过去的"催生"调整为对家庭开展全方位支援，以期提高出生率。2022年，《育儿·护理休假法（修订）》正式开始实施，该法规定男性同样有权在孩子出生后8周内分两次休不超过4周的"陪产假"，并规定企业有义务支持和鼓励员工休假。而在收入方面，育儿家庭除了享受过去的免税政策，请假期间的津贴还提高了，提高幅度最高可达薪资的67%。此外，岸田政府计划向有0~2岁幼儿的家庭发放相当于10万日元的优惠券，将其作为"生育准备金"对怀孕女性进行补贴。这项优惠券计划在2023年初开始执行，选择发放优惠券而非现金，主要是为了限定用途，以确保准备金被用于与育儿相关的服务，例如，购买育儿相关产品以及进行产前与产后的护理、临时托儿等。

此外，全日本的自治体开始积极改善社会环境，营造舒适的育儿环境。育儿支援的重心从之前的"量"开始转向"质"，表现在对女性的就业进行支援和进行远程工作环境建设方面，旨在促进工作与生活的平衡。2022年9~10月，日本经济新闻社与日经BP的信息网站"日经xwoman"以首都圈、主要县厅所在地市以及人口规模在20万人以上的180个市区为对象，对全日本主要城市的服务力度开展评估，位列前三的分别是东京都丰岛区、千叶县松户市与爱知县丰桥市。该项调查回收了165份市区问卷，评估指标包括1岁以内婴幼儿是否容易进入公立保育所、育儿支援点的数量以及职业支援等45项，以形成适合双职工家庭工作与育儿生活的城市排行榜。其中，东京都丰岛区不仅解决了"待机儿童"①的入园数量问题,还创新性地开设保育园协商窗口,提供从产前到育儿全过程的咨询与协商。千叶县松户市在2021年获得第一名:其一方面提高"待机儿童"入园率,从上一年的50%提高到60%;另一方面重点改善兼顾育儿与工作的社会环境,增设5个可供临时托管育儿的场所。同时,松户市对于不孕不育治疗的支持力度也在不断加大,除进行医疗保险报销之外,松户市政府再次增加了对不孕不育治疗的补助。②

无论是2022年4月开始实施的《育儿·护理休假法(修订)》,还是2023年4月设立的"儿童家庭厅",抑或是日本各地开展的育儿环境建设,都能展现日本社会积极应对"少子化"困境的努力。日本政府希望通过创造对家庭友好的社会环境扭转国民不想结婚、不想生育的念头,但落到每个个体身上时,生育都是一个分量不小的选择,这关乎他们的相应责任。

三 疫情持续影响下社会分裂进一步加剧

截至2022年12月31日,日本国内感染新冠的患者数量已有2921万人,其中有57266人死亡。③ 随着2022年1月初奥密克戎病毒加速扩散,虽然感染人数呈"爆炸式"增长,但重症化风险较高的老年人群死亡率下降。在这样的背景下,日本政府逐步将国门打开,并有序恢复社会经济活动,同时在2023年初下调新冠等级,将其降为流感(5类传染性疾病)。④ 即便如此,疫情造成的消极情绪仍未完全消弭。新冠疫情持续三年之久,正常的生

---

① 在日本,把需要进入保育所,但由于保育所设施和人手不足等原因只能在家排队等待"空位"的幼儿(0~6岁)称为待机儿童。
② 「子育て支援、量から質へ、180都市調査」、『日本経済新聞』2022年12月24日。
③ 厚生労働省「新型コロナウイルス感染症の現在の状況について(令和4年12月31日版)」、2022年12月31日、https://www.mhlw.go.jp/stf/newpage_30110.html[2022-12-31]。
④ 「"コロナ2023年春にも5類へ引き下げ案" も感染状況見極め 政府」、NHKニュース、2022年12月28日、https://www3.nhk.or.jp/news/special/coronavirus/restrictions/detail/detail_115.html[2022-12-28]。

活秩序被打破，工作、学习、生活、就业、医疗等都充满了极大不确定性。此外，犯罪等社会事件增加，人们的价值出现严重分歧，人际关系愈发薄弱，社会情绪易受政治影响。

（一）疫情影响还将持续

日本NHK放送文化研究所舆论调查部于2022年7月公布了一项关于"新冠疫情影响下的舆论调查"结果，调查主要内容为新冠疫情对民众日常生活、社会行为的影响以及疫情下人们生活方式与思想意识的变化。

新冠疫情给人们日常生活究竟带来了多大影响？有74%的受访者回答"影响非常大"，大大超过回答"没太大影响"（26%）的群体。从性别来看，尽管男女两性存在一定程度的差别，但影响较为明显的是30~40岁的女性，比例高达83%。在选择"影响非常大"的受访者中，有中学生以下年龄子女的受访者的比例高达81%，超过无子女受访者（74%）。

新冠疫情给生活带来的影响主要包括以下几个方面。一是对生活影响最大的是"见不到想见的亲人和朋友"（61%），其次为"整日居家较多"（40%），另有17%的人表示"心情较为沉闷"。二是新冠疫情对女性影响较大，主要表现在"家务与育儿"上。20~30岁年龄层的女性都面临"家务所占比例提高"的问题，对于30~40岁年龄层女性来说，影响最大的是"育儿负担加重"。总体来说，虽然新冠疫情对不同年龄层有着不同的影响，但对女性的影响无疑较大。三是从职业、收入类别来看，受疫情影响较大的职业为"自营业"、"销售行业"与"技术类别"，其中"自营业者"的受影响比例高达39%，显著高于平均水平。同时，调查显示，有30%的受访者回答受疫情影响"收入减少较多"，回答"没什么变化"的比例为66%，回答"有所增加"的比例仅为2%。此外，对未来可能减薪或失业抱有不安情绪的人的占比高达49%，其中，"自营业者"占比最高，达73%。从收入来看，年收入不足300万日元的群体对未来怀有强烈的不安感，占比高达60%；而年收入高于900万日元的人也会对未来感到不安，比例接近1/3，这多少令人有些意外。

总之，此次日本 NHK 放送文化研究所进行的舆论调查显示，约九成日本人对 2022 年新冠疫情感染扩大以及变异病毒感到不安，超过七成的日本人表示其对生活产生影响。而且，认为受新冠疫情影响各方面压力较从前增加的人占七成左右，新冠疫情对育儿女性、非正式员工、"自营业者"的影响较为显著。即使在疫情进入平稳期后，依然有很多人对未来的生活、工作感到有压力与不安，担心经济低迷导致失业等。一方面，持续三年的新冠疫情确实在很大程度上给社会生活带来种种负面影响。另一方面，因疫情而居家办公、接受线上教育等增加了家庭成员相处的时间，尤其对于夫妻二人来说，这是一次共同承担家务与育儿的绝佳机会。调查结果显示，以疫情为契机，将家庭摆在重要位置的人约占九成。从这个意义上说，新冠疫情成为人们重新认识家庭的重要性、密切家庭关系的一个契机。

（二）个体化进程加快，社会分裂进一步加剧

所谓个体化是对现代社会个体生存状态的一种理论描述。贝克认为，个体化是自反性现代化的一个重要特征，也是第二现代性或风险社会的基本特征之一。在第二现代性社会中，个人不再依靠传统的集体或团体来规避风险，而以个体的身份应对成熟资本主义带来的各种不确定性和危机。贝克将此称为"制度化的个体主义"，他认为，这种制度化的个体主义既包含创造性和机遇性，也包含风险和危机。在疫情影响下，日本社会个体化进程加快，具体表现在多个方面，如疫情对低收入群体的冲击较大，特别是非正式员工面临前所未有的困境。同时，疫情导致日本民众收入减少，消费意愿降低，居家工作、线上课堂等新兴事物发展，使得日本人既有的生活方式、工作方式、学习方式、交往模式均悄然发生变化。这些都反映了日本社会个体化进程的深化，个人在社会中的需求和选择越来越多样化，但也变得越来越孤立和无助。

此外，在个体化进程影响下，社会分裂进一步加剧。2022 年 7 月 8 日，日本前首相安倍晋三在奈良市街头发表演讲时遭枪击倒地，后因伤势过重不治身亡，终年 67 岁，震惊日本及国际社会。日本不仅是世界上枪支管制法

律最严格的国家之一，也是枪支犯罪率最低的国家之一。在此事件后，日本社会对于安保措施、警备力量等进行反思，而且与行凶动机相关的"统一教"成为之后的政治争论点。

安倍遇刺身亡看似是偶然事件，但深刻反映了日本近些年来的社会分裂。从安倍第二次执政时的2012年起至2022年恰巧过去10年时间，这10年也是推特、Facebook等社交平台的兴盛期。受经济低迷影响的日本社会出现闭塞与压抑的状态。在这种情况下，任何人都可以借助自媒体平台对他人进行中伤与发表有敌意的评论，社会对立情绪突出。同时，网络环境中政治气氛愈发浓厚，网络参政、问政方式活跃，网民倾向于将各种社会问题归因于政治失误。在这样的背景下，前首相安倍提出的相关政策引发绝对支持与绝对反对两种截然不同的声音，导致民众情绪二元对立，即社会舆论出现两极分化现象。在围绕是否为安倍举行"国葬"，舆论分化同样较为突出，支持派认为举行"国葬"体现了"不向暴力屈服，坚守民主的决心"，而反对派则认为，"这是对民主的破坏与挑战"，足见日本社会分裂之深。

另外，日本社会的分裂也表现在对疫情采取的措施上。人们在网络上围绕"是否应该打疫苗""是否应该与病毒共存"等议题争论不休。有人认为，应在科学了解新冠病毒奥密克戎变异毒株的基础上，正确评估接收新冠患者给医院和保健所带来的巨大负担，从而提出"是否还有必要悉数掌握新冠病毒患者"；但该观点遭到很多反对声音的攻击。《读卖新闻》于2022年开展了一项全日本范围内的舆论调查。在关于"个人在SNS或者YouTube等网站上自由发布的信息对社会来说是正面的还是负面的"的问题中，有35%的人认为"多样化的信息和想法在社会上传播，使社会生活变得更为丰富"，而54%的人则认为"受偏激的信息和想法影响的人在增加，社会分裂在加深"。从年龄层来看，60岁及以上人群中有59%认为"社会分裂在加深"，认为"社会变得富裕"的比例仅为22%；40~59岁年龄层认为"社会分裂在加深"的比例为53%，认为"社会变得富裕"的占40%；在被认为网络利用率较高的18~39岁的年轻一代中，认为"社会分裂在加深"的占

48%，认为"社会变得富裕"的占50%，二者几乎持平。① 上述调查数据表明，随着年龄的增长，经历社会变迁的时间较长，人们对社会变化的感知趋向几乎一致，对"社会分裂在加深"的观点有一定共识。

由此可见，尽管在SNS等网站上，任何人都可以自由交换信息，但这容易产生只交换自己喜欢的信息的"过滤泡沫"，如果持有相似意见的人聚集在一起，就可能会产生极端想法"回声室"等问题。因此，在数字网络社会媒体日益发达的"回声室"效应下，更多所知并不会让人们了解更真实、更立体的社会事件全貌，而只会造成更为显著的二元对立现象。在这样一种二元对立的社会分裂中，个体化进程加速发展。一般而言，以全国性调查数据为依据，可以对日本社会阶层结构的变动和该结构下人群的集体特征、共同趋向（包括价值观、心理状态等）做出一定的趋向型结论。例如，20世纪90年代初，如果拥有一类数据对象的年龄、性别、社会地位和经济能力等信息，基本就可以推测出这一类人的行为方式和价值取向等。然而，随着时代的变迁，社会意识结构不断显现模糊化特点，基于数据分析模型的预测力几乎减半。② 尤其在三年疫情持续影响下，劳动力就业方式远程化、社会生活数字化不断发展，作为社会关系体系中的一个基本单元和实体单位，个人的独特性、主体性日益凸显。

四 寻求构建"共生包容型"社会

在全球大变局的背景下，面对疫情中加速出现的超老龄化、少子化、社会分裂等问题，我们比以往任何时候都能理解贝克提出的风险社会的见解，特别是世界风险社会命题、个体化命题等。按照贝克提出的自反性理论，随着人类风险社会意识的增强，人们深刻体会到同处世界风险社会，需要建立共同体来

---

① 「ネットの真偽　見極めー『偏った情報社会分断』54%」、『読売新聞』2022年10月13日、https：//www.yomiuri.co.jp/election/yoron-chosa/20221012-OYT1T50261/ ［2022-12-31］。

② 吉川徹「コロナ禍で社会は分断から寸断へ」、2023年1月20日、https：//www.jiji.com/jc/v8？id=202301sundanshakai ［2023-01-20］。

应对不可预测的风险。日本近些年不断倡导"社会包容力"（Social inclusion），表明日本人越来越意识到，超越人种、性别、民族、地域、文化传统、政治制度的多元"社会包容力"，是实现社会可持续发展的重要条件。

（一）加速推进地方创生

日本地方正面临人口减少、老龄化与地方经济衰退等问题，部分地方面临"极限村落"问题。2014年，时任首相安倍晋三提出要成立"町、人、就业创生本部"，以解决少子老龄化问题，避免地方人口锐减并缓解大都市人口过度集中的情况。地方创生的工作包括强化地方产业、鼓励返乡创业、招揽外籍观光客、企业在地方设立卫星办公室等。此后，日本政府逐年推进该项事业，于2015年展开第一期地方创生工作，并在2020年12月提出《第二期町、人、就业创生综合战略》，继而在2021年6月公布《町、人、就业创生的基本方针2021》。[1] 2022年，日本政府在此基础上进行修订，配合新推出的"数字田园都市国家构想"，于2022年12月召开第11次"数字田园都市国家构想实现会议"，会议主要明确了2023~2027年的地方发展战略、路线图以及业绩评价标准。[2]

一方面，为了减缓日本地方城市的人口下降趋势，激发其活力，日本政府进一步加大对从东京迁出家庭的鼓励力度，决定从2023年4月开始向迁出家庭提供每人100万日元的补助，这较之前每人30万日元的安置费有了大幅提高。早在2019年日本就出台"地方创生移居支援事业"以对从东京移居地方的家庭提供优惠补贴。对象是近10年内在东京23区居住5年以上的家庭。[3] 另一方面，日本各地方城市为了接收来自东京等大城市的移居者

---

[1] 内閣官房·内閣府総合サイト「まち·ひと·しごと創生『長期ビジョン』『総合戦略』『基本方針』」、2021年6月18日、https://www.chisou.go.jp/sousei/mahishi_index.html ［2022-12-31］。

[2] 「地方創生DX実現のための、デジタル田園都市国家構想について」、2023年2月8日、https://www.toppan.co.jp/biz/social/report/report08.html ［2023-02-08］。

[3] 「東京から移住で子1人に100万円　政府、23年度から増額」、『日本経済新聞』2022年12月28日、https://www.nikkei.com/article/DGXZQOUA280720Y2A221C2000000/ ［2022-12-31］。

积极致力于构建各种援助体系，如茨城县内市町村加大对移居新婚家庭的房租和育儿补贴力度，推出"育儿支援护照"。茨城县也因此被评为年轻人最喜欢移居的地方之一。可以看出，日本政府对于移居地方的支持力度较大，但从数据看，3年来仅有3000多人移居地方，相较原计划每年向地方移居1万人的目标仍有较大差距。支援补贴的力度固然重要，但对于更多有意移居地方的人来说，他们更在意的是地方的工作与育儿环境以及教育、医疗、人际关系等社会环境是否完善。未来的工作重点应是探讨如何进一步改善年轻人的工作和生活环境，使之更宜居，更符合育儿需求。

（二）东京都正式实施"同性伴侣宣誓制度"

2022年11月1日，东京都正式启动"同性伴侣宣誓制度"，宣布承认同性伴侣关系，并为在东京工作和生活的同性伴侣颁发伴侣关系证书。虽然该身份不具有婚姻权利，但同性伴侣可以在居住、健康等福利领域被视为"已婚夫妇"。日本目前有200多个城市陆续承认同性伴侣关系，东京是47个都道府县中第10个承认同性伴侣关系的地方。其实，早在7年前，东京都世田谷区与涩谷区这两个地方已率先引入同性伴侣制度。同时，世田谷区从2022年11月起将被认养的孩子等纳入制度保护范围内，将其视为家人，实施"家庭同志伴侣制度"。该制度通过后，同性伴侣可以"家长"身份进入学校或参加学校相关集体活动，也可以帮助孩子申领政府的各项补助与津贴。

东京都知事小池百合子在接受采访时表示，截至2022年10月28日已有137对同性伴侣申请了伴侣关系证书。尽管东京都承认同性伴侣身份，但在法律层面，这一身份与结婚或者入户籍等还存在差距，如仍存在来自政府、民间的诸多反对声音。但不论如何，这将成为日本社会在对待性少数者（LGBTQ）问题上的一个历史性突破，体现了日本前所未有的社会包容力。

（三）扩大外籍劳工接纳规模，推进多文化共生社会建设

日本为了解决少子老龄化带来的劳动力不足等问题，近些年积极修订相

关法律，扩大接收外国劳动者规模。日本独立行政法人国际协力机构于2022年3月发布的关于日本未来构建共生社会的报告显示，20年后，日本社会需要的外籍劳工数量是目前的4倍左右。① 日本法务省于2022年6月14日发布关于构筑外国人共生社会的实现路径规划图，其中有加强外国人的日语教育、面向外国人的信息发送、咨询体制的构建等。尤其在新冠疫情期间，很多外籍劳工滞留在日本无法回国，需要建立及时有效的援助服务体系。同时，路径规划图还包括针对外籍劳工全生命周期的援助，如对其子女的上学、医疗、就业等的援助。② 日本各地开始构建针对外国劳动者生活、工作的多方援助体制。如山口县从定居较多的外国劳动者中进行筛选，将其培养成为国际交流员，并派遣至相关学校和各公共团体介绍本国生活和文化或开办国际交流讲座等。例如，山口县对本县的一些类似天气、防灾等公共信息以多语种方式同步发布，以服务本县的外国劳动者。山口县国际交流科积极推进面向外国人的日语教育，开设外国人咨询窗口，为其解答生活就业方面的相关手续、签证事宜、医疗福利、儿童就学等问题。③

结　语

2022年是日本社会面临多重挑战的一年。人口超老龄化给经济发展、社会保障、医疗卫生等领域带来沉重的负担，少子化现象更加突出，新生儿数量首次跌破80万人，创历史新低。同时，疫情对弱势群体产生更为严重的影响，个体化进程加快，社会内部不平等和社会分裂进一步加剧。这种"分裂"不仅会扩大社会阶层之间的不平等，还将威胁日本社会治理的韧性和可持续性。面对这些困境和危机，日本社会也在寻求变革与突破。一方

---

① 国際協力機構「日本が選ばれる国になるために、外国人との共生社会のあり方」、2022年7月11日、www.jica.go.jp/topics/2022/20220711_01.html［2022-12-31］。
② 法務省「外国人との共生社会の実現に向けたロードマップ」、2022年6月14日、https：//www.moj.go.jp/isa/policies/coexistence/04_00033.html［2022-12-08］。
③ 山口県「多文化共生・多文化共生の推進について」、2022年8月4日、https：//www.pref.yamaguchi.lg.jp/soshiki/95/17682.html［2022-12-08］。

面，日本政府积极推动地方创新，通过吸引年轻人、外国人、女性等多元人才，激发地方活力与创新能力。另一方面，日本社会在逐步构建"共生包容型"社会，尊重和保障多元文化和性别平等的权利。如东京实施"同性伴侣宣誓制度"、扩大外籍劳工接纳规模等举措都体现了这一理念。

展望2023年，日本社会将继续面临诸多挑战和风险，如何平衡经济发展和人口少子老龄化的压力、如何促进社会公平和包容等都需要日本政府和民众共同努力以谋求解决之策。预计日本政府在2023年继续推动实施相关措施，促进人口增长和提高劳动参与率，如扩大移民规模、推进延迟退休政策、支持工作与家庭平衡、改善工作环境和加强少数族裔与外国人的社会融入等。

（审读专家：张建立）

B.6
2022年日本文化：
国家发展理念争议难抉

张建立[*]

摘　要： 2022年，面对国内外局势日益增强的不确定性，日本人关于国家发展理念出现了严重的价值认同分歧。关于国家发展路线，日本人在纠结是该继续坚持资本主义，还是该寻求后资本主义发展路线。在主张坚持资本主义者中间，他们对应该坚持新自由主义还是追求新型资本主义愈加难抉；主张寻求后资本主义者中间，人们也是各持己见，其中既有主张应该谋求马克思《资本论》中的"共产主义"的，也有主张应该回归实行资本主义制度之前江户明治时代的日本的，莫衷一是。关于国家治理主体，老年人与青年人之间的世代对立现象愈发突出。这种分歧既可能促进日本社会进一步接近成熟社会，也可能使人们因纠结郁闷的情绪无处发泄而迁怒他者，最终导致对日本自身乃至世界和平发展造成严重危害。

关键词： 日本　新自由主义　新资本主义　后资本主义

2022年，日本国内外天灾、人祸不断，各种不确定因素日渐增多，加剧了日本人的焦虑和不安，导致日本人对国家发展理念出现了严重的价值

---

[*] 张建立，文学博士，中国社会科学院日本研究所社会文化研究室主任、研究员，中日社会文化研究中心副主任，主要研究方向为日本文化、社会思潮、国民性。

认同分歧。这在日本社会思潮、文学及影视作品等方面均有所体现。本报告主要围绕日本人关于国家发展路线与国家治理主体的理念分歧做一简要梳理。

一 新自由主义与新资本主义的理念分歧

近年来，从政治精英到普通民众，日本社会中的很多人因新自由主义导致日本经济发展停滞和社会贫富分化等问题，而对新自由主义深恶痛绝，乃至演化成为对推动新自由主义改革的代表人物竹中平藏个人的口诛笔伐。例如，著名数学家藤原正彦曾撰文批判竹中平藏是"亡国的改革至上主义者"，"从小泉内阁至安倍内阁二十年间一直位于政权中枢，极尽巧言令色之能事，作为新自由主义的传道师误导日本，将日本的财富进贡给美国，既非学者亦非政治家也不是实业家的可疑人物"。[1] 曾获得大宅壮一纪实奖的佐佐木实在其著作中将竹中平藏描写成"日本最危险的男人"。[2] 虽然竹中平藏辩解称："我既不是什么新自由主义者，日本也根本不是什么新自由主义国家。"[3] 但无论竹中平藏如何辩解，日本社会上上下下似乎均将其视为在日本推进新自由主义改革的罪魁祸首，时至今日，只要其一发表言论，依旧会招致很多读者在网上留言谩骂。在日本这种近乎举国上下对新自由主义口诛笔伐的氛围下，第一大在野党立宪民主党及日本共产党等纷纷主张，无论在世界还是在日本，新冠疫情危机已使新自由主义的种种弊端均展现无遗，日本的当务之急是从根本上转换新自由主义路线，但它们均未明确否定资本主义发展理念。

岸田文雄从 2021 年 9 月参与竞选自民党总裁开始便附和日本社会对新

---

[1] 藤原正彦「亡国の改革至上主義者」、『文藝春秋』2020 年 12 月号、97 頁。
[2] 佐々木実『竹中平蔵 市場と権力——「改革」に憑かれた経済学者の肖像』、講談社、2020。
[3] 竹中平藏「私は新自由主義者でない」、https://news.yahoo.co.jp/articles/00587b0510f503ca3f7913807d4ba260f3fd968d ［2021-12-17］。

自由主义的批判舆论，在多个场合表示，日本过去一直采用的新自由主义对日本社会造成了严重的负面影响，其宣称要通过增长和分配的良性循环，实现从新自由主义到新资本主义的转变。就任日本首相后，岸田在2021年10月8日发表施政演说时再次提到"新资本主义"。2021年10月15日，岸田内阁正式设立"新资本主义实现本部"，至少从表面形式上终于为日本追随美国推行了40余年的新自由主义改革（从20世纪80年代开始）画上了句号。

日本文化很讲究"口号"的学问，不管"口号"最终能否落实，某一领域、行业新领导上任伊始大都会提出一个标志性的施政口号。日本政坛亦复如是。如当年小泉纯一郎提出的旨在推行新自由主义的口号"没有圣域的改革"，安倍晋三提出的旨在推进新自由主义和右倾保守主义的口号"安倍经济学"和"美丽的日本"等。岸田文雄所谓的"新资本主义"起初亦如很多日本人批评的那样，仅仅是一个空洞的政治口号。因此，为了回应"新资本主义空洞无物"的批判，岸田文雄在《文艺春秋》杂志2022年第2期发表了专门论述其关于新资本主义构想的文章。① 文章一经发表便受到很多有识之士尖锐的批评。如经济评论家山崎元撰文称：倡导空洞无物的"新资本主义"的岸田首相，一直就没搞懂资本主义的本质是什么。② 经济学家高桥洋一批评岸田的论文称，该文在开头对新自由主义的定义就错了，这样的话，立论于错误定义基础上的论文也就没有什么阅读价值了。③ 岸田内阁的"新资本主义实现本部"自设立以来至2023年2月15日已经召开了14次例会，出台了一系列政策，但其间很多政策摇摆不

---

① 岸田文雄「私が目指す新しい資本主義のグランドデザイン」、『文藝春秋』2022年2月号、94-106頁。
② 山崎元「空っぽの『新しい資本主義』を掲げる岸田首相は『資本主義の本質』をわかっていない」、https://news.yahoo.co.jp/articles/1f98075bc0596db262d2fdbb1545bbbd5ec27af7［2022-01-15］。
③ 高橋洋一「一行目から馬脚をあらわした 岸田首相の『文藝春秋』寄稿の笑止」、https://news.yahoo.co.jp/articles/0a2cf33c74e40ae817711b1ba035cb28b90e31ff［2022-01-31］。

定，如迅速撤回的金融所得税政策、将最初的"所得倍增"政策变成"资产所得倍增"政策等。在野党立宪民主党代表泉健太指出，新资本主义只是沿袭了安倍政权以来实施的政策而已。① 就连自民党资深议员、前众议院议长伊吹文明也表示，搞不懂岸田的"新资本主义"具体要干什么，如果是延续安倍的经济政策莫如讲得更明确一些好。② 恰如有学者研究指出，岸田文雄的"新资本主义"政策，"实际上并没有背离新自由主义的立场，只是在其基础上吸纳了一些凯恩斯主义的观点，并不具备理论创新性和独特性"③。

新自由主义弊端凸显，岸田"新资本主义"空洞无物，为了资本主义的可持续发展，部分学者提出了在历史上一度为日本经济做出巨大贡献的在日本型资本主义基础上建构新资本主义的主张。"日本型雇佣"是很有特色的雇佣机制。企业招聘的新职员在刚入职时并不被限定具体的工作，企业在统一人事安排下强制对员工进行多个岗位的培训，以培养和提升员工的工作能力。员工即使不满，也会因期待年年增加的工资、安定的雇佣而予以忍耐。日本大型企业发展起来的这种雇佣共同体曾因给日本的资本主义带来成功而获得很多称赞。但是，其缺陷也很突出。在这种日本独特的企业运营模式中，女性得不到重视，男性正式职员被迫从事长时间劳动，非正规劳动者的待遇迟迟难以得到改善。为了探讨克服日本型资本主义的缺陷，建构"新资本主义"的发展路径，《朝日新闻》在2022年8~9月刊发了围绕日本型资本主义的人事制度及其可持续性、日本型人才培育模式的升级方法、专业核心人才的雇佣模式、新的工会组织模式、佣金议定模式等主题，对一些日本有代表性的大企业进

---

① 「与野党、足元に不安　首相、実績作り急ぐ/野党間、対立あらわ　参院選」、『朝日新聞』2022年6月16日朝刊、2頁。
② 「自民・伊吹文明元衆院議長、首相の政策に『よくわからない』」、『朝日新聞』2023年1月27日朝刊、4頁。
③ 庞德良、李匡哲：《岸田文雄"新资本主义"政策的逻辑与前景》，《现代日本经济》2023年第1期，第26页。

行调研的文章。① 鉴于岸田"新资本主义"的空洞无物或者口惠而实不至，今后关于这种基于日本型资本主义建构符合新时代发展要求的日本资本主义的讨论将越来越受到关注。

二 关于建构后资本主义社会的理念分歧

面对新自由主义造成的当下日本社会发展的各种弊端，一些思想家干脆提出放弃资本主义道路，寻求后资本主义发展道路的建议。但关于如何构建后资本主义社会，学者各持己见，其中最受关注的是以东京大学副教授、年轻的马克思主义学者斋藤幸平为代表的主张应该谋求成为马克思《资本论》中讲的"共产主义"者。斋藤幸平在阐述其倡导日本人现在应该认真学习马克思《资本论》的理由时称，从日本现状来讲，正是因为"新资本主义"无效，所以才要好好学习马克思的《资本论》。岸田"新资本主义"出台的各种政策最终口惠而实不至，空洞无物，现在只有明确否定资本主义发展模式，才可能与有钱人、大企业等有权势者抗争，才可能制止他们继续追求经济增长的至上命题。否则，诸如增加对超级富裕阶层的征税、要求汽车产业和石油业界做出稳定气候变动对策之类的措施，是很难奏效的。长此以往，贫富分化会越来越严重，地球环境也会被破坏得破烂不堪。我们现在面临的是人类未曾面对过的事关文明存续的危机。为了解决这个危机，必须从根本上改变现状，大胆构想后资本主义社会。但是，现在人们缺乏相应的创意，对未来的愿景，人们绞尽脑汁也只能在资本主义延长线上思考。所以，现在

---

① 「（資本主義NEXT　日本型雇用を超えて：1）その人事制度、持続可能なのか」、『朝日新聞』2022年8月1日朝刊、19頁。「（資本主義NEXT　日本型雇用を超えて：2）デジタル化、スキル向上へ模索」、『朝日新聞』2022年8月22日朝刊、18頁。「（資本主義NEXT　日本型雇用を超えて：3）企業別労組に限界、代わる仕組みは」、『朝日新聞』2022年8月15日朝刊、23頁。「（資本主義NEXT　日本型雇用を超えて：4）賃金どう決める、「好循環」への道は」、『朝日新聞』2022年8月29日朝刊、18頁。「（資本主義NEXT　日本型雇用を超えて：5）会社を支える「プロ人材」たち」、『朝日新聞』2022年9月5日朝刊、25頁。

正是该马克思主义登场的时候。马克思构想了非资本主义社会的应有之姿。我们只有吸收马克思的睿智方能开创新社会,这也是其撰写《人新世的〈资本论〉》《零起点〈资本论〉》等介绍《资本论》的著作、倡议日本人学习《资本论》的原因。[1] 政治学者白井聪、经济学者森永卓郎等也赞同斋藤幸平的观点。[2]

与上述向外寻求建构日本后资本主义社会路径的观点相比,有学者主张向内寻求即基于日本传统文化、社会治理经验建构后资本主义路径。例如,畅销书《后资本主义时代》[3]的作者、公共政策专家、京都大学教授广井良典在2022年11月16日的《朝日新闻》上发文指出,为了避免悲观的未来,当务之急是必须摆脱昭和时代那种一味追求人口和经济持续扩大的价值观。日本人口在21世纪中期将跌破1亿人,从人口增加到减少的激烈变化是日本的特征。与之相比,有的发达国家的合计特殊出生率保持在接近2.0的水平。育儿支援等对未来世代的社会保障充分的北欧国家和法国等即如此。另外,即使社会保障不是那么充分,但能够保证育儿与工作兼顾的英国、美国也属于这类国家。日本人口之所以在不断减少,是因为对年轻人的社会保障过度匮乏。虽然要不要生孩子是个人的选择,不过不该出现当前这种想生孩子却因工作和生活的不稳定而难以如愿的状况。英、法、意等国家的人口是6000万人左右。其中比日本面积大的国家只有法国,日本的现状是人口过于密集。当前日本人口减少好像难以避免。最理想的状态是努力使日本人口出生率慢慢恢复到2.0左右的一个稳定状态。为此,必须摆脱昭和时代那种一味追求人口和经济规模持续扩大的价值观。从出生率来看,47个都道府县中东京最低,冲绳最高。这说明,从中长期来看,一味追求经济效率的都市集中型发展模式会加速人口减少。

---

[1] 正木伸城「『悲惨なほどの格差』『ボロボロの地球環境』…『資本主義の理不尽』に、何故みんな怒らないのか?」、https://news.yahoo.co.jp/articles/3571273eef149bc4060420d605b709bded5551b5 [2023-02-17]。
[2] 森永卓郎「マニュアル化で仕事つまらなく、『資本の奴隷』脱し『創造の海』へ」、『朝日新聞』2022年1月1日朝刊、31頁。
[3] 〔日〕广井良典:《后资本主义时代》,张玲译,四川人民出版社,2021。

为了日本社会的存续，国家发展模式必须从都市集中型向地方分散型转移。①

既是武道家也是思想家的内田树也与广井良典持近似观点，2018年4月至2022年3月，其在应邀为京都精华大学学生开设"自由论"讲座时，呼吁大学生认真思考在50年后人口减至5000万人时的日本社会，人应该如何生存。内田树也指出，人口减少的日本看起来有两条道路可走，即将人和资源分散到日本列岛各处、令人在任何地方都有营生可做的"地方分散型发展模式"，与将人口集中到都市、都市以外土地成为无人居住地的"都市集中型发展模式"。其实能够选择的只有"地方分散型发展模式"一条路。但如今的日本政府与产业界已经转向了"都市集中型发展模式"，所以，为了满足资本主义"即使面临人口减少也要实现经济增长"的苛求，只能人为制造"人口过剩地域"和"人口过疏地域"，即将全部人口集中到首都圈，将其以外的土地作为过疏地和无人居住地予以抛弃，别无他法。如此一来，即使人口减少到5000万人，东京也会维持今天这种人口密集状态下经济活动活跃的生活，资本主义也可借此苟延残喘。选择"都市集中型发展模式"的未来就是，人离开都市地带则会面对一片荒野而寸步难行，无法生活。明治时代末期日本的人口约为5000万人。当时日本列岛各地都有人居住，有产业，有乡土文化，人们也都过得好好的。江户时代的人口虽然仅有3000万人左右，但依然分散在300个藩（地域），基本上维持自给自足的生活。而且，到处都存在城下町，有固有的产业，固有的传统文化得到了守护和传承。日本应该汲取历史上社会治理的这种"地方分散型发展模式"成功范例的经验，下一番功夫改善、创新当代日本社会的治理体系，而不应该为了资本主义的苟延残喘推行"都市集中型发展模式"。作为大学生的各位今后还要有60年、70年的生命，50年后的日本社会应该是什么样子，现在就应该

---

① 広井良典「＜考論＞日本は過密、価値観転換を」，『朝日新聞』2022年11月16日朝刊、2頁。

未雨绸缪，做好规划。① "3·11" 东日本大地震后，东京的迁入人口一度有所下降，但近年来已经再次出现人口向东京集中的现象。一方面，据日本总务省在 2023 年 1 月末公布的 2022 年人口移动报告，向东京都 "迁入者数" 为 43.9787 万人，比 2021 年的 42.167 万人增加了 1.8117 万人，即增加了 4.3%。另一方面，"迁出者数" 减少了 3.1%。而且，东京都出现迁入人口回流增加的现象，这令一度被看好的新冠疫情期间东京都推行的 "逆城市化" 政策早早地落下帷幕。② 推进 "地方分散型发展模式" 构建后资本主义社会的路径，不仅存在经济发展方面的阻力，价值认同分歧、乡土文化规范等国民性和县民性方面的阻力也不可小觑。

三 关于国家治理主体的世代间理念分歧

一般在提及国家治理主体时，政治、经济和社会学领域可能大多首先关注的是政府、社会组织等。比较而言，作为一个思想文化研究者则可能会更加关注实际运营政府和各类社会组织的人，将运营政府和各类社会组织的人作为真正的国家治理主体来思考相关问题。从这个角度来看，具体到日本而言，老龄化问题导致日本政府和各类社会组织的很多重要岗位被老龄人或者超老龄人所占有，换言之，也就是说老年人是当前日本国家治理的主体。这导致一些日本青年人不满。关于日本人口老龄化问题，既有研究大多关注的是日本人口老龄化现状、成因及日本政府出台的各种对策等，对于老龄化问题造成的世代间认同分歧问题关注的并不多。究竟是老年人还是青年人最该成为日本国家治理的主体，可谓仁者见仁，智者见智。日本国民负担率近年来出现急剧攀升的态势。1970 年日本政府刚刚开始进行统计时，国民负担率仅

---

① 内田樹「人口減の日本は〈都市集中〉に舵を切った そこまでして資本主義の延命を図らなければならないのか？」、https：//news.yahoo.co.jp/articles/be8b3f7d1d5f2a08e32b99bdb94d65b04a1874e0？page=2［2023-02-15］。
② 磯山友幸「移住しても『都会風を吹かすな』と注意される…田舎暮らしが不人気で、都会に流れる人が増え続ける根本原因」、https：//president.jp/articles/-/66860［2023-02-24］。

为24.3%，2002年度也仅仅为35.0%，但随着老龄化程度加深导致的社会保险费增加等，2013年度的国民负担率超过40%。① 2023年2月21日，日本财务省公布的2022年度国民负担率高达47.5%。② 也就是说，对作为劳动主力的中青年而言，收入的一半要用来缴纳各种费用。这种国民负担程度已经比历史上的江户时代都严苛，"五公五民"一度成为日本网络热词，因为在江户时代人民负担沉重到这个程度时已经足以导致大家揭竿而起了，所以，有人在网络上呼吁大家起来造反，称江户时代都比现在的日本好等。③

其实，早在1986年，时任日本厚生省人口问题研究所人口动向研究部部长阿藤诚就表达过这种担心，他指出，21世纪的日本将逐步迈入超老龄化社会，包括人们对老年人的态度等一切都将发生非常大的变化。青壮年赡养老年人的负担会大幅增加，围绕社会资源的分配，老年人与青壮年之间的世代间对立会表面化。当时10个劳动力支撑1.5个老年人没有问题，15年后则变成2.5个老年人，40年后也就是2026年将增至4个老年人。老年人不断要求增加养老金、医疗保险与扩充福祉等，负担日渐加重的青壮年会越来越讨厌老年人，世代间相看两厌的对抗也将进一步加剧。④ 近年来，日本青壮年与老年人世代间对抗的现象明显增加，⑤ 相关舆论调查显示阿藤诚的担心正在变成现实。2020年的一个针对10~59岁年龄段人群的舆论调查显示，对50岁以上年龄段人群持反感态度的超过了受访者的一半。⑥

① 「国民負担率の推移（対国民所得比）」、https：//www.mof.go.jp/policy/budget/topics/futanritsu/sy202302a.pdf［2023-02-22］。
② 財務省「令和5年度の国民負担率を公表します」、https：//www.mof.go.jp/policy/budget/topics/futanritsu/20230221.html［2023-02-22］。
③ 「国民負担率47.5%で『五公五民』がトレンド入り『日本中で一揆が』『江戸時代とどっちがマシ』の声」、https：//news.yahoo.co.jp/articles/be17b6d0bb70055791b627b0b25144e573bae44a［2023-02-22］。
④ 阿藤誠：「これが『超高齢化社会』」、『朝日新聞』1986年11月23日朝刊、22頁。
⑤ 「（時代を読む）社会　『#老害』に潜む世代間憎悪　リア充のまま死んでいく高齢世代への拒絶」、『朝日新聞』2019年9月23日 週刊 アエラ、31頁。
⑥ 合同会社SNAPLACE「嫌いな世代はありますか？世代間対立の現状と理由、生の声をそのまま公開します」、https：//prtimes.jp/main/html/rd/p/000000044.000018041.html［2023-04-17］。

日本团块世代的"2025年问题"迫在眉睫，不甘于为老龄者负担更多的年轻人充满怨怼。如何应对老龄化问题成了日常讨论的问题。在这种背景下，早在21世纪初期就已经日渐凸显的世代间价值认同分歧，在2022年因为一个青年经济学者的偏激言论和一部电影——《75计划》引发人们的广泛关注。现年38岁的经济学者、美国耶鲁大学助理教授成田悠辅主张各领域的老年人不应该恋岗，要主动为青年人腾地方，甚至说解决日本人口老龄化问题只有一个办法，那就是让老年人集体自杀。其在2021年12月播放的"ABEMA Prime"节目中针对老龄化对策阐述个人看法时，以及在2022年元旦YouTube的一个节目中都提及"集体自杀"。① 成田悠辅近年来虽然在多个媒体节目中反复阐述通过老年人集体自杀来解决日本老龄化问题的观点，但在日本并未引发多大关注。2023年2月12日《纽约时报》对其观点进行报道后，成田悠辅一下子"举世闻名"了，结果是各种谴责声不断，日本国内也不乏赞同的声音。

电影《75计划》由1976年出生的年轻女导演早川千绘担任编剧并执导，于2022年6月17日在日本上映。该电影的背景是因少子老龄化即将迎来超老龄化社会的日本。日本实施了保障并支援75岁及以上老年人可以自主选择生死权利的制度即"75计划"，75岁及以上的人申请"75计划"时，就会在国家的支援下安详地死去。在丈夫去世后，78岁的女主人公角谷美智（倍赏千惠子饰）（赖以谋生的是酒店客房清洁工作）因年事已高被迫退休，失去了生活来源和住所的她开始考虑申请"75计划"，这触动了各种处境下的人对安乐死制度的思考和行动。该影片获得了多项大奖，导演早川千绘获得了第75届戛纳电影节（2022年）金摄影机奖（导演处女作奖）特别荣誉奖、金摄影机奖（导演处女作奖）（提名）、一种关注单元一种关注大奖（提名）、第16届亚洲电影大奖（2023年）最佳新导演（提名）；倍赏千惠子荣获第16届亚洲电影大奖（2023年）最佳女主角（提名）；河

---

① 佐々木博之「「集団自決」発言で世界で炎上中の成田悠輔氏を「今後も起用」制作側が使い続けたいウラ事情」，https：//news.yahoo.co.jp/articles/8f71b849c421a996e3b2ae945a7f0c02802c34f8 ［2023-02-22］。

合优实获得最佳女配角（提名）。正是因为该电影获得多项国际电影节大奖而备受关注，成田悠辅主张老年人集体自杀的言论被提及并引发更多的关注。只不过《75计划》的拍摄初衷与成田悠辅的观点恰恰是相反的。2022年7月，早川千绘在与日本著名社会学家上野千鹤子对谈，讲述其拍摄该影片的初衷时说："这十数年间，那些对于接受生活保护者的批评和歧视等，让人感觉日本社会对弱者的不友善态度越来越强了。2016年相模原市残疾人设施发生的杀伤案件，竟然有人赞同案犯的'对社会无用的人，没有活着的价值'这种观点。任由日本社会朝着这个方向发展的话，出台类似'75计划'这种政策也就没有什么奇怪的了。我从中产生了一种危机感。无论是谁，大家一定都会变老。因此，我就想以高龄者为对象来设定剧情，观众大概会设身处地地思考一下这个问题吧。"① 在成田悠辅的言论与电影《75计划》的推动下，老龄化对策问题大概依旧会成为日本国内外的一个被讨论的热点问题。

结　语

如上文所述，日本人关于国家发展理念的认同分歧，主要体现在国家发展路线与国家治理主体两个方面。关于国家发展路线之争，主要体现在是应该继续坚持资本主义，还是应该寻求后资本主义发展道路方面。日本政界、财界依旧主张继续坚持资本主义道路，但是，对应该坚持新自由主义还是应该追求新资本主义则存在争议。日本经济学家野口悠纪雄曾指出，新冠疫情不仅会进一步加剧日本社会在经济层面的贫富分化，而且会导致后新冠疫情时代日本社会在价值取向等方面割裂。② 其实，新自由主义改革早已将日本社会分裂为"胜出组"和"落败组"两大类人群，分享到新自由主义改革

---

① 「生とは死とは、心かき乱される『PLAN 75』早川千絵×社会学者・上野千鶴子」、『朝日新聞』2022年7月11日 週刊 アエラ、72頁。
② 野口悠紀雄「コロナで仕事失う人と何ともない人に映る格差」、https://news.yahoo.co.jp/articles/2107e4d9bb4907bce76f20947a6fa286192ad303［2021-01-10］。

成果的"胜出组"自然依旧信奉和维护新自由主义，从党的竞选纲领中明确坚持新自由主义的日本维新会高涨的人气来看，支持新自由主义发展理念的属于"胜出组"的普通日本人依旧不在少数。① 日本部分经济思想家、哲学者、公共政策学者则主张寻求后资本主义发展模式，但在应该如何建构后资本主义模式上各持己见，既有主张应该谋求成为马克思《资本论》中讲的"共产主义"者，也有主张应该回归日本进入资本主义之前的明治江户时代者，莫衷一是。

价值多元化既是社会进步的体现，也是社会治理的难题。2022年，日本社会关于国家发展路线以及治理主体的价值认同分歧，既有积极的一面，也存在一定的消极影响。

从积极层面来看，关于国家发展理念以及治理主体的认同分歧可能促进日本社会进一步接近成熟社会，特别是从中日关系乃至东亚视角来看，关于日本后资本主义社会建构路径的探讨，对促进新时代中日间乃至东亚地区的文化认同建构都将具有积极意义。

从消极影响来看，就如岸田内阁口头上倡导新资本主义实质上依旧推行新自由主义那样，无论在价值取向上还是在实际行动上，日本都彻底向美国看齐，唯美是从，恐怕终将成为地区安全隐患。日本还可能会因身处东西文化夹缝中纠结郁闷的情绪无处发泄而"破罐子破摔"迁怒他者，给日本自身乃至世界和平发展造成严重危害。

关于超老龄化国家的治理主体，老年人与青年人之间的世代对立现象愈发突出。解决日本团块世代的"2025年问题"迫在眉睫，日本年轻的经济学者成田悠辅甚至给出了让老年人集体自杀的解决方案，青年导演的电影《75计划》更是预示了安乐死制度的可行性。虽然成田悠辅的言论与电影《75计划》的拍摄初衷截然相反，但均可能导致日本出台安乐死相关法案。即使将来出台类似"75计划"的相关法案不会强制老年人选择安乐死，但

---

① 富田宏治「弱者への敵意を煽り、人々を分断した維新政治」、『マスコミ市民』2022年6月号、43-44頁。

在日本社会同调压力下，难免会出现迫于社会压力不得不选择安乐死的老年人，日本国民性所造成的一些始料未及的社会问题，亦将成为日本建构后资本主义社会的困扰。

（审读专家：胡　澎）

B.7
2022年中日关系：
两国关系的评估与展望

吴怀中　朱清秀*

摘　要： 在邦交正常化50周年的历史节点，中日政治与安全关系继续在"低位徘徊"，经贸与民间关系亦面临多重"负向干扰"，迎难发展中的中日关系并未实现期望中的回暖。日本强化联美对华制衡，借机加强自身安全战略转型建设，加剧中日之间安全互信缺失。与此同时，日方加大干涉台湾问题力度亦成为影响中日关系的突出性核心问题。历史问题、国民感情薄弱等深层次问题依然存在，对中日关系持续造成干扰。未来中日关系仍是机遇与挑战并存，并且内外形势的更趋复杂会导致挑战的方面更为突出。中日互为邻国，日本应秉持客观理性的对华认知，把两国领导人达成的重要共识落到具体政策和实际行动上，践行真正的多边主义和开放的区域主义，与中国一道构建契合新时代要求的中日关系，在逆境中推动两国关系行稳致远。

关键词： 中日关系　邦交正常化　台湾问题　民间关系　国民感情

2022年是中日邦交正常化50周年的历史节点，也是两国总结历史、共创未来的重要契机。在2021年习近平主席同岸田首相达成的推动构建契合

---

* 吴怀中，法学博士，中国社会科学院日本研究所副所长、研究员，主要研究方向为日本政治外交、安全与中日关系；朱清秀，法学博士，中国社会科学院日本研究所副研究员、东海问题研究中心副秘书长，主要研究方向为日本政治与外交、海洋安全。

符合新时代要求的中日关系的重要共识指引下，2022年的中日关系在困境中迎难发展，双方举行上百场纪念邦交正常化50周年系列活动，致力于凝聚改善与发展中日关系的共识。但在世界百年未有之大变局下，中日关系面临新老问题复杂缠扰、交互凸显的困难局面，在行至50周年的重要历史节点未能实现期望中的转圜与回暖，再次来到了关键十字路口。未来，中日更需在正确的方向下坚持合作共赢，增进互信，在逆境中推动两国关系行稳致远，共同促进地区和平与繁荣。

一 2022年中日政治与安全关系特点："逆风"前行与低位徘徊

在世界百年未有之大变局下，中日关系在困难中开启2022年历程。2022年1月17日，岸田文雄在国会发表施政演说时，既表示要求中国采取负责任的行动，也表示将探索促使日中关系稳定化的现实路线，强调对于中国，日本"在主张应该主张的同时，要力争构建具有建设性且稳定的双边关系"[1]。

（一）在困境中，两国以"邦交正常化50周年"为契机就稳定双边关系做出多重努力

在中日邦交正常化50周年重要历史节点，两国各层级外交互动频繁，在面临各种挑战和困难的情况下努力推动构建契合新时代要求的中日关系。首脑高层外交互动不断。2022年7月9日，习近平主席就日本前首相安倍晋三逝世向岸田首相致唁电，表示愿与岸田一道，根据中日四个政治文件确立的各项原则，继续发展中日睦邻友好合作关系。[2] 在岸田首相感染新冠病

---

[1] 首相官邸『第二百八回国会における岸田内閣総理大臣施政方針演説』、2022年1月17日、https://www.kantei.go.jp/jp/101_kishida/statement/2022/0117shiseihoshin.html［2023-01-05］。

[2] 《习近平就日本前首相安倍晋三逝世向日本首相岸田文雄致唁电》，中国政府网站，2022年7月9日，https://www.gov.cn/xinwen/2022-07/09/content_5700161.htm［2022-12-02］。

毒后，8月22日，习近平主席致电岸田对其表示慰问。同日，李克强总理致电岸田对其感染新冠病毒表示慰问。① 为纪念中日邦交正常化50周年，9月29日，习近平主席同岸田互致贺电，重温共识。同日，李克强总理与岸田互致贺电。

10月，岸田首相致电祝贺习近平主席当选中国共产党第二十届中央委员会总书记，并表示愿向中日民众和国际社会指明中日关系发展方向，大力推动构建建设性、稳定的日中关系。② 11月17日，经双方共同商定，在曼谷亚太经合组织第二十九次领导人非正式会议期间，习近平主席与岸田首相举行双边会晤，这是两位领导人首次举行正式会晤，是中日首脑自2019年12月以来再次面对面会谈，也是岸田首相与习近平主席自2021年10月通电话后的再次对话。双方就稳定和发展双边关系达成"五点共识"，一是中日关系的重要性没有变，也不会变。共同恪守中日四个政治文件原则，践行"互为合作伙伴、互不构成威胁"的政治共识。加强高层交往和对话沟通，不断增进政治互信，共同致力于构建契合新时代要求的建设性、稳定的重要关系。二是尽早举行新一轮中日经济高层对话，加强节能环保、绿色发展、医疗康养、养老照护等领域合作，共同为企业提供公平、非歧视、可预期的营商环境。三是积极评价纪念中日邦交正常化50周年系列活动。尽早举行新一轮中日高级别人文交流磋商机制会议。积极开展政府、政党、议会、地方及青少年等交往交流。四是尽早开通防务部门海空联络机制直通电话，加强防务、涉海部门对话沟通，共同遵守2014年四点原则共识。五是共同肩负维护国际地区和平与繁荣的责任，加强国际地区事务协调合作，努力应对全球性挑战。③

中日政府各级外交持续开展，就共同关心的国际和地区问题交换意见。5

---

① 《习近平致电慰问日本首相岸田文雄》，求是网，2022年8月22日，http://www.qstheory.cn/yaowen/2022-08/22/c_1128936577.htm［2022-12-02］。

② 外務省『日中首脳電話会談』、2021年10月8日、https://www.mofa.go.jp/mofaj/a_o/c_m1/cn/page1_001056.html［2023-01-05］。

③ 《中日双方就稳定和发展双边关系达成五点共识》，中国新闻网，2022年11月18日，https://www.chinanews.com/gn/2022/11-18/9896928.shtml［2023-01-05］。

月18日，中国国务委员兼外长王毅同日本外务大臣林芳正举行视频会晤，提出中日关系的当务之急要重点做好"三件事情"，一要切实把握两国关系正确方向。毫不动摇坚持中日四个政治文件原则精神，筹划好邦交正常化50周年纪念活动，加强各层级各领域交流合作，营造积极的民意和社会氛围。二要充沛两国关系前进动力。经贸合作是双边关系"压舱石"和"推进器"。双方应加强协调合作，实现更高水平互惠共赢。三要及时排除干扰因素。[①] 6月7日，中共中央政治局委员、中央外事工作委员会办公室主任杨洁篪同日本国家安全保障局局长秋叶刚男通电话，向日本阐明中国在台湾、涉港、钓鱼岛等问题上的原则立场。8月17日，杨洁篪与秋叶刚男共同主持中日第九次高级别政治对话，加强两国高层的战略沟通。8月31日，中日举行外交部门的局长级磋商。9月27日，应日本政府邀请，中国政府代表、全国政协副主席万钢赴日出席安倍"国葬"仪式，并参加日本政府及安倍遗属致谢仪式。11月22日，中日举行第十四轮海洋事务高级别磋商，双方一致同意认真落实两国领导人会谈达成的重要共识，以构建契合新时代要求的稳定和建设性的中日关系为指引，就涉海问题加强对话沟通，妥善管控矛盾分歧，持续推进涉海务实合作和人员交流，为把东海建设成为和平、合作、友好之海做出积极努力，并达成"六点共识"，包括继续开展防务领域交流、加强海上执法合作、深化海上搜救领域务实合作、积极开展应对海洋塑料垃圾的双多边合作、深入开展渔业领域合作以及开展海洋科研、发展蓝色经济创新技术等领域的合作。[②]

（二）在政治与安全领域，日方消极动向频出使中日双边关系仍在"低位徘徊"

中日在外交层面保持对话沟通寻求"回稳"两国关系的同时，日方在政治

---

① 《2022年5月18日外交部发言人汪文斌主持例行记者会》，中华人民共和国外交部网站，2022年5月18日，https://www.mfa.gov.cn/web/wjdt_674879/fyrbt_674889/202205/t20220518_10688414.shtml［2023-01-05］。
② 《中日举行海洋事务高级别磋商机制第十四轮磋商》，中华人民共和国外交部网站，2022年11月22日，http://new.fmprc.gov.cn/wjdt_674879/sjxw_674887/202211/t20221122_10979395.shtmll［2023-01-05］。

及安全领域的消极动向频出，使中方积极致力改善双边关系的努力"收效甚微"，中日关系整体走势仍处于"低位徘徊"状态。其中，日本追随美国对华施压，通过"印太外交"对华构建"包围圈"，与美国相互勾连频繁干预中国内部事务，无视中日四个政治文件的法理基础，加大干涉台湾问题力度，是影响中日关系的重要因素。2022年1月，日美外长、防长"2+2"会议渲染所谓"中国威胁"，大肆炒作台海议题，并针对中国就强化西南诸岛自卫队的态势及增加日美军事设施的共同使用程度等达成一致。① 2月13日，美日韩三国外长会议发表近五年来首份联合声明，强调"台湾海峡和平稳定的重要性"，表示反对所谓单方面改变现状的行为。5月12日，日欧首脑会谈后发表的联合声明也对东海和南海局势表示"严重关切"，表明反对单方面改变现状的立场，强调台湾海峡和平与稳定的重要性。5月美国总统拜登访日期间，日本不仅和美国一道对涉华议题指手画脚，岸田还在联合记者会上直接点名中国，声称与美国合作促使中国"按照国际规则履行责任"。日美首脑发表的联合声明表示，反对所谓"中国试图改变东海和南海的现状"，强调台湾海峡和平与稳定的重要性，并确认《日美安保条约》第5条"适用"钓鱼岛，强调反对任何"有损"日本在钓鱼岛"长期施政的单方面行动"。② 同时，日本迎合拜登政府的"人权外交"，基于所谓"民主价值观"对华挥舞"人权大棒"。2022年2月1日与12月5日，在日本保守政治势力推动下，日本众参两院分别通过所谓"涉华人权决议"，公然借此干涉中国内政。而两院各自通过"决议"的时间节点显然也是经过精心设计与计算的，2月1日正值中国农历春节之际，12月5日又正逢"世界人权日"，其中暗含的保守政治势力对华进行"政治挑衅"与"点名"的阴险意图不言而明。

再者，日本利用俄乌冲突蓄意将乌克兰问题与台湾问题联系在一起，宣称欧洲与印太地区的安全保障不可分割，针对中国强调任何"单方面以武

---

① 外務省「日米安全保障協議委員会（日米「2+2」）（概要）」、2022年1月7日、https://www.mofa.go.jp/mofaj/na/st/page4_005483.html［2022-12-05］。
② 外務省「日米首脳共同声明『自由で開かれた国際秩序の強化』」、2022年5月23日、https://www.mofa.go.jp/mofaj/files/100347254.pdf［2022-12-05］。

力改变现状的行为"在世界任何地方均不可接受，以台湾问题为抓手对华开展外交博弈。6月，岸田在七国集团（G7）峰会上阐释所谓东亚存在严峻的安全保障环境，强调不能让某些国家从乌克兰局势中获得错误信号，反对依靠武力单方面改变现状的企图。① 6月29日，岸田出席在西班牙举行的北约峰会，成为首位出席该会议的日本首相，岸田在会议上呼吁北约把注意力转向亚洲，强调欧洲与印太地区的安全密不可分，暗指中国，声称所谓"明天的东亚有可能成为第二个乌克兰"。② 对于日本的恶意行为，中国警惕并表达反对。7月1日，中国外交部发言人指出，日本"这一做法完全是出于一己之私，抱持冷战思维，这只会在本地区挑动阵营对抗，制造对立分裂。这对包括日本在内的地区国家没有任何好处"③。

日本政客在台湾问题上极为活跃，自民党亲台议员频繁窜访中国台湾，暴露日本的挺"独"意图。3月22日，日本亲台跨党派议员团体"日华议员恳谈会"在东京举行年度大会。5月，日本自民党青年局访问团时隔三年再次窜访中国台湾。7月，日本前防卫大臣石破茂、滨田靖一等国会议员窜访中国台湾。8月，日本自民党议员、"日华议员恳谈会"会长古屋圭司访问中国台湾。④ 日本在高度敏感的军事安全领域做文章，企图在对台关系上搞突破，积极筹划派遣防卫省现役文职官员"常驻"台湾地区，强化所谓情报收集能力；日本防卫省还以所谓"担心台湾有事"为由，拟成立统一指挥陆海空自卫队的统合司令部。2022年日本《防卫白皮书》中关于台湾问题的内容较2021年加倍，渲染中国大陆对台湾地区的所谓"军事威胁"。⑤ 日本还借台湾

---

① 外務省『G7エルマウ・サミット（概要）』、2022年6月28日、https：//www.mofa.go.jp/mofaj/ecm/ec/page4_ 005632.html［2022-12-05］。
② 外務省『岸田総理大臣のNATO首脳会合出席（結果）』、2022年6月29日、https：//www.mofa.go.jp/mofaj/erp/ep/page4_ 005633.html［2022-12-05］。
③ 《2022年7月1日外交部发言人赵立坚主持例行记者会》，中华人民共和国外交部网站，2022年7月1日，https：//www.mfa.gov.cn/web/wjdt_ 674879/fyrbt_ 674889/202207/t20220701_ 10713938.shtmll［2023-01-05］。
④ 「『日華議員懇談会』古屋圭司会長、訪台し蔡総統と会談」、『読売新聞』2022年8月24日。
⑤ 防衛省『防衛白書令和四年版』、2022年7月、https：//www.mod.go.jp/j/publication/wp/wp2022/pdf/wp2022_ JP_ Full_ 01.pdf［2022-12-05］。

问题"碰瓷",在对华牵制的同时谋求侵占中国利益。

日本在台湾问题上企图"掏空"一个中国原则的行为,严重影响中日关系政治基础和安全互信。2022年8月,中日拟在东盟外长会议期间举行的双边外长会谈就因岸田会见窜访中国台湾后访日的佩洛西而被迫取消。针对日本对华消极动向,中国多次向日本提出严正交涉,指出日本对中国人民负有历史罪责,更应谨言慎行,汲取历史教训,避免重蹈覆辙,强烈敦促日本恪守中日四个政治文件原则和在台湾问题上所做的政治承诺,停止干涉中国内政,慎重妥善处理涉台问题,不要在错误的道路上越走越远。① 8月4日,中国外交部副部长邓励紧急召见日本驻华大使垂秀夫,就七国集团外长以及欧盟外交与安全政策高级代表发表涉台错误声明向日方提出严正交涉,表示日本伙同七国集团和欧盟发表涉台错误声明,颠倒黑白、倒打一耙,替美国纵容佩洛西窜台、侵犯中国主权的错误行径张目,无理指责抹黑中方,粗暴干涉中国内政,严重违反国际关系基本准则和中日四个政治文件原则,向国际社会发出严重错误信号,性质影响十分恶劣,中国对此表示坚决反对和强烈谴责。② 8月18日,中国外交部表示,日方理应清楚台湾问题的高度敏感性,深刻认识到为"台独"势力张目的危险性和危害性。希望日方真正做到不折不扣、言行一致地恪守一个中国原则,多做有利于维护台海和平稳定的事。③

二 2022年中日经贸与民间关系发展:
稳步向前同时干扰突出

2022年,中日经贸关系稳步发展,囊括中日在内15个国家的《区域全

---

① 《2022年8月4日外交部发言人华春莹主持例行记者会》,人民网,2022年8月4日,http://world.people.com.cn/n1/2022/0804/c1002-32494840.html [2023-01-05]。
② 《外交部紧急召见日本驻华大使,就日本参与七国集团涉台错误声明提出严正交涉》,光明网,2022年8月5日,https://m.gmw.cn/2022-08/05/content_1303076221.htm [2023-01-05]。
③ 《2022年8月18日外交部发言人汪文斌主持例行记者会》,中华人民共和国外交部网站,2022年8月18日,https://www.mfa.gov.cn/web/wjdt_674879/fyrbt_674889/202208/t20220818_10745415.shtml [2023-01-05]。

面经济伙伴关系协定》（RCEP）正式生效，为中日经贸关系的发展提供新的契机。双边文化与民间交流活动持续推进，北京冬奥会的举办让中日民间共同体验了"冰墩墩热"。然而，在双边经贸和人文交流取得进步的同时，历史的错误认知、核污染水排放及经济安全的强化等负面因素对中日经济合作与民间交流产生较大的负面冲击。

（一）中日经贸合作继续发展，但日本经济安保战略持续推进，冲击中日关系的"压舱石"

中日两国利益深度融合，经贸关系密不可分。中日邦交正常化50年来，两国双边贸易额已增至3700亿美元，有近3万家日企在华投资兴业。特别是两国经贸合作发展迅猛，双边贸易额从邦交正常化当年的仅10亿美元增长到2022年的3700多亿美元的体量。中国已连续15年成为日本最大贸易伙伴，日本是中国第二大贸易对象国。中国高度重视对日经济关系。2022年9月22日，时任国务院总理李克强专门同日本经济界代表举行高级别视频对话会，就中日关系以及经贸合作、应对全球经济金融挑战、气候变化、老龄化等广泛议题开展对话交流，日本经团联、日中经济协会、日中投资促进机构负责人以及其他日本经济界的代表出席会议。

中日贸易具有较强的互补性。疫情下，中日经贸合作的继续发展表明两国经济关系具有强劲韧性，显示出双方在经济上的相互依存和互利共赢特征。数据显示，2022年1~5月，中日贸易总额为1465.4亿美元；日本在华新设企业274家，对华投资实际使用金额为15.7亿美元；日本累计在华设立企业5.49万家，实际使用金额为1245.5亿美元，在对华投资国中居第二位；中国企业对日本全行业直接投资为1.5亿美元，累计投资为51.6亿美元；在日本承包工程完成营业额为1.7亿美元，累计完成营业额为58.5亿美元。中国向日本新派技能实习生5521人，同比增长26.3%，在日技能实习生总数为5.7万人。[①]

[①] 吕克俭：《RCEP下中日经贸合作的机遇与对策》，《中国报道》2022年第8期。

但是，日本对中日经贸合作的非市场化、人为设限和政治干扰破坏了中日关系的经济基础。在美国对华竞争战略及国内反华保守派的压力下，岸田政府实际上是在深化经济安保战略的名义下，阻碍中日正常经贸合作，并弱化中日在区域层面的经济合作。在经济上，日本追随美国，以"国家安全"名义打压中国科技企业和推进对华经济"脱钩"，并出资 2200 亿日元资助在华日企迁回国内。为了防止尖端技术出口至中国，日本还与美国研究构建高新技术出口管制框架。截至 2022 年 6 月，进驻中国的日企有 12706 家，按省级行政区划分，上海的日企最多，达 6028 家，多为 IT 企业，江苏、广东紧随其后，但过半数属于制造业企业，日本并未将关键的经济产业部门与中国深度融合。应该看到，虽然日企加入中国市场的意愿仍然高涨，但在华日企数量创十年新低，出现了"去中国化"倾向。为规避风险，今后"中国+1"的采购战略或许是日本乐于选择的战略路径。

此外，日本在维持国际经济秩序的名义下，阻碍中国与地区国家开展深度经济合作，阻碍共建"一带一路"的推进。日本积极与美国进行供应链合作，参加美国主导的旨在排除中国的地区经济框架——"印太经济框架"。2022 年 7 月 29 日，日本外务大臣林芳正同美国国务卿布林肯举行会谈，双方在所谓应对"中国对印太施加经济压力"的共识基础上，一致肯定美国参与区域经济秩序建设的重要性。林芳正还表示，希望美国尽快重返并加入《全面与进步跨太平洋伙伴关系协定》（CPTPP）。[①]

（二）在文化交流稳步前行的同时，民意基础不断走低，历史问题和"核污染水"排放问题给中日民间关系发展造成"干扰"

北京冬奥会推动中日文化交流进一步发展。2022 年 1 月，包括东京都知事小池百合子、日中友好协会会长丹羽宇一郎等在内的日本多地知事和友好团体负责人发表新春贺词，预祝北京冬奥会取得圆满成功，表达了希望在中

---

① 外务省「日米外相会談」、2022 年 7 月 29 日、https：//www.mofa.go.jp/mofaj/na/na1/us/page6_000721.html［2022-08-29］。

日邦交正常化50周年之际深化中日地方及民间友好关系的积极愿望。2月，在北京冬奥会赛事期间，中日友好的暖心画面频现，体育文化友好交流在赛场内外不断发展。北京冬奥会吉祥物"冰墩墩"在日本出现"一墩难求"的情况，中国运动员苏翊鸣在夺得单板滑雪男子大跳台项目金牌后与他的日本教练佐藤康弘的"师徒之情"感动无数中日民众，日本花滑选手羽生结弦在中国也有广泛的人气支持。中国外交部发言人还在推特上用日语发布推文，感谢日媒记者——被中国网友亲切称为"义墩墩"的辻冈义堂在北京冬奥会期间的有趣报道。

中日邦交正常化50周年契机进一步推动两国文化层面的交流。2022年6月1日，日本外务省新闻发言人小野日子积极表态称，要推进中日国民交流。7月20日，中国雕塑作品鉴真铜像在东京上野公园"不忍池"湖畔落成。9月24~25日，"2022年日中交流节"活动在日本东京代代木公园举办。9月29日中日邦交正常化50周年纪念日当天，中国人民对外友好协会和中日友好协会在北京举办中日邦交正常化50周年纪念招待会。同日，日本邮政公司正式发售以中国"国宝"大熊猫为主要设计元素的"日中邦交正常化50周年"纪念邮票。中日文化产业交流合作由此上了新的台阶。11月7日，以"中日文化贸易的成功实践与未来展望"为主题的、旨在深化北京与东京结对友好城市产业交流和企业合作的"联通世界·感知北京"文化产业交流对接活动在北京举行。此外，多边层面的中日文化交流不断发展。8月26日，第十三次中日韩文化部长会议在山东曲阜召开，会议审议通过《中日韩文化部长会议——曲阜行动计划（2022年—2024年）》，为三国深化开展文化交流提出指导。[1]

与此同时，两国国民之间的感情却十分令人担忧。1972年中日两国实现邦交正常化时，日本民众对中国持真诚友好的态度。1980年日本民众对华好感度达到高点，日本方面的民调显示，当时79%的日本人对中国持正面印象。

---

[1] 《第十三次中日韩文化部长会议召开》，中华人民共和国文化和旅游部网站，2022年8月26日，https://www.mct.gov.cn/whzx/whyw/202208/t20220826_935630.htm［2022-08-29］。

与 50 年前相比，当前的中日民间感情友好度令人担忧。2022 年 1 月，日本内阁府发表的"关于外交的舆论调查"结果显示，回答对中国"没有亲近感"的人的比例从 2021 年的 77.4% 微增到 78.9%。[①] 2022 年 4 月 20 日，日本外务省公布的有关外交的国内舆论调查结果显示，关于"现在的日中关系"，回答"认为不好"的占 85.2%；"在区域、国际社会等方面合作"与"加强经济、人文交流"方面持支持态度的回答则分别占 28.2% 与 28.0%。[②]

在反省侵略历史以及与军国主义划清界限的问题上，日本仍然在淡化和逃避历史罪责，中日间的历史问题依然是发展中日关系的重要障碍。在教科书审定问题上，日本玩弄文字游戏，模糊史实，否认和歪曲自身侵略历史。2022 年 3 月 29 日，日本文部科学省审定通过一批高中教科书，依然对强征"慰安妇"、强征劳工等历史事实进行淡化和歪曲，并不顾历史和事实地宣扬日本对中国钓鱼岛的非法主张。在靖国神社问题上，日本政要仍持消极态度、坚持参拜，再次反映日本对待侵略历史问题的错误态度。2022 年，日本首相岸田文雄、厚生劳动大臣后藤茂之、经济产业大臣西村康稔、经济安全保障担当大臣高市早苗、复兴大臣秋叶贤先后到靖国神社进行参拜。对于日本的消极动向，中国多次通过外交渠道提出交涉，表达严正立场。

日本福岛第一核电站事故是迄今全球发生的最严重核事故之一，该事故造成大量放射性物质泄漏，对海洋环境、食品安全和人类健康产生深远影响。日本政府在福岛核污染水处置问题上的有关决策不仅关系日本民众健康权等基本人权，还涉及环太平洋国家民众的权益。日本政府理应以负责任的态度做好灾害赔偿、将损毁核反应堆退役、进行核污染水处置等灾后处置工作。但事实上，日本政府不顾国内民众和国际社会反对，单方面决定向海洋排放福岛核事故污染水，而且对福岛核污染水排海方案的正当性、核污染水数据的可靠性、净化装置的有效性、环境影响的不确定性等问题一直未做出

[①] 内閣府「『外交に関する世論調査』の概要」、2022 年 1 月、https://survey.gov-online.go.jp/r03/r03-gaiko/gairyaku.pdf［2022-03-25］。

[②] 外務省「令和 4 年度外交に関する国内世論調査（概要）」、2022 年 5 月 26 日、https://www.mofa.go.jp/mofaj/files/100510121.pdf［2022-08-30］。

充分、可信的说明。中国多次敦促日本重视各方正当合理关切，同包括周边邻国在内的利益攸关方和有关国际机构充分协商，寻找核污染水的妥善处置办法，停止强推排海方案，日本均未给予积极回应。2022年5月19日，中国外交部发言人在例行记者会上表示，中方对日本强推核污染水排海方案表示关切，日方应正视国际社会和日本国内广大民众的正当诉求，同包括周边国家在内的利益攸关方和有关国际机构充分协商，寻找核污染水的妥善处置办法。① 7月22日，中国外交部发言人重申，福岛核污染水处置关乎全球海洋环境和环太平洋国家公众健康，绝不是日本一家的私事。中方再次敦促日方，切实履行应尽的国际义务，以科学、公开、透明、安全的方式处置核污染水，停止强推排海方案。②

三 对中日关系发展的研判与展望

2022年在迎来中日邦交正常化50周年的同时也将开启中日关系下一个征程，是中日关系承前启后、继往开来的重要节点。这一年，中国共产党第二十次全国代表大会胜利召开，强调继续全面推进中国特色大国外交，将为中日互利合作带来新机遇和新动能。日本方面，岸田政府同意与中国一道共同构建契合新时代要求的稳定和建设性的中日关系，但在对华政策上强调奉行"坚持日本自身主张、要求中国采取负责任行动"的整体决策思路。2022年10月3日，岸田在国会的施政方针演说中表示："上个月迎来了中日邦交正常化50周年。尽管两国间至今仍有诸多课题及悬案，我会对中国坚持应该坚持的主张，切实呼吁中国采取负责任的行动，同时，包括各项悬案在内，通过认真对话，围绕共同的课题开展合作，希望在日中双方的努力

---

① 《2022年5月19日外交部发言人赵立坚主持例行记者会》，2022年5月19日，中华人民共和国外交部网站，https：//www.mfa.gov.cn/web/wjdt_674879/fyrbt_674889/202205/t20220519_10689450.shtml［2022-12-05］。
② 《2022年7月22日外交部发言人汪文斌主持例行记者会》，2022年7月22日，中华人民共和国外交部网站，https：//www.mfa.gov.cn/web/wjdt_674879/fyrbt_674889/202207/t20220722_10726447.shtml［2022-12-05］。

下推动构筑具有建设性的、稳定的日中关系。"① 显然，未来一段时间，在落实两国领导人在曼谷会晤达成的重要共识的同时，中日关系面临的挑战和困难仍然存在，需要给予重视。

一是美国强化对华竞争战略的"刚性需求"及日本国内政治中对华强硬的"政治生态"，与日本加速推动"正常国家化"和军事大国化进程高度捆绑交融，由此或将进一步扩大中日之间的矛盾和分歧，并可能引发中日关系的新一轮紧张。

俄乌冲突下日本加大对美国的战略追随力度，坚持维护美国主导的"以规则为基础的国际秩序"。外部环境方面，2022年10月12日，美国拜登政府发布的新《国家安全战略》强调应对"大国战略竞争对手"，称"中国是唯一一个有意图也越来越有能力重塑国际秩序的竞争者"，将中国定义为美国最重大的"地缘政治挑战"。12月16日，日本发布新版《国家安全保障战略》，对标美国，将中国的对外政策和军事动向定位为"严重关切事项"，并认为中国是日本和相关国家需要应对的"迄今为止最大的战略挑战"。由此美日之间在对华政策上的政治趋同性不断增强。国内政治方面，虽然岸田内阁在外交安全政策制定中有首相官邸政治主导决策机制加持，但受个人政治领导力不足、派系支持率偏低以及内阁支持率持续下行等不利影响，岸田内阁在对华外交决策中亦将不得不受到来自保守政治势力的牵制与裹挟，在对华政策上，日本国内保守势力特别是对华强硬势力或将更进一步掌握话语主导权，干扰首相官邸对华政策取向。此种内外压力背景本身就将对中日关系的未来走向构成重重严峻挑战。

值得注意的是，在经过安倍二次执政时期首相官邸对日本安全政策的系统性转型工程后，"后安倍时代"日本的安全战略正按照"安倍路线"的预设轨道发展，愈发转向以"中国威胁"为由头，借助日美同盟及自主防卫的手段、路径，在加强对华"安全"制衡的同时，同步强化自身军力建设

---

① 首相官邸「第二百十回国会における岸田内閣総理大臣所信表明演説」、2022年10月3日、https：//www.kantei.go.jp/jp/101_kishida/statement/2022/1003shoshinhyomei.html［2023-01-05］。

以加速推动"正常国家化"与"军事大国化"进程。2022年12月16日，日本政府完成"安保三文件"修订。通过出台新版"安保三文件"，岸田内阁意在强化日美的"遏制能力"，推动美日同盟的"现代化"。所谓美日同盟的现代化包含两个方面：一是使美日双方兼具"矛"与"盾"的功能，并强化日本"矛"的功能属性；二是进一步强化美日在西太平洋地区的战略部署，谨防"有事事态"发生，其战略意涵是力图在台海形成对中国更大程度的威慑。在新版《国家安全保障战略》中，岸田政府表示"为从根本上强化防卫力量建设，日本将正式拥有'反击能力'（对敌基地攻击能力）"①。对此，拜登政府不仅表示欢迎，还积极推动日美两国围绕"反击能力"强化"一体合作协调"。②

此外，日本大幅增加防卫费用，一方面旨在高度对标"北约军事标准"，进一步推进"军事大国化"工程建设；另一方面暗含加速提升对华威慑力指向，此举必将进一步加剧中日安全不信任和地缘政治矛盾。2023年，日本的防卫费申请额高达55598亿日元，比2022财年增加1910亿日元，日本连续10年增加国防预算，创下战后最高纪录。在未来5年内，日本计划将军费提高到10万亿日元，增至GDP的2%，增额主要用于强化七项能力，包括防区外打击能力、综合导弹防空能力、无人机作战能力、跨领域协同作战能力、机动运输能力等。

二是日本将继续在中日关系中打"台湾牌"，无视中日关系政治基础，图谋"以台制华"。一个可能显著影响中日关系未来走势的变量是日本对台湾问题的强化介入与持续干涉。日本持续炒作"台湾问题"，积极筹划所谓"台湾有事"时的对华预案，有力图推动台海形势进一步恶化的恶意趋向。通过利用国际场合在"台海"议题上"发难"，日本可以在彰显自身所谓地区安全诉求的同时，进一步强化军力，从而在外交与安全两个层面上更大限

---

① 内閣官房「国家安全保障戦略について」、2022年12月16日、https：//www.cas.go.jp/jp/siryou/221216anzenhoshou/nss-j.pdf［2022-12-19］。

② 「日米・抑止・対処力強化 首脳会談 中国の念頭に結束」、『読売新聞』2023年1月14日。

度地加强对华安全制衡，威慑中国"对台政策选项"。

日本支持中国台湾加入世界卫生组织（WHO）和《全面与进步跨太平洋伙伴关系协定》等国际组织和协定的想法一直未变，① 必将进一步挑战中日关系的政治基础。

2022年12月，日本出台的《国家安全保障战略》《国家防卫战略》《防卫力量整备计划》（"安保三文件"）明确涉及台湾问题，干涉中国内政。"安保三文件"还写入了包括突发事态之际由防卫相统管海上保安厅，加强自卫队与海上保安厅的合作，在"台海有事"及钓鱼岛争端发生之际加大对华军事应对力度的意图明确。同时，日本陆上自卫队正积极考虑组建"冲绳防卫集团"，以在发生战事时备战。

三是日本经济上的对华"脱钩断链"将使中日经济关系面临多重挑战及复杂前景，但中日经贸合作的"压舱石"作用尚存，在新兴领域及区域经济一体化进程中双方双边、多边合作机遇依旧广泛。中日均是世界主要经济体，在构建开放型全球经济、推动区域合作以及应对全球性课题方面拥有共同利益和很大的合作空间。2022年，第十八届"北京-东京论坛"公布的中日关系舆论调查结果显示，两国受访者均认同经济因素在中日关系中的重要作用，77.4%的中国受访者和73%的日本受访者认为，中日经济合作对本国未来"重要"。② 面对全球自由贸易受到严峻挑战，支持维护自由贸易体系并加强经济合作，共同应对不利的国际贸易环境是中日关系发展的责任所在。

一方面，中国是日本最大贸易伙伴，日本是中国第二大贸易对象，这是中日经济关系的基本面。中日贸易总额虽然在不断增加，但中日贸易发展受国际形势及政治因素的影响日益凸显，中日经济关系呈现变化迹象。2022年3月，始于1979年并持续40多年的日本对华"政府开发援助"（ODA）

---

① 「日本の閣僚から『歓迎』相次ぐ、台湾のTPP加盟申請」、2021年9月24日、https：//jp.reuters.com/article/taiwan-tpp-kato-idJPKBN2GK06X［2022-12-26］。
② 《2022年"中日关系舆论调查"结果发布》，光明网，2022年12月1日，https：//news.gmw.cn/2022-12/01/content_36201016.htm［2022-12-26］。

全部结束，与此同时，日本政府决定 2023 年修订的新"开发合作大纲"的重点是体现经济安全保障观点的、打造强韧供应链的政策。尽管目前在华日企已超过 3.2 万家，但其中制造业企业数量最多，占比高达 42%，零售批发业企业占 33.2%，服务业企业占 12.2%。高端产业企业比例还是比较低。在美国加强对华战略竞争和"逆全球化"影响下，日本对华关键供应链出现新的压力。2022 年 9 月，美国副总统哈里斯与日本半导体相关企业的高管进行座谈，呼吁日本半导体企业加大对美投资力度，建立不依赖中国的供应链。[①] 12 月 9 日，美国商务部长雷蒙多与日本经济产业大臣西村康稔举行电话会谈，围绕半导体的对华出口管制，雷蒙多提出，希望日本作为共享对华战略的同盟国予以响应，要求日本对华"脱钩断链"。[②] 同时，在各种经营困境下，在华日企也有寻求调整的动向，这些负面的动向不利于未来中日经济合作的深入开展。

另一方面，中日经济未来新的合作点正在出现，折射出中日经贸将迎来新走向。新兴低碳经济正成为中日经济合作的新领域。基于中国未来的产业需求，在华日企在变中求新，做大对华契合点。同时，在华日企的投资理念悄然改变，从追求传统规模经济转向跨界整合的新经济模式，这为中日新的经贸合作提供了新的机遇。日本企业已经开始对与 EV 电动汽车和 5G 手机有关的重要的高附加值电子零配件增资扩产。松下中国跨界进军氢能源、EV 电池等领域。本田汽车将在中国市场投放第二批概念车，在竞争激烈的 EV 市场启动电动化战略。东芝把目光投向二氧化碳捕获和封存技术（CCS）、锂离子电池等低碳产品。日企还紧跟中国市场新特点，瞄准消费服务市场，在非传统产业之外的物流、批发、零售等行业有显著的投资增长。

另外，在区域经济一体化的多边合作进程中，中日之间已经签署生效的

---

① 「ハリス米副大統領、日本の半導体企業に米国投資呼びかけ」、『日本経済新聞』2022 年 9 月 29 日。
② 「米商務長官、西村経産相と電話会談＝IPEFや輸出規制を協議」、時事ドットコム、2022 年 12 月 10 日，https：//sp.m.jiji.com/article/show/2864635 ［2022-12-27］。

以及中国积极致力于加入并深度参与谈判进程的区域多边自贸协定，将增强中日经济合作的新动力，推动中日经济合作进入新阶段。2022年正式生效的RCEP就涉及货物贸易、服务贸易和投资等多个方面的市场开放规则。该协定增强了中日间的自由贸易关系，有利于发挥中日双方比较优势，对扩大双边贸易、投资，以及促成更坚韧的产业链和供应链产生重要作用。在RCEP的推动下，最终两国承诺的零关税率将达到86%，必将促进双方贸易进一步发展。由此，中日经济合作的渠道将越来越畅通，领域也将更加开放。此外，中国在积极致力于申请加入CPTPP。根据国际经济智库的测算，一旦中国成为CPTPP的正式成员国，日本收益将更大。彼得森国际经济研究所就曾做出如下预测：中国如加入CPTPP将使日本2030年的实际收入增加680亿美元。[1]

结语：在逆境中推动中日关系行稳致远

总体而言，政治、安全关系的"低位徘徊"与经贸、民间关系的"干扰频仍"，使进入复交50周年重要节点的中日两国并未迎来改善双边关系的有利机遇，在日方加大对华战略调整力度及自身安全战略"松绑"的政治背景下，未来中日关系仍将面临层层困难与挑战。但在逆境中，依然可以看到中日有关方面致力于两国关系"止跌回暖"的种种建树与努力。纵观中日2000多年交往史和邦交正常化50周年来的历程可知，和平共处、合作共赢是两国发展关系唯一正确选择。在近年来的中日首脑会谈中，两国领导人都强调中日互为近邻，都是地区和世界重要国家。2022年11月，第十八届"北京-东京论坛"公布的中日关系舆论调查结果显示，双方受访者对中日关系重要性存在广泛共识。71.3%的中国受访者认为中日关系"重要"

---

[1] Wang Huiyao, "Japan Should Be Open to China Joining the CPTPP," Nikkei Asia, https：//asia. nikkei. com/Opinion/Japan－should－be－open－to－China－joining－the－CPTPP&ved＝2ahUKEwi_ q－rPtPT_ AhX6UvUHHcqKAf8QFnoECAIQAg&usg＝AOvVaw07qpQfV－6tN75JM6sOciAg［2022-12-29］.

或"比较重要"，74.8%的日本受访者持同样观点。[①] 2023年，两国迎来中日《和平友好条约》缔结45周年。在新的历史节点，双方应进一步合力开创两国关系的美好未来。

中日应发挥高层互动领航定向作用，以领导人达成的重要共识为政治指引和行动遵循，秉持高度责任感和使命感，排除内外干扰，妥善处理分歧，共同致力于构建契合新时代要求的中日关系。两国要努力发展面向未来的务实合作，在加强战略沟通的基础上构建行之有效的危机管控机制。中日更需以四个政治文件为指引，巩固、夯实两国关系的政治基础，真正践行"互为合作伙伴，互不构成威胁"的政治共识。台湾问题是中国的核心国家利益，也是中日关系政治基础的重要体现，日本应以《中日联合声明》为原点，重温两国复交过程的政治初心，不应以任何形式向"台独"势力发出错误信号，不应给地区安全稳定制造祸端，而应为地区和平及繁荣发展做出自身应有的贡献。

中日要继续发挥经济在两国关系中的"压舱石"作用。经过50年的经济交流合作，两国已经互为密不可分的合作伙伴，产业链供应链密切结合，中国已经连续15年稳居日本最大贸易伙伴，对华进出口在日本对外贸易中的占比均超过20%。中日双方的"经济结构性依存"并不仅在于双方贸易额层面的数据支撑，也同样源于日本的自身国家利益定位所在。根据国际货币基金组织（IMF）的测算，到2025年前后，日本实际的GDP增长率仅为0.6%，并在之后有可能降至0.4%，后续增长依旧疲软且乏力。[②] 在"内需无力"的大环境下，日本若想切实推动国内经济"活力再生"，仍需高度依赖海外市场的"刺激加持"。这也就是为何包括安倍内阁在内，多届日本政府均将维护自由贸易体系视为国家利益的重要组成部分。因此，在国际大变

[①] 《中日关系舆论调查：中国受访者高度认同中日关系重要性》，中国日报中文网，2022年11月30日，https：//cn.chinadaily.com.cn/a/202211/30/WS638712d0a3102ada8b224a0c.html［2022-12-29］。

[②] "Japan and the IMF," International Monetary Fund, https：//www.imf.org/en/Countries/JPN［2022-12-29］.

局下，双方更应努力进一步深化经济联系，共同抵制"脱钩断链"的错误做法，维护全球产业链供应链稳定畅通和贸易投资环境公平开放，积极致力于进行开放、包容的区域主义建设，持续推动两国在双边、多边经济合作中全方位、宽领域、多层次合作提质升级，在数字经济、绿色发展、财政金融、医疗养老等新兴及传统领域进一步加强合作沟通。

中日需客观理性看待对方发展，相互尊重，着眼于在后疫情时代有序恢复人员往来。在广泛开展人文交流合作的基础上，应继续大力推动民间、地方、青少年交流，特别是要加强双方青少年层面的友好往来，就推动新时代和新世代中日友好的前景而言，这具有重要意义。值得一提的是，在中日两国民间感情持续下行的不利背景下，青年层面的相互感情认知反而出现了积极趋向，调查显示，在日本18~29岁的青年人中对华存有好感度的人员的比例高达41.6%[1]。双方可以通过积极开展多层次民间交流，就彼此最关切的问题展开交流与对话，在改善民间感情、增进文化交流与相互信任的过程中，推动中日关系行稳致远。

（审读专家：卢　昊）

---

[1] 山根祐作「若い世代ほど中国へ親近感　急激な経済成長、『怖い国』から変化」、『朝日新聞』2022年9月28日、https：//www.asahi.com/articles/ASQ9X5V2QQ9XUHBI012.html［2022-12-29］。

剧烈变化中的日本
Japan under Dramatic Changes

B.8 俄乌冲突对日本经济和社会的冲击[*]

张晓磊 张 梅[**]

摘 要: 俄乌冲突对日本经济和社会形成多层面冲击。经济层面,加快日本经济安全战略和政策落地进程,促使日本企业在俄产业和投资链条加速"出清",凸显日本能源资源结构性风险。社会层面,这对二战后习惯和平国际环境的日本民众造成巨大的心理冲击;民众危机感上升,促使对日本安全保障问题的关注度提升;能源危机影响了日本人的日常生活;这冲击了日本人的生死观,引发了日本社会对死亡方式的思考。俄乌冲突的长期化,对日本经济的直接影响的边际效应会递减,但滞后效应不容忽视;对日本社会的间接影响或会持续深化,接收乌克兰难民等可能会对日本产生直接冲击,也会导致社会问题相继出现。

[*] 本报告为中国社会科学院创新工程项目"后安倍时代日本政治与政局变动研究"(项目编号:2021RBSB01)、"中日间文化认同问题研究"(项目编号:2021RBSB03)的阶段性研究成果。

[**] 张晓磊,法学博士,中国社会科学院日本研究所政治研究室副主任、研究员,日本政治研究中心秘书长,主要研究方向为日本政治和安全战略;张梅,哲学博士,中国社会科学院文化发展促进中心副研究员,主要研究方向为日本文化战略和软实力建设。

关键词： 日本　经济安全　能源资源安全　日俄关系　乌克兰难民

俄乌冲突作为2022年最大的"黑天鹅事件"，对日本的经济和社会形成了多层面的冲击。从经济层面看，既涉及日本宏观经济政策的方向调整，也有对其微观经济产业结构改革的影响，更引起日本对自身能源资源战略的反思。从社会层面看，日本民众对俄乌两国、对世界、对人生的观念都受到了明显的影响，俄乌冲突所形成的"蝴蝶效应"甚至间接波及日本民众的正常消费与生活。

一　俄乌冲突对日本经济的冲击

俄乌冲突对日本经济的冲击主要表现在政府宏观政策、产业投融资以及能源资源结构调整三个方面：一是加快日本经济安全战略和政策落地，二是促使日本企业在俄产业和投资链条加速"出清"，三是凸显了日本能源资源和粮食安全的结构性风险。

（一）加快日本经济安全战略和政策进一步落地

一是推动国内经济安全法律政策迅速落地，同时进一步提高日本企业对经济安全问题的重视程度。在俄乌冲突的刺激下，日本于2022年5月迅速出台《经济安全保障推进法》，这标志着日本的经济安全战略和政策有效落地。《经济安全保障推进法》旨在从以下几个方面促进经济安全：（1）确保特定重要物资的稳定供给；（2）确保特定社会基础设施服务的稳定供给；（3）支持特定重要技术的研发；（4）特定专利申请非公开。上述法律实施半年多以后，日本智库的报告显示，在日本东京证券交易所上市的3805家公司的年报中，相比2021年仅有11家的年报提到经济安全问题，2022年年报提到经济安全问题的公司增至54家。此外，一些企业在将经济安全作为风险评估重心的同时，开始采取具体的防控措施，其中，9家企业设立了经济安全专职部门，并指定了负责人和管理人员。①

二是推动日本在未来技术开发进程中，增加更多有关经济安全的考虑。日本专门在《经济安全保障推进法》中制定了支持关键技术发展的制度以及专利保密制度，将一项技术是否能够做到军民两用作为是否优先投入力量和资金进行研发的核心评价标准。此法第60条至第64条建立了支持关键技术发展的制度，政府首先制定关于促进特定关键技术开发和成果适当使用的基本准则（"技术开发准则"）。在内阁批准后，政府必须立即公布技术开发准则。特定关键技术被定义为"对维持未来公共生活和经济活动可能至关重要的技术，其中不合理地使用所述技术、其开发中使用的信息或由于依赖使用从外国获得的此类技术的商品或服务而导致的外部行动而无法稳定使用这些技术，可能会损害国家安全和公共安全"。具体来说，政府目前认为太空、海洋、量子和人工智能技术是"特定关键技术"。②

第65条至第85条建立了一个所谓的"秘密专利制度"。日本专利局在审查专利申请时进行初步审查，确定其是否属于一个技术领域，在该领域中，发明如果公开，可能会由于外部行动而损害国家安全和公共安全（"特定技术领域"）。日本知名智库中曾根和平研究所的学者认为，无人机在俄乌冲突中对战局方面产生巨大影响，在俄乌冲突中，无论是民用无人机还是军用无人机，都在影响整个冲突的进程，这是战争历史上罕见的情形。③

三是推动日本基于经济安全考虑对全球供应链进行重构。日本在《经济安全保障推进法》中规定，确保关键材料稳定供应的系统及其支持措施，旨在确保对日本公众的生存、日常生活和经济活动有重大影响的材料的稳定供应。比如有意确保特定关键材料或原材料等稳定供应的个人或公司可制订"安全供应计划"，包括建造新的生产设施、供应来源多样化、储存、生产

---

① 庞中鹏：《日俄能源合作走向何方》，《环球》2022年第19期。
② 《日本〈经济安全保障推进法案〉解读》，观察者网风闻社区，2022年6月29日，https://user.guancha.cn/main/content?id=794206 [2023-04-11]。
③ 白石重明「ウクライナ侵攻から見えたもの―我が国への政策の含意―」、NPI Research Note、2022年5月9日。

技术开发和/或替代材料开发，"安全供应计划"必须提交给负责的部长并由其认证。① 日本倾向于基于所谓"自由、民主、人权"等价值观，推动以美国为"枢纽"的国家和地区组成一个所谓的"全球公共产品供应集团"②。美国在此集团内牵头协调，日本则积极作为成员国扮演重要角色。这一集团对外宣传是开放的，主要目的是希望保证集团在国际经济体系中的比重和份额。

（二）促使日本企业在俄产业和投资链条加速"出清"

俄乌冲突严重冲击日俄经贸关系，导致日本和俄罗斯间的贸易逆差不断扩大。日本财务省公布的2022财年上半年（4~9月）初步贸易统计数据显示，两国贸易逆差同比增长了2.6倍，达到7504亿日元。尽管受经济制裁影响，日本的对俄出口额减少了一半，但日本从俄进口额增长了约40%。在能源价格上涨和日元创纪录贬值的催化下，日俄贸易结构剧烈变动，日本资本外流现象明显。日本在2022财年上半年对俄罗斯的进口额为9828亿日元，同比增长36.1%。③

俄乌冲突发生后不久，日本就暂停了与俄罗斯达成的8项经济合作计划，包括：（1）合作提高医疗标准，延长俄罗斯人的健康寿命；（2）打造舒适、清洁、宜居、宜工作的城市；（3）加强日俄中小企业之间的交流合作；（4）进行油气能源开发合作，扩大产能；（5）促进俄罗斯工业多元化并提高生产力；（6）促进俄罗斯远东地区产业振兴，使其成为亚太地区出口基地；（7）加强日俄智慧的先进技术合作；（8）加强两国多层次人文交流。日本政府决定从2022年3月18日起，原则上禁止向俄罗斯出口半导体

---

① 《日本〈经济安全保障推进法案〉解读》，观察者网风闻社区，2022年6月29日，https://user.guancha.cn/main/content?id=794206［2023-04-11］。
② 白石重明「ウクライナ侵攻から見えたもの—我が国への政策的含意—」、NPI Research Note、2022年5月9日。
③ 「対露貿易赤字が拡大 制裁下でも資金流出続く 資源高と円安で」、『産経新聞』2022年11月8日、https://www.sankei.com/article/20221108-HLDXFB4VLZPYRCF4OH4PONPTAA/［2023-04-11］。

和传感器等57项产品，并且制定了对俄罗斯的出口限制清单，其中包括面向公众的半导体、通信设备、传感器、雷达和密码设备等31种商品，以及26项软件技术。①

日本企业在俄罗斯的产业和投资受到俄乌冲突的直接冲击，特别是汽车、电机和工程机械等方面受到的影响较大。丰田公司退出在俄汽车制造业务是一个标志性事件。2022年9月23日，丰田公司在官网宣布，丰田汽车公司和丰田汽车欧洲公司已决定永久终止其在俄罗斯第二大城市圣彼得堡工厂的汽车制造业务，此后仅专注于为现有用户提供售后服务，这意味着丰田公司将终止在俄罗斯的汽车生产制造。早在2022年3月初，即俄乌冲突开始的一周后，由于零部件采购网络混乱的原因，在圣彼得堡工厂主产"凯美瑞"和多功能运动车（RAV4）的生产线就处于暂停状态。此前日本的汽车制造商一直处于观望当中，以丰田公司的"脱俄"动作为标志，日本企业加速退出俄罗斯市场的趋势已经基本确定。欧洲商业委员会（AEB）预测，2021年，俄罗斯新车市场乘用车和轻型商用车总量约为167万辆，丰田和雷克萨斯品牌共售出约12000辆。②

在俄乌冲突发生后，耶鲁大学商学院按照A（完全撤出在俄业务）到F（继续经营，没有撤出在俄业务）的量化标准，对全球约600家上市公司的股票回报率进行统计，其在5月公布的一份结果显示，宣布退出、暂停或减少对俄业务的公司的股票回报率明显高于未宣布退出俄罗斯的公司，股票回报率几乎与退出俄罗斯的程度成正比。③ 这说明俄乌冲突后投资市场更期待日本上市企业尽快退出俄罗斯市场。

尽管俄罗斯市场在丰田公司的全球布局中的比重并不大，但作为日本最大跨国汽车公司，丰田公司的做法给整个日本汽车乃至上下游产业链造成了

---

① 《日本暂停与俄罗斯达成的8项经济合作计划》，观察者网，2022年3月11日，https：//www.guancha.cn/internation/2022_03_11_629938.shtml［2023-04-11］。
② 山下一仁「世界の食料安全保障への日本の貢献」、RIETI（独立行政法人経済産業研究所）、https：//www.rieti.go.jp/jp/special/special_report/187.html［2023-04-11］。
③ 太田崇彦「ESG投資・ステークホルダー資本主義を巡る背景・課題・議論（ロシアのウクライナ侵攻の影響等）—追い風と向かい風—」、NPI commentary、2022年8月4日。

"多米诺骨牌效应"。比如，2022年11月10日，日本马自达决定停止在俄罗斯的活动。同时，日本的卡车和皮卡车制造商五十铃提出离开俄罗斯的计划。2022年10月12日，日产宣布完全退出俄罗斯市场。① 日本最大的机床制造商DMG Mori Seki通过裁员（270人）以及调离员工（30人）的方式实现了在俄罗斯市场的实际退出。相关数据显示，在168家已经在俄罗斯有广泛业务的日本主要跨国公司中，有74家宣布暂停、限制或撤出其在俄罗斯的业务。据估计，受退出俄罗斯市场的影响，此次日产汽车约损失1000亿日元，丰田公司预计损失969亿日元，马自达约损失120亿日元，电通集团约亏损370亿日元。另外，日本的大型银行或贸易公司也在与俄罗斯的投资或贷款业务中遭受损失。②

（三）凸显了日本能源资源和粮食安全的结构性风险

俄乌冲突给全球的能源资源供给和贸易带来巨大冲击，日本在能源资源自给率、贸易结构、粮食安全等方面的风险凸显。

一是加速日本推进能源资源供给多元化，并提高能源资源自给率。2022年7月14日，日本首相岸田文雄表示将重启10座火力发电厂，并尽可能多地重启老旧核电站，最多使9座核电站处于运行状态。③ 在日本看来，西方基于能源供应依赖俄罗斯，成为其应对俄乌冲突的一道无形的"枷锁"，这促使日本进一步从能源资源"独立性"的角度考虑自身处境，千方百计地考虑根据实际情况提高能源资源自给率。有日本智库学者建议，考虑到日本地热资源多达2347万千瓦④，居全球第三位，日本可以考虑集中人力、物

---

① 日产在俄罗斯的所有业务都将出售给俄罗斯汽车与汽车发动机科学研究所，不过，出售合同中规定日产可以选择在未来6年内进行回购，这也就意味着在2029年前日产都有机会重启在俄罗斯的业务。
② 酒井辉「経済安全保障と日本企業」、NPI Research Note、2023年2月6日。
③ 《岸田文雄：将重启火电及核电站以缓解供电紧张》，人民网，2022年7月16日，http://japan.people.com.cn/n1/2022/0716/c35421-32477139.html［2023-04-11］。
④ 铃木宣宏：《日本面临粮食危机，自给率创新低》，日本网，2022年5月30日，https://www.nippon.com/cn/japan-topics/g02082/［2023-04-11］。

力搞地热发电，进行蓄电池等相关研发，通过创新克服风险、成本等多方面的问题。

二是凸显日本能源资源投资贸易结构暗含的巨大风险，或倒逼日本企业重新考虑将投资范围扩展到传统业务范围内的能源资源等方向。日本进口液化天然气中，8.8%依赖俄罗斯，其中大部分供应来自俄英日合作开发的"萨哈林2号"油气项目。该项目年产液化天然气（LNG）1000万吨，其中约有六成向日本出口。俄乌冲突发生后，尽管日本不愿退出上述能源合作项目，但日本天然气公司依旧担忧供应出现中断，因此选择转向马来西亚、澳大利亚和美国天然气供应商。① 俄乌冲突后，英国已经退出此项目，"萨哈林2号"油气项目的新运营商已于8月5日成立，日本三井物产公司和三菱商事公司在8月底决定保留在这一项目中的股份，俄罗斯方面已批准两家日本企业保留在"萨哈林2号"油气项目中的股份。② 尽管日本保留了与俄罗斯的能源合作，但留下了具有较大不确定性的风险，以及未来日本能源对俄合作结构的重构压力。

三是促使日本反思粮食安全政策。俄乌冲突对世界粮食贸易结构产生巨大冲击，粮食安全成为日本主办2023年七国集团峰会的主要议题。日本的粮食自产和进口比例处于失衡状态，2022年，水稻产量为670万吨，不到高峰时的一半（1967年为1445万吨）。有学者研究认为，像日本这样大部分粮食依赖进口的国家，如果因紧急情况而使海上通道被破坏，进口中断，整个国家都会受到影响，面临严重的粮食危机；如果日本无法进口粮食，一半以上的人会饿死。2020年，日本的粮食自给率仅为37.17%（以热量为基准），刷新了自1965年开始进行统计以来的最低纪录。③

有鉴于此，日本认为应该增加国内粮食产能，在满足自身需求的同时考

---

① 《担心俄罗斯"断气"，日本准备从美、澳、马进口》，观察者网，2022年4月10日，https：//www.guancha.cn/internation/2022_04_10_634161.shtml？s=zwyzxw ［2023-04-11］。
② 庞中鹏：《日俄能源合作走向何方》，《环球》2022年第19期。
③ 铃木宣宏：《日本面临粮食危机，自给率创新低》，日本网，2022年5月30日，https：//www.nippon.com/cn/japan-topics/g02082/ ［2023-04-11］。

虑将一部分出口，为解决全球粮食危机做出贡献。实际上，早在2002年，在老挝举行的三国农业部长会议上，日本就提出建立大米储备制度，以应对东亚地区自然灾害等突发事件。经过试用期之后，大米储备系统（APTERR）于2012年在东盟国家、日本、中国和韩国实施，并为菲律宾、柬埔寨等国提供了应急的大米。这是日本通过多边倡议构建的区域性粮食安全体系。日本有智库学者建议日本政府可以考虑推动在更广范围内，比如在非洲、英国和欧盟以及美国建立一个区域性小麦储备系统。[①]

二 俄乌冲突对日本社会的冲击

俄乌冲突对日本社会的方方面面都产生了影响。本部分主要集中讨论其对日本社会意识方面的冲击。一是日本民众和舆论对俄乌两国看法发生转变，二是日本民众对安全保障问题的关注度提升，三是日本社会节能意识增强，四是日本人"无常"生死观凸显。

（一）日本民众对俄乌两国的看法发生变化

俄乌冲突影响日本民众对国际环境的感知。2022年底，日本汉字能力检定协会宣布，"战"字高票当选年度汉字。该协会一共收到223768张投票，"战"字以10804票位列第一，既寓意俄乌之间的战争，也包含民众与日元贬值物价飞涨的斗争。[②] 第二名是"安"字（10616票），这说明，在战争背景下，平安成为人们心中的祈愿。日本汉字能力检定协会每年组织投票选出年度汉字并在京都清水寺公布，这一惯例自2005年开始持续至今。其中2001年美国发生"9·11"恐怖袭击时，年度汉字也是"战"字。这

---

① 山下一仁「日本の農業政策は有事に国民を飢餓に導く~ウクライナ危機の教訓」、RIETI（独立行政法人経済産業研究所）、2022年3月23日、https：//www.rieti.go.jp/jp/papers/contribution/yamashita/129.html［2023-04-11］。
② 「『今年の漢字』は『戦』ウクライナ侵攻や物価高との『戦い』」、https：//www3.nhk.or.jp/news/html/20221212/k10013920341000.html［2023-01-10］。

反映了俄乌冲突对于二战后习惯和平国际环境的日本民众造成巨大的心理冲击。

俄乌冲突催生了日本民众用语言对乌克兰表达支持的心理。乌克兰首都基辅在日语中被变更为乌克兰语读法，并入选2022年十大流行语。俄乌冲突爆发以前，乌克兰首都"基辅"的日语名称采用俄罗斯语的读音（kiefu）[1]。俄乌冲突爆发后，自民党内出现一种声音，认为"基辅"读音不应采用俄语读音。于是，日本外务省与乌克兰政府进行沟通，讨论对策。2022年3月31日，日本政府宣布，要求今后各中央省厅在制作资料时把"基辅"的日语名称改为乌克兰语的"kiu"。同时，采用俄语标记的乌克兰其他城市的读音也被改为乌克兰语读音，例如，位于黑海沿岸的乌克兰港口城市"敖德萨"、发生史上最严重核电站事故的"切尔诺贝利"等。现在，日本媒体在对俄乌冲突进行报道时在提到基辅时或单独使用"kiu"，或采用"kiu（kiefu）"两种读音同时标记的做法。日本在每年年底都会选出当年的十大流行语，堪称日本社会的年度风向标。"kiu"入选2022年十大流行语，在颁奖典礼上，东京外国语大学名誉教授中泽英彦作为获奖代表受邀出席，因为他很早就提倡把基辅的发音变更为乌克兰语读法。他谦虚地表示："本不该由我来领奖，我只是用片假名写了kiu而已。"他强调，"这一转变对乌克兰和日本都非常重要"[2]。

日本民众对俄罗斯的好感度明显下降。根据日本内阁府在2022年10~11月开展的"关于外交的舆论调查"，日本民众中对俄"感到亲切"的受访者的比例从2021年的13.1%下降至5.0%，下降幅度达8.1个百分点，处于历史低位。对俄"没有亲切感"的受访者的比例从2021年的86.4%上升到94.7%。从年龄段来看，好感度较高的为30~39岁（7.9%）和50~59岁（7.9%），之后依次为18~29岁（6.7%）、40~49岁（5.0%）、70岁以上（3.2%）、60~69岁（2.6%）。这显示60岁及以上日本民众较其他年龄段

---

[1] 乌克兰首都"基辅"的日语名称从"キエフ"（kiefu）改为"キーウ"（kiu）。
[2] 「新語·流行語大賞（2022）年間大賞は"村神様"」，NHK、2022年12月1日，https://www.nhk.or.jp/shutoken/newsup/20221201e.html［2023-01-10］。

对俄罗斯好感度更低。认为"现在日俄关系整体良好"的受访者的比例从2021年的20.6%下降至3.1%，下降幅度达17.5个百分点，处于历史低谷。认为"日俄关系不好"的受访者的比例从2021年的79.0%上升至92.3%。认为"今后日俄关系的发展对两国、亚洲以及太平洋地区来说很重要"的受访者的比例从2021年的73.1%下降至57.7%，认为"不重要"的受访者的比例从2021年的26.4%上升至37.9%。①

（二）日本民众对安全保障问题的关注度提升

相比2014年俄罗斯进入克里米亚时安倍晋三政府的"温和反应"，岸田政府在俄乌冲突发生后迅速决定对俄实施严厉制裁。日本配合美欧推进一揽子金融和进出口制裁，仅保留了与俄合作的"萨哈林2号"油气项目。2014年，安倍政府并未对俄进行实质性制裁，旨在维持日俄经济合作，以促成争议领土问题解决及和平条约签署。而岸田政府放弃了改善日俄关系的期望，优先选择与西方国家保持一致，制裁俄罗斯。

俄乌冲突引发日本社会对安全保障和宪法的关注，促使日本民众对安全保障的关注度陡增，社会整体保守意识增强。读卖新闻社在2022年3月初进行的全国舆论调查显示，日本民众认为俄乌冲突可能成为日本安全保障的威胁。受访者中，认为俄乌冲突今后将波及周边地区而对日本安全保障造成威胁的比例高达81%，"不这样认为"的仅占11%；82%的受访者支持日本政府与美国等国联合加强对俄罗斯的经济制裁，"不支持"的仅占9%。②2022年5月，日本放送协会（NHK）公布的舆论调查也显示类似结果。该舆论调查是在日本推出对俄罗斯新的制裁措施之后进行的。日本首相岸田文雄追加了作为资产冻结对象的俄罗斯银行和个人，在七国集团领导人视频会

---

① 「外交に関する世論調査（令和4年10月調査）」、https://survey.gov-online.go.jp/r04/r04-gaiko/2.html［2023-01-10］。
② 「ロシアのウクライナ侵攻、『日本の安全保障上の脅威』81%…読売世論調査」、読売新聞オンライン、2022年3月6日、https://www.yomiuri.co.jp/election/yoron-chosa/20220306-OYT1T50185/［2023-01-20］。

议上提出原则上禁止进口俄罗斯产石油的方针,同时将俄罗斯驻日大使馆的8名外交官驱逐出境。受访者中,对于这些制裁措施"很大程度"或"一定程度"持肯定态度的比例合计63%。俄乌冲突对日本加速推进修宪也产生了不小的影响。受访者中,认为应该修改宪法、增加"紧急事态条款"即在发生大规模灾害和恐怖袭击等紧急事态时临时增加政府权限或延长国会议员任期的比例为40%,持反对态度的占到40%。①

随着日本民众对安全保障问题的关心高涨,日本是否应拥有"反击能力"成为舆论热点。2022年4月,日本自民党向岸田提出建议,认为日本应该拥有"反击能力",即为了应对弹道导弹的袭击而破坏敌人导弹发射基地的能力。55%的受访者表示赞成拥有这种能力,29%的受访者表示反对。日本多年来一直将防卫费维持在GDP 1%左右的水平。此次舆论调查显示,认为"应该增加"防卫费的受访者占52%,超过半数;认为"维持现状即可"的占29%;认为"应该减少"的占7%。自民党希望防卫费在5年内增加到GDP的2%以上,但公明党对大幅增加防卫费持慎重态度。在此次调查中,支持自民党的六成受访者认为"应该增加",而支持公明党的四成受访者认为"应该增加"。② 这显示,同样是执政党的支持者,不同政党的支持者在防卫费问题上的认识存在较大差别。如此,日本民众保守意识的增强为2022年底日本把"反击能力"和提高防卫费写入新修订的《国家安全保障战略》提供了土壤和温床。

(三)日本社会节能意识增强

2011年发生"3·11"东日本大地震之后,日本的供电结构发生了较大的转变,核电供应占比逐渐下降,火力发电占比上升。由于日本火力发电厂主要以液化天然气为燃料,因此发电行业对国际能源进口的依赖程度进一步

---

① 曽我英弘「ウクライナ危機 日本の安全保障・憲法論議にどう影響?」、NHK、2022年5月10日、https://www.nhk.or.jp/kaisetsu-blog/700/468113.html［2023-01-10］。
② 曽我英弘「ウクライナ危機 日本の安全保障・憲法論議にどう影響?」、NHK、2022年5月10日、https://www.nhk.or.jp/kaisetsu-blog/700/468113.html［2023-01-10］。

提高。受俄乌冲突影响，日本液化天然气的市场供应不稳定，为日本夏季和冬季供电带来不确定性。因此，日本政府在 2022 年多次发出节电呼吁。2022 年 3 月，日本政府认为电力供求形势极其严峻，在东京电力公司和东北电力公司的供电范围发出"电力供给紧张预警"。日本政府在全国范围内呼吁开展 7~9 月为期三个月的夏季节电行动，这是日本政府时隔 7 年再次对全体国民提出节电要求。冬季，日本政府又提出全国性节电要求，时间是 2022 年 12 月至 2023 年 3 月底。

在电费大幅上涨的情况下，日本企业和民众纷纷采取各种节电措施。2022 年 11 月，东京都知事小池百合子在例行记者招待会上号召大家穿上高领衫来节能，以应对冬季严峻的能源形势。当然，她的言论因无法从根本上解决电力不足问题而受到网友批判。① 由于冬季办公室空调温度下调，很多政府工作人员和企业职员在办公室加穿高领衫来保暖。大型饮食店和零售店等在傍晚以后关闭招牌灯营业，便利店的冰柜由开放式改为封闭式。东京涉谷的时尚大楼"SHIBUYA109"在夜间关掉了写有大楼名称的招牌灯。东京的地标性建筑晴空塔通常从下午 5 点 45 分到深夜 0 点亮灯，但为响应政府的节电号召，取消了夜间照明。日本政府和东京电力公司呼吁拥有发电设备的企业协助进行电力供给，像东京迪士尼乐园等企业启动了发电装置，以为游乐设施提供部分电力。②

日本政府为了维持电力的稳定供给，实现能源安全保障，从以下三个方面着手。第一，规定火力发电站的废止必须事先申报。2022 年 3 月，内阁会议通过修正法案，规定电力公司在废止火力发电站时，必须事先申报，旨在监管全国的电力供给量。③ 第二，重新"拥抱"核能。能源危机使日本公

---

① 「小池百合子、『タートルネックで節電』に『アホらしい』、『省エネ成り立たない』と非難轟々」、2022 年 11 月 20 日、https：//news.yahoo.co.jp/articles/8e3d8506621ea05ef22dc330906213bfd98ff899 [2023-01-10]。
② 「"電力需給ひっ迫警報"節電に協力する各地の動きは」、NHK、2022 年 3 月 22 日、https：//www3.nhk.or.jp/news/html/20220322/k10013545151000.html [2023-01-10]。
③ 「火力発電所廃止の事前届け出義務づけ改正法案 きょう閣議決定」、NHK、2022 年 3 月 1 日、https：//www3.nhk.or.jp/news/html/20220301/k10013506091000.html [2023-01-20]。

众对重启核反应堆的反对之声渐弱。2022年8月，日本政府召开了旨在建设脱碳社会的会议，决定除了之前已经重启的10座核电站之外，在2023年夏季另外重启7座核电站。该会议还决定，为最大限度地利用现有核电站，日本将把核电站的寿命延长到60年以上，并开发建设安全性和经济性更高的核反应堆。① 第三，发展可再生能源，以太阳能发电为主，发展水力、风力、地热发电等。

（四）日本人"无常"生死观凸显

日本的古典文学和哲学经常表达"无常"这一主题。《平家物语》是日本战记物语的代表作，其开篇写道："祇园精舍钟声响，诉说世事本无常；婆罗双树花失色，盛者必衰若沧桑。骄奢之人不长久，好似春夜梦一场；强梁霸道终殄灭，恰如风前尘土扬。"② 日本作家、诗人鸭长明在镰仓时代（1185~1333年）初期撰写的《方丈记》开篇写道："浩浩河水，奔流不绝，但所流已非原先之水。"③ "无常观"是日本一种重要的审美意识，与佛教紧密相连，即认为事物不可能是永恒不变的，盛衰兴亡都包含无常之美。

俄乌冲突引发日本社会对反映无常观的文学作品的关注。《方丈记》是日本三大随笔之一，是日本最早的灾难文学作品。该作品的作者在前半段记录了火灾、龙卷风、饥荒、地震、瘟疫等多种灾害以及源平之战、迁都等历史事件，但并没有浓墨重彩地渲染，而是像记者一样平淡地忠实记录；在后半段讲述了他在偏僻的山里建造了一个小庵，过着自给自足的生活。该作品表达了在动荡不安的时代自身和栖息之所都是无常的思想。在新冠疫情初期，日本小说家平野启一郎就在知名视频网站上推荐日本读者阅读《方丈记》。俄乌冲突发生后，平野启一郎与东京大学名誉教授养老孟司就此作品

---

① 「政府 原発7基 再稼働目指す方針確認 次世代の原子炉開発検討へ」、NHK、2022年8月24日、https://www3.nhk.or.jp/news/html/20220824/k10013785121000.html［2023-01-20］。
② 此处译法采用：〔日〕无名氏《平家物语图典》，申非译，叶渭渠主编，上海三联书店，2005，第1页。
③ 此处译法采用：〔日〕鸭长明、吉田兼好《方丈记·徒然草》，王新禧译，长江文艺出版社，2016，第3页。

在日本很有影响力的周刊《文艺春秋》上进行对谈。他们提到，新冠疫情和俄乌冲突的共同点就是"日常性的破坏"，在"日常性"被破坏之后，人们才意识到其弥足珍贵。他们认为，对于遭遇新冠疫情和俄乌冲突后的日本人来说，鸭长明对灾难的体验及之后避世独居、自得其乐的生活方式容易获得共鸣。①

俄乌冲突引发日本社会对死亡方式的思考。日本作家五木宽之撰文称，这十几年来，日本人的生死观发生了很大的变化。以前谈论生死是沉重的形而上学的思想问题，现在成了一个现实功利的问题。社会的数字化导致医生诊疗数字化，"生命剩余一个月""剩余一周"都是靠数字仪器监测做出来的判断，失去了人情味。死亡也变得事务化，刊物上充斥着死后财产如何继承、如何度过人生最后一段时光这样的文章，就连葬礼这样的严肃场合也变成追求效率优先，告别亲人的伤痛感变得淡薄了。② 尤其是2022年，对日本民众来说是一个多灾多难的年份，新冠感染人数居高不下、俄乌冲突爆发、日本前首相安倍晋三遭遇枪击身亡事件，都使日本国民心理蒙上一层阴影。于是，日本知名杂志《文艺春秋》在2022年第10期推出专栏"令人羡慕的死法"，由五木宽之主持，邀请读者投稿，讨论理想的死亡方式和临终前该做的事。

总之，俄乌冲突对日本社会意识和民众心理产生巨大冲击，这种冲击在现实层面会深刻影响日本政府的决策。

三　前景展望

鉴于俄乌冲突未来的不确定性和复杂性，俄乌冲突对日本经济和社会的上述冲击是否会进一步延续、深化或者扩展到更多领域，是一个值得探讨的问题。经济和社会是一个国家的一体两面，相互依存、相互影响、相互融

---

① 養老孟司・平野啓一郎「『方丈記』一人滅びゆくこと」、『文藝春秋』2022年10月号、242-243頁。
② 五木寛之「2022年のうらやましい死に方」、『文藝春秋』2022年10月号、232-233頁。

合。经济和社会在整个国家中的角色类似计算机的硬件和软件，俄乌冲突对日本经济的冲击和影响会对社会产生辐射效应，而反过来日本社会对俄乌冲突的反应会对日本经济产生反噬效应。基于前述内容，笔者对日本经济和社会在俄乌冲突下的未来发展动向略做尝试性展望。

（一）对日本经济的直接影响或呈现边际递减趋势

从日本对俄投资占其对外投资的比重来看，预计俄乌冲突对日本经济的直接影响会随着日本对俄产业链的"出清"呈现边际递减的趋势。比如，从外务省"日本企业海外投资数量调查"统计来看，截至2021年10月，在所有77551家海外企业中，在俄罗斯开展业务的日本企业共有416家（包括分支机构和子公司），而日本在中国的分公司则有31047家。[①] 可见，对俄投资并非日本对外投资的主体，其作为对日本经济的影响变量甚至可以忽略不计。

（二）对日本社会的间接影响或会持续深化，接收乌克兰难民可能对日本社会产生直接冲击并导致出现社会问题

如前所述，俄乌冲突对日本国民的世界观、价值观、情感观、生死观等均产生了明显的冲击和影响，更间接影响了日本国民的日常生活。同时，也要看到接收乌克兰难民的措施可能会对日本社会产生直接冲击并造成社会问题。据统计，截至2022年底，日本对外公布的因人道主义原则接收的乌克兰难民有2000多人。根据惯例，日本于1979年根据移民安置扶持政策分别接收来自越南、老挝、柬埔寨的难民11319名（2005年已经完成接收工作）；于2008年根据第三国（泰国和马来西亚）安置政策，从2010年开始接收来自缅甸的难民229名（截至2022年10月）。

日本此次接收的乌克兰难民不属于上述性质的难民，同时由于日本和乌克兰之间未签署《关于难民地位的公约》等国际条约，因此，日本接收的

[①] 酒井辉「経済安全保障と日本企業」、NPI Research Note、2023年2月6日。

乌克兰难民不属于条约难民。为此，日本计划对这些难民采取一种特别措施。国际上用移民融合政策指数（MIPEX）来评价难民是否能够融入东道国，以及东道国对难民的社会融合政策是否有效等，这一指数设置了劳动力市场、医疗保健等8个领域的167个评价指标，通过计算最终得到一个综合评价指数。在2020年的MIPEX中，日本在56个国家中仅列第35位，日本在教育、政治参与、反歧视、无条件接受等单项评价中的排名比较靠后。[1]如今，面对乌克兰难民这一新的难民群体，日本的社会融合政策将进一步接受考验，这无疑将在日本产生新的社会问题。

（审读专家：张伯玉）

---

[1] 三井物産戦略研究所産業情報部産業企画室、大木義徳「ウクライナ避難民の国内受け入れと社会統合—指標と事例に見る課題とその解決の可能性—」、2023年1月。

B.9
自民党内派系政治的变动及其对"安倍路线"影响

孟明铭*

摘　要： 2012年安倍晋三再次上台执政后，其领导下的日本政府采取一系列有力的政策措施，明显改变了日本的国家道路。这些政策主张被外界称为"安倍路线"。安倍本人是这一路线形成过程中的灵魂人物和关键指导者，他利用自己强大的政治能量助推该路线落地生效。2022年7月，安倍遇刺身亡给日本政坛特别是执政的自民党造成巨大冲击，使得党内的政治力学格局和派系实力对比发生明显变化，"安倍路线"在一定程度上面临"人亡政息"的隐患。但是，受岸田首相的个人政治需求、自民党的整体意志和日本的战略安全认知三重因素的制约，在未来较长一段时间，日本仍将按照安倍晋三时代设定的路线继续发展。

关键词： 日本政治　安倍晋三　安倍路线　岸田文雄　自由民主党

作为执政党的自民党内派系林立且公开存在，是日本政治一大突出特点。党内派系间的力量对比和相互作用往往决定党总裁（首相）人选和政策取向。近年来，自民党内稳定存在的派系有：安倍（晋三）派、茂木

---

* 孟明铭，历史学博士，中国社会科学院日本研究所政治研究室助理研究员，主要研究方向为日本政治。

自民党内派系政治的变动及其对"安倍路线"影响

（敏充）派、麻生（太郎）派、岸田（文雄）派和二阶（俊博）派①，其中安倍派的人数和实力远远凌驾于其他派系之上②。然而，2022年7月8日，安倍晋三在参议院助选活动中遇刺身亡。考虑到安倍在自民党乃至日本政坛的影响力，其突然逝去对自民党内的权力格局产生强烈冲击。在此背景下，由安倍生前所力推、近十年来作为日本政府执政理念方针的"安倍路线"是否会"人亡政息"？本报告将从日本内政（特别是自民党内派系政治）的角度，就该事件对"安倍路线"的影响和未来走向进行分析。

一 "安倍路线"及其与安倍本人的关联

从严格意义上讲，"安倍路线"不仅是安倍个人的观念和主张，而且是代表并浓缩了当今日本执政精英的主流战略理念后形成的产物。它对日本的政治生活、安全国防及对外战略具有极其重要的规范和影响作用。

（一）"安倍路线"的定义与主要内容

进入21世纪第二个十年后，占据日本统治阶层主流的保守政治精英集团难以接受日本国势日衰和中日国力对比的逆转，陷入难以抑制的普遍焦虑之中。安倍晋三可谓该股势力的代表人物。在他于2012年第二次上台后，其治下的日本政府陆续推出一系列强有力的政策措施，引起日本国内外的广泛关注。有研究者逐渐将安倍政府的治理理念概述为"安倍路线"并加以把握和探讨，这一概念术语随后被学界乃至社会舆论所接受③。根据已有的研究成果，"安倍路线"是一个"综合集成的有机大战略"，其主要目标是，

---

① 除此之外，自民党内还有一些小微派阀、非正式组织和不少无派系议员，但其组织力和行动力与这些成规模派系存在明显差距。
② 日本国会法定议席为713席，安倍派的人数长期保持在80~90人，而其他派系至多为40~50人。
③ 中国学界如吴怀中《"安倍路线"下的日本与中日关系——兼论构建中日新型国家关系》（《日本学刊》2016年第3期）、《"安倍政治学"与日本国家走向》（《世界知识》2016年第19期）；杨伯江、卢昊《安倍晋三身后的"政治遗产"》（《光明日报》2022年(转下页)）

谋求日本重新崛起，力图扭转颓势，保住日本作为大国的地位和影响力。而该路线主要通过以下四个领域来落地实现。①

一是政治领域，根据该路线，日本需动员一切力量重振国势，因此有必要首先改革国内政治体制，成为一个"正常"国家，即应从意识形态和宪法体系两个层面走出"战后状态"。日本一方面认为其不应该再背负"无意义的历史责任"，要冲破二战后国际秩序的束缚；另一方面要修改宪法，重新整军经武。

二是经济领域，安倍上台后即打出"安倍经济学"的招牌，以综合配套（尤其是量化宽松等"三支箭"政策）振兴经济。推动经济外交，力图主导经济规则与秩序，同中国进行经济竞争。

三是外交领域，偏好战略性外交，如从"积极和平主义""俯瞰地球仪外交""印太战略"视角，维持大国影响。强化日美同盟，对华展开影响力和软实力之争。

四是安全领域，提出二战后首份《国家安全保障战略》，解禁集体自卫权，提出"对敌反击能力"等。积极介入台海、南海争端及地区安全事务，在东海加强军备。

2020年，安倍晋三因新冠疫情冲击而下野后，仍然作为众议员活跃在日本政坛上。在疫情加速世界百年未有之大变局的时代背景下，安倍将其路线的着力点从内政完全转向外交、安全领域，其核心话题为在中美博弈加剧情况下，日本应坚决站队并积极配合美方对中国施加的经济"脱钩"、意识形态压制、军事威慑等手段并进行全方位的围堵打压，相关挑衅言行不断。尤其是在涉中国核心利益的台湾问题上，安倍公然称"台湾有事就是日

（接上页注③）7月10日第08版）等文章中都提及"安倍路线"。此外，在国外研究界，日本方面有森英樹「7・1閣議決定とその先にあるもの：安倍路線のゆくえ」、『法学セミナー』2015年1月号；赤松正雄「自公連立政権のハイブリッド効果：吉田ドクトリンと安倍路線のリアリズム」、『安保研リポート』43巻、2022年9月14日。欧美方面有 Christopher W. Hughes, *Japan's Foreign and Security Policy Under the "Abe Doctrine": New Dynamism or New Dead End?* (Palgrave Pivot, 2015); Daisuke Akimoto, *The Abe Doctrine: Japan's Proactive Pacifism and Security Strategy* (Palgrave Macmillan, 2018)。

① 吴怀中：《"安倍路线"下的日本与中日关系——兼论构建中日新型国家关系》，《日本学刊》2016年第3期，第5页。

有事"，鼓吹日本应建设"对敌基地攻击能力"（又称"反击能力"），主动推动日本走向反华前线。

（二）安倍晋三的政治影响力在"安倍路线"中的作用

"安倍路线"之所以影响广泛，不仅是因为其内容的系统性和完整性，而且其回应了日本政治精英的时代诉求并得到了后者的普遍认同。安倍本人在政界拥有的巨大能量也起到了至关重要的作用。

其一，安倍晋三的个人政治特质。安倍出身山口县的政治世家，父亲安倍晋太郎、外祖父岸信介、外叔祖父佐藤荣作均是日本著名政治人物，与其家族关系密切的森喜朗、小泉纯一郎等前辈政治家也对其关照有加。在先人的恩荫下，作为名门之后的安倍进入政坛后基本上顺风顺水，平步青云。自1993年当选国会议员后的13年内，安倍晋三先后担任过自民党干事长、内阁官房长官等党政重要职务，并于2006年52岁时接替小泉纯一郎成为二战后日本历史上最年轻的首相。尽管他当时因政治上仍显稚嫩、控局乏力，在任职一年后便黯然下台，但他在自民党内的地位并未因此削弱，蛰居休养数年后卷土重来。2012年，安倍晋三当选自民党总裁并率领该党在国会选举中战胜民主党重夺政权，再次成为日本首相。

安倍晋三历经宦海沉浮且二次上台，政治经验更为丰富，个人政治能力得到有效发挥。与同辈政治家相比，安倍晋三拥有出类拔萃的选举号召力，其政治形象鲜明，且善于设置选举话题、把握选举节奏，能够有效吸引选民的关注。鉴于在当代日本的选举活动中，政党领袖起到的作用日渐重要，因此，党首的行为表现往往受到大众舆论关注、传播和放大，越来越被等同于政党的标签，其"人气值"可能直接决定政党选举成绩。选举是代议制政党的生命线，安倍晋三较为突出的"选举力"为其能够左右自民党提供了重要保障。

其二，安倍长期执政期间进一步强化个人势力。一方面，其大力提拔嫡系人马。安倍本人出身党内第一大派系——清和政策研究会（简称"清和会"，也可根据时任派系领袖之名称其为"细田派"或者"安倍派"）。安倍在上台之后利用职权对本派系成员多加照拂，如塩谷立、下村博文、世耕弘成、萩生田光一、稻田朋美、松野博一、礒崎洋辅、岩崎恭久等人获任防卫大臣、文部科学大臣、厚生劳动大臣、内阁官房副长官、首相助理等要职，这提高了安倍政治集团在自民党内的地位。安倍甚至可以通过"党中党"的形式操控自民党。另一方面，其有效笼络和驾驭盟友。安倍授予党内其他派系的实力人物关键岗位以示诚意，如让麻生太郎（麻生派）任副首相、菅义伟任内阁官房长官（无派系议员代表人物）、二阶俊博（二阶派）任党干事长、岸田文雄（岸田派）任外交大臣、甘利明（麻生派）任党政调会长等，他有意构建各派势力之间相互制衡的格局，保障自身在党内处于超然之上的地位。在安倍的有效政治运作下，自民党在2014年以后呈现权力集中于安倍的"一强"格局。①

其三，安倍晋三在下野后仍然维持足够的政治能量。尽管2020年受新冠疫情的冲击，安倍不得不以"健康原因"突然辞去首相一职，但他仍作为一名资深政客活跃在日本政治舞台上。为了继续有效控制政局，在接班人问题上，安倍接受干事长二阶俊博的斡旋，指定原内阁官房长官菅义伟作为继任首相。作为安倍长期执政的"总管家"和党内少见的无派阀人员，菅义伟的民意支持和政治威信明显偏弱，他在接任首相后不仅留任了安倍内阁的大部分班底，还在重大事务上经常听从后者的指示并在之后才有所行动。这种将安倍政治诉求凌驾于公众利益之上的做法严重影响政府施策效果，引发民众强烈愤懑。菅义伟内阁在支持率持续低迷的左右支绌之下，不得不在2021年9月宣布下台。

菅义伟的退场对安倍权威并无多少损害。继之而起的岸田文雄虽在党内有较为稳定的派系支持，但其领导的宏池会（"岸田派"）的人数始终徘徊在40多人，在自民党六大派系中长期排在第4、5名。为了实现首相梦，岸田不得不向安倍进行诸多利益交换。岸田如愿上台后，安倍晋三及其领导的"清和会"势力因对岸田赢得总裁选举贡献最大，故所得回报最多——不仅

---

① 徐万胜：《安倍内阁的"强首相"决策过程分析》，《日本学刊》2014年第5期，第55页。

有多名成员进入内阁担任要职①，而且安倍的心腹高市早苗更是一跃成为"党三役"的政务调查会会长。这也使得安倍在辞去首相后的政治能力和影响力再次达到一个高峰。为了继续贯彻"安倍路线"，安倍高调对国内外（尤其是外交安全领域）大事主动发声，限制岸田的决策空间；另外，他还通过高市早苗所掌控的作为自民党内核心政策设计和议定机构的政调会，组织嫡系议员在政府决策过程中对岸田实施干扰②。例如，在岸田主抓的经济政策领域另组建自民党"财政政策检讨本部"，与岸田直辖的"财政健全化推进本部"分庭抗礼，意图维持"安倍经济学"的原则。2022年2月1日，日本众议院通过一项所谓"关切中国人权问题"的决议，与以安倍为代表的党内保守右翼势力的积极推动密切相关。安倍本人公开喊话向岸田政府施压，其麾下的高市早苗、下村博文、古屋圭司等资深政客也按其指示四处串联造势③。尽管岸田政府对这一行为有所疑虑，但面对安倍势力的持续逼压，最终"合流"并批准了这一挑衅行为④。此外，安倍等人还于1月呼应美西方掀起的所谓"外交抵制"北京冬奥会，迫使岸田文雄最终仅派遣不具有官方身份的东京奥组委主席桥本圣子出席⑤。这一例证再次显现出安倍晋三对岸田政府在重大战略决策上的较强影响力。

总而言之，安倍无论是在台上还是台下，始终拥有充足的政治能量来践

---

① 如：内阁官房长官松野博一、防卫大臣岸信夫、文部科学大臣萩生田光一、党总务会长福田达夫。
② 例如：在岸田主抓的经济政策领域另组自民党"财政政策检讨本部"，其与岸田直辖的"财政健全化推进本部"分庭抗礼，唱"对台戏"。
③ 「対中決議で意思明確化を　自民・安倍氏」、時事ドットコムニュース、2021年12月20日、https://www.jiji.com/jc/article?k=2021122000713&g=pol［2022-12-29］。
④ 「岸田内閣の対中宥和姿勢が"台湾有事誘発"　非難決議で『中国』『侵害』削除、海上保安庁法改正の行方も不明…日本全体が『柔らかい脇腹』に」、夕刊フジ公式サイト、2022年1月24日、https://www.zakzak.co.jp/article/20220124-2U27M4DWRJN3RI2U7C5ZOJ2EBM/［2022-12-29］。
⑤ 「北京五輪『外交的ボイコット表明を』　自民部会で強硬論相次ぐ」、毎日新聞ニュースサイト、2021年12月23日、https://mainichi.jp/articles/20211223/k00/00m/010/163000c［2022-12-30］。

行自身的政治路线和理念，对日本政府的政策制定和社会舆论的走向具有举足轻重的作用。

二 安倍遇刺身亡对自民党内政治格局和"安倍路线"的影响

作为两任首相、在位长达7年多的资深政治家，安倍运用自身政治影响力有效推进其路线的政治理念，给日本内外打下了深深的烙印。其突然逝去对日本政局产生强烈冲击，进而对"安倍路线"的未来走向产生严重影响。

（一）安倍家族的政治前景面临严峻挑战

"安倍路线"与安倍的家族势力有着密切的关系，并主要体现在以下两个方面。其一，"安倍路线"的理念渊源，与安倍本人所受到的家族精神传承和熏陶有着深厚联系。安倍将修订《日美安全条约》和鼓吹修改宪法的外祖父岸信介视为政治偶像（"安倍的心中住着一个岸信介"），郑重表示岸信介是"只考虑国家未来的赤诚政治家"；他从父亲安倍晋太郎的教导中得出了"政治家不能淡泊无为"的信条。[①] 其二，安倍（岸）家族本身作为山口县的"郡望"，历经数代人的经营，在当地实力雄厚，关系网盘根错节，安倍及其胞弟岸信夫凭此长期在山口县第2、第4选区当选国会议员。安倍在上位过程中也得到了家族先辈人脉的诸多助力，若没有家族的恩荫，可能就不会有安倍首相，更遑论"安倍路线"了。

但在安倍遇刺身亡的剧烈冲击下，其家族的政治生命也有中断之虞。安倍的山口县第4选区自2021年以来遭到（现任外务大臣）林芳正的猛烈挑战。林芳正与安倍同为山口县的政治世家出身，素有问鼎首相的雄心。为满

---

① 张勇：《韬晦之"鸢"：安倍晋三人格特质与对外政策偏好》，《外交评论》2017年第6期，第105页。

足"只有众议员才能成为首相"的惯例，林芳正于2021年7月宣布辞去参议员，并在得到了山口县第3选区大多数地方自治体的首脑和议员的支持后，迫使该选区的河村建夫引退，随之在10月举行的第49届众议院选举中当选山口县第3选区的众议员。林芳正和安倍的关系因此日趋紧张。尤其是日本选区制度正在进行"10增10减"的较大规模改革，以缓解"1票格差"① 问题。受此影响，安倍所在的山口县第4选区和林芳正所在的山口县第3选区很有可能在下次选举时合并，双方或因此展开激烈的零和竞争②。

然而，一触即发的局势因安倍身亡而急转直下，曾团结在安倍周围的当地选民纷纷"倒戈"至林芳正阵营③。安倍在山口县影响力迅速衰退的典型例证体现在其继任者的"难产"上。安倍的后援团队曾先后希望其妻安倍昭惠和安倍秘书出身、现任下关市长的前田晋太郎出马补选，但皆遭到婉拒。截至2022年底，自民党仍未能确定山口县第4选区的正式候选人。据日媒分析，具备条件者可能都认为，即使自己能替补安倍当选国会议员，也不可能在下次选举时，在新的选区内战胜"如日中天"的现任外交大臣④。

---

① 所谓"1票格差"，是指在同一选举中，每个选举区的选民数不同导致1张选票的价值或选举区选民的价值不同。随着日本人口朝着大城市持续单向流动，人口最多的东京都第22选区（57万人）和人口最少的鸟取县第2选区（27万人）都只能选出1名国会议员，而从代议制民主原则看，这明显对前者不公平。

② 「安倍、二階も窮地？ 衆院『10増10減』に自民党激震」、東洋経済オンライン、2022年4月15日、https：//toyokeizai.net/articles/-/581978？page=2［2022-12-30］。

③ 例如：2022年8月，在安倍选区的大本营——山口县下关市议会内，曾保持中立的第三大会派"志诚会"主动与林芳正的会派"未来下关"合并，致使安倍一方的"创世下关"失去了市议会第一大会派的位置。根据当地媒体12月底的调查，双方势力的差距可能在2023年2月的市议会选举中再次拉大。具体可参见：「安倍元首相の地元・下関で進む"安倍離れ"自民党市議会も最大派閥逆転で王国崩壊」、NEWSポストセブン、2022年10月17日、https：//www.news-postseven.com/archives/20221017_1802831.html？DETAIL［2022-12-12］；「後ろ盾を失った安倍事務所『直結』市議会派の凋落…"重し"が取れて候補者乱立」、日刊ゲンダイDIGITAL、2022年12月1日、https：//www.nikkan-gendai.com/articles/view/life/315212［2022-12-30］。

④ 「新区割り対決はまさかの林家"不戦勝"『次の総理』を応援する長州人気質」、日刊ゲンダイDIGITAL、2022年12月3日、https：//www.nikkan-gendai.com/articles/view/life/315338［2022-12-30］。

不仅如此，其胞弟岸信夫的政治生涯也似走向尾声。由于岸信夫的身体状况长期欠佳，2022年以来病情加重，胞兄身亡的冲击更令之心力交瘁。为避免再次出现意外情况，岸信夫已打算提前引退，尽早将选区交给其子——年仅31岁的"政治素人"岸信千世继承，以培养后者的"阅历"和声望。① 这也意味着短时间内，安倍（岸）家族顿失两大顶梁柱式人物。"安倍路线"的"家族传承"正面临断绝的危险。

（二）安倍晋三领导的派系将进入动荡期

安倍生前是党内派系"清和会"会长，其逝世将对自身派系产生严重影响，而这也不可避免地影响作为"安倍路线"核心推动力的安倍派势力。

"清和会"虽是自民党内第一大派系，坐拥90余名成员，但极度依赖安倍的统合能力，其逝去后派系向心力将迅速下降。该派系内原本山头林立，充斥着历任派系领袖（如福田赳夫、安倍晋太郎、森喜朗、小泉纯一郎）的门生故吏。2012年安倍第二次上台以后，安倍领导期间曾通过各项权谋手段，逐渐整合了派系内大部分势力。近年来，"清和会"以安倍为中心逐渐分化为几个群体，如安倍胞弟岸信夫及亲信萩生田光一、西村康稔等组成"侧近派"；作为重臣具有老资历的有下村博文、世耕弘成、松野博一等；少壮派的代表有福田达夫、小泉进次郎等；派系外也有一心想入会，如得到安倍重用的高市早苗等。如今安倍突然身亡，势必会导致派系内权力格局重组。

此外，由于安倍长期执政且政治能力较为突出，派系权力高度集中于一身，因此"清和会"内的中坚力量中虽有不少人身居党政要职，但相对缺乏历练，缺乏全局驾驭力，仰仗、依赖安倍的现象较为突出。安倍突然逝世后，"清和会"随即陷入"群龙无首"的困境。可能的继任者均存在不同程度的短板，缺乏能够平衡各方的长期控局能力。现有人选的履历情况如下：

---

① 「岸首相補佐官、次期衆院選出馬せず　後継に長男・信千世氏」，『産経新聞』2022年12月11日，https://www.sankei.com/article/20221211-Q4Q5TVYOOJNNXCMG2Y633MBA3A/ ［2022-12-30］。

一是现任安倍派代理会长之一的下村博文，是"安倍路线"在意识形态领域的主要负责人，历任文部科学大臣、自民党政调会长等职，但由于政绩"偏科"（集中于务虚领域），在党内和民众间存在感较低。二是另一位代理会长盐谷立，历任文部科学大臣、内阁官房副长官、自民党总务会长和选举对策委员长，党内资历虽老（32年），但曾有4次在小选区落选的尴尬境地，近年来又被数次爆出违反防疫条例聚会的丑闻，形象不佳。三是"清和会"参议院成员领袖世耕弘成，但其上位有违"派系会长一般由众议员担任"的惯例。第四、五位分别为党政调会长萩生田光一和"清和会"事务总长西村康稔，此二人皆为安倍人生最后阶段较为信任的副手，但其短板在于离开安倍光环的加持后的真实政治能力不足。此外，现任内阁官房长官松野博一因身居要职而引起人们的关注。

受此种困局的影响，"清和会"在安倍死后始终难以选出继承人，不得不采取下村、盐谷立、萩生田光一等数人"联合执政"的形式以缓和矛盾，但这种"多头模式"可能严重影响派系正常运作，甚至引发分裂风险。① 考虑到"清和会"是自民党内贯彻"安倍路线"的基本力量，其若陷入混乱，则将不可避免地对该路线产生明显的阻滞影响。

（三）首相岸田文雄正在重塑自民党内政治新格局

尽管岸田上台时，外界舆论将之视作安倍权势的附属品，然而作为老牌政客和派系领袖的岸田并不希望在终圆"首相梦"后扮演傀儡角色②。2021年10月底第49届日本众议院选举的良好成绩和民调支持率的稳定等外部有利因素，增强了岸田的信心和自主意识，推动其持续采取措施调整党内权力格局，对安倍的各种主张诉求也不"照单全收"，意图以此强调首相（党总

---

① 「後継6人とも力不足『安倍派』に迫る空中分解の危機」、東洋経済オンライン、2022年10月29日、https://toyokeizai.net/articles/-/629282［2022-12-28］。
② 「『傀儡と見られるのでは』新総裁・岸田文雄は"あの男"に似ている…めでたいはずの首相就任に感じる『悲劇の匂い』」、文春オンライン、2021年10月2日、https://bunshun.jp/articles/-/49093［2022-12-31］。

裁）的主导作用。

此前，考虑到安倍的支持是岸田政府稳定运行的支柱之一，因此岸田的调整工作竭力避免与之公开决裂。较为明显的有以下四个方面的内容。一是人事安排上多搞"小动作"。在内阁官房长官、党干事长、外交大臣等关键岗位明确拒绝安倍推荐的人选，获任的松野博一、茂木敏充、林芳正等都与安倍关系疏远，竭力避免安倍直接插手政府核心决策事务。二是引入多方势力对冲制衡安倍影响，以干事长一职积极拉拢党内第二大派系"平成研究会"首领茂木敏充，委任第三大派系"志公会"首领麻生太郎为副首相，其内弟铃木俊一为财务大臣，构建"脱安倍"的新权力核心圈。三是有意对"安倍路线"的部分内容进行修正，指出只有自己的日本型"新资本主义"主张才能实现"安倍经济学"未竟的"经济良性循环"目标。四是伺机削弱安倍的个人影响力，如在处理俄乌冲突爆发问题时，岸田借机向外界暗示，安倍的对俄友好外交是失败的绥靖行为，使后者的政治影响力遭到明显削弱。① 岸田与安倍水面下的暗斗，始终是2022年上半年日本政治的热门话题。

安倍意外去世之后，自民党内原有的平衡格局迅速朝着对岸田有利的方向倾斜。借此机会，8月10日，岸田文雄将原定在9月上旬进行的内阁重组和党高层干部调整的时间提前一个月。一方面，在此次政府重组中，表面上岸田分配给"清和会"的职位数量最多（4人）②，但实际上岸田以清除自民党与"统一教"勾连为由，免去了安倍派系的防卫大臣岸信夫、文部科学大臣末松信介的职务。这两个部门拥有较多职权和预算，堪称内阁中的"肥差"。"清和会"失去这两个关键岗位，整体实力遭到削弱。另一方面，岸田有意绕过"安倍派"的两位代理会长下村博文和盐谷立，选用他们的"后辈"入阁，也暗含挑拨"安倍派"，从而摆脱掣肘的用心。此外，岸田

---

① 「ロシア政局で『安倍離れ?』岸田政権の外交は正念場」、毎日新聞デジタル、2022年4月11日、https://mainichi.jp/premier/business/articles/20220408/biz/00m/070/005000d［2022-12-30］。
② 萩生田光一任政调会长，松野博一和高木毅分别留任内阁官房长官和国会对策委员长，西村康稔任经济产业大臣，与安倍关系密切的原政调会长高市早苗转任经济安保大臣。

将之前倚靠安倍、凭借政调会长职务长期干扰自身执政的高市早苗外调至经济安保大臣的位置，扫清了党内权力制衡的障碍。新政府的"岸田色彩"随着时间推移将进一步加深，这对于"安倍路线"而言绝非利好因素。

三 对"安倍路线"未来趋势的分析和研判

尽管安倍逝去，围绕其身后事不免出现诸多"人走茶凉"的现象，但作为足以列入日本战后政治的代表性人物，代表其思想理念的"安倍路线"仍有足够的存在意义，将对日本政治产生长期影响。

（一）岸田文雄以稳定政局为主基调，不会对"安倍路线"有较大改动

同安倍相比，岸田文雄无论是个人从政风格还是背后派系实力都有着较大的区别，对全党的掌控终究依赖使用权谋手段让党内各方势力互相制衡，借助人事安排、政治利益诱导等柔性方式来达到目的。安倍遇刺身亡之后，受"统一教"引发的自民党政教勾结丑闻和强行为安倍举办高规格"国葬"影响，岸田支持率持续低迷。这也使得岸田不敢使用强硬手段处理安倍的"遗产"。具体到对"安倍路线"的处理上，以下三点将影响岸田的决策。首先，安倍遇刺身亡进一步加剧了俄乌冲突爆发以来日本执政层的不安感，自民党举党存在广泛忧虑情绪，强调全党应团结一致。此时贸然对安倍的政治主张进行大幅度调整与这一思潮相悖。其次，党内对于安倍的惋惜与认同情绪正在高涨，如果调整措施触及"安倍派"成员，则可能招致舆论"落井下石"的批判，失去不少"印象分"。岸田虽然在安倍死后的政府重组中对安倍派的势力有所削减，但在明面上分配给该派系的党政要职数量仍是最多的。他坚持为安倍举行"国葬"，也是想彰显自己"报答安倍恩情"。最后，从2022年的表现看，岸田想要做出有说服力的实质政绩来提升执政前景"上限"，但就其能力来讲有些勉强（至今仅在外交领域有些闪光点）。因此，保障政府平稳执政，进而随着时间推移缓慢恢复内阁支持率，成为其

渡过难关的主要方式。这也决定了岸田会尽量与拥有 90 余名成员的"清和会"保持稳定关系，或至少避免后者做出破坏性行为。概论之，充斥在日本政坛内的"维稳"气氛，将使"安倍路线"按原有的惯性延续下去。

（二）"安倍路线"的内容已成为自民党全党共识

"安倍路线"不仅体现了安倍个人的认知和主张，也在很大程度上体现了 21 世纪以来，希望挽救日本颓势和危机的统治集团的整体意志。历经 10 余年的浸染，这一路线已经为自民党普遍接受。其一，在安倍高度关注的修宪问题上，全党上下已达成共识。2022 年 3 月 13 日，岸田首相在自民党第 89 届大会上提出，鉴于俄乌冲突及东亚局势，将包括自卫队入宪等政策目标一同推进。① 随后，自民党成立了以重量级大佬为核心的"宪法修改推进议员联盟"，其中甚至包括前干事长二阶俊博、石破茂等曾与安倍有隙的对手。其二，在日本重回"正常国家"问题上，岸田政府在 2022 年 12 月制定了"安保三文件"，从改变防卫态势和增加国防预算等方面提高军事手段的运用能力，摆脱"和平宪法"的束缚，完全转变了以基于"和平宪法"第九条的专守防卫为背景的战后防卫政策，将拥有"反击能力"作为日本国家安全政策的支柱。此外，安倍身后留下的有形与无形政治资源也吸引自民党主流派系竞相表示拥护其路线。安倍作为日本保守化、右翼化的总代表和统领人而闻名，为了能够争夺安倍的"正统"继承人的名号，包括岸田文雄在内的自民党内各方势力都通过各种政治表演，来论证自己才是"安倍路线"的最佳践行者。因此，即使未来"安倍路线"的落实不会像安倍在世时那般具有系统性，但总体上仍是在其既定的框架内进行演变。

（三）日本的整体战略认知与"安倍路线"已互为因果、相辅相成

安倍晋三当初是基于"危机认知"提出"安倍路线"的，即日本面对

---

① 「首相、参院選へ自公の連携強化を強調、改憲にも意欲、自民党大会」、2022 年 3 月 13 日、https：//news.yahoo.co.jp/articles/ccb4a2e11f404ba4b4c4fbe00834192d96d8a539［2022-12-30］。

逐渐衰落、被动保障自己安全与繁荣这种令人不快的现实，不愿接受中国在快速发展而自己可能再次滑向东亚边缘的位置，因此，要谋求日本成为全面大国并保持相应的地位和影响力（"夺回强大日本"），要通过塑精神、革内政、提经济、拼外交、强国防，实现内求正常国家、外求全面大国，从而使日本重新崛起的目标[1]。然而，从此后10年间的发展情况来看，这种做法事实上只会进一步使日本的战略环境恶化，进而加剧日本的"危机感"，促使其继续强化"安倍路线"，形成一种"预言的自我实现"。世界百年未有之大变局特别是2022年俄乌冲突的爆发，进一步冲击日本的战略认知。日本政治精英用一种"疑邻盗斧"的阴暗心态看待国际局势的发展，认为国际社会如今处于战后最大考验的时刻，在中美博弈中急于选边站队、大肆渲染俄乌冲突妄图借题祸水东引、强化自主防卫意识，极力提升军事威慑力。在他们看来，"安倍路线"的内容和精神不仅没有过时，相反，"国际危机"的出现论证了其"先见之明"。因此，只要日本的战略认知未发生重大改变，就一定会在现在和未来继续贯彻"安倍路线"，不断强化上述恶性循环的广度和力度。

（审读专家：张伯玉）

---

[1] 吴怀中：《"安倍路线"下的日本与中日关系——兼论构建中日新型国家关系》，《日本学刊》2016年第3期，第5页。

B.10
俄乌冲突对日本供应链安全政策的影响[*]

崔健 陈子琪[**]

摘 要： 俄乌冲突爆发之前，在中美博弈、新冠疫情、全球芯片危机等因素叠加影响下，日本开始了供应链安全政策的调整，并将之上升到经济安全战略高度。可见，俄乌冲突并不是单独影响日本供应链的因素，而是和其他因素相叠加并使其影响进一步扩大和深化。为此，一方面，日本进一步加大和加快已经进行的供应链安全政策调整的力度和步伐；另一方面，日本强化了供应链安全政策调整的针对性和时效性。供应链安全政策既包含具有明确针对性的稳定能源、半导体、粮食等特定重要物资供应的政策，也包括具有连贯性和国际性，推进数字化、可视化以及网络安全化等强化供应链流程安全的政策，从而呈现系统性。供应链安全政策调整是日本国家安全战略、经济安全战略转变的重要体现。

关键词： 供应链安全政策 俄乌冲突 经济安全 中美博弈

近几年，在中美博弈、新冠疫情、全球芯片危机等因素叠加影响下，国际形势发生很大变化，全球供应链受到巨大冲击。对于经济"两头在

---

[*] 本报告为教育部人文社会科学重点研究基地重大项目"东北亚国际与地区重大问题跟踪及应对研究"（项目编号：22JJD810035）的阶段性研究成果。
[**] 崔健，经济学博士，吉林大学东北亚学院教授，博士生导师，副院长，主要研究方向为日本经济政策、经济安全；陈子琪，吉林大学东北亚学院硕士研究生，主要研究方向为日本经济。

外"的日本，经济安全尤其是供应链安全至关重要。2020年以来，日本加速推进经济安全的法制化、战略化，稳定供应链安全作为经济安全的核心内容也愈发受到重视。2022年，在既有因素的影响继续叠加和扩大的同时，俄乌冲突的爆发及相关制裁措施对日本的供应链造成巨大冲击，日本不仅加快了正在进行的供应链安全政策调整的步伐，而且使其更具针对性和系统性。作为全球经济大国和亚洲供应链的重要一环，日本的供应链安全政策调整将对中日两国乃至与周边地区的经济合作产生重大影响。

一 国际环境变化下日本供应链安全政策的调整

在俄乌冲突爆发之前，2018年以来，中美博弈、新冠疫情和全球芯片危机等因素不断叠加，加速了世界变局，引发全球供应链危机。因此，研究俄乌冲突对日本供应链安全政策的影响不能离开正在发生变化的国际环境，或者说只有把俄乌冲突置于国际环境中才能客观、全面地分析其对日本供应链安全政策产生的影响。国际环境所造成的供应链危机表面上体现在全球能源不足、运输行业受阻、部分企业停止生产、工厂库存不足等方面，但究其本质是贸易保护主义在升温，从而抑制了全球自由贸易的发展，阻碍商品、服务、资本和技术等要素在全球范围内自由流动。

（一）中美博弈下日本供应链安全政策的调整

目前，中美博弈愈演愈烈，这给日本供应链造成了巨大的影响和冲击。一方面，美国极力推行与中国"脱钩"政策，日本呈现追随美国的态度和做法。日本与中美两国都保持密切的经贸关系，在中美博弈背景下，日本的"选边站队"行为必然会伤及自身。随着中美博弈加剧，一些从中国生产基地向美国出口产品的日本企业，由于订单减少不仅造成自身收益下降，而且影响日本国内相关企业的收益。① 另一方面，因为日本保持较大的对美贸易顺差规模，其同样承受着美国单边贸易保护主义的压力。日本贸易振兴机构对2017年以来美国贸易保护主义对日本企业产生影响的调查显示，回答"没有影响"的企业的比例由2018年的43.5%下降到2019年的37.4%，认为"整体上有负面影响"的企业的比例由2018年的14.5%增至2019年的19.9%。② 美国对华战略竞争和贸易保护主义造成供应链复杂度提高、管理难度加大、采购成本升高、断链风险加剧等，严重打击日本企业生产和投资的积极性。日本为此调整相关政策，保证供应链安全。

第一，强化日本国内关键产品及零部件的生产能力。为了降低对海外尤其是中国市场的依赖，经济产业省在2020年5月推出了针对供应链的促进国内投资的补贴措施，由日本政策金融公库和指定金融机构如日本政策投资银行、工商组合金融公库向营业情况恶化的企业拨款，为生产基地集中度高、供应链中断风险较大的16家企业，以及生产国民健康类重要物资的40家企业发放2200亿日元的补贴，③ 帮助这些企业引进设备，调整在华生产线，支持企业将生产基地迁回本土进行供应链重建。

第二，为了更有利于开拓美国市场，日本鼓励企业把生产基地向低成本或邻近美国的地区转移。由于中美相互提高关税以及对美国的追随附和，一些日本企业重新考虑将生产集中在低成本地区的经营战略，日本政府为此提供了相关政策支持。目前，部分日本企业打算把在华工厂向越南和泰国等东南亚国家迁移，此外，考虑到对美出口的接近性，墨西哥将成为转移对象。例如，夏普（SHARP）、京瓷（Kyocera）、卡西欧（CASIO）

---

① 日本貿易振興機構「米中貿易摩擦の日本企業への影響（その1）対中制裁関税などへの対応に苦慮」、2020年1月10日、https://www.jetro.go.jp/biz/areareports/special/2019/1201/b9bc9720fbf660d4.html［2022-12-28］。

② 日本貿易振興機構「米中摩擦がもたらす我が国中堅・中小企業への影響」、2019年12月26日、https://www.jetro.go.jp/ext_images/_Reports/01/02c17da085612c3a/20190025.pdf［2022-12-28］。

③ 経済産業省「サプライチェーン対策のための国内投資促進事業費補助金」、2020年5月1日、https://www.meti.go.jp/covid-19/supplychain/pdf/1_20200717005-1.pdf［2022-11-08］。

等企业纷纷把其在华面向美国市场的产品生产基地转移到越南、泰国等低生产成本地区。[1]

第三，推动签订多边经贸合作协定。美国政府的一系列单边贸易保护主义做法使高度依赖全球市场的日本倍感压力，促使其加速推动签订多边经贸合作协定。2018年12月，在日本的主导下，《全面与进步跨太平洋伙伴关系协定》（CPTPP）成功签署并生效。2019年2月，日本与欧盟签署了《日欧经济伙伴关系协定》。这些协定取消了各种关税和非关税壁垒，在促进数字经济发展、放宽投资限制等方面发挥了积极作用，有助于日本企业在亚太、欧洲等地区合理布局供应链，实现资源优化配置。

（二）新冠疫情下日本供应链安全政策的调整

新冠疫情导致多数国家采取居家隔离、"封城"、停产停工、关闭边境等紧急措施，造成供应链暂时中断的状况。全球供应链断裂，对日本国内的医疗用品、半导体等重要物资供给，以及工业产品的进出口造成严重打击。为此，日本政府先后出台一系列增强供应链韧性的政策。

第一，出台增强国内供应链韧性的政策。（1）补贴企业国内投资。2020年5月和2021年3月，日本政府先后开展了两次"作为供应链对策的促进国内投资补贴"的公开募集活动。支持生产基地集中度高、供应链中断风险较大的重要产品的生产企业在国内建立生产基地，减少对进口产品的依赖。（2）加强政府和企业的合作。经济产业省、厚生劳动省与经济团体合作，为在国内进行医疗物资增产和转产的企业提供支持，同时在各地区的经济产业局设立联络点，提供医疗物资增产所需的支援措施。（3）推进数字化。2021年9月1日成立负责日本行政数字化的最高部门"数字厅"。《2021年经济财政运行和改革方针》提出要在未来五年内全面打造数字时代的官民基础设施，扩大IT的导入和普及通用电子数据交换（EDI），打造新

---

[1] 日本贸易振興機構「米中貿易摩擦の日本企業への影響（その1）対中制裁関税などへの対応に苦慮」、2020年1月10日、https://www.jetro.go.jp/biz/areareports/special/2019/1201/b9bc9720fbf660d4.html［2022-12-28］。

的产业模式。《制造业白皮书2021》提出推进"互联工业",通过制造商与供应商之间的数据共享,及时掌握供应链状况。

第二,出台增强海外供应链韧性的政策。(1)促进海外生产基地多元化。2020年5月,日本贸易振兴机构开展了"海外供应链多元化支援事业"的募集活动,据此,经济产业省通过"日本—东盟经济产业合作委员会"(AMEICC)支持日本企业在东南亚分散布局供应链,以实现海外生产基地的多元化。①(2)加强供应链的国际协作。日本和东盟于2020年4月17日提出"应对新冠疫情的经济韧性联合倡议",呼吁通过深化合作维持区域和全球供应链稳定,构建坚固的供应链体系。②

(三)全球芯片危机下日本供应链安全政策的调整

随着新冠疫情的影响持续扩大,全球众多芯片工厂被迫停工,"缺芯"危机由汽车产业开始向其他产业疯狂蔓延。2021年,在疫情持续肆虐的同时,出现了日本东京都地震、美国暴风雪灾害以及中国台湾水情告急等自然灾害,芯片产业面临"雪上加霜"的困境,产量继续下降,价格不断上涨。从2021年开始,日本高度重视半导体产业,在2021年3月14日至2022年12月19日共召开七次"半导体数字化产业战略研讨会议",不断完善日本重振半导体的构想。2021年6月,经济产业省制定了以增强国内半导体生产能力为目标的《半导体战略》和《半导体·数字产业战略》,提出优化半导体供应链布局的政策。其主要内容如下。(1)构建牢固且稳定的供应链。日本政府提供补贴,保障制造设备、材料以及零部件等半导体产业供应链上重要产品的国内生产;加强与海外企业合作,支持在日本国内建设中高端逻辑半导体生产基地,满足汽车、工程机械、家用电器等

---

① 日本貿易振興機構「令和2年度第3次補正予算『海外サプライチェーン多元化支援事業』実施事務局の受託について」、2021年2月22日、https://www.jetro.go.jp/services/supplychain/notice1.html [2022-11-10]。
② 経済産業省「新型コロナウイルス感染症(COVID-19)の感染拡大に対応するための 経済強靱性イニシアティブに関する日ASEAN経済大臣共同宣言」、2020年4月22日、https://www.meti.go.jp/press/2020/04/20200422005/20200422005-2.pdf [2022-11-10]。

行业的需求。(2) 加强国际合作。日本政府立足半导体供应链的复杂性，加强与美国、欧洲国家在提高半导体生产与供应能力方面开展战略合作；构建能够实现信息共享的国际合作框架，在发生影响半导体生产与供应的突发状况下，通过国际合作将负面影响降至最小。(3) 加大技术出口管制力度。依据修订的《外汇法》，日本从经济安全的视角加强了对投资和出口的管制，根据自身在半导体重要技术领域具有的优劣势，综合制定防止技术外流的对策。

二 俄乌冲突对日本供应链的冲击

受上述因素的持续影响，在日本强化制定和执行稳定供应链安全政策之时，2022年2月，俄乌冲突爆发，随后各国采取的相关制裁措施严重威胁日本的供应链安全（见图1）。由于日本在钯和镍等稀有金属、石油和天然气等能源、小麦、农用肥料方面对俄罗斯、乌克兰具有一定的进口依赖，因此，俄乌冲突对日本供应链的冲击更为集中地体现在制造用关键材料、能源以及粮食供应方面。

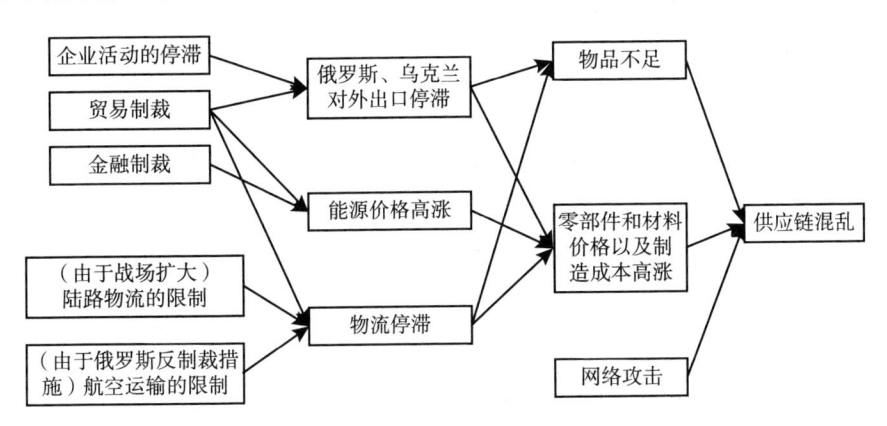

图1 俄乌冲突对供应链的影响

资料来源：Spectee『ウクライナ危機、サプライチェーンへの影響は』、2022年2月28日、https://spectee.co.jp/report/ukrain_ impact_ supply_ chain/ ［2022-11-16］。

（一）关键材料断供风险加大

俄乌冲突爆发前，日本制造业在关键材料供应上所面临的威胁主要体现在高端芯片、部分医疗物资等领域，并且受到影响的广度和深度有限。《制造业白皮书2022》显示，2021年，日本大型制造业企业的业务状况整体呈现向好态势。在俄乌冲突导致零部件短缺和减产、原材料价格飙升、运输渠道受阻、各国市场放缓等因素影响下，2022年第一季度，制造业整体业务状况时隔七个季度再次出现恶化。① 据日本帝国数据银行统计，在受访的日本全国约2.49万家企业中，有50.8%受到原材料和商品采购数量减少的影响，而受到原材料及商品价格升高的影响的企业的比例更是达到66.7%。② 其中汽车、半导体、机械零部件等产业面临的供应链中断风险较大。日本90%以上的稀有金属依靠进口，从俄罗斯进口的钯、镍、铂分别占日本稀有金属进口总量的40%、21%、10%。对汽车产业来说，稀有金属镍、铂、钯是不可或缺的原材料。俄乌冲突爆发之际，国际稀有金属市场便开始出现震荡，随着西方制裁的不断"加码"以及俄罗斯出台反制措施，稀有金属价格直线飙升，日本国内汽车生产也因此受到很大影响。2022年3~7月，日本国内汽车产量连续五个月分别同比下降18.2%、19.3%、16%、9.8%、4.5%，同时，日本汽车出口量连续五个月分别同比下降20.8%、12.9%、24.5%、15.8%、5.1%，直到8月日本国内汽车产量和出口量才转为正增长。③ "SEMI（国际半导体产业协会）日本"发布的"俄乌冲突对半导体供应链造成的影响"的调查结果显示，有57%的受访企业担忧俄罗斯出口的氖闪灯、氖气、氙气以及乌克兰出口的稀有气体和矿产材料

---

① 経済産業省『2022年版ものづくり白書』、2022年5月31日、https://www.meti.go.jp/report/whitepaper/mono/2022/pdf/all.pdf［2022-11-16］。
② 株式会社帝国データバンク「ロシア・ウクライナ情勢による企業の仕入れへの影響調査」、2022年5月16日、https://www.tdb-di.com/2022/05/sp20220516.pdf［2022-11-16］。
③ MARKLINES「自動車生産台数速報」、2023年1月30日、https://www.marklines.com/ja/statistics/flash_prod/automotive-production-in-japan-by-month-2022#mar［2023-02-16］。

价格上涨，48%的企业担忧原材料采购会面临困难。① 此外，日本海外的生产经营也受到影响。据日本帝国数据银行统计，在俄乌冲突刚刚爆发之际，在俄168家主要日企中就有20%的企业决定结束或暂停在俄相关业务。②

（二）能源供给经受价格高涨和进口受阻的双重考验

日本高度依赖海外能源，2020年，日本一次能源自给率仅为11%。③ 2021年，日本从俄罗斯进口的原油和液化天然气分别占其总进口量的3.6%和8.8%。④ 国际能源价格飙升和日元急剧贬值引发日本能源供应短缺的连锁反应。俄乌冲突爆发后，日本追随美国加入对俄制裁行列，逐渐减少自俄罗斯的原油进口量，并在2022年5月彻底关停与俄进行能源交易的窗口。俄罗斯把能源作为反制日本的主要手段，宣布"萨哈林1号"项目停产，日本在"萨哈林2号"项目上身陷股权纠纷，这意味着日本将失去重要的油气进口渠道。"萨哈林1号"和"萨哈林2号"项目是多国合作的油气开采项目，日本分别拥有30%和60%的股份，这不仅是日本从俄罗斯进口油气资源的主要渠道，也是除中东以外日本的重要油气来源。油气来源的减少和价格飙升，导致日本工业生产、居民生活等都受到巨大影响。2022年6月7日，日本政府就电力供应紧张召开相关阁僚会议，要求日本家庭与企业在夏季节约用电，这也是日本政府时隔七年再次下令全国节约用电。

---

① SEMI「ウクライナ危機による半導体サプライチェーンへの影響、回答企業の57%が材料価格高騰を懸念していることが明らかに」、2022年4月20日、https://www.semi.org/jp/news-resources/press/20220420［2022-11-16］。
② 株式会社帝国データバンク「ロシアに進出の国内主要168社約2割でロシア事業停止へ」、2022年3月16日、https://www.tdb.co.jp/report/watching/press/pdf/p220307.pdf［2022-11-17］。
③ 経済産業省「エネルギーの安定供給の再構築」、2022年9月28日、https://www.enecho.meti.go.jp/committee/council/basic_policy_subcommittee/2022/050/050_004.pdf［2022-11-20］。
④ 経済産業省「令和3年度エネルギーに関する年次報告（エネルギー白書2022）」、2022年6月7日、https://www.enecho.meti.go.jp/about/whitepaper/2022/html/1-3-2.html［2022-11-20］。

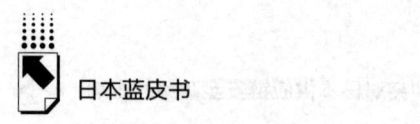

（三）粮食安全威胁加重

新冠疫情已经导致世界粮食在供应和获取方面出现重大混乱，粮食安全问题受到普遍关注。据联合国统计，2020年，俄罗斯和乌克兰的小麦出口量分别排在世界第一位和第五位，因此，俄乌冲突无疑使日益严峻的世界粮食安全问题"雪上加霜"。俄乌两国粮食的出口涉及范围广阔，包括欧洲、亚洲、非洲等人口主要聚集的大洲。因此，俄乌冲突给全球粮食供给市场带来持续动荡，小麦、玉米、葵花籽等主要粮食价格一度飙升，日本陷入更加严重的粮食供给安全风险中。截至2022年12月27日，日本国内粮食自给率仅为38%左右。帝国数据银行的调查显示，截至2022年11月30日，累计20822个品种的食品面临涨价，平均价格上涨率达到14%。不仅小麦粉、大豆、砂糖等主要原料涨价，冷冻食品、酱油、豆乳、糕点等加工食品的价格也明显上涨。总体来看，2022年，日本市场上的8536个加工食品品种平均涨价幅度达16%，4808个调味品品种涨价幅度达15%，4026个酒类饮料品种涨价幅度达16%。[1]

三 俄乌冲突影响下日本供应链安全政策的调整

如上所述，俄乌冲突对日本的供应链安全造成了巨大影响和冲击，日本对此肯定会制定和实施相应的供应链安全政策。一方面，俄乌冲突与国际环境中的其他变化因素相叠加，进一步加大和加快了日本已经在进行的供应链安全政策调整的力度和步伐；另一方面，俄乌冲突使日本供应链安全面临更为急迫的威胁，这反过来强化了政策调整的针对性和时效性。当前，日本供应链安全政策调整呈现系统性、连贯性、针对性、国际性等特点，既包含具有明确针对性的稳定能源、半导体、粮食等特

---

[1] 株式会社帝国データバンク「特別企画：『食品主要105社』価格改定動向調査（12月）」，2022年12月1日，https://www.tdb.co.jp/report/watching/press/pdf/p221201.pdf［2022-12-17］。

定重要物资供应的政策，也包括具有连贯性和国际性的推进数字化、可视化以及网络安全化等强化供应链流程安全的政策，从而体现供应链安全政策的系统性。

（一）增强重要物资供应链韧性的政策

2022年5月，日本国会通过的《经济安全保障推进法》提出了四项基本内容，排在首位的是确保半导体、天然气、重要矿物等特定重要物资的稳定供应，摆脱这些物资对外部的过度依赖。在国际形势急剧变化的背景下，日本需要通过提高国内产业链的生产能力以及多元化的供应链来保证国内特定重要物资的稳定供给，建立在紧急情况下也能保持供应链不中断的机制。

1. 确保能源等稳定供应的政策

2022年4月3日，经济产业省发布了"战略物资和能源供应链的对策——乌克兰局势紧急应对措施"，提出了确保半导体及能源等重要物资稳定供应的相关政策。从外部能源供应来看，其主要包括：一是加强与主要石油消费国的协作，发挥七国集团（G7）、二十国集团（G20）等国际组织的作用，促使能源生产国进行增产；二是加强与"志同道合"国家的合作，促使供应来源多元化。2022年9月、11月，日本政府分别与马来西亚国家石油公司和泰国签署合作备忘录，就俄乌冲突威胁能源安全时促进采购液化天然气并推进相关投资达成一致。12月，日本与美国、阿曼签署了购买液化天然气的新长期合约，为进一步稳定国内能源供应做努力。

从内部能源对策来看，其主要包括以下几点。一是实现内部增产和对实施采购替代的企业给予政策支持。日本国家石油、天然气和金属公司（JOGMEC）为日本获得天然气的上游权益和供给多元化提供资金支持。二是向企业和消费者提供节能产品和服务，并寻求新的能源替代品，利用可再生能源和引入氢气实现能源使用结构转变。2017年，日本的《氢能基本战略》提出，"将在2030年前后建立具备商业规模的供应链，每年采购约300

万吨氢气，把氢气成本降至约每标准立方米30日元的水平"。① 日本通过与澳大利亚、文莱、挪威、沙特的采购合作，增加氢气引入量，致力于进行国际氢气供应链的开发。

面对关键的稀有金属供应短缺问题，在短期内，日本通过调整企业库存以及与同盟国、友好国协调来寻找替代供给源来应对。同时，日本致力于寻求长期的解决措施，一方面，大力支持JOGMEC开展海外矿产上游开发，实现供给源的多元化；另一方面，加大对日本国内海洋矿物资源的勘探与开发力度。同时，受粮食价格上涨带来的成本压力，日本政府决定提高多品种农产品的自主生产率，鼓励更多农民减少水稻种植，耕种小麦和大豆。日本农林水产省的调查显示，截至2022年4月底，日本47个都道府县中有37个表示将减少食用水稻的种植面积，空出的耕地将用于种植小麦和大豆以及用作动物饲料的水稻，其中食用水稻主产地北海道的水稻种植面积缩减幅度最大，预计减产5%以上。②

2. 确保半导体供应链安全的政策

上文已述及全球"缺芯"危机给日本供应链造成巨大影响，俄乌冲突又使其"雪上加霜"，促使日本加快确保半导体供应链安全的政策调整。一是加快构筑确保稳定供给的国内半导体生产体制。2022年3月1日，日本开始实施《半导体支援法》，计划拨出6170亿日元预算用于支持在日本本地研发和制造芯片的企业，从而构筑能够稳定供给和满足日本国内制造业需求的半导体生产体制。11月，丰田、索尼、日本电气、铠侠、三菱日联银行等八家企业共同出资73亿日元成立了一家名为Rapidus的高端半导体公司。日本政府将向该公司提供700亿日元补贴，以资助其进行芯片开发及生产。12月，日本设立了名为"技术研究组合最尖端半导体技术中心"的新

---

① 資源エネルギー庁「水素基本戦略」、2017年12月26日、https://www.cas.go.jp/jp/seisaku/saisei_energy/pdf/hydrogen_basic_strategy.pdf［2022-11-22］。
② 農林水産省「水田における作付意向について（令和4年産第2回中間の取組状況（4月末時点））」、2022年6月2日、https://www.maff.go.jp/j/press/nousan/s_taisaku/220602.html［2022-11-22］。

研发基地。

二是重点强化关键产业的半导体稳定供给。以汽车产业为例，2022年6月，日本"汽车半导体供应链研究工作组"召开第四次会议，针对以汽车半导体零部件短缺为代表的供应链风险问题提出相应的对策和措施。首先，确保汽车半导体的稳定采购。为了增强半导体供应商来源的多样化，日本企业加强了半导体产品工艺的标准化，制造商评估流程将更加标准化。此外，汽车制造商的供应链风险意识在不断提升，通过使用内外数据库和分析工具，有效掌握供应链结构。其次，加强供应链风险的应对措施。对于在供应链方面存在高风险的零部件和原材料，汽车制造商既要对替代供应商和管理成本方面进行评估，避免日本国内生产基地对特定国家的依赖，推动供应商的多元化，又要增加相应的库存。[①]

三是继续加强与美国的合作。2022年5月，日美就"半导体合作基本原则"达成共识，促进半导体制造能力多样化。2023年1月5日，日本经济产业大臣与美国商务部长举行会谈，就所谓扩大经济安全领域的合作达成共识，提出将为实现下一代半导体的美日国产化而加强新的合作。1月13日，日美首脑华盛顿会晤强调强化双方在经济安全、半导体等尖端技术方面的合作。

（二）强化供应链流程安全的政策

供应链一般包括物流、商流、信息流、资金流四个流程，尽管这四个流程有不同的功能以及流通方向，但是，这些流程都在寻求实现数字化、可视化以及网络安全化，以实现供应链流程的简便化、效率化、透明化，从而强化供应链流程安全。

1. 促进供应链数字化

首先，鼓励企业进行数字化升级。2022年10月，在"数字时代下全球

---

① 経済産業省「自動車サプライチェーンの強靭化に向かた取り組み」、2022年7月1日、https://www.meti.go.jp/press/2022/07/20220701006/20220701006-a.pdf［2022-11-22］。

供应链高级化研究会"上,日本提出,为了稳定、有效地提供商品和服务并在国际竞争中胜出,不仅要掌握自己企业的供应链,还要掌握上游、下游的供应链,由数据驱动来对供应链进行综合管理。其次,加强供应链数字化的国际合作。日本将与东盟密切合作开展供应链数据共享事务,在汽车、电子和其他行业共享有关零部件库存、生产能力和供应链中断风险的信息。同时,双方利用数字技术进行供应链升级,为解决社会问题进行商业合作。①

2. 增强供应链可视化

国内外供应链均呈现日益复杂且不稳定的发展趋势,因此及时发现供应链上发生的变化,并提高对其影响的评估和应对能力至关重要。为此,日本政府正在从以下五个方面积极推进供应链可视化进程。第一,提高对供应链可视化的认知度。通过分享供应链可视化最优实践案例和实施要领、提供诊断工具、开展认证工作等政策措施,提高企业对供应链可视化的重视程度并促进其采取相应措施。第二,帮助企业完善内部的供应链可视化机制。建设与供应链可视化相关的咨询服务商、系统集成商和软件供应商等数据库,提供供应链可视化咨询和系统建设方面的补助金,为供应链可视化提供匹配信息和资金援助。第三,创立供应链可视化参考模式。建立各行业的"控制中心"、标准数据模式和标准业务模式。第四,创立数据共享参考模式。通过制定数据共享标准样式、数据治理标准指南、数据安全标准指南、数据共享标准契约书等,形成跨行业的标准,简化企业数据共享的内部程序。第五,夯实数据共享基础。建设数据共享基础设施和数据市场,通过提供跨行业的数据共享平台,使自身投资能力弱的中小企业也能实现数据共享。

3. 保证供应链的网络安全化

2022 年 6 月 17 日,日本政府召开"网络安全战略总部"会议,制订了关于通信、电力和铁路等重要基础设施企业安全对策的新行动计划,明

---

① 経済産業省「サプライチェーンデータ共有・連携」、2022 年 6 月 2 日、https://www.meti.go.jp/shingikai/external_economy/global_supply_chain/pdf/001_05_00.pdf [2023-01-23]。

确了官民携手维护网络安全的政策措施。10月，经济产业省发布了"与客户构建供应链网络安全的伙伴关系"的决定，为此，经济产业省和独立行政法人信息处理机构（IPA）提出相关政策措施。一是建立"网络安全救援队"，为企事业单位提供网络安全救助服务。政府将"网络安全救援队"的运行费作为IT导入补贴的对象，对其进行资金支持。二是鼓励中小企业开展"安全行动"，自行向社会公布采取的信息安全对策。政府会相应增加对中小企业网络安全对策的激励措施。民间交易也将把企业具有网络安全措施纳入交易和投标的条件之一。三是制定"中小企业信息安全对策指南"，提高中小企业网络安全对策水平。政府相关部门总结各行业中小企业实施的关于网络安全的方针政策、采取的步骤和方法，向中小企业进行推广和普及。

结　语

在中美竞争加剧、新冠疫情等因素叠加影响下，日本已经开始进行供应链安全政策的调整。俄乌冲突不仅加快了日本已经在进行的供应链安全政策调整的步伐，而且突出了供应链安全政策调整的针对性。目前，日本的供应链安全政策呈现系统性特点，即在保证特定重要物资稳定供应的同时，通过推进数字化、可视化、网络安全化等措施强化供应链流程安全。虽然从表面来看，日本供应链安全政策的调整是受到了世界变局下各种因素叠加的影响，但从本质来看，日本国家战略、国家安全战略、经济安全战略的转变才是更为根本的原因。

在多年紧密经贸合作下，中日在供应链上已经形成了很高的相互依存性。近年来，受日本国家安全战略、经济安全战略转变的影响，日本开始将部分在中国的产能向本国或东南亚迁移，紧跟美国与中国"脱钩"的步伐。日本贸易振兴机构对日企在海外的实况调查显示，2022年表示"扩大在华事业规模"的企业的比例为33.4%，比2021年（40.9%）下降了7.5个百分点，但回答"维持在华事业规模现状"的企业的比例为60.3%，比2021

年（55.2%）提高了5.1个百分点，①这说明在华日资企业还是比较稳定的。2022年1月，包括中日韩和东盟十国等15个国家的《区域全面经济伙伴关系协定》（RCEP）正式生效，中国是日本最大的贸易伙伴国，在RCEP框架之下，日本的贸易需求得到满足。据日本外务省估计，RCEP将为日本GDP增长贡献2.7%，拉动经济增长15万亿日元。②可见，中日经贸合作具有坚实的基础和巨大潜能，因此，日本和中国"脱钩"的想法既是不可能的，也是不现实的。但是，我们也要重视日本供应链安全政策调整对中国的影响。中国应加快构建以国内大循环为主体、国内国际双循环相互促进的新发展格局。作为全球供应链的重要一环，中国在维护世界和平发展和推进经济全球化中的作用是不可替代的。

（审读专家：田　正）

---

① 日本貿易振興機構「2022年度海外進出日系企業実態調査—アジア・オセアニア編—」，2022年12月15日，https://www.jetro.go.jp/ext_images/_Reports/01/e98672da58f93cd3/20220039rev2.pdf［2022-12-30］。
② 外務省「RCEP協定の経済効果分析」，2021年3月19日，https://www.mofa.go.jp/mofaj/files/100162437.pdf［2022-11-23］。

B.11
日本《经济安全保障推进法》实施状况评析

常思纯*

摘　要： 2022年，日本通过的《经济安全保障推进法》包含四大领域：确保特定重要物资稳定供给、确保特定社会基础设施服务稳定供给、支持特定尖端技术研发和特定专利申请非公开。目前，日本通过加强顶层设计、推出指导法律实施的指导方针、正式指定特定重要物资以及与美国加强经济安全合作等措施，确保该法得到有效实施。大力强化半导体供应链是日本保障经济安全的重中之重。日本加大半导体等尖端产品国内生产与研发补贴力度，在促进半导体企业国内生产增加的同时，推动相关企业增加在日本国内的投资。日本以"国家安全"为由，解决自身对华竞争力和相对优势下降的问题，这势必将对中日经济合作产生一定负面影响。

关键词： 《经济安全保障推进法》　供应链安全　重要物资　重要基础设施　半导体

2022年5月11日，日本国会正式通过《经济安全保障推进法》（以下简称《经济安保法》），这意味着日本首相岸田文雄上台以来力推的"招

---

* 常思纯，法学博士，中国社会科学院日本研究所外交研究室副主任、副研究员，主要研究方向为经济外交、日本外交。

牌"政策正式成为日本国内法律。该法包含四大领域的内容，凸显了大国博弈背景下日本经济安全战略的发展趋势，有助于补齐日本经济安全领域的制度性短板，向美欧等西方国家已推出的经济安全政策看齐；为日本政府获得不通过国会，仅通过政令、省令即可干预经济运行的特权；为将经济安全战略纳入 2022 年底修订的新版《国家安全保障战略》铺平道路。此外，《经济安保法》也有很明显的"中国指向性"，意在配合美国加强对华供应链限制与科技竞争。在该法的指引下，今后日本将以保护经济安全为由进一步推出一系列配套措施，并有可能对中日经济合作与技术交流产生不利影响。

一 《经济安保法》主要内容

2022 年 2 月 25 日，日本内阁会议通过旨在强化经济安全的"经济安全保障推进法案"，并于 3 月 17 日提交国会审议。4 月 7 日，该法案在日本众议院获得通过后被送交参议院审议，并最终于 5 月 11 日在参议院表决通过。该法主要包括四个领域的新制度：(1) 确保特定重要物资的稳定供给；(2) 确保特定社会基础设施服务的稳定供给；(3) 支持特定尖端技术的研发；(4) 特定专利申请非公开。该法将在公布后的两年内分阶段逐步实施（见表1）。日本政府将在制定指导《经济安保法》具体实施的《实施〈经济安全保障推进法〉的基本方针》的基础上，为四大领域内容分别制定"基本指针"，以确保该法顺利执行。此外，该法还确定将对违反相关规定做出虚假申报或造成信息泄露者处以"2 年以下有期徒刑或 100 万日元以下罚款"。[①]

[①] 内閣府「経済施策を一体的に講ずることによる安全保障の確保の推進に関する法律」、2022 年 5 月 17 日、https：//elaws.e-gov.go.jp/document？lawid=504AC0000000043 [2022-12-24]。

表1 《经济安保法》四大领域的基本内容

领域	基本内容
确保特定重要 物资的稳定供给	强化重要物资供应链,国家对半导体等战略物资的国内生产提供财政支持
	国家对战略物资采购对象及储备情况进行管理
	该法公布后的9个月内开始实施
确保特定社会基础 设施服务的稳定供给	国家对电力、金融等14个行业的设备采购等进行事前审查
	确保重要基础设施的安全性,降低网络攻击风险
	该法公布后的1年零6个月至1年零9个月内开始实施
支持特定尖端 技术的研发	国家对AI及量子技术研发提供资金支持
	通过官民合作共同进行技术研发,共享机密信息
	该法公布后的9个月内开始实施
特定专利 申请非公开	为防止可能从民用转为军用的技术外流,禁止公开部分专利信息
	该法公布后的2年内开始实施

资料来源:内閣府「経済施策を一体的に講ずることによる安全保障の確保の推進に関する法律」、2022年5月17日、https://elaws.e-gov.go.jp/document? lawid=504AC0000000043 [2022-12-24]。

(一)确保特定重要物资稳定供应的制度

该制度旨在增强供应链韧性,减少在战略物资采购方面对外国的过度依赖,确保对国民生存、生活及经济活动产生重大影响的"特定重要物资"能够稳定供给,构建官民一体的供应链危机应对体制。

根据该制度,日本政府把部分物资或原材料认定为"特定重要物资",并由相关物资主管省厅制定具体措施来确保稳定供给。民间企业则就完善生产设施、促进供应链多元化、储备重要物资、研发生产技术及开发代替物资等问题,制订"确保稳定供给行动计划",并提交相关物资主管省厅进行资格认定。通过资格认定的民间企业可以获得政府提供的财政资金支持或指定金融机构提供的优惠融资,同时必须定期向相关政府部门报告其行动计划的实施情况,并提供相关证明资料。此外,相关物资主管省厅可以对从事各物资生产、进口及销售的民间企业进行调查,以准确把握供应链的具体情况。

（二）确保特定社会基础设施服务稳定供给的制度

该制度旨在确保日本关键基础设施的可靠性、安全性及关键基础设施服务的稳定供给。重点针对需从国外引进或委托第三方进行维护管理的关键基础设施所涉及的重要设备进行事前审查，防止日本国内基础设施因重要设备遭到攻击或破坏而无法正常运营。

日本将在电力、煤气、石油、水利、铁路、陆上运输、海上运输、航空、空港、电信、广播、邮政、金融及信用卡等14个国民生活基础设施领域，进一步明确政策的实施对象及具体范围，并最终指定及公布运营上述社会基础设施的运营商。根据相关规定，预计关键社会基础设施服务运营商以大型企业为主，中小企业有可能获得豁免。

接受审查的运营商在从国外引进重要设备、委托第三方对重要设备进行维护管理的时候，需提前提交计划书。如从国外采购重要设备时，应向相关主管省厅提交《采购计划书》，对重要设备性能、采购内容及时间、设备供应商及零部件供应商等情况进行详细说明。当委托国外机构进行设备的管理维护时，需向相关主管省厅提交《管理维护计划书》，对重要设备性能、维护内容及时间、受委托机构情况进行详细说明。如果主管省厅对相关计划进行审查后，认定该计划可能会危及重要基础设施安全，则有权劝告运营商修改其引进或管理维护计划，并在运营商不理会劝告的情况下命令其停止相关计划。

（三）支持特定尖端技术研发的制度

该制度旨在促进日本国内尖端技术研发及合理应用其成果，着眼中长期，确保日本在国际上的技术领先地位。为此，对在被不当使用或无法被稳定使用的情况下有可能危害国家安全的前沿技术（特定重要技术），政府将通过提供信息、资金及人才培养等方式，加强研发与保护。

首先，日本将以宇宙、海洋、量子、人工智能（AI）等领域为重点，选择把相关领域技术作为重点培育对象，给予研发所必要的信息及资金支持。

其次，对于受到国家资助的研发项目，在征得首席研究员同意的基础上，可由主管政府机构与研究人员、智库等合作组成官民合作协议会，共同促进研发及沟通研发内容。政府将向该项目提供研发所需的信息，并从制度上支持该技术的普及应用。与此同时，为防范技术流出风险，对于政府研究成果及网络安全漏洞等涉密信息，协议会成员应履行与国家公务员相同的信息管理及保密义务。最后，委托智库开展调查研究。首相可以委托具有一定能力的机构（特定重要技术调查研究机构），对特定重要技术认定、国内外尖端技术信息开展调研及进行国际合作等相关工作，并要求该机构履行保密义务。

（四）特定专利申请非公开的制度

该制度旨在对有可能因专利申请公开而造成国家或国民安全受到损害的发明，允许其不公开专利申请，并采取措施防止已完成专利手续的敏感技术及相关信息外泄。

日本的专利申请非公开将进行两个阶段的审查。专利厅在初审中，如果确定该技术属于政府确定的公开后有可能损害国家及国民安全的技术领域（可能涉及原子能开发及先进武器研发），那么将提交内阁府进行二次审查。内阁府通过与国家相关机构及外部专家合作研判，如果确定该技术对国家及国民安全造成严重危害或对产业发展造成影响，就可指定该专利申请为"保护对象发明"，并通知专利申请人，将禁止其撤回申请，并要求其专利应用需获得许可、原则上禁止公开发明内容、承担妥善管理发明信息的义务、与其他经营者共享发明须获得许可、禁止在国外申请专利等，严防可转为军用的技术信息流失。对于未获得专利应用许可的申请者，国家将给予一定补偿。

二　日本政府对《经济安保法》的推进措施

2022年8月1日，《经济安保法》四大领域中的确保特定重要物资稳定供应与支持特定尖端技术研发率先正式实施，日本政府采取多种措施确保这两项制度顺利施行。

（一）加强顶层设计，确保法律有效实施

2022年8月1日，日本内阁府新设由50人组成的"经济安全保障推进室"，其构成人员主要来自经产省和防卫省等机构，主要职能就是加强政府各机构的统筹协调，与国家安全保障局（NSS）经济班一起发挥"司令塔"功能，保障经济安全政策顺利实施。时任日本经济安保大臣的小林鹰之向记者表示，"应带有'速度感'促进法律有效实施"。[1]

8月10日，岸田文雄改组内阁，任命高市早苗担任经济安保大臣。高市早苗在此前担任自民党政调会长时，就致力于加大力度推进日本经济安全政策的制定和实施。她在上任后，立刻表示将尽快推动《经济安保法》修订，积极主张将对机密信息处理资格进行"安全性评估"的保密资格审查制度进一步扩大到接触尖端技术的民间人士。[2]

12月16日，日本内阁会议通过新版《国家安全保障战略》等"安保三文件"，并首次将经济安全写入国家战略文件，提出"促进经济安全以实现自主经济繁荣"，强调要切实保障《经济安保法》落实，并不断加强和改进法律法规的实施工作。在供应链强韧化方面，要致力于降低对特定国家的过度依赖、完善下一代半导体的开发及生产据点、确保稀土等重要物资的稳定供应，同时要推进对涉及重要物资和技术的民间企业的支援。在重要基础设施方面，要进一步改进政府采购方式，并探讨扩大《经济安保法》规定的事前审查对象。在数据和信息保护方面，要采取进一步措施对机密数据进行更妥当的管理和确保信息通信技术服务的可靠性与安全性，并进一步探讨加强信息保护。此外，从技术培育、保护角度出发，要进一步加强对尖端重要技术的信息收集、开发、培育等的支援及体制建设，进一步强化投资审查和出口管理制度，加强对强制技术转移的应对，进一步推进技术研发并加强对

---

[1] NHK「『経済安全保障推進室』内閣府に新設 法律の一部施行に合わせ」、2022年12月17日、https://www3.nhk.or.jp/news/html/20220801/k10013746351000.html［2022-12-24］。
[2] 「先端技術、民間人調査に意欲 高市新大臣『経済安保法に必要』」、『朝日新聞』2022年8月11日。

人才流失的应对。① 可以预见，基于日本新版《国家安全保障战略》的相关规定，今后日本将不断修正并完善《经济安保法》，并扩大其适用范围。

（二）尽快推出指导法律实施的方针

根据《经济安保法》的规定，日本政府将尽快制定指导该法具体运用的基本方针和指导四大领域制度如何实施的基本指针。2022年9月30日，日本内阁会议正式通过《实施〈经济安全保障推进法〉的基本方针》，以及确保特定重要物资稳定供应和促进特定尖端技术研发与利用的两个"基本指针"。

日本政府出台《实施〈经济安全保障推进法〉的基本方针》是为了更好地统筹推进《经济安保法》四大领域政策及其他相关政策，明确指出要从确保自主性、获得与维持并强化日本优势及不可或缺性、维护并加强国际秩序三个方面入手，确保相关法规得到全面及有效的实施。针对经济界对经济安全相关管制措施会阻碍自由经济活动的担心，《实施〈经济安全保障推进法〉的基本方针》明确规定"要实现确保安全与自由经济活动的共存"。一方面，该基本方针强调在政府与民间的关系上，不能过度依赖市场与竞争，政府要从提供援助和制定规制两个方面进一步加强对经济活动的干预。另一方面，该基本方针强调在法律实施过程中应特别注意：一是，政府的干预要在被认定为合理必要的范围内实施，同时兼顾自由公正的经济活动；二是，加强国际协调，特别是要扩大并深化与盟国及"志同道合"国家的合作；三是，要争取企业界的主动参与和合作。为此，国家安全保障局和内阁府的经济安全保障推进室要相互合作，建立能够汇总所有必要信息以及向相关行政机构负责人提供必要信息的机制，与相关行政机关密切配合，确保政策实施的完整性和一致性。②

---

① 内閣官房「国家安全保障戦略について」、2022年12月16日、https：//www.cas.go.jp/jp/siryou/221216anzenhoshou/nss-j.pdf［2022-12-24］。
② 内閣府「経済施策を一体的に講ずることによる安全保障の確保の推進に関する基本的な方針（基本方針）」、2022年9月30日、https：//www.cao.go.jp/keizai_anzen_hosho/doc/kihonhoushin.pdf［2022-12-24］。

同时，关于重要物资和尖端技术的"基本指针"则是对《实施〈经济安全保障推进法〉的基本方针》的进一步细化，明确了管辖特定重要物资的生产、进口或销售业务的物资主管大臣有必要与其他政府机构开展密切合作。为防止供应链断裂，日本将保护同时满足以下四个条件的重要物资：一是对国民生存或生活不可或缺；二是对外部过度依赖或可能过度依赖；三是物资供应有可能因外部干预而中断；四是确保稳定供应的努力尤为重要。① 此外，日本政府确定对生物技术、基因组等医疗技术、人工智能（AI）、尖端计算、微处理及半导体、量子信息科学、尖端监控与定位及传感技术、脑科学、超高音速、网络安全技术、尖端材料科学等20个领域进行调研，从中选出拟投入大规模资金开展优先扶植的特定重要技术。②

（三）正式指定特定重要物资

根据《经济安保法》及此后出台的配套实施的方针、指针，日本政府将指定特定重要物资，根据从事相关重要物资交易的企业提出的申请计划，为企业在强化国内生产体制、增强储备能力、开发新技术及实现采购地多元化等方面提供资金援助（见图1）。

2022年12月20日，日本政府根据《经济安保法》，正式确定将半导体器件及集成电路和蓄电池等11个领域的物资指定为"特定重要物资"，计划通过推动国内生产以实现替代方案与扩充储备和寻求新的采购来源地等方式保障重要物资供应链安全（见表2）。对此，经济安保大臣高市早苗在记者会上表示："这是加强重要物资供应链韧性来确保日本国民生存、生活及经济活动的第一步。"③

---

① 内閣府「特定重要物資の安定的な供給の確保に関する基本指針」、2022年9月30日、https://www.cao.go.jp/keizai_anzen_hosho/doc/kihonshishin1.pdf［2022-12-24］。
② 内閣府「特定重要技術の研究開発の促進及びその成果の適切な活用に関する基本指針」、2022年9月30日、https://www.cao.go.jp/keizai_anzen_hosho/doc/kihonshishin3.pdf［2022-12-24］。
③ 「『重要物資』代替・備蓄両面で　経済安保」、『日本経済新聞』2022年12月21日。

日本《经济安全保障推进法》实施状况评析

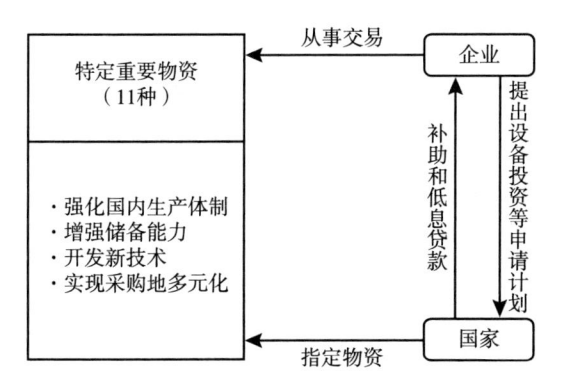

图1　日本确保物资稳定供应的流程

资料来源：参见内阁府「特定重要物資の安定的な供給の確保に関する基本指針」、2022年9月30日、https：//www.cao.go.jp/keizai_anzen_hosho/doc/kihonshishin1.pdf ［2022-12-24］。

表2　日本政府指定11个领域的特定重要物资及其主管省厅

主管省厅	特定重要物资
日本经济产业省	・半导体器件及集成电路 ・蓄电池 ・重要矿产（锰、镍、铬、钨、钼、钴、铌、钽、锑、锂、硼、钛、钒、锶、稀土金属、铂族、铍、镓、锗、硒、铷、锆、铟、碲、铯、钡、铪、铼、铊、铋、石墨、氟、镁、硅和磷） ・飞机零部件（仅限于用于飞机发动机及机体结构的零部件） ・机床及工业机器人 ・永磁体 ・天然气 ・云服务程序
日本国土交通省	・船舶零部件（仅限于船用发动机、航海设备及推进器）
日本厚生劳动省	・抗菌制剂
日本农林水产省	・肥料

资料来源：内阁府「経済施策を一体的に講ずることによる安全保障の確保の推進に関する法律施行令」、2022年12月30日、https：//elaws.e-gov.go.jp/document?lawid=504CO0000000394_20221223_000000000000000 ［2022-12-24］。

在确定特定重要物资后，各主管省厅将针对每一种物资制定《确保物资稳定供应的行动方针》，公布对企业支援的细则。例如，2022年12月28

日，日本农林水产省对其所管辖的化肥物资稳定供应出台行动方针。一方面，日本致力于提高施肥效率，在引入高效施肥技术的同时，加强国内资源的循环利用，建立促进畜牧业者、农耕业者及肥料生产者合作的广域流通体制；另一方面，日本制定了2027年要实现的目标，即建立新的肥料原材料储备机制，确保磷酸铵和氯化钾等重要原料的民间储备达到足够全国使用三个月的库存量。[①] 从2022年12月28日到2023年1月30日，日本农林水产省正式向社会公开招募确保相关物资稳定供应的法人企业。

（四）与美国加强经济安全合作

《经济安保法》通过后，日本在经济安全立法和相关政策上进一步对标美国等西方国家，在出口管制和技术转移壁垒等方面积极跟进美国，与美强化和拓展尖端技术研发与应用合作，并进一步加强关键领域供应链合作。2022年7月29日，日美两国政府在华盛顿举行"日美经济政策磋商委员会"（EPCC，又称经济版"2+2"）的首次部长级会谈，日本外务大臣林芳正、经济产业大臣萩生田光一以及美国国务卿布林肯、商务部长雷蒙多出席会议，并通过了联合声明与行动计划，加强双方在经济安全领域的"同频共振"。

目前，日美已确认将共同促进和保护重要新兴技术与关键基础设施。例如，在信息通信技术领域，日美提出要大力支持包括可提供5G服务的开放式无线接入网（Open RAN）等新一代信息通信及网络安全技术的开发，并在铺设安全可信海底电缆方面加强战略协作。日美还计划在2024年共同推出新一代高速通信6G标准，与中国在专利方面展开主导权竞争。此外，日美将合作加强对微电子及网络监视系统等关键新兴技术进行更为灵活及有效的出口管制，并加强情报交流与协调，共同对可能用于军事用途的材料、技术与研究进行出口管制。

[①] 農林水産省「肥料に係る安定供給確保を図るための取組方針」、2022年12月28日、https://www.maff.go.jp/j/press/nousan/gizyutu/attach/pdf/221228-1.pdf［2022-12-31］。

此外，日美确认将合作加强半导体、蓄电池及关键矿物等战略部门的供应链韧性和多样化，并拉拢"志同道合"国家共同建立更强大的供应链。第一，日美两国政府将合作研发及量产新一代半导体。2022年12月19日，日本经济产业省正式批准成立由国内顶尖研发人员组成的"技术研究组合最尖端半导体技术中心"（LSTC），并招募企业参加，与美国共同开展2纳米以下尖端半导体的联合研发，力争在2025年前实现量产。第二，日美将致力于建立"强有力的先进电池供应链"，为此，将共同推动日本企业对美国电池制造业的投资，以确保供应链韧性。第三，为提升稀土等重要矿产资源的供应链多样化及韧性，日美将开展包括财政支援在内的各种合作。①

三　《经济安保法》通过后日本强化半导体供应链的新动向

《经济安保法》实施后，作为岸田政府经济安全政策重点的半导体供应受到日本各界的高度关注，大力强化半导体供应链成为日本保障经济安全的重中之重。

（一）加大半导体等尖端产品国内生产与研发补贴力度

日本通过《经济安保法》等相关法规、政策，建立对尖端产品供应链转移和技术研发的资金支援，在鼓励部分具有核心技术的日本企业扩大国内生产的同时，积极引进海外制造业企业在日本设立生产基地。在2022年10月28日的记者招待会上，日本首相岸田文雄宣布将投入1.3万亿日元，用于日美合作研发下一代半导体，并强调将通过新一轮经济刺激计划，支持供应链"断链"风险较大的重要产品及原材料、零部件回归国内

---

① 「供給網強化で日米広く連携　半導体や電池、脱中国探る」、『日本経済新聞』2022年12月20日，https://www.nikkei.com/article/DGXZQOUA2907J0Z20C22A7000000/［2022-12-31］。

生产，增加对内直接投资，加强供应链韧性。① 在2022年12月2日通过的2022财年第二次补充预算中，日本政府确定追加财政支出4500亿日元用于确保尖端半导体的国内生产基地发展和3686亿日元用于确保半导体供应链韧性，以及提供3500亿日元用于发展日美合作的新一代半导体研究中心。② 12月8日，日本政府表示，将投入约7万亿日元来增加对日本国内的投资，核心内容是为日本国内的尖端半导体生产提供投资支援等，据日本最大经济团体"经团连"预测，到2027年，面向日本国内的设备投资额将达到100万亿日元。③

目前，日本政府已经确定为3个来自国内外企业的半导体投资项目提供补贴。2022年6月17日，日本政府宣布为全球最大芯片代工企业中国台湾积体电路制造股份有限公司（简称"台积电"）在熊本县建设半导体工厂的计划提供4760亿日元补贴，新工厂投资额约为1.1万亿日元，日本政府的补贴金额近一半。该工厂已于同年4月开始动工，预计在2024年12月能够实现10~20纳米半导体量产。④ 7月26日，日本政府宣布向日本大型半导体存储器企业铠侠控股正在三重县四日市建设的半导体工厂提供929亿日元补贴，这相当于总投资额（2788亿日元）的1/3。新厂房已于10月26日竣工，自2023年2月开始第六代162层闪存的量产，今后还将进一步生产最先进3D闪存。⑤ 9月30日，日本政府确认向全球最大半导体存储及影像产品制造商之一的美光科技（Micron Technology）提供465亿日元补贴，资助其广岛工厂（总投资额约为1394亿日元）的设备投资计划。该工厂承担最尖端动态存储器（DRAM）的生产，预计在2023年12月至2024

---

① 「TSMC熊本工場を認定　政府、補助金最大4760億円」、『日本経済新聞』2022年6月18日。
② 経済産業省「経済産業省関係令和4年度補正予算のポイント」、2022年12月3日、https://www.meti.go.jp/main/yosan/yosan_fy2022/hosei/pdf/hosei2_yosan_point.pdf ［2022-12-31］。
③ 「国内設備投資、27年度に100兆円」、『日本経済新聞』2022年12月9日。
④ 「「次世代半導体に1.3兆円」首相表明」、『日本経済新聞』2022年10月29日。
⑤ 「半導体の新工場、キオクシア竣工　四日市　1兆円規模投資」、『朝日新聞』2022年10月27日。

年2月投产。①

尤其值得关注的是，2022年11月11日，日本经济产业省宣布提供700亿日元补贴，资助铠侠、索尼、软银、电装、丰田、日本电气（NEC）、日本电信电话（NTT）及三菱UFJ银行等8家日本企业合资新建的半导体企业"Rapidus"。上述8家企业为新企业共同出资73亿日元，目标是尽快掌握用于运算的逻辑半导体的最尖端制造技术，并进而实现量产。② 12月6日，Rapidus与全球先进工艺研发核心机构——比利时微电子研究中心（IMEC）签署技术合作备忘录，开展新一代半导体的联合研发。12月13日，Rapidus又与美国IBM达成合作协议，将从IBM获得用于2纳米线宽芯片生产的技术授权，并向IBM等美国研究机构派遣技术人员。通过各种"合纵连横"，Rapidus社长小池淳义表示，该公司将尽快拥有2纳米线宽芯片的制造技术，并力争于2027年前后在日本实现最尖端产品的代工。③

（二）带动半导体相关企业增加对日本国内的投资

在日本政府的积极推动下，再加上台积电等企业大型投资计划带动地区周边产业发展，来自日本半导体厂商的国内投资也日趋活跃。熊本县借台积电进驻当地之机，力争强化供应链，集聚相关产业，该地区半导体相关工厂的新建和扩建计划大幅增加。如日本最大的半导体制造设备生产商东京电子（TEL）宣布，计划投资300亿日元，从2023年春季开始在熊本县越志办事处新建开发大楼，并于2024年秋季完工，主要用于制造涂布/显像设备。索尼集团表示，计划投资数千亿日元在熊本县建设生产智能手机图像传感器的新工厂，加强半导体国产化。特别是索尼计划从落户熊本县的台积电采购传感器

---

① 「マイクロン広島工場に1400億円追加投資　国465億円補助」、『日本経済新聞』2022年9月30日、https://www.nikkei.com/article/DGXZQOUA301MC0Q2A930C2000000/［2022-12-31］。
② 「次世代半導体を国産化　トヨタやNTT、新会社に出資　政府が700億円支援」、『日本経済新聞』2022年11月11日。
③ 「ラピダス、米IBMと提携」、『日本経済新聞』2022年12月14日。

上使用的半导体，构建传感器生产一条龙体制。① 2022年5月17日，半导体供应商瑞萨电子宣布，将投资900亿日元重启于2014年10月关闭的位于山梨县甲斐市的甲府工厂，力争在2024年恢复其300毫米功率半导体生产线，并从2025年开始量产功率半导体。② 2022年12月，东芝公司宣布，在兵库县太子町的姬路半导体工厂新建功率半导体后端生产设施。新设施将于2024年6月开工建设，计划于2025年春季投产，新设施的投产将使该工厂车载半导体产能比2022财年增加1倍以上。同时，东芝还计划在其主要从事半导体集成电路等前端工艺的石川县主力工厂新建厂房，力争于2024年投产，将整体生产能力提高2.5倍。③

日本多家半导体制造设备厂商也启动增产投资计划，在日本国内完善生产体制。如主要生产用于半导体制造所需零部件"光掩模"的测试设备的日本V-Technology集团，将投资20亿日元在神奈川县横须贺市新建该公司首个自主生产基地，同时还将在新工厂内建立研究所以推进新产品开发。总部位于富山市的半导体晶圆成膜设备制造商日本国际电气（KE）宣布投资240亿日元在富山县砺波市建设新工厂，计划从2023年春季开始施工，在2024年竣工后，其产能有望约增至2020财年的2倍。④ 此外，佳能公司决定在栃木县宇都宫市建设新工厂，主要生产用于半导体核心工艺电路形成的光刻设备，预计在2025年春季投产，力争提高生产效率，缩短交换时间，将产能增倍。

结　语

日本对经济安全立法以及配套实施的各种相关政策，对日本未来产业链

---

① 「ソニー、半導体工場を検討　熊本県内に数千億円規模」、『朝日新聞』2022年12月17日。
② 「ルネサス、甲府工場再開で山梨県に協力要請」、『日本経済新聞』2022年6月9日、https：//www.nikkei.com/article/DGXZQOCC09ADV0Z00C22A6000000/［2022-12-31］。
③ 「東芝、姫路工場にパワー半導体の新棟　車用生産能力2倍」、『日本経済新聞』2022年12月18日、https：//www.nikkei.com/article/DGXZQOUC137CL0T11C22A2000000/［2022-12-31］。
④ 「半導体装置、国内増産急ぐ」、『日本経済新聞』2022年11月15日。

供应链布局及尖端技术发展战略产生重大影响，也影响部分日本企业在华的经营布局。日本以"国家安全"为由，解决自身对华竞争力和相对优势下降的问题，尽管难以对当前中日经贸格局形成颠覆性影响，但必然对今后一段时间中日经济合作产生一定负面影响。

第一，其呈现部分日本供应链"去中国化"趋势。一方面，在日本政府大力补贴下，部分具有核心技术的日本企业致力于扩大国内生产，这相应地将减少对华直接投资，且企业对华新增投资计划更加谨慎。另一方面，在供应链本土化调整趋势加速的同时，日本还积极推动具有战略意义的产业从中国市场向东南亚等周边国家转移，通过拓展与东南亚地区的互联互通和区域供应链，为日本企业打造中国供应链网络之外的替代方案。

第二，日本加大对华技术竞争与管制力度。尽管日本没有在《经济安保法》内直接设置针对中国的出口管控或制裁条款，但相关政策仍会在不同程度上影响中国企业及学术研究机构。如日本重点审查企业引入的信息系统等基础设施设备，将导致日企进一步排除中国产品采购，不利于中日产业合作顺利展开。另外，日本加强敏感技术专利保护，积极准备引进仅允许获得资格者处理机密信息的"安全审查"制度，将在技术引进与学术交流两个方面对中日科技合作造成影响。

第三，日本配合美国推动构建"印太经济新框架"，加大对华竞争力度。日美已就加强以下几个领域的合作达成一致：（1）推广日美主导的经济规则；（2）针对"特定国家"加强经济反制；（3）强化高新技术优势与垄断能力；（4）构建盟国内部供应链体系。尤其是围绕半导体的对华出口管制，美国政府向日本政府直接提出合作的要求。日本政府已与美国达成一定共识，在完善国内法律后，将对标美国对华采取管制措施，限制中国引进日本具有高技术水平的半导体制造设备。

（审读专家：张　勇）

B.12
2022年日本金融市场与货币政策回顾及展望

刘 瑞*

摘　要： 2022年日本金融市场大幅波动，其中外汇市场日元对美元急速贬值，突破1美元兑150日元，为32年来最低值。日元大幅贬值对日本经济造成的负面影响加剧，2022年9月、10月，日本政府与日本银行时隔24年三次实施史上最大规模外汇干预。与此同时，2022年12月，日本银行调整了收益率曲线控制（YCC）框架，将长期利率变动幅度从±0.25%扩大至±0.5%，但此举并不意味着长期非常规超宽松货币政策走向发生改变。植田和男继任日本银行总裁后，基于外部经济及日本自身现实，虽然或将小幅进行部分政策调整，但2%的物价稳定目标以及超宽松货币政策基调或不会立刻改变。

关键词： 日元贬值　外汇干预　货币政策　收益率曲线控制

2022年，日本债券、股票、外汇市场均出现显著震荡，其中日元对美元急速贬值引发金融市场波动，日本政府与央行（日本银行）自1998年以来再次实施大规模外汇干预，促进日元升值。此举备受全球关注。本报告首先回顾2022年日本金融市场大幅波动的具体情况，梳理其发生原因。其次，

---

* 刘瑞，经济学博士，中国社会科学院日本研究所经济研究室研究员，主要研究方向为日本经济、日本金融。

在分析日元急剧贬值对日本经济影响的基础上，评估外汇干预效果。同时，对日本银行货币政策运营及其调整进行总结及展望。

一 2022年日本金融市场运行情况

2022年，以外汇、股票和债券为代表的日本三大金融市场均出现大幅波动，具体表现如下。

（一）外汇市场

日元的剧烈变动，成为2022年全球金融市场最为关注的动向。如图1所示，2022年12月末，东京外汇市场1美元兑132.14日元（12月30日），与年初1美元兑115.34日元（1月4日）相比，日元约贬值15%。2022年1月21日，日元对美元汇率出现年度最高值，为113.63。俄乌冲突爆发后，随着石油和资源等大宗商品价格攀升，日元步入大幅贬值通道，10月21日突破1992年以来时隔32年的最低值，跌至1美元兑151.94日元，比年初贬值超过30%。随后，日本政府和日本银行连续实施大规模外汇干预，日元对美元汇率升至130~135。

（二）股票市场

2022年12月30日，日经平均股价时隔三年降至26094日元，年度减少约9%，自2019年以来首次出现负增长（见图2）。[①] 在以美联储（FRB）为代表的美欧央行加息背景下，出于对经济恶化的担忧，全球股市均受到严重影响，日本市场也被波及。如2022年6月15日，美联储宣布再次上调基准利率至1.5%~1.75%，0.75%的增幅创1994年11月以来新高，同时，FBR强化继续加息的方针。在此之前，市场便发出预警，从2022年6月9

[①] 「日経平均、年間で4年ぶり下落」、『日本経済新聞』電子版、2022年12月30日、https://www.nikkei.com/article/DGXZQOUB291E20Z21C22A2000000/ ［2023-01-31］。

日起，东京股票市场连续4个交易日大跌，日经平均股价指数累计下跌超2000点，跌幅接近7%。2022年9月23日，美国股票市场经历了一场"黑色星期五"，道琼斯工业指数连续4天暴跌，突破年初以来最低值，而当天的东京股票市场有243家上市企业的股价创年初以来新低，占市场总数的7%。①

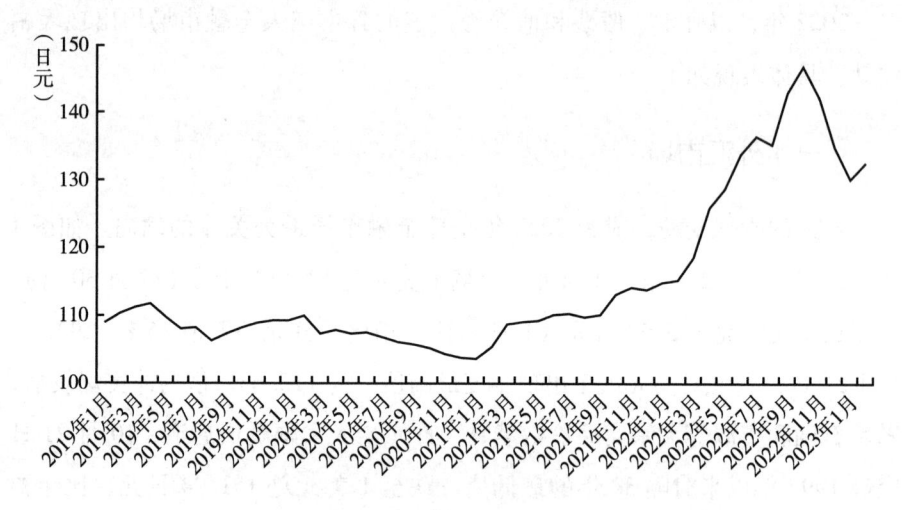

图1 日元对美元汇率走势（1美元兑日元，月均值）

资料来源：笔者根据日本银行的公开资料制作而成。

（三）债券市场

2022年，日本债券市场受到冲击，国债价格多次出现暴跌，甚至出现了国债无法正常交易的情况。在YCC政策下，日本银行长期将短期利率维持在-0.1%、10年期国债利率保持在0±0.25%区间。2022年6月15日，日本10年期国债期货收益率突破0.25%的上限，国债期货价格创2013年4月

---

① 「243銘柄が年初来安値」、『日本経済新聞』電子版、2022年9月22日、https://www.nikkei.com/article/DGXZQOUB228XN0S2A920C2000000/［2023-01-31］。

以来单日最大跌幅，并两度触发大阪交易所熔断机制。① 2022年9月22日，10年期国债连续两个交易日未能成交，这是1999年将新发10年期国债作为长期利率指标以来首次。② 10月12日，10年期国债交易再次突破历史，连续四个交易日未成交，同时，5年期国债出现连续零成交的异常现象。③

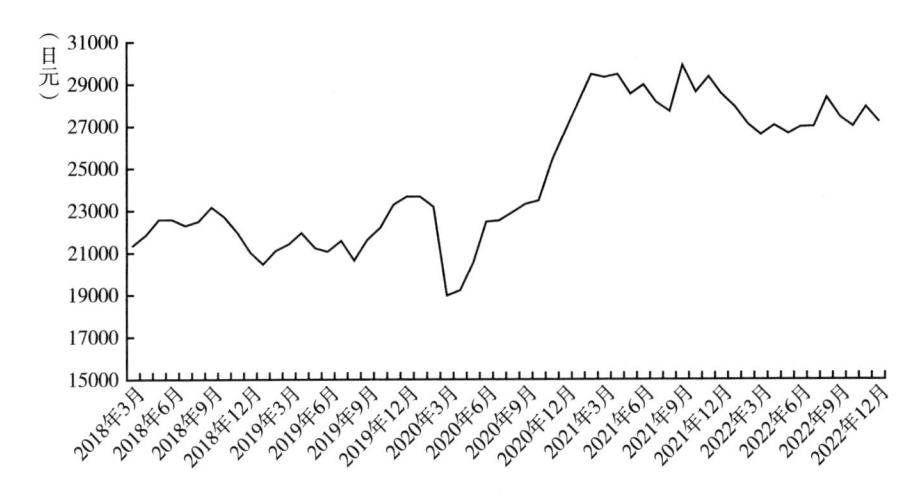

图 2　日经平均股价走势

资料来源：笔者根据日本经济新闻社的公开资料制作而成。

为纠正市场扭曲，减少YCC政策的副作用，2022年12月，日本银行调整YCC的调控区间，将长期利率上限从0.25%上调至0.5%。④ 日本10年期国债利率从长期的0.1%~0.2%升至年末的0.5%左右（见图3）。

---

① 「債券15時　先物が急落、下げ幅2円超える　14年9月以来の安値」、『日本経済新聞』電子版、2022年6月15日、https：//www.nikkei.com/article/DGXZASS0IMB04_V10C22A6000000/［2023-01-31］。
② 「国内債券のゆがみ強まる」、『日本経済新聞』電子版、2022年9月22日、https：//www.nikkei.com/article/DGKKZO64519710R20C22A9ENG000/［2023-01-31］。
③ 「債券15時　超長期金利が低下、新発10年債は取引未成立」、『日本経済新聞』電子版、2022年10月14日、https：//www.nikkei.com/article/DGXZASS0IMB04_U2A011C2000000/［2023-01-31］。
④ 日本銀行「当面の金融政策運営について」、2022年12月20日、https：//www.boj.or.jp/mopo/mpmdeci/mpr_2022/k221220a.pdf［2023-01-31］。

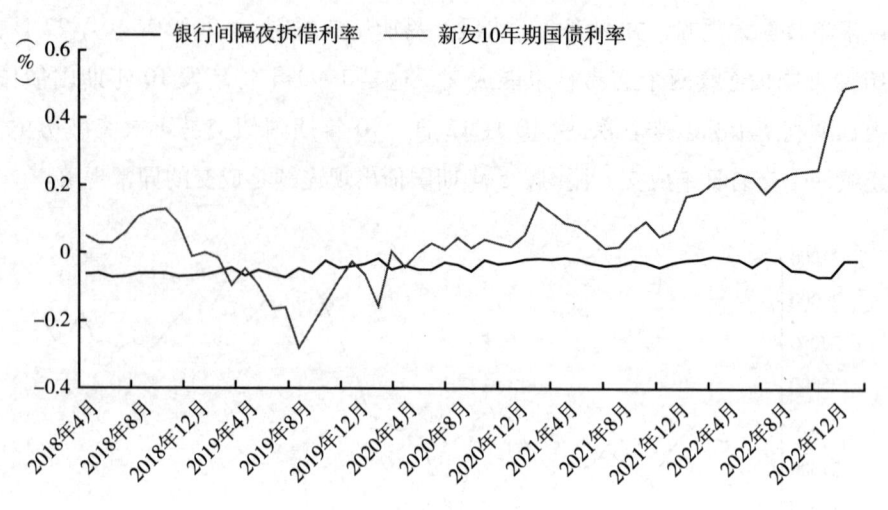

图3 日本长短期国债利率走势

资料来源：笔者根据日本银行、日本相互证券株式会社的公开资料制作而成。

二 日本金融市场震荡的原因

2022年，日本汇市、股市、债市大幅波动，其主要原因如下。

（一）日本与美欧利差扩大

为遏制通货膨胀，美联储于2022年3月率先解除零利率政策，步入加息通道。截至2022年12月，美联储共加息7次，加息幅度高达4.25%。[①] 与此同时，在实行零利率、负利率的主要经济体中，英格兰银行从2022年2月起加息，至2022年末共加息8次，短期基准利率从0.25%升至3.5%，为2008年金融危机以来最高水平。[②] 瑞士央行于6月17日意外上调利率。

[①] FRB，"Press Release，"https：//www.federalreserve.gov/newsevents/pressreleases/monetary 20221214a.htm［2023-02-03］。

[②]《国际经济数据：英国央行宣布上调基准利率》，中华人民共和国国家发展和改革委员会网站，2022年12月27日，https：//www.ndrc.gov.cn/fgsj/tjsj/jjsjgl1/202212/t20221227_1344146.html［2023-02-03］。

欧洲央行于2022年7月结束长达8年的负利率，启动利率正常化安排，至2022年末共4次加息，再融资利率升至2.5%，为15年来最高值。①

在发达经济体纷纷加入全球收紧货币政策的行列之时，迫于国内经济复苏乏力，日本银行仍逆势而行，继续坚持超宽松货币政策，通过YCC将利率维持在超低水准，即短期利率为-0.1%，10年期国债利率在0左右，其波动区间为±0.25%。在美欧通胀不断加剧、央行缩表加息进程加剧背景下，日本与发达经济体之间的货币政策分化突出。出于资本逐利特性，货币资金流向收益率更高的市场，抛售日元、抢购美元导致日元持续贬值。

（二）国际资本投机性攻击

虽然日元持续贬值，但日本银行多次表示坚持量化质化宽松货币政策。伴随实施负利率政策的欧洲央行启动利率正常化安排，市场对日本银行政策转型的预期增强，海外部分对冲基金开始做空日元国债期货市场，大举抛售日本债券，导致债券期货价格暴跌。在与国际资本较量中，日本银行仍然坚定长短期利率调控目标，并表示将在每个交易日以0.25%的固定利率无限量购买国债。但是2022年10月，10年期国债收益率多次突破0.25%的上限，20年期、30年期等超长期国债收益率也持续高企，创2014年10月以来新高。

日本银行以货币政策正常化为代价，与做空日本国债的国际投机资本展开攻防战。为此，日本银行承受了日元贬值、货币供给增加等巨大压力，引发国债市场流动性下降、价格扭曲等问题。

（三）日本贸易收支结构性变化

作为制造业出口大国，日本长期营造有利于日元贬值的金融环境，对日元升值持谨慎甚至抵触态度。2011年东日本大地震后，日元对美元汇率出现1美元兑75.32日元的战后最高值，并时隔31年再次出现贸易逆差。2012年，作为

---

① 《国际经济数据：英国央行宣布上调基准利率》，中华人民共和国国家发展和改革委员会网站，2022年12月27日，https://www.ndrc.gov.cn/fgsj/tjsj/jjsjgl1/202212/t20221227_1344146.html［2023-02-03］。

"安倍经济学""三支箭"之一,量化质化宽松货币政策以摆脱长期通缩为目的,力图通过日元贬值增加外需。但事与愿违,截至2022年的10年间,日本仅有3年实现贸易顺差,贸易赤字规模累计达44.43万亿日元。① 从2021年8月起,日本贸易连续17个月出现逆差,且规模不断扩大,2022年12月达1.45万亿日元,突破单月历史最大规模。其中,煤炭、石油等资源型产品价格高涨,进口同比增长20.6%,达10.24万亿日元;出口仅增长11.5%,为8.79万亿日元。②

2022年,日本商品和劳务进口总额增长42%,出口总额增长19.9%,均创历史最高值。但进口规模远高于出口,贸易收支连续两年出现赤字,15.78万亿日元的赤字规模创1979年有可比数据以来的历史新高。贸易收支赤字进一步恶化了经常收支,2022年,日本经常账户顺差同比减少47%。③ 由于日本能源和食品自给率分别仅为11.2%和37%,缺口均需通过进口填补。俄乌冲突爆发以来,国际市场能源、食品价格暴涨,2022年,原油进口价格上涨47.5%至每桶102.49美元,随着日元贬值,以日元计价的原油价格每立方米攀升76.5%,达8.47万日元。日元贬值不再是日本贸易收支的利器,反而弱化了交易条件,导致财富外流,经常账户盈余进一步减少,并使日元汇率陷入进一步贬值的恶性循环。④

可以看出,长期作为安全资产和避险工具的日元受到冲击。在美联储加息缩表形成美元一支独大的背景下,日本超低利率导致日美利差不断扩大,加之俄乌冲突的影响,加剧了日本经济结构和贸易结构的脆弱性,日元大幅贬值,在国际市场被大量抛售。

---

① 「貿易収支、赤字定着も 22年は最大の19.9兆円」、『日本経済新聞』電子版、2023年1月19日、https://www.nikkei.com/article/DGXZQOUA195XM0Z10C23A1000000/ [2023-02-03]。
② 財務省「令和4年分貿易統計(速報)の概要」、2023年1月19日、https://www.customs.go.jp/toukei/shinbun/trade-st/gaiyo2022.pdf [2023-02-03]。
③ 財務省「令和4年中国際収支状況(速報)の概要」、2022年2月8日、https://www.mof.go.jp/policy/international_policy/reference/balance_of_payments/preliminary/pg2022cy.htm [2023-02-03]。
④ 刘瑞:《"日元保卫战"成效几何?》,《环球》2022年第25期。

三 日元贬值的影响及外汇干预

如上所述，日元大幅贬值对贸易收支和经常账户的负面影响增大，而且对日本经济而言，通过日元贬值拉动增长的积极效应不断减弱。

（一）日元贬值对日本经济的影响

从结果来看，日元贬值的确增加了大型跨国企业的收益，2022年第四季度，大企业经常利益连续八个季度同比上升，① 创造新高。2021年，日本海外资产达1250万亿日元，对外净资产为411万亿日元，② 连续31年居世界首位。一方面，随着日元的进一步贬值，2022年9月末，对外净资产同比增长20%，至459万亿日元。③ 另一方面，日元贬值对经济的促进作用减弱。据大和证券测算，日元对美元贬值1日元，2022财年，主要上市公司的经常收益将提高0.4%。如果在20年前，这一情形将使经常收益提升0.7%。④ 日元贬值带来的经常收益趋于弱化的同时，对日本经济造成的负面影响日益凸显。

一是通胀压力持续加大。截至2022年12月，剔除生鲜食品的日本核心消费物价指数（CPI）连续16个月上涨，4.0%的升幅为1981年12月第二次石油危机时以来时隔41年的最高值。2022年，日本核心CPI时隔3年同比增长2.3%，⑤ 除去2014年消费税增税引发的物价上涨外，这一升幅为

---

① 財務省「四半期別法人企業統計調査（2022年10~12月期）」、2022年3月2日、https://www.mof.go.jp/pri/reference/ssc/results/r4.10-12.pdf［2023-02-03］。
② 財務省「令和3年末現在本邦対外資産負債残高の概要」、2022年5月27日、https://www.mof.go.jp/policy/international_policy/reference/iip/data/2021_g.htm［2023-02-03］。
③ 財務省「本邦対外資産負債残高」、2023年3月8日、https://www.mof.go.jp/policy/international_policy/reference/iip/202303a.pdf［2023-03-09］。
④ 「上場企業、1ドル140円台定着で8%経常増益」、『日本経済新聞』電子版、2022年9月12日、https://www.nikkei.com/article/DGXZQOUC209FK0Q2A620C2000000/［2023-02-03］。
⑤ 総務省「消費者物価指数」、2022年1月20日、https://www.stat.go.jp/data/cpi/sokuhou/nen/pdf/zen-n.pdf#page=4［2023-02-03］。

1991年以来的最高水平。2022年12月，在构成CPI的522个对象中，约八成商品价格上涨，其中与能源相关的商品价格的上涨幅度高达15.2%，连续15个月涨幅超过10%。由于原材料价格攀升，家庭耐用品价格上涨10.8%。生鲜之外的食材价格上升7.4%，为1976年8月以来时隔46年的最高点。①

二是企业经营成本增加，收益减少。2022年，日本企业物价指数（PPI）上涨9.7%，为1981年有可比较数据以来的最大涨幅。② 其中，2022年9月和12月的PPI涨幅分别为10.3%和10.2%，是历史最高的两个月度。具体来看，电、燃气和生活用水等价格上涨36%，矿产品价格上涨27.3%，与此同时，食品、纤维制品等消费品价格全面上涨。受此影响，企业盈利受损。2022年4~12月，上市企业净利润同比减少7%，时隔两年呈现负值。虽然日元贬值改善了大型机械制造业企业收益，但因能源或原材料上涨，电力、纤维、造纸等企业的利润空间受到严重挤压。减益或赤字企业数量占总体的49%，远高于上年同期的27%。③

一般来说，成本上升可以通过逐步上调产品和服务价格，将增加的成本转嫁给下游企业或终端消费者。但与欧美企业高价格转嫁率相比，日本企业涨价难度很大。根据三菱综合研究所森重彰浩测算，2022年第四季度，美国和欧元区经济体价格转嫁率分别为134%、87%，日本仅为48%。④ 日本商工调查显示，2022年12月，将成本上升部分全部转嫁出去的企业仅占总体的4.4%，无法转嫁的比例高达44.2%。⑤ 与大企业相比，中小企业的议

---

① 「消費者物価、22年12月4.0%上昇」、『日本経済新聞』電子版、2023年1月20日、https://www.nikkei.com/article/DGXZQOUA19BA70Z10C23A1000000/ ［2023-02-03］。
② 日本銀行調査統計局「企業物価指数（2022年12月速報）」、2023年1月16日、https://www.boj.or.jp/statistics/pi/cgpi_release/cgpi2212.pdf ［2023-02-03］。
③ 「上場企業、2社に1社が減益・赤字 22年4~12月決算」、『日本経済新聞』電子版、2023年2月17日、https：//www.nikkei.com/article/DGXZQOUC14DD90U3A210C2000000/ ［2023-02-23］。
④ 「価格転嫁、日本5割どまり」、『日本経済新聞』2023年2月8日。
⑤ 東京商工リサーチ「『調達難・コスト上昇に関するアンケート』調査」、2022年12月14日、https：//www.tsr-net.co.jp/news/analysis/20221214_02.html ［2023-02-03］。

价能力差，无法顺利进行价格转嫁，只能作为成本上涨压力的承接者，中小企业利润空间受到挤压。2022年12月，日银短观显示，日本大企业商品销售价格判断指数（DI）为35，而中小企业仅为31，[1] 中小企业价格转嫁更为艰难，因此影响企业员工的加薪诉求。

三是居民消费不振。日本厚生劳动省统计结果显示，2022年，日本名义工资即人均现金工资总额为每月32.62万日元，同比增长2.1%，为1991年以来最大增幅，但如果剔除物价因素，实际工资同比减少0.9%，时隔两年负增长。[2] 在全球通胀背景下，日本工资上涨缓慢。疫情后，由于劳动力短缺，美欧等经济体上调工资，与2018年相比，2022年第四季度，工资约上涨20%，日本仅上涨1%。[3]

高物价和实际收入缩水，严重影响居民消费回升和提振。2022年，两人以上家庭的实际消费支出仅增加1.2%，[4] 远低于新冠疫情前的水平。2022年，反映整体消费水平的总消费动向指数（2020年=100）为102.9，比2021年增加2.3，但仍低于疫情前2019年的105.6。从家庭支出项目来看，生活必需品负担加重，2022年，日本家庭水、电、气等能源相关支出占总支出的10.4%，比前年增加1个百分点，是2000年有记录以来的最高比例。如果计入食品，支出占比则高达34.3%，连续三年超过34%，持续突破最高值。

四是经济增速放缓。受消费低迷影响，2023年2月，日本内阁府公布的2022年日本GDP增长率为1.1%。[5] 2022年1月，国际货币基金组织

---

[1] 日本银行「短観—2022年12月」、2022年12月14日、https://www.boj.or.jp/statistics/tk/gaiyo/2021/tka2212.pdf［2023-02-03］。

[2] 日本厚生労働省「毎月勤労統計調査 令和4年分結果速報」、2023年2月7日、https://www.mhlw.go.jp/toukei/itiran/roudou/monthly/r04/22cp/dl/houdou22cp.pdf［2023-02-13］。

[3] 高山武士「コロナ禍後の人手不足」、『基礎研レター』2023年2月1日、https://www.nli-research.co.jp/files/topics/73776_ext_18_0.pdf?site=nli［2023-02-13］。

[4] 総務省統計局「家計調査 2022年10-12月期」、2023年2月7日、https://www.stat.go.jp/data/kakei/sokuhou/tsuki/index.html#nen［2023-02-13］。

[5] 内閣府「2022年10~12月期・1次速報値」、2023年2月14日、https://www.esri.cao.go.jp/jp/sna/data/data_list/sokuhou/files/2022/qe224/gdemenuja.html［2023-02-18］。

（IMF）预测，2022年，日本实际经济增长率为1.4%，低于发达国家2.7%的平均值；2023年增长率回升至1.8%，高于发达国家1.2%的平均值；但2024年增长率将再次下滑至0.9%，低于发达国家1.4%的平均值。[1]

由于美元升值、日元贬值，以美元计价来看，日本在全球经济中的比重进一步下滑。2022年，以美元计价的日本GDP为4.23万亿美元，仅比居全球第四位的德国多1700亿美元，两者之差远低于2020年的1.15万亿美元和2021年的6700亿美元，[2]日本连续12年保持的全球第三大经济体的地位受到影响。

当然，从根本上说，作为动态变化的指标，汇率不是影响一国国力的最关键的要素，但开放经济条件下相对稳定的汇率能够较为准确地反映商品和服务的流动变化。在日元大幅贬值、日本经济负面效应加剧背景下，日本政府和日本银行出手进行大规模外汇干预。

（二）外汇干预及其效果

面对日元急剧贬值，在日本政府指示下，日本财务省和日本银行多次实施大规模外汇干预，卖出美元，买入日元。2022年9月22日，日本投入2.84万亿日元（约合190亿美元）资金进行外汇干预，[3]为1998年6月以来时隔24年再次实施抛售美元、购买日元的操作。

此举并未遏制日元贬值势头。2022年10月21日，日元对美元汇率跌至1美元兑151.94日元，创32年以来最低值。10月21日和24日，日本政府与日本银行连续两个工作日联合实施非公开外汇干预，规模分别为5.62万亿日元和7296亿日元，创下买入日元、卖出美元干预的单日和月度最高

---

[1] IMF, "World Economic Outlook Update," January 2023, https：//www.imf.org/en/Publications/WEO/Issues/2023/01/31/world-economic-outlook-update-january-2023［2023-02-13］.

[2] 「日本の名目GDP、ドイツが肉薄」，『日本経済新聞』電子版，2023年2月19日、https：//www.nikkei.com/article/DGXZQOUA16D2R0W3A210C2000000/［2023-02-22］.

[3] 财务省「外国為替平衡操作の実施状況（2022年8月30日~9月28日）」，2022年9月30日，https：//www.mof.go.jp/policy/international_policy/reference/feio/data/monthly/20220930.html［2023-02-03］.

纪录。①

一方面,从日元汇率干预历史来看,日本政府更关注日元升值,其中,卖出日元、买入美元的干预为319次,但2011年11月以来并未实施。另一方面,防止日元贬值的操作仅为32次,其中在1998年4月,由于担忧日元贬值引起亚洲货币贬值从而引发亚洲金融危机,日美两国联合实施买入日元、卖出美元的干预行动,但2.8158万亿日元干预规模仅为2022年10月的44%(见表1)。

表1 应对日元贬值的外汇干预情况(卖出美元、买入日元)

单位:亿日元

年份	月份	干预规模
1991	5	139
	6	424
1992	1	63
	2	896
	3	387
	4	2036
	5	1673
	6	1477
	7	478
	8	160
1997	12	10591
1998	4	28158
	6	2312
2022	9	28382
	10	63498

资料来源:笔者根据日本财务省公布的数据制作而成。

日本大规模外汇干预的效果主要体现在四个方面。一是仅在短期内提振日元。2022年9月22日日本政府和日本银行实施干预后,日元对美元汇率

① 「円買い介入、22年10月に2日間、1日で最大5.6兆円」、『日経経済新聞』2023年2月7日。

从 1 美元兑 145 日元迅速升至 1 美元兑 140 日元，但第二周便恢复到 1 美元兑 144 日元。10 月进行两次大规模干预后，10 月 24 日，日元对美元汇率从 1 美元兑 150 日元急升至 1 美元兑 145 日元，但当天便回落至 1 美元兑 149 日元左右。二是外汇储备减少。一方面，美联储强势加息导致美国国债价格下跌，日本政府持有的美国国债市值减少。另一方面，此次大规模外汇干预的方式是卖出美元、买入日元，而出售美元的操作动用了外汇储备。2022 年末，日本外汇储备为 1.23 万亿美元，比上年减少 12.7%，创 2001 年有可比数据以来的最大降幅。① 三是外汇干预不是日元汇率变动的决定性因素。从短期看，日元对美元汇率变化与日美利差及两国货币政策走势密切相关。从中长期看，日本贸易收支结构、经济增长模式等是决定日元对外价值的主要因素。由于美元加息节奏放缓，加之自 2022 年 10 月起原油等大宗商品价格回落，进口价格降低，2022 年末日元对美元升幅明显。四是为货币政策调整赢得时间。为抑制通胀，美联储持续加息，而日本银行仍坚持超宽松货币政策。虽然外汇干预无法改变利差加大导致的日元对美元汇率贬值，但无论美国成功克服通胀还是经济陷入滞胀，美联储的加息进程必将放缓，利差对汇率的影响随之减弱，外汇干预可为日本银行货币政策调整赢得一定时间。

四 日本货币政策调整及展望

日本银行通过大量购买国债、长期维持超宽松货币政策，对金融机构和金融市场产生了巨大的副作用，如 10 年期国债价格扭曲、债券市场功能弱化、企业发行公司债环境恶化、金融机构收益收窄等，而这反过来对宽松政策传导和执行形成了阻碍。

---

① 財務省「外貨準備等の状況（2022 年 12 月末現在）」、2023 年 1 月 11 日、https://www.mof.go.jp/policy/international_policy/reference/official_reserve_assets/data/0412.html[2023-02-02]。

（一）2022年日本货币政策调整

2022年12月，日本银行调整金融市场调控方针，将政策重点置于YCC区间，将长期利率变动幅度从±0.25%扩大至±0.5%，长期利率上限升至0.5%。① 同时，为抑制市场波动，日本银行从二级市场购买的国债规模从每月7.3万亿日元上调至9万亿日元。② 日本银行可在每个营业日以0.5%的利率标准，对10年期国债实施指定利率操作的购买。为提升收益率曲线整体效果，日本银行对各期限国债灵活实行增加购买规模、指定利率操作等举措。

从表面上看，长期利率调整在一定程度上意味着加息，但究其实质，日本银行长期实施的量化质化超宽松货币政策框架并未改变，主要体现在以下三个方面。

一是继续坚持2%的物价稳定目标。2013年4月，黑田东彦就任日本银行总裁后，提出两年内尽快实现消费物价指数（CPI）2%的通胀目标，并出台"量化质化宽松政策"。③ 为此，日本银行不断加大政策力度，但仍未达到政策目标。虽然2022年物价大幅上涨，但日本银行认为这主要在于能源价格上涨、日元贬值等因素，而并非形成央行预期的工资上涨、物价持续稳定上升的良性循环。因此，在金融政策运营过程中，仍坚持以实现2%的物价稳定目标为前提，维持YCC框架下的超宽松货币政策。④

二是继续维持负利率和零利率政策。2016年1月，日本银行导入负利

---

① 日本銀行「当面の金融政策運営について」、2022年12月20日、https：//www.boj.or.jp/mopo/mpmdeci/mpr_2022/k221220a.pdf ［2023-02-02］。
② 日本銀行「長期国債買入れの買入金額の増額等について」、2022年12月20日、https：//www.boj.or.jp/mopo/mpmdeci/mpr_2022/rel221220e.pdf ［2023-02-02］。
③ 日本銀行「『量的・質的金融緩和』の導入について」、2013年4月4日、https：//www.boj.or.jp/mopo/mpmdeci/mpr_2013/k130404a.pdf ［2023-02-02］。
④ 日本銀行「経済・物価情勢の展望」、2023年1月、https：//www.boj.or.jp/mopo/outlook/gor2301b.pdf ［2023-02-02］。

率政策，对金融机构在日本银行经常账户部分资金加征 0.1% 的利息，[①] 即通过负利率政策促进金融机构为企业和居民部门融资，提振实体经济。2022 年，一方面，日本银行对短期利率仍实行-0.1% 的标准；另一方面，在 YCC 框架下，虽然长期利率目标区间有所扩大，但其诱导目标仍为 0% 左右。黑田强调，提高长期利率上限并不意味着加息或政策收紧，[②] 超宽松货币环境可以助推工资上涨，抵御全球经济减速、新冠疫情蔓延等引发的经济下行风险。

三是继续实行大规模风险资产购买计划。在推出量化质化宽松货币政策时，为支持证券和房地产市场，日本银行调整了资产结构。作为应对疫情的临时举措，原本应于 2021 年 3 月结束的每年 12 万亿日元交易型开放式指数基金（ETF）购买计划仍继续实施。2022 年，日本银行继续分别以每年 12 万亿日元和 1800 亿元的增量为上限，在二级市场购买 ETF、不动产投资信托基金（J-REIT）等风险资产。

（二）政策展望

2023 年 4 月 8 日，日本银行总裁黑田东彦任期届满，日本政府任命经济学家植田和男接任日本银行新总裁。黑田时期坚持十年之久的超宽松货币政策如何调整备受关注。

1. 短期内或继续维持超宽松货币政策环境

2013 年 1 月，日本政府与日本银行发表共同声明，旨在尽快实现 2% 的物价稳定目标。同年 4 月启动非常规宽松货币政策。虽然从 2022 年 4 月起核心 CPI 涨幅超过 2%，同时长期超宽松货币政策对债券市场、金融机构和财政重建等带来政策负效应，但日本政府对货币政策转向持谨慎态度。日本内阁府指出，2021 年末以来的日本物价攀升主要源于资源价格高企以及日

---

① 日本銀行「『マイナス金利付き量的・質的金融緩和』の導入」、2016 年 1 月 29 日、https://www.boj.or.jp/mopo/mpmdeci/mpr_2016/k160129a.pdf［2023-02-02］。
② 日本銀行「総裁記者会見」、2022 年 12 月 21 日、https://www.boj.or.jp/about/press/kaiken_2022/kk221221a.pdf［2023-02-02］。

元贬值引起的成本增加，与需求方相比，物价上涨大多在于供给要因，因此输入型通胀压力加大。但是，如果无法促进内需，不及时上调工资，日本就将可能再次陷入通缩。因此现在并不具备改变宽松金融环境的条件。①

从日银货币政策走向来看，一方面，作为总裁候选人，植田认识到宽松政策的风险和副作用；另一方面，其在国会发表候选人政策主张时指出"为实现政策目标，现行政策必要且合适"，"今后将根据具体情况进行相关调整，但宽松政策仍需持续"。②"如果急于加息，将对经济和物价产生负面影响，从中长期看，反而阻碍了利率充分上调的空间。"③ 预计未来日本银行在注重政策退出战略准备的同时，在短期内或将继续维持货币政策的宽松基调。

2. 摆脱通缩任重而道远

日本银行为克服长期通缩，于2013年设定了2%的物价稳定目标，并把持续稳定的物价上涨作为非常规货币政策退出的前提条件。虽然日本银行表示日本已不再处于通缩状态，但这并不意味彻底摆脱长期通缩困境。日本告别通缩的观察指标有四个，即反映居民消费的CPI、反映综合物价动向的GDP平减指数、反映工资水平的单位劳动成本以及体现供需关系的GDP缺口。

2022年，日本核心CPI上涨2.3%，GDP平减指数转为正值，同比上升0.2%，单位劳动成本增长2.0%。但是，2022年第三季度，GDP缺口仍为-2.0%,④ 连续12个季度负增长。虽然物价呈上涨态势，但日本银行认为物价上涨只是暂时现象，尚未实现持续稳定的增长。据日本银行预测，2022

---

① 内閣府「日本経済2022-2023—物価上昇下の本格的な成長にむけて—」、2023年2月、https：//www5.cao.go.jp/keizai3/2022/0203nk/keizai2022-2023pdf.html［2023-02-02］。

② 「日銀総裁候補・植田和男氏『総仕上げの5年に』所信要旨」、『日本経済新聞』2023年2月24日、https：//www.nikkei.com/article/DGXZQOUB240RR0U3A220C2000000/［2023-02-26］。

③ 植田和男「日本、拙速な引き締め避けよ 物価上昇局面の金融政策」、『日本経済新聞』2022年7月6日、https：//www.nikkei.com/article/DGXZQOCD273Z80X20C22A6000000/［2023-02-02］。

④ 内閣府「今週の指標」、2022年12月28日、https：//www5.cao.go.jp/keizai3/shihyo/2022/1228/1294.pdf［2023-02-02］。

年度，日本核心CPI高达3.0%，但2023年度和2024年度分别降至1.6%、1.8%。[①] 因此日本摆脱通缩任重而道远。

3.YCC框架或小幅调整

2022年12月，日银放宽了YCC框架下长期利率浮动区间。其主要原因在于不同期限国债收益率曲线过度扭曲。由于日本只设定10年期国债利率上限，2022年6月以来，10年期国债利率多次触顶，日本银行被迫追加购买10年期国债，压低利率，导致其他期限国债利率急剧攀升，造成国债市场流动性低下、日本银行资产负债表大幅扩张等风险。因此未来货币政策调整的首要问题应是如何调整YCC框架。

日银以2%的物价稳定目标为前提，为实现工资与物价的良性循环，名义工资的合理涨幅应为3%，实际工资的合理涨幅为1%。虽然目前与理想状态仍有一定距离，但日本政府和日本银行仍在推动提升工资水平，YCC框架调整似乎成为共识。同时，受美国硅谷银行、瑞士信贷银行危机影响，日本长期利率走低，降低了YCC框架调整后长期利率大幅攀升的风险。在此背景下，扩大YCC框架下10年期国债利率操作目标区间，或取消10年期国债上限或许是植田总裁首先进行的政策调整。

结　语

综上所述，作为"安倍经济学"的重要一环，货币政策并不是解决日本经济问题的"万能药"。在日本银行长期超宽松货币政策背景下，虽然引入负利率、零利率的YCC政策框架，大规模购买国债和ETF等风险资产等，但并未实现物价与经济增长的良性循环。植田总裁继任后，基于外部经济及日本自身现实，虽然或将小幅进行部分政策调整，如在YCC框架下扩大利率区间，甚至可能取消10年期国债利率上限，但2%的物价稳定目标以及超

---

① 日本銀行「経済・物価情勢の展望 2023年1月」、https://www.boj.or.jp/mopo/outlook/gor2301b.pdf［2023-02-02］。

宽松货币政策基调或不会立刻改变。

从短期看，美欧等经济体正在致力于解决通胀和经济增长的难题，日本面临的国际经济风险及不确定性增大。但从长期看，在少子老龄化背景下，设法提升潜在经济增长率，保持经济增长与财政重建的平衡，强化创新能力，提高劳动生产率，解决经济、社会的结构性问题，才是日本进入自律性增长和发展的根本途径。

（审读专家：田　正）

B.13
安倍遇刺牵出自民党政治违宪真相

赵 刚*

摘 要： 2022年7月8日，日本宪政史上在位时间最久的前首相安倍晋三遇刺，行刺者是一位深受新兴宗教团体——"统一教"之害的中年男子。明治维新之后，安倍是第一位因宗教问题被刺杀的首相。虽然日本现行宪法明确规定政教分离的原则，然而安倍遇刺后，包括安倍在内的多名自民党政治人物被揭露与"统一教"有各种利益交易。修宪是自民党自建党之初就定下的政治目标。为达到修宪目的，自民党内保守势力与试图寻找政治庇护的宗教团体彼此关联，有着各种私下交易，不仅违反了政教分离的原则，也导致众多家庭遭受精神和财产损失。本报告拟通过对安倍遇刺事件的剖析，揭示自民党保守势力的政治违宪真相。

关键词： 统一教 安倍晋三 国体维护 新兴宗教 修宪

2022年7月8日，日本宪政史上在位时间最久的前内阁总理，同时也是日本第一位出生于战后的首相——安倍晋三，在奈良市街头发表演讲时突然遭枪击身亡，享年68岁。嫌犯山上彻也面对警方的调查，声称刺杀安倍是源于个人对"统一教"有着深仇大恨，消息传出后舆论哗然。

自明治维新实行宪政后，日本历史上遭遇行刺的首相、前首相包括安倍

---

* 赵刚，文学博士，中国社会科学院日本研究所社会文化研究室副研究员，主要研究方向为日本思想史、社会文化。

在内一共有8人。安倍则是唯一一个由宗教问题导致怨恨而被行刺致死的，这也折射出当下日本社会宗教与政治错综复杂的关系及国内矛盾的尖锐化。

安倍遇刺后，包括安倍本人在内的自民党多名"大佬"被揭露与"统一教"有着千丝万缕的关系。本报告拟通过对安倍遇刺事件的分析，揭示在日本宪法规定"政教分离"原则下日本社会保守势力与宗教团体的关系以及自民党政治违宪的真相。

一 战后遗留"国体"，难以形成政教切割

众所周知，日本天皇在战前作为日本的最高统治者，是集君权与神权于一体的"现人神"[1]。其地位的法理依据是《大日本帝国宪法》[2]（以下简称《旧宪法》）第一章第一条所规定："朕承祖宗之遗烈，践万世一系之帝位。"天皇根据《旧宪法》具有国家元首和总揽统治权的地位。与此同时，天皇统治日本的基本体制也就成为日本的"国体"。自"国体"的概念诞生之日起，日本国内对"国体"的内涵就有不同的见解，主要可分为《旧宪法》起草者之一井上毅等人主导的"国体论"，以及高山樗牛、井上哲次郎等人主导的"家秩序国体论"。

然而，在《旧宪法》时期，无论是明治初期穗积八束所主张的"国体论即主权"，还是大正时期美浓部达吉的"天皇机关说"，都证实天皇同时扮演"神舆"和"役人"的双重角色。在明治宪法体制下，天皇是日本人心目中的神，是国家的核心象征，拥有至高无上的权力和地位。《旧宪法》明文规定天皇既代表神权，又代表世俗政权。因此，日本战前的政治体制具有政教一体的双重构造。

为宣扬天皇统治的正统性，达到对国民进行思想洗脑的目的，1890年，

---

[1] 根据《国语辞典》的解释，"现人神"的意思是天神以人的形式在世间存在的模样，即天皇。『国語辞典』、集英社、2022、50頁。
[2] 『大日本帝国憲法』、日本国立国会図書館、2020年2月25日、https：//www.ndl.go.jp/constitution/etc/j02.html［2023-01-05］。

文部省以明治天皇的名义颁布《教育敕语》，要求国民在国家危难之时能挺身而出，奉献生命；1937年3月编撰名为《国体之本义》的教科书，宣称："大日本帝国由万世一系之天皇奉皇祖神敕而永久统治此乃我国万古不易之国体，基此大义，作为一大家族国家奉体亿兆一心之圣旨，尽忠克孝发扬美德，此为我国体之精华，国家永久不变之大本。"① 像这样依托皇权和行政手段，用《教育敕语》等高压形式来"教化"国民接受天皇统治权的行为，使《旧宪法》彻底成为法西斯和军国主义统治国民的工具，也让日本在穷兵黩武的末途走上了战败的不归之路。

随着对法西斯战争局势的明显转向，尤其是在1945年5月8日第二次世界大战轴心国一方的德国正式签署无条件投降书，在欧洲战场战事宣告结束后，盟军内部各方势力为争取将各自利益最大化，在对日作战以及战后处理问题上"同床异梦"，产生了根本性的分歧，并为战后日本国家制度的重建以及军国主义清算的不彻底性埋下了伏笔。

1945年7月26日，中、美、英三国向日本法西斯发出最后通牒即《波茨坦公告》，令其无条件投降，同时严惩战争罪犯。在明确日本已无法挽回战争败局的情况下，日本政府首先考虑的是如何竭尽全力维护以天皇为统治中心的国体。8月10日，日本政府内阁于上午8时将附加了要求"不得损失天皇陛下为至高统治者之皇权"②的外交照会经瑞士及瑞典政府转交给中、美、英、苏四国，宣布接受《波茨坦公告》。8月14日，由昭和天皇亲自宣读并录制《终战诏书》，宣布日本接受中、美、英三国命令日本投降的《波茨坦公告》，无条件投降。8月15日，《终战诏书》通过日本放送协会正式向日本民众广播，日本政府于当日正式宣布无条件投降。但是《终战诏书》的重点与其说是宣布"终战"，还不如说是为了安抚日本国内民心，表明了日本仍将坚持保留战前国体、延续皇权统治的决心，通篇未对战争的责任进行明确表态。

---

① 文部省编『国体の本義』、1937、9頁。
② 杨奎松主编《抗日战争战时报告（初编）·战胜纪事之六》，上海三联书店，2015，第29页。

同盟国军队方面，尽管麦克阿瑟在1945年8月30日登陆日本本土后，宣布成立盟军最高司令官总司令部（General Headquarters，GHQ），其为日本实际的统治机构。1945年10~12月，GHQ相继向日本政府下达《对日本教育制度的管理政策》《对教师及教育官员的调查、开除、认可》《废除政府对国家神道和神社神道的保障、支援、保护、监督及弘扬》《停止开设修身、日本历史、地理课》"四大指令"，除强制日本实行政教分离之外，试图从教育制度上铲除国家主义和军国主义的毒害。然而，如同贾璇、杨华所述："在传统文化的长期熏陶下，天皇制意识已潜入日本国民内心的深层。一旦废除了天皇制，日本将会立即陷入极度混乱的状态，日本国民将会集体对美国占领当局产生敌对思想，这些无疑会为战后美国的对日占领带来无法预料的麻烦，而那样的窘境是占领军当局所不愿面对的。"[1] 以美国为首的同盟国军队最高层出于对历史（延续千年以上的天皇制）和现实（占领后政治社会的平稳过渡以及美国远东政策的需要）的考虑保留了天皇制国体。不过，麦克阿瑟在限制天皇战前"现人神"地位方面采取了一定措施。1946年元旦，根据GHQ的指示，裕仁天皇发布了题为《关于新日本建设之诏书》（即《人间宣言》）的讲话。通过天皇发布的《人间宣言》，GHQ迫使天皇亲自否定战前天皇崇拜和极端民族主义核心的"神"的血统，否定天皇的"神格"，确立了天皇的"人格化"，大有动摇国体的迹象。然而，战后第二年，为平息日本国内面临的各种社会矛盾，裕仁天皇在麦克阿瑟的默许下，展开了国内巡幸。天皇的巡幸不仅起到了精神统合、稳定民心的重大作用，也为发布《人间宣言》后的天皇重新找回了在日本社会的立足点。这使战后民主化改造的重心偏向恢复国民经济方面。

战后日本宪法遵循美国制定的《日本统治体制的变革》[2] 文件

---

[1] 贾璇、杨华：《战后日本天皇制得以保留的多元因素分析》，《大连大学学报》2018年第4期。

[2] 「日本の統治体制の改革」、国立国会図書館、2019年3月18日、https：//www.ndl.go.jp/constitution/shiryo/03/059shoshi.html［2023-01-03］。

（SWNCC-228号文件）中规定的所谓"麦克阿瑟三原则"：（1）保留天皇制；（2）放弃作为解决本国纷争之手段的战争，进而放弃作为保卫本国安全之手段的战争，决不认可日本的任何陆海空军，决不给日本军队任何交战权；（3）废除日本封建制度。然后，在此基础上，该宪法由日本"自主"修订而成。围绕上述原则，日本于1946年11月公布了《日本国宪法》（亦称为"和平宪法"）草案，并于1947年5月3日开始正式实施。关于天皇在战后的国家地位和权力，在"和平宪法"体现为第一章第一条所规定的："天皇是日本国的象征，是日本国民统一的象征，其地位以主权所在的全体日本国民的意志为依据。"第三条规定："天皇有关国事的一切行为，必须有内阁的建议和承认，由内阁负其责任。"第四条第一项规定："天皇只能行使本宪法所规定的有关国事行为，并无关于国政的权能。"[1] 上述规定在某种程度上限制了天皇的权力。但是，就像有些学者指出的那样："昭和天皇并未被追究战争责任，皇位和天皇制得以保留，也就保留了日本传统政治最重要的底色。而且，仅被规定为象征的天皇，在政治体制实践中仍在扮演重要角色。"[2] 既然接受战败的根本原因是维护"国体"，作为承上启下的战后政坛的主流政党就必然要承担这个重要责任。

二 安倍政府加速自民党修宪行动

如前文所述，促使日本放弃战前以天皇制为中心的政教合一国体的根本原因，毫无疑问是日本战败。然而，二战前作为日本政教合一最高统治者的天皇，在战后虽然通过宪法被剥夺了实际的权力而成为日本国家象征的"虚君"，同时，"和平宪法"第二十条规定，"对于任何人的信教自由都给予保障"，"国家及其机关不得从事宗教教育以及其他任何宗教活动"，禁止宗教作为国家官方的行为，但事实上，天皇根据"和平宪法"第七条的规

---

[1] E-GOV法令检索，https://elaws.e-gov.go.jp/document［2023-01-03］。
[2] 李超：《宪法视域下天皇与日本国体的关系》，《日本问题研究》2021年第5期。

定"从事各种仪式",并未停止各项祭祀活动,与此同时,天皇制"国体"也以新的形态被保留下来。

回顾战后日本社会实现"重经济,轻军备"和平转型的发展历史,有学者将其总结为三个要点:"一是以美英为范本的政治民主制度,二是以放弃战争为核心的和平宪法,三是重经济、轻军备的国家发展路线。"[①] 在盟军占领期间,日本接受了以美国为首的西方国家对其进行的民主改造和军国主义清算。西式的民主制度普遍为日本社会所接受,但是,随着战后东西阵营的对立,以美国为首的西方各国为了遏制苏联势力在东北亚的扩张,放弃了战后对日本军国主义的清算,这使得最为关键的"天皇制国体"及其背后的保守宗教势力经过改头换面被保留下来。另外,战后初期轻军事、重经济的"吉田路线"使日本从战后的废墟中迅速实现腾飞,从而长期占据世界第二大经济实体的地位。但是以永久放弃战争为核心内容的"和平宪法"自诞生之日起就一直遭到保守政治势力的挑战。"和平宪法"第二章第九条规定:"(1)日本国民衷心谋求基于正义与秩序的国际和平,永远放弃以国家权力发动的战争、使用武力或武力威胁作为解决国际争端的手段。(2)为达到前项目的,不保有陆海空军及其他战争力量,不承认国家的交战权。"[②] 然而,随着冷战结束,围绕宪法修订问题,日本朝野再次发生激烈的争论。而作为执政党的自民党,自建立之日起,就将修宪作为其主要政治目标。无论是1952年《旧金山和约》生效之后,还是20世纪80年代中曾根发起"战后总决算"时代,在自民党内部都有过修宪的实际动议。

然而,真正对修宪起到推波助澜作用的是安倍政府。早在2006年安倍第一次组阁之时,安倍就明确将修宪作为首要政治目标。安倍在表明自己的政治立场的《致美丽国家》一书中,把日本成为一个美丽国家的前提条件描述为以下四个方面:(1)重视文化、传统、自然、历史的国度;(2)以自由社会为基础的有规制且法制完备的国度;(3)未来具有持续发展能力

[①] 王珊:《试评析安倍政权"摆脱战后体制"的外交举措》,《现代国际关系》2013年第9期。
[②] 王珊:《试评析安倍政权"摆脱战后体制"的外交举措》,《现代国际关系》2013年第9期。

的国度；(4) 受世界信赖、尊敬、爱戴并具有指导权的国度。然而，他直接将日本不能被称美丽国家的理由归结于受"和平宪法"第九条限制以及法制不完备。[1] 自民党于2012年4月公布的"《日本国宪法》修改草案"，明确了自民党修改宪法的主要目标就是：(1) 强化天皇的权力（不仅是全体国民的象征，而且是国家元首）；(2) 强化国民对国旗以及国歌的尊重；(3) 成立国防军，国防军除保卫本国的安全之外，还要积极参与国际维和活动；(4) 强化宗教管控；(5) 强化内阁总理在紧急事态情况下的权力。[2] 该草案针对强化宗教管控，虽然强调确保国民拥有信仰自由，但提高了申请成立宗教团体的门槛以及加强对宗教团体的监控，同时草案将政府机构对"礼仪""习俗"活动的支援排除在对特定宗教的支持范围外。其中将原先的象征天皇制变为元首天皇制，这明显与战后"和平宪法"对天皇权力进行限制的原则相悖。另外，在加强对宗教团体管制的同时为公职人员参加"礼仪""习俗"活动解除限制，无疑在限制"和平宪法"保障宗教信仰自由的同时，为政党及公职人员与宗教团体的勾结提供方便。而且，修改"和平宪法"第九条，为"国防军"正名是自民党蓄谋已久的事情。根据自民党修宪案，安倍在2012年12月第二次组阁后即着力推进修宪，目的就是要摆脱"和平宪法"对保守势力的约束。

三　保守宗教团体是自民党修宪的战略同盟

战后日本在宗教信仰方面进行了全面放开。盟军司令部颁布"神道指令"后，先是天皇发表《人间宣言》，否定自己是"现人神"，政府废除了战前制定的严格控制各宗教团体的《宗教团体法》，发布《宗教法人令》，规定简化成立宗教法人的手续，只要履行申请手续就会得到许可。从1947年开始实施的"和平宪法"更是明确规定政府"保障信教自由"。根据井上

---

[1] 安倍晋三『美しい国へ』、文藝春秋、2006、21頁。
[2] 自民党『日本国憲法改正草案』、2012年4月27日、https：//jimin.jp-east-2.storage.api.nifcloud.com/pdf/news/policy/130250_1.pdf［2023-01-05］。

顺孝的研究，宗教团体登记数量在 1946~1953 年以两位数增长，其中不乏以免税和营利为目的而成立的宗教团体。① 也正因如此，部分宗教团体成为与政界发生权钱利益勾结的特殊存在，"统一教"（The Unification Church）就是代表之一。

"统一教"又称"统一协会"或"统一教会"，全称为"世界基督教统一神灵协会"②（Holy Spirit Association for Unification of World Christianity, UC），在 1954 年由出生于平壤一个农民家庭的韩国人文鲜明（Moon Sun Myung, 1920~2012 年）创立于釜山，后成为一个根源于基督教的跨国右翼新兴宗教团体。"统一教"在 20 世纪 50 年代末期传入日本，1959 年，日本"统一教"正式成立，最初的信徒以二战前生活于日本的在日韩国人为主。1964 年，"统一教"完成宗教法人登记手续，正式成为日本国内的宗教团体。首任会长是原宗教团体立正佼成会成员久保木修己③。日本"统一教"的总部位于东京的繁华街道涩谷，下辖 284 个分部，分布于日本全国各地，号称拥有 60 万名信徒。

自 1968 年 1 月开始，"统一教"以反共姿态向日本政界保守势力示好，积极参与日本政界活动。1966 年，日本著名社会活动家笹川良一成为"统一教"名誉会长。在笹川良一引荐下，文鲜明与自民党保守势力"大佬"岸信介建立了联系。

其后，文鲜明先后在"统一教"内部创立两个右翼政治团体，分别是 1968 年创立的对抗共产主义的右翼政治团体"国际胜共联合"和 1991 年创立的"世界和平联合"。两大团体吸收自民党多名重要党员成为该组织的成

---

① 井上顺孝『人はなぜ新宗教に魅了されるか？』、三笠書房、2009、282 頁。
② 1997 年"世界基督教统一神灵协会"日本分会向日本文化厅提出更名为"世界和平统一家庭联合会"，2015 年日本文化厅同意其改名。
③ 久保木修己作为"统一教"在日本的主要代理人，也是"统一教"与自民党清河会的主要联系人，他的保守思想对安倍晋三有着深刻的影响。安倍晋三政治思想的代表著作《致美丽国家》的名字就来自久木保的遗作《美国国家日本的使命——久保木修己遗稿集》。参见久保木修己遺稿集刊行委員会編『美しい国日本の使命—久保木修己遺稿集』、世界日報社、2004。

员，其中就有安倍晋三的父亲，曾经担任过外务大臣的安倍晋太郎。以此为契机，"统一教"主要干部不仅多次与日韩高层政治家会面，也多次组织包括日韩政界、财界、学界和宗教团体人士在内的大型政治集会。比如，1970年9月2日，久保木拿着岸信介的亲笔信拜会当时的韩国总统朴正熙，邀请韩方派遣代表团出席该组织在东京的武道馆召开的，由"神社本厅"等23个为推进团体以及"自卫队之友会"等为后援者的"世界反共联盟大会"。岸信介本人更是亲自出任"世界反共联盟大会"推进委员长。1973年11月，到访日本的文鲜明在久保木的引见下，在涩谷的"统一教"总部会见岸信介并与其进行了长时间交谈。各种迹象表明，文鲜明与岸信介在此后结下深厚的"友谊"，自民党岸派也因此与"统一教"形成了各种盘根错节的利益关系。1984年，文鲜明因为偷税漏税在美国被起诉时，岸信介亲自给时任美国总统里根写信说情。1989年，文鲜明在韩国与信徒的一次聚会上更是宣称，要与以安倍晋太郎为会长的自民党"清河会"为中心的日本国会议员加强交往①。事实也是如此，从岸信介、安倍晋太郎直至安倍晋三，自民党内保守派以"清河会"为中心，与"统一教"的交往持续了几十年。2022年自民党各派别议员及与统一教有交往的议员人数见表1。

安倍晋三在担任官房长官以及首相期间，多次向"统一教"组织的活动发出贺电。其中不乏与其他自民党"大佬"一起联名祝贺的情况。2006年5月，时任官房长官的安倍不顾当时"统一教"身陷"灵感商法"丑闻，向"统一教"组织的集体婚礼发去贺电，因此受到日本"全国灵感商法对策律师联络会"的抗议②。2021年9月，安倍通过视频在"统一教"所属"天宙和平联合"组织的大型聚会上发表基调讲演，向已故"统一教最高领导人"文鲜明的遗孀韩鹤子表达敬意。会议主办方向会议的出席者介绍了

---

① 「『安倍派を中心に』旧統一教会による"政界工作"創始者・文鮮明氏の発言録で判明」、日刊ゲンダイ、2022年11月7日、https：//www.nikkan-gendai.com/articles/view/life/314022 ［2023-01-03］。

② 「動機は『私怨』、国葬は『民主主義守る』ため？霊感商法被害1237億円、弁護士らが安倍氏に抗議文」、47NEWS、2022年7月15日、https：//www.47news.jp/8053716.html ［2023-01-03］。

岸氏家族三代与"统一教"的交往渊源。对于舆论的批判，尽管安倍一直声称自己只是以私人名义发送贺电，而非以官方身份参与，但当时安倍作为内阁总理和自民党总裁岂有私人身份可言。此外，安倍在 2013~2016 年多次邀请"统一教"的主要干部出席官方组织的"赏樱会"的事情后来也被媒体揭露出来。日本政府自 1952 年开始举办的"赏樱会"原则上只邀请为社会做出突出贡献的人士，费用出自政府预算，安倍却将其用于招待包括"统一教"在内的支持者，明显存在违反《公职选举法》以及公费私用的嫌疑。经媒体爆料后，虽有在野党的追责和舆论的批评，但最终还是不了了之。

表1 2022 年自民党各派别议员人数及与"统一教"有交往的议员人数

单位：人

派别	议员人数	与"统一教"有交往的议员人数
安倍派	97	37
麻生派	51	21
二阶派	43	16
岸田派	43	15
茂木派	54	14
森山派	7	3
谷垣派	16	3
无派阀	68	12

注：据 NHK 的调查，自民党所属的参众两院 379 名议员中有 179 名与"统一教"有着获取政治资金、参与政治活动等形式的交流，更有直接接受"统一教"选举支持的议员。「自民"旧统一教会と接点の国会議員は179人" うち121人氏名公表」、NHKニュース、2022 年 9 月 8 日、https://www3.nhk.or.jp/news/html/20220908/k10013809081000.html ［2023-01-03］。

资料来源：笔者根据 NHK 调查资料整理制作而成。

"统一教"之所以能在日本纵横数十年游刃有余，关键原因之一就是拥有庞大的资金来源以及众多的信徒。"统一教"的资金主要来自以下四个渠道：（1）教会所属企业的营业收入；（2）"灵感商法"的推销收入；（3）举办"集体婚礼"的收入；（4）信徒的捐献收入。"统一教"的产业涵盖从制造业到金融机构、从媒体报刊到学校教育、从社会团体到文化设施的方方面面，规模庞大。"灵感商法"是"统一教"利用消费者对其信任，采取的近乎传销的行径。20世纪80年代，"统一教"通过这种办法推销商品，以原价的几十倍乃至数百倍出售获利。据日本"全国灵感商法对策律师联络会"的统计，1987~2021年，日本共发生"灵感商法"相关案件34537件，受害者有32000多人，涉案金额在1237亿日元以上①。"统一教"采取的"灵感商法"的做法后来被"奥姆真理教"所效仿，成为教团在短期内聚集庞大资金的重要手段之一。此外，"集体婚礼"源自教祖文鲜明声称的世间男女必须要按照"神"的旨意结婚才能得到救赎的说法。未婚者成为信徒后，将本人照片和简历发送给教会，由教祖进行婚配。为参加"统一教"组织的婚礼，每对参加者须缴纳340万日元的费用，而每场婚礼的参加人数为两三万人甚至更多。显而易见，"统一教"举办"集体婚礼"的主要目的就是增加信徒和获取钱财。同时，这种"拉郎配"式的婚姻无疑会造成众多家庭的不幸。

同时，"统一教"还要求信徒将他们收入的一部分捐给教会，不设上限，多多益善，有些被洗脑的信徒为了向教会捐献财务甚至不惜借高利贷，这直接导致不少家庭破裂。行刺安倍的山上彻也就是其中一个。他因为深受"统一教"之害，成为一个既无稳定收入又无婚姻家庭的悲惨中年人。山上之所以要冒险行刺安倍，最主要的原因就是其母亲山上洋子加入"统一教"后其家庭迅速落沦为赤贫状态。山上彻也因此怀恨在心，从而铤而走险做出极端行为。然而，在日本像山上这样的家庭还有很多，仅前述"灵感商法"的受害者就超过3万人。令人难以理解的是，即便受害者联合委托律师团对"统一教"提起集体诉讼，直至安倍遇刺，也丝毫未能影响"统一教"在日本的活动。

新兴宗教团体若想在日本混得风生水起，那么雄厚的资金以及与政治势力的勾结是必然前提。以自民党内保守势力为首的政治家，为了达到修宪的政治目标，培植与利用新兴宗教势力为其提供资金和选票是惯用的手段。以

---

① 「全国霊感商法対策弁護士連絡会」，https://www.stopreikan.com/syohin_higai.htm［2023-01-03］。

"统一教"为例，除了教会本身外，其旗下还有政治团体"国际胜共联合"、教育团体"国际和平联合"以及 NGO 组织"天宙和平联合"（UPF）等。这三个团体是代表"统一教"与日本以及国际政坛保守势力进行利益交换的机构。2022 年 8 月，UPF 理事长梶栗在接受日本广播协会（NHK）专访时，不但承认上述机构的创始人均为"统一教"的教祖文鲜明，而且承认该机构的资金来源于教会。梶栗在谈到与自民党保守势力交往之时，认可该机构参与从组织政策研讨、对自民党所属议员的选举支持到向国会议员推荐秘书等政治活动①。对照"和平宪法"第二十条："对于任何人的信教自由都给予保障。任何宗教团体都不得从国家接受特权或行使政治上的权力。对任何人均不得强制其参加宗教方面的行为、庆祝典礼、仪式或例行活动。国家及其机关不得从事宗教教育以及其他任何宗教活动。"结合自民党参众两院国会议员与"统一教"的各种关联，部分自民党国会议员政治违宪的事实一目了然。

结　语

综上，"统一教"与自民党的各种政治关联仅仅是日本政坛保守势力与众多宗教团体勾结的冰山一角。作为执政党的自民党的背后，不仅有"统一教"这类新兴宗教团扮演"别动队"的角色，为其提供政治资金和流动选票，还有诸如神道政治联盟的大型传统宗教组织公开为修宪站台。

安倍遇刺两天后的 2022 年 7 月 10 日，日本国会第 26 届参议院选举顺利举行。选举结果是自民党不出所料地大获全胜，获得了过半数的改选议席。本次参议院选举后"修宪势力"加上非改选数合计为 179 个议席，已经超过国会提议修宪所需的全体议员的 2/3。这意味着日本已经正式进入修宪倒计时阶段。

---

① 「旧統一教会関連団体トップに問う——教会と政治、安倍元首相との関わり」、NHK、https：//www.nhk.jp/p/gendai/ts/R7Y6NGLJ6G/blog/bl/pkEldmVQ6R/bp/pNnj4kdxEN/［2023 - 01 - 03］。

"和平宪法"明文规定政教分离的原则，使得战前受到国家神道体系压制的各宗教团体纷纷浮出水面。根据日本《宗教年鉴》统计，2022年日本登录在册的宗教团体超过18万个。[①] 在日本，可能除日本共产党及少数左翼政治团体以外，各大政党与宗教团体都有千丝万缕的关系，宗教已经渗透到日本社会的各个层面。作为日本象征的天皇，名义上虽然已经从战前的"现人神"，通过《人间宣言》的形式降为"凡人"，然而，如同牛建科所指出的那样，"尽管战前和战后相比日本人的天皇观发生了实质性的变化，但是对天皇文化象征价值的功能的认定则是一贯的。因此源于神道文化所确立的天皇权威乃是日本民族一贯的文化象征"[②]，皇室作为神道文化的传承者，依然拥有一定社会影响力。

作为执政党的自民党，其自1955年11月由原自由党与民主党合并成立后至1993年为止，连续单独执政38年。自民党虽然在1993年以及2009年分别有过两次短期下野，但自2012年12月获取众议院选举大胜至今，仍然是日本政坛不可动摇的主流势力，究其原因，离不开其背后大大小小各类宗教团体的支持。面对自民党保守势力与"统一教"沆瀣一气的行为，民众极度不满，随着媒体的不断披露，自民党以及岸田内阁的支持率明显下滑[③]。在自民党内一直自我标榜为鸽派的岸田文雄及其内阁今后如何应对政治违宪的行为值得关注。

（审读专家：张建立）

[①] 文化庁『日本宗教年鉴』、2022年、https：//www.bunka.go.jp/tokei_hakusho_shuppan/hakusho_nenjihokokusho/shukyo_nenkan/pdf/r04nenkan.pdf［2023-01-03］。
[②] 牛建科：《日本神道教功能试论》，《日本研究》2011年第1期，第119页。
[③] 「解说委员室」、NHK、2022年9月13日、https：//www.nhk.or.jp/kaisetsu-blog/700/473279.html［2023-01-03］。根据NHK的舆论调查，2022年9月，岸田内阁的支持率下降了6个百分点，不支持率上升了12个百分点。对自民党总部对统一教的对应结果感到不满意的占65%以上。

B.14
岸田内阁新"安保三文件"评析

朱清秀 吴怀中*

摘　要： "安保三文件"的出台不仅能快速提升日本防卫实力，也将成为推进日本国家安全战略的重要转折点。岸田内阁抛弃战后以来日本政府一直坚持的"专守防卫"的政策方针，意图通过构建可以先发制人的"反击能力"及推动防卫费扩张，从根本上强化日本防卫能力，进而摆脱"战后体制"的束缚，成为"正常国家"。然而，日本构建"反击能力"不仅会中断战后日本和平主义的发展路线，也将激化地区安全形势，为地区的和平稳定制造新的不稳定因素。未来，"安保三文件"的落实情况，以及日本安全保障战略的部署实施，或对东亚地区安全稳定形势形成严重挑战。

关键词： 岸田内阁　安保三文件　国家安全　军事大国

2022年12月16日，日本国家安全保障会议和内阁会议审议通过《国家安全保障战略》、《国家防卫战略》和《防卫力量整备计划》"安保三文件"。这三份文件涉及政治、外交、军事安全、经济及社会发展等多个领域，是引领未来5~10年日本国家安全战略发展的纲领性文件。此次通过的"安保三文件"关于"反击能力构建"及"扩充防卫开支"等内容的规定，

---

* 朱清秀，法学博士，中国社会科学院日本研究所副研究员、东海问题研究中心副秘书长，主要研究方向为日本政治与外交、海洋安全；吴怀中，法学博士，中国社会科学院日本研究所副所长、研究员，主要研究方向为日本政治外交、安全与中日关系。

标志着岸田内阁在延续日本右倾保守主义路线及推动军事大国化发展的道路上越走越远，将成为战后日本国家安全战略的重要转折。

一 岸田内阁推出的三份安全政策文件

《国家安全保障战略》、《国家防卫战略》及《防卫力量整备计划》作为日本国家安全战略的重要文件，不仅明确未来5~10年日本国家安全战略的发展方向，也将对日本的政治、外交及经济政策产生重要影响。尤其在当前"泛安全化"趋势进一步扩大的背景下，安全因素逐渐渗透到日本各行业、各领域，日益成为左右日本政府决策的重要变量。

《国家安全保障战略》作为日本国家安全领域最高级别的政策文件，自2013年12月制定以来首次被修改。新版《国家安全保障战略》从整体上界定了日本安全战略的基本原则、面临的课题、目标及实现国家安全的路径，其内容主要包括以下方面[①]。

一是明确日本的国家利益。其认为日本的国家利益包括：（1）维护国家的独立和主权、领土完整，保护国民的生命、健康和财产的安全；（2）通过发展经济实现国家和社会的繁荣；（3）尊重基本的自由、民主及人权，维持、拥护受法律支配的普遍价值观及在国际法基础上的国际秩序。二是明确实现国家安全的原则。三是明确日本当前面临的安全环境和课题。其认为当前国际政治的重心正向印太地区转移，权力的转移将持续较长时间，这将对国际社会产生历史性的影响。四是提出实现日本国家安全的目标及实现国家安全目标的路径。具体目标包括：（1）维护国家主权独立及自主性，保护领土及国民生命、健康及财产的安全；（2）通过施行安全政策，确保能实现经济发展的国际环境；（3）作为国际社会的主要行为体，与盟友及伙伴国家一道实现国际关系新的权力均衡；（4）为了应对国际经济发展、气候

[①] 防衛省「国家安全保障戦略」、2022年12月16日、https://www.mod.go.jp/j/policy/agenda/guideline/pdf/security_strategy.pdf［2023-01-03］。

变化、传染病等全球性课题，在国际规则制定领域推动多国间合作，实现国际社会共存共荣，采取的路径主要包括强化外交能力、防卫能力、经济实力及信息情报分析收集能力。五是提升实现日本国家安全路径的基础能力。

作为决定未来5~10年日本国家安全发展走势的纲领性文件，《国家安全保障战略》的内容将陆续落实到日本政府具体的安全、外交、经贸及社会发展等政策领域，对构建反击能力的重视和强调将使得日本安全政策的重心发生转移，也将让日本的安全政策更具进攻性和扩张性，从而对中国周边安全环境及地区秩序产生严重冲击。

《国家防卫战略》取代以往常用的《防卫计划大纲》，文件名称的改变一方面凸显军事防卫在日本国家安全政策中的重要性进一步提升；另一方面显示日本有意与美国在军事防卫领域进行对接，通过与美国国防部的命名保持统一，谋求双方在军事领域的深度合作。《国家防卫战略》开篇即指出"坚决保护日本国民的安全与和平，维护日本领土、领海及领空的安全是日本政府最重大的任务，也是日本国家安全政策的根本"[1]。为了贯彻上述宗旨，《国家防卫战略》重点对与强化防卫能力相关的防卫目标、实现路径、需重视的防卫能力、未来自卫队的发展及军事生产技术等内容进行阐述。首先，关于防卫目标。《国家防卫战略》指出，当前日本的防卫目标主要有三：一是创造难以用实力单方面改变现状的国际环境；二是联合盟友及伙伴国家对与日本安全相关的试图单方面改变现状的行为进行威慑；三是一旦威慑失败，发生进攻日本的情况，在以日本为主进行及时应对的同时，接受盟友的支援共同抵御攻击。此外，通过强化自身防卫能力及结合美国的延伸威慑，彻底保护日本的国家安全。其次，关于实现防卫目标的路径选择，主要包括强化日本自身的防卫实力、进一步强化与美国的防卫合作以及强化与伙伴国间的合作。再次，强化防卫能力中需重视的能力。这些能力主要包括：反击能力、综合防空反导能力、无人装备防卫能力、跨领域作战能力、统筹

---

[1] 防衛省「国家防衛戦略」、2022年12月16日、https://www.mod.go.jp/j/policy/agenda/guideline/strategy/pdf/strategy.pdf［2023-01-03］。

指挥及情报相关的能力、灵活机动部署的能力及可持续作战的能力等。最后，关于自卫队的发展及军工技术。日本决定对自卫队的联合指挥机制及情报本部体制进行调整，并增加对军工技术的投入及加快军备转移速度，从而增强自卫队应对复杂战略环境的能力。

《防卫力量整备计划》取代了原来的《中期防卫力量整备计划》，删除带有时间限制的"中期"二字，使得《防卫力量整备计划》在执行过程中更具灵活性和可操作性。作为落实《国家安全保障战略》及《国家防卫战略》相关内容的政策性文件，《防卫力量整备计划》的内容更为具体和详尽，其不仅对《国家防卫战略》重视的七种防卫能力进行重点说明，还围绕能提升日本防卫实力及反击能力的自卫队体制、防卫技术、自卫队队员招募及培养等内容进行阐释。尽管《防卫力量整备计划》只是日本发展军备、提升防卫能力的"五年计划"，但文件里的许多规划并不只是着眼于未来5年内的日本军力发展，其指出"在2027年之前，一旦发生对自身发起攻击的情况，日本的防卫能力应强化到可以以我为主来阻止、排除此类攻击的程度，而在10年后，日本的防卫能力应强化到可以更早、更远地阻止此类攻击"[1]。

此次岸田内阁推出的"安保三文件"与以往的安保文件相比更为重视"强军扩军"，具有较为浓烈的"备战"特点。一方面，对反击能力的强调将推动日本的防卫政策朝着"进攻性"方向转变，突破战后日本政府一直坚持的"专守防卫"原则；另一方面，日本政府改变原有的安保文件命名方式，采用美国的命名方式，凸显日本急于推动日美在军事安全领域的一体化，强化日美同盟应对日益复杂的地区安全形势的能力。

二 "安保三文件"出台的背景

岸田内阁出台具有强烈"备战"色彩的"安保三文件"是对战后日本

---

[1] 防衛省「防衛力整備計画」、2022年12月16日、https：//www.mod.go.jp/j/policy/agenda/guideline/plan/pdf/plan.pdf［2023-01-03］。

"专守防卫"原则的彻底颠覆,将对建立在战后日本"和平宪法"基础上的"和平主义路线"产生严重冲击,岸田不顾国内外的反对声音,执意出台存在较大争议的"安保三文件"的主要原因如下。

第一,日本政府对国际安全形势的认知日益悲观、负面,对周边国家的"威胁认知"日趋恶化。2022年4月,日本自民党提交的"关于制定新国家安保战略的建议"指出:"中美之间类似于第二次冷战的对抗在政治、经济、军事等领域持续升级……欧洲地区发生的依靠实力单方面改变现状的颠覆现有国际秩序的情况很难说不会在东亚发生。"[1] 作为执政党,建议对国际形势的认知几乎被新的《国家安全保障战略》完全接受,在该文件开篇,"划时代的变化"、"权力制衡"及"地缘竞争激化"等词语被反复提及。与此相比,在2013年发布的首份《国家安全保障战略》中,日本政府对国际形势及周边安全环境的认知更为积极、乐观,尽管也指出日本面临的安全环境日益复杂、严峻,但强调基于国际协调主义来推行积极的和平主义,希望日本为实现国际社会的和平与稳定发挥更大的作用。[2] 对日本周边安全环境的认知方面,在该文件中,日本将中国、朝鲜及俄罗斯视为国家安全的"威胁",甚至指出"日本需要直面战后更严峻更复杂的周边安全环境"。关于中国方面,《国家安全保障战略》将中国定位为"迄今为止最大的战略挑战",并将中国的外交政策及军事动向定义为日本"严重关切的事项",无故渲染"中国威胁论"。关于朝鲜方面,日本的威胁认知更趋恶化,以往日本官方文件将朝鲜视为"重大且迫切的威胁",然而,新版"安保三文件"将朝鲜的军事动向定位成"比以往更加重大且紧迫的威胁"。而对俄罗斯的定位,更是由于俄乌冲突的爆发将俄罗斯对乌克兰的"侵略"视为动摇了战后国际秩序的根本。因此,日本政府认为需要从根本上强化防卫力量,以准备应对可能出现的最坏的情况,从而维护国家利益。

---

[1] 自由民主党「新たな国家安全保障戦略などの策定に向けた提言」、2022年4月26日、https://storage.jimin.jp/pdf/news/policy/203401_1.pdf [2023-01-03]。
[2] 防衛省「国家防衛戦略」、2022年12月16日、https://www.mod.go.jp/j/policy/agenda/guideline/strategy/pdf/strategy.pdf [2023-01-03]。

第二，配合美国的战略调整，推动实现日美在军事安保领域的一体化。随着中美大国博弈的持续推进，美国希望日本提升军事实力、配合美国在西太平洋地区的战略调整进而强化对华威慑的需求日益提升。并且，伴随美国持续深度介入台海及南海争端，日本在美国对华战略中的分量日渐增长，拥有强大军事实力的日本不仅可以减少美国对日本的安保需求，也可以为美国介入地区争端提供强有力的支持。为此，正是在美国的怂恿和鼓励下，日本通过了具有较大争议的"安保三文件"。首先，增加防卫支出，将防卫费提升到GDP的2%。在战后日本防卫预算中，防卫费占GDP的1%一直是限制日本扩军的重要门槛[1]。2012年，自安倍第二次担任日本首相以来，日本的防卫费持续增长，日本政治家在多个公开场合表示日本的防卫费不应拘泥于GDP的1%，而应按照保卫国家的标准来筹措[2]。即便如此，美国并不满意日本防卫费缓慢增长，而希望日本的防卫支出能够对标北约，将防卫费支出占GDP的比重提升到2%。为此，日本政府决定从2027年开始将日本的防卫费预算占GDP的比重提升到2%。其次，深化日美安全合作，提升日美同盟的威慑力。日本防卫力量的增强离不开美国在安全领域提供的支持。为了强化日本的防卫能力，提升日美同盟的威慑力，日本希望推动日美在网络、太空等跨领域加强合作，增加日美在信息情报收集、警戒监视及侦察（ISR）活动中对防卫基础设施的共同使用。事实上，美国十分支持日本构建"反击能力"，在2023年1月举行的日美防长会晤中，美方支持日本拥有强大的"反击能力，"并愿意就强化日本"反击能力"开展进一步合作[3]。最后，设立"联合司令官"职位及"联合司令部"，进一步完善自卫

---

[1] 「防衛費の『GDP1%』枠、なぜ焦点に?」、『日本経済新聞』2021年5月20日，https://www.nikkei.com/article/DGXZQODL19A8M0Z10C21A5000000/［2023-01-03］。

[2] 延広絵美、Isabel Reynolds「防衛費、GDP1%の上限は考えていない－岸防衛相一問一答」、Bloomberg，2021年6月25日，https://www.bloomberg.co.jp/news/articles/2021-06-24/QV6WSKDWLU6J01［2022-12-30］。

[3] 『日米「2プラス2」"反撃能力"の効果的な運用に向け協力で一致』、NHK，2023年1月12日，https://www3.nhk.or.jp/news/html/20230112/k10013947291000.html［2023-01-15］。

队指挥体系，加速推动日美军事一体化。近年来，日本开始借鉴美式指挥体制，加速自卫队融入美军作战体系，推动日美军事一体化形成。在设立"联合司令官"之前，自卫队接受的命令主要由防卫大臣下达，经联合参谋长传达给下属各自卫队。"联合司令官"设立后，联合参谋长和"联合司令官"的权责和指挥边界将有明确的区别，日本自卫队很有可能仿照美国的指挥体系，让"联合司令官"负责部队的指挥和调配工作，联合参谋长则负责自卫队日常的能力建设，没有作战指挥权。"联合司令官"的设立不仅能强化日本政府对陆海空自卫队的作战指挥，也能实现日美指挥体系的对接，推动日美军事体系一体化，甚至强化驻日美军对日本自卫队指挥体系的控制。① 美国对于新版"安保三文件"给予较高的评价，美国国防部长奥斯汀表示，"我们支持日本获得包括反击能力在内的加强区域威慑的新能力，支持日本大幅提高防卫费支出，并通过建立永久性的联合作战总部来提升双方防卫力量的协作"②。总体而言，岸田内阁推出的"安保三文件"在强化防卫能力、增加防卫预算、改革指挥体制等关键领域皆与美国的战略调整具有密切的联系，当前日本的防卫体制改革配合美国国家安全战略转型及亚太军事部署的倾向非常明显。

第三，俄乌冲突爆发成为日本政府推出"安保三文件"的重要背景。俄乌冲突爆发之后，日本社会开始热议日本的国家安全，打破了二战结束以来日本社会在国家安全、修宪等领域的禁忌，让日本社会重燃对国家安全的关注，"国家安全"议题日益成为日本社会关注的热点问题之一。其中，与"国家安全"密切相关的修宪、增加防卫费支出、反击能力建设及设立紧急

---

① 「『統合司令官』の創設検討　自衛隊を一元指揮、有事に備え—防衛省」、時事ドットコム、2022年9月19日、https://www.jiji.com/jc/article？k=2022091800196&g=pol［2023-01-03］。

② Secretary of Defense Austin Statement on Japan's Release of Its New Strategy Documents (National Security Strategy, National Defense Strategy, and Defense Buildup Program), "U. S. Department of Defense," Dec. 16, 2022, https://www.defense.gov/News/Releases/Release/Article/3248224/secretary-of-defense-austin-statement-on-japans-release-of-its-new-strategy-doc/［2023-01-03］。

事态条款等内容成为争论中的焦点。2022年4月，日本商业公司就"俄乌冲突的影响"开展社会调查，结果显示，有60%的受访者认为日本应该增强军力，有57%的受访者认为日本应该保持对敌基地攻击的能力。① 然而，俄乌冲突爆发对日本社会的冲击远不止于此，冲突带来的破坏性和危害性使得日本国民开始联想到束缚日本大规模提升军事能力的战后"和平宪法"。2022年5月，NHK（日本广播协会）做了关于俄乌冲突是否让你意识到"放弃战争"与"言论自由"方面的舆论调查，在该调查中，有71%的受访者看到俄乌冲突而联想到"和平宪法"第九条规定的"放弃战争及不保有战争力量"的内容，有19%的受访者未联想到该内容，10%的受访者未回答。② 日本国民将俄乌冲突与"和平宪法"第九条相联系，意味着对国家安全及军事防卫的关注开始进一步在日本社会扩散，也预示着修改"和平宪法"第九条已经从"政治禁忌"成为大众谈资。因此，俄乌冲突爆发不仅为日本政府推出"安保三文件"提供了有利的舆论条件，也激发了日本国民对国家安全的关注，并为未来日本政府突破战后"和平宪法"的限制提供支持。

第四，日本国民对"国家安全"的认知发生变化，使得日本社会更为"心平气和"地看待"安保三文件"。自2012年安倍再次执政以来，安倍一直着力巩固和加速安全防卫改革，积极谋求全方位、多层次、宽领域地加速推进日本自主防卫能力建设及"强军工程"。③ 安倍助推的安全战略变革不仅是从国家战略、武器装备等层面推动国家防卫力量的增强，更为重要的是，在军事防卫改革过程中让原先重要且敏感的领域不断被突破，重塑日本

---

① リーディングテック株式会社「ロシアによるウクライナ侵攻に関する世論調査」、2022年6月1日、https://leadingtech.co.jp/wiseloan/russian-invasion-of-ukraine/［2023-01-03］。

② 「ウクライナ軍事侵攻で憲法"戦争放棄"を『意識』7割 世論調査」、NHK、2022年5月2日、https://www3.nhk.or.jp/news/html/20220502/k10013608811000.html［2023-01-03］。

③ 吴怀中：《当代日本安全政策：激进修正还是渐进转变》，《日本学刊》2018年第5期，第37页。

社会对"修宪""强军扩武"等敏感内容的认知，进而使得日本社会中间派的民众开始逐渐接受或认同自民党提出的强化国家安全防卫的理念，保守派则大受鼓舞，希望日本政府进一步推动"军事大国化"及"正常国家化"变革。日本民众关于修宪及国家安全防卫的心理变化，事实上成为安倍军事防卫变革的重要推动力，也为"安保三文件"的顺利推出埋下伏笔。日本《朝日新闻》在2022年5月做的关于修宪的调查显示，有56%的受访者认为有必要修宪，这是自2013年开始进行该调查以来，支持修宪的比例最高的一次。[①] 日本《读卖新闻》在5月公布的调查数据显示，有60%的受访者支持修改宪法，该数值是自2015年利用邮寄问卷的形式进行舆论调查以来的最高值。[②] 在备受关注的构建"反击能力"方面，依据NHK在2022年12月做的舆论调查，有55%的受访者支持日本拥有反击能力，31%的受访者反对；在增加防卫费支出方面，有51%的受访者支持未来5年的防卫费支出达到43万亿日元，只有36%的受访者反对未来5年大幅增加防卫费支出。[③]

此外，实现大国战略目标、建立军事大国也是岸田推出"安保三文件"的题中之义。成为军事大国一直是战后日本以自民党为首的保守势力梦寐以求的战略目标，"安保三文件"不仅明确将发展远程打击能力、构建"反击能力"作为日本从根本上强化防卫体制的重要一环，还提出加强太空、网络、电磁及海洋等跨领域的协同作战，通过推动防卫体制改革、增加对军事技术的投入来提升日本在未来大国竞争中的实力。

---

① 北見英城「改憲「必要」56％、9条「変えない」59％　朝日新聞世論調査」、『朝日新聞』2022年5月2日、https://www.asahi.com/articles/ASQ52549ZQ52UZPS008.html ［2023-01-03］。
② 読売世論調査「憲法改正「賛成」60％、「自衛のための軍隊保持」は45％…読売世論調査」、『読売新聞』2022年5月3日、https://www.yomiuri.co.jp/election/yoron-chosa/20220502-OYT1T50225/［2023-01-03］。
③ 曽我英弘「岸田内閣支持36％　防衛費増　賛成51％」、NHK、2022年12月13日、https://www.nhk.or.jp/kaisetsu-blog/700/477346.html［2023-01-03］。

三 岸田国家安全战略调整的影响评估

"安保三文件"的出台是日本突破战后"和平宪法"束缚、谋求建设"正常国家"的阶段性成果,防卫政策从坚持"专守防卫"向构建"反击能力"的转变不仅将严重冲击战后日本的和平主义道路、加速"和平宪法"的解体,还将动摇亚太地区安全秩序及中日关系发展的根基,具有深远的影响。

首先,让战后日本"和平宪法体制"面临生死存亡的挑战,推动日本加速摆脱战后国际秩序、破坏"和平宪法体制"的国际法理基础,助推日本加速迈向"正常国家"。战后日本的"和平宪法体制"建立在1947年施行至今的《日本国宪法》的基础上,其核心是"和平宪法"第九条所规定的"放弃战争及不保有战争力量"。正是由于"和平宪法"第九条的规定,战后日本只能发展最低限度的防卫力量,且坚持"专守防卫"的政策方针。然而,战后以来,日本政府一直想要突破"和平宪法"的束缚,"摆脱战后体制"对日本的约束。尤其是自2012年安倍长期执政以来,通过修改"宪法解释"和安保立法为日本自卫队海外派兵和"解禁集体自卫权"大开方便之门,掏空"和平宪法"。当前岸田内阁继续沿着"安倍国防学"的"军事大国化"道路加速前行,加快构建反击能力,推出防卫费增倍等具有"军事大国"色彩的"安保三文件",将把自卫队打造成一支能攻能守的"国防军",颠覆战后以来日本一直坚持的"专守防卫"的防卫政策。此外,防卫费增倍无疑会挤压日本经济的发展空间,给已经"失去三十年"的日本经济重重一击,从而将支撑战后日本社会和平发展的"和平宪法体制"推向生死存亡的境地,这也将加速日本走向"正常国家"。

其次,激化地区安全形势,破坏地区稳定。防卫费的大幅增长以及反击能力的构建必将增强日本的军事实力,激发日本介入地区冲突的意愿。尤其在当前中美大国博弈持续推进、亚太地区安全形势日趋紧张的背景下,一个不受"和平宪法"约束且具备较强军事实力的日本将为亚太地区的稳定制造新的不稳定因素。一方面，日本的"反击能力"以"先发制人"为核心要点，其不仅包括日本受攻击时有权进行反击，而且，更为重要的是，只要日本认定他国准备对日进行武力攻击，就可以在该攻击并未发生或未产生实际损害的情况下，率先发动"反击"。2022年12月20日，日本防卫相浜田靖一在内阁会议结束后举行的记者招待会上表示："只要他国在准备对我进行攻击时，日本可不必等待实际损失的发生即可进行反击。"① 另一方面，当前亚太形势日趋复杂，美国持续操弄台海、南海及东海地缘争端，制造地缘危机。日本是美国的盟友，依据2015年通过的"新安保法案"，与日本关系密切的国家或地区遭到攻击时，可能会触发"生存危机事态"，届时日本可对该国进行"反击"。② 因此，这不仅增加日本随美介入地区冲突的可能性，也为地区和平稳定制造新的不稳定因素。

再次，破坏中日互信关系的建立，阻碍两国关系的健康发展。日本将中国定位为"迄今为止最大的战略挑战"，这一定位不仅破坏中日互信关系的建立、背离两国政府间的承诺，而且打破了未来中日关系友好发展的预期，阻碍中日关系健康发展。一方面，战后以来，中日两国政府一贯重申坚持用和平手段解决一切争端，在中日签署的多份官方文件中强调"在相互关系中，用和平手段解决一切争端，而不诉诸武力和武力威胁"③。然而，日本政府将中国列为"迄今为止最大的战略挑战"，不仅有违中日两国战后以来

---

① 防衛日報デジタル編集部「浜田防衛相反撃能力行使のタイミングは『武力攻撃に着手した時』」、防衛日報デジタル、2022年12月23日、https：//dailydefense.jp/_ct/17595134［2023-01-03］。

② 该报道指出，日本政府内部设想的行使"反击能力"的情形主要有两种：一是朝鲜可能向日本发射导弹，即日方用卫星发现朝鲜准备对日本发射导弹时，可先行攻击导弹发射架或发射的舰艇；二是与日本关系密切的国家或地区遭到进攻使日本面临危险时，可启动"新安保法案"规定的"生存危机事态"先发制人。成沢解語「『敵基地』への先制攻撃も可能に 想定される二つの事態とは」、『朝日新聞』2022年12月16日、https：//www.asahi.com/articles/ASQDJ5QCNQDHUTIL00V.html［2023-01-03］。

③ 1972年签署的《中日联合声明》及1978年签署的《中日和平友好条约》相关条款明确记载："两国政府确认，在相互关系中，用和平手段解决一切争端，而不诉诸武力和武力威胁"。这两个文件参见中华人民共和国外交部网站，https：//www.mfa.gov.cn/gjhdq_676201/gj_676203/yz_676205/1206_676836/1207_676848/［2023-01-03］。

达成的共识，也将中日关系引向非常危险的轨道。另一方面，日本为了应对中国带来的"战略挑战"，不惜与美国携手"遏华"、联合欧洲及域外国家"抗华"。"安保三文件"多次强调，日本创造不能单方面改变现状的安全环境，需要加强与盟友及"志同道合"国家间的合作，携手实现自由开放的"印太愿景"。2022年5月12日，日欧举行第28次日本-欧盟峰会，在会后发表的联合声明中，双方妄图以维护"国际秩序"的名义联手牵制中国。[①]

最后，"安保三文件"将让日美在军事安全领域的角色发生转变，推动日美同盟关系趋向"对等"。在以往的日美同盟关系中，受战后"和平宪法"体制的约束，日本只能充当后勤支援的角色，主要在防卫领域发挥重要作用。然而，拥有"反击能力"之后，"日本之盾"有可能向"日本之矛"转变，日本在日美同盟中将越来越多地承担进攻性任务。尤其在当前中美博弈日趋深化的背景下，美对日的倚重日渐上升，日本在配合美国对华战略及全球战略中的作用日益突出，推动日本在日美同盟中的地位更趋"对等"。

四　前景展望

岸田推出的"安保三文件"较为全面地向世界展示了日本想要突破"战后体制"，走"正常国家化"道路的决心和意志，未来一旦"安保三文件"能够得到较为全面的贯彻和落实，就将使日本的国家安全战略及发展方向产生根本性变革。然而，也正是由于"安保三文件"设定的目标较为宏大，宏大目标与日本现有能力之间存在"脱节"的情况，在一定程度上会对"安保三文件"的执行产生不利影响。

首先，防卫预算能否完全落实？2022年12月23日，日本内阁通过2023年预算案，为了强化防卫能力，日本的防卫预算达到6.8219万亿日元，比上一年增长26.3%，占日本国内生产总值的比例由2021年的0.96%

---

① 外務省「第28回日EU定期首脳協議共同声明（仮訳）」、2022年5月12日、https://www.mofa.go.jp/mofaj/files/100343314.pdf［2023-01-03］。

上升到1.19%。① 并且，未来5年日本的防卫预算将大幅增加，实现"5年43万亿日元"的目标，让2027年的防卫费支出达到国内生产总值的2%，对标北约成员国。然而，财源问题成为当下日本社会热议的问题，岸田曾表示通过财政支出改革、使用决算剩余资金等增加未来防卫预算，但这与高额的防卫预算之间还存在较大差距。为此，岸田希望通过增税（包括法人税、所得税及烟草税）来填补缺口。然而，不仅在野党反对增税的方案，连自民党内部也存在不同意见，尤其是自民党内最大派系"清和会"的国会议员对于增税强烈反对。② 为此，围绕"防卫增税"的争论不仅关系到防卫预算落实的问题，还会影响岸田内阁的稳定。

其次，军事科技及军事基础设施能否提供支持？新版《防卫力量整备计划》提出的一揽子军备采购、研发及部署计划难以与当前日本的军事技术、战术水平及军事基础设施相匹配。③ 防卫武器的升级、研发不仅需要技术储备支持，还需要相配套的生产能力。尤其是此次增加的武器装备主要来源于美国，更为日本强化军力增添不确定性。一方面，购买美式装备需要支付大量美元，但日本的军事预算主要以日元计算，一旦日元再次贬值，购买武器的费用将大幅增加；另一方面，大量购入美式装备后需要对自卫队员进行操作培训及演练，想真正进行实战还需要时间。况且，与美式装备相配套的军事基础设施也需要进行重新建设。

最后，日本国内反战及支持和平发展的理念是否还有市场？尽管当前日本国内反战及拥护战后和平体制的力量已经大不如前，但"安保三文件"出台后，日本国内拥护"和平宪法"、反对"安保三文件"的反战团体依然

---

① 「来年度予算案を閣議決定、防衛費は過去最大6兆8219億円…GDP比1・19%」、『読売新聞』2022年12月23日、https：//www.yomiuri.co.jp/economy/20221223-OYT1T50177/［2023-01-03］。
② 米津絵美「防衛費財源は増税？国債？渦巻く自民の党内論争」、NHK、2023年1月26日、https：//www.nhk.or.jp/politics/articles/feature/94915.html［2023-01-30］。
③ 西尾邦明「防衛費43兆円『身の丈を超えている』元自衛隊現場トップの警鐘」、朝日新聞デジタル、2022年12月17日、https：//www.asahi.com/articles/ASQDJ3GD4QDHULFA03G.html［2023-01-03］。

组织市民进行大规模抗议活动。日本立宪民主党、共产党、国民民主党等在野党也发表谈话，反对"安保三文件"。①

虽然日本"安保三文件"在执行阶段将面临资金、技术及防卫配套以及秉持和平主义理念的反战团体的约束和制约，但不可否认的是，"安保三文件"的出台标志着战后日本国家安全战略将迎来巨大转变，有可能成为战后日本国家发展的重要转折点。尤其是日本将中国定位为"迄今为止最大的战略挑战"，毫不避讳与中国开展全面竞争的意图，直接将中日关系置于对立的境地，这不仅破坏中日互信关系的建立、阻碍未来中日关系的健康发展，同时，中日作为亚太地区的大国，双边关系的恶化也将对地区的和平与稳定产生新的冲击。

（审读专家：张伯玉）

---

① 「安全保障関連3文書 政府が閣議決定 国内外の反応は」、NHK、2022年12月16日、https://www3.nhk.or.jp/news/html/20221216/k10013925791000.html［2023-01-03］。

日本与世界

Japan and the World

B.15
俄乌冲突背景下日本对国际秩序的认知、研判及应对

王 珊[*]

摘　要： 全球变局的加速演进以及中美关系不确定性因素增多，引发日本各界对国际秩序走向的持续关注和讨论。俄乌冲突爆发，为这场讨论增添了新变量，并将讨论带入一个新阶段。首先是对国际秩序的认知问题，日本政府以及官方智库学者普遍认为，美国主导的"自由国际秩序"是现行国际秩序，试图以这种话语体系构建起日本所主张的价值维度。其次，少数理性务实学者从建构主义出发，认为美国单极决策逻辑存在弊端，仅靠美国难以维护国际秩序，多极化趋势不可回避。当前，日本国内充斥着一股强烈的渲染东西方对抗的政治鼓噪，认为中俄从背后侵蚀弱化了"自由国际秩序"，并将这种认知在国家安全战略层面加以明确。

---

[*] 王珊，历史学博士，中国现代国际关系研究院东北亚所研究员，中华日本学会常务理事，主要研究方向为近现代日本政治外交、中日关系、亚太安全与海洋问题等。

同时，日本对俄乌冲突给国际秩序走向带来的影响做出研判，并着手从政治、经济、军事等方面提升引领塑造国际秩序的能力。

关键词： 俄乌冲突　对外战略　国际秩序观　日美同盟　经济安全

　　二战后，在美国的占领下，日本完成了政治、经济以及社会文化改造，初步建立起"战后体制"，由此才得以重回国际社会。所以，战后日本对国际秩序的认知一直以美西方主导的"自由国际秩序"为核心，在坚持日美同盟的框架下，确定本国的内政、外交政策。在安全保障上，更是唯美国马首是瞻，配合美国的全球战略，协助美国发动多场战争。日本每次配合美国行动，都要标榜"维护国际秩序"，但从日本对战后国际秩序的话语体系分析，结合日本对外政策实践可以看出，日本所称的"国际秩序"意指美国主导的单边霸权秩序，并非战后由《联合国宪章》确立的、为大多数国家所普遍认同的战后国际秩序。随着世界百年未有之大变局的加速演进，尤其是俄乌冲突的爆发，日本对未来国际秩序走向的关注更为迫切，同时基于因应未来国际秩序的变化，大幅调整国内政治、经济以及安全政策，拉拢唆使亚太国家，挑动地区矛盾，从多方面维护强化美国主导的单边霸权国际秩序，积极参与全球战略博弈。

一　日本对现有国际秩序的认知

　　早在2018年、2019年特朗普政府实施对华贸易打压之时，日本就围绕中美关系以及国际秩序问题展开讨论，俄乌冲突则将这种讨论引入一个新阶段，为讨论增添了新的变量。俄乌冲突爆发后，除政客言论外，一些具有官方背景的智库机构，如日本国际问题研究所、日本国际论坛、防卫研究所等围绕国际局势与日本、中美争霸与印太地缘政治等议题，纷纷组织研讨会，发表对国际秩序的看法和主张。此外，各种综合类期刊，如《潮》《世界》

《呼声》等持续刊载国际秩序方面的文章。总体而言，日本政客、智库精英、学者对俄乌冲突给国际秩序带来的冲击和影响，在定性上基本保持一致，但也有少数相对客观理性的声音。

（一）拥护"自由国际秩序"

美国超强的实力地位使战后初期国际秩序的确立是美国主导完成。为此，日本认为，在世界权力体系中美国居于"金字塔"等级构造的顶端，是权力政治的核心，日欧则居于第二层级，是辅助美国权力的组成部分，其他国家作为基础居于底端。冷战后，日本长期分享日美同盟带来的政治安全利益，在政治层面普遍信奉由美国主导的"自由国际秩序"和单极霸权体制。日本对所谓"自由国际秩序"遭到损毁的论调深受美国政界和智库学者的影响，基本上接受了美国普林斯顿大学教授约翰·伊肯伯里提出的"自由国际秩序"的理念，并自特朗普政府时期持续发酵。[1] 2017年特朗普上台后，中美关系骤然紧张，日本对国际秩序的关注和讨论超过了冷战后的任何时期。政界高层或具有官方背景的智库学者坚信日本属于西方自由主义阵营，认为维护以美国为主导的"自由国际秩序"最符合日本利益。此外，日美同盟体系的建立导致日本在判定国际关系时，往往采取非黑即白的二分法，即日本判断国际关系的主要依据为，"是否与美国共享政治价值观""是否属于自由民主阵营"。正是基于对美国霸权体系的绝对信奉，日本在制定对外政策时高度重视美国的政策指向，轻视其他国家的合理呼声。另外，战后的官僚体制养成了日本高度亲美的政治传统，一些行政省厅的高级官僚有在美国留学的经历，对美国政治运作模式、决策机制推崇备至。长期以来，日本各级行政机构养成一种惯性思维模式，即只要美国没有表态或者美国反对的事项，日本就绝对不能做，形成一种"对美国依赖症"。

---

[1] 陈静静：《国际变局下日本关于国际秩序的战略认知及应对》，《东北亚学刊》2021年第5期。

俄乌冲突爆发不仅为日本讨论国际秩序增添了地缘政治的针对性，也提供了军事冲突的现实凭证。2022年底修订出台的日本《国家安全保障战略》提出，"拥有稳定的民主主义、完备的法制、成熟的经济以及丰富文化的日本，倡导基于普遍价值的政策主张，以踏实的努力、强烈的意识主导构建国际秩序"，"强化与同盟国、志同道合国家合作，实现基于法制自由开放的国际秩序"。① 该战略中至少有20多处提到"国际秩序"一词，重复使用"自由开放安定的国际秩序""基于规则的国际秩序""基于法制和普遍价值的国际秩序""既有的国际秩序"等多种提法。实际上，日本在对外战略话语体系中经常将这些概念混用，但无论哪种表述，所谓的"规则""法制""普遍价值"都有特定含义，其核心都是指在美国主导下的"自由国际秩序"，只是在不同的政治语境中表述方式不同而已，实质是借自由开放之名，行封闭排他之实，是"有选择的多边主义"。②

概言之，日本诸多有关国际秩序的表述都是冷战后美欧社会的惯常提法，虽冠以"自由""民主""法制""规则"等限定语，但与世界上大多数国家所倡导的、以联合国为中心的战后国际秩序不可同日而语。日本试图通过多种国际秩序命题打造三个价值维度，即政治上的自由、民主、法制，安全上的航行自由、海洋秩序、国际规则，经贸上的泛安全化、科技封锁、贸易壁垒。

（二）对现有国际秩序威胁的认知

日本对俄乌冲突性质的研判主要从政府层面展开，并将其定性为"凭借实力改变现状的颠覆国际秩序"行为。日本主流观点倾向于俄乌冲突是两种国际秩序的冲突，即19世纪大国主义所主导的国际秩序与以美日欧为

---

① 「国家安全保障戦略について」、2022年12月16日、https://www.mod.go.jp/j/approach/agenda/guideline/pdf/security_strategy.pdf［2022-12-22］。
② 蔡亮：《"自由国际秩序"的历史窠臼：论"印太"框架下日本的对华制衡》，《亚太安全与海洋研究》2021年第5期。

核心的"基于法律支配的自由国际秩序"之争。① 从政治学上讲,国际秩序的构建不仅反映了国家权力和利益,也反映了国家的价值和规范,它是大国及大国集团主导的政治产物。日本虽然自感缺乏主导构建国际秩序的实力、无法撼动国际秩序的核心,但认为自身能够对国际秩序调整产生正面影响。基于此,俄乌冲突爆发之初,日本政府就频频对外发声,岸田首相于冲突当日在七国集团首脑会议上表示,俄罗斯的做法是不能令人认同的单方面以实力改变现状、动摇国际秩序的行径,日本断然不能容忍。②

总体来看,日本官方及智库学者的基本认识是,俄罗斯"进攻"乌克兰是颠覆国际秩序的行为,若放任不管,国际秩序将发生根本动摇,日本需要强化与持不同立场国家的战略协调与沟通,最大限度地进行外交努力。日本还断言,如果俄罗斯获胜,未来国际秩序将发生根本性改变,基于法治的国际秩序将丧失机能,变成大国主导的强权政治;如果俄罗斯战败,基于法治的国际秩序将得以维护,甚至会进一步巩固。为此,日本应积极参与其中,不应将俄乌冲突视为俄乌之间的事,但也不是说日本要直接参与军事行动,而是要积极参与引领未来国际秩序走向,政府需要明确地向公众传达一种观念,即对俄经济制裁在短期内可能给日本带来额外成本,但最终将有利于维护日本的国家利益。③

二 日本对国际秩序走向的战略研判

对国内外环境的正确研判是制定科学决策的重要前提,而日本政界主流似乎缺乏这种认识,尤其在应对俄乌冲突问题上表现出盲从性和片面性。随

---

① 神保謙、鈴木一人、細谷雄一「『世界秩序』ロシア・ウクライナ戦争で揺らぐ、根幹機能不全の国連はどんな役割を担っていくのか」、『東洋経済』2022年6月27日、https://toyokeizai.net/articles/-/598949?page=2 [2022-12-26]。
② 「レガシー 首相意欲 経済再生・国際秩序」、『読売新聞』2022年7月15日。
③ 鶴岡路人「ロシアによるウクライナ侵略が国際秩序に与える影響」、『週刊経団連タイムズ』2022年6月9日、http://www.keidanren.or.jp/journal/times/2022/0609_09.html [2022-12-20]。

着俄乌冲突呈现长期化、焦灼化态势，日本的态度也从最初追随美欧对俄制裁、攻击中国的对抗性反应开始转向侧重对未来国际秩序走向进行思考，将俄乌冲突的性质、经济安全的作用、国际权力转移等因素都纳入思考范畴，并把这些因素作为引领和影响未来国际秩序走向的重要依据。

（一）"民主对抗威权"将成为国际秩序博弈的核心

近年来，日本国内充斥着一股强烈的"民主对抗威权"的喧嚣鼓噪，认为所谓"威权国家"侵蚀弱化了美日欧主导的"自由国际秩序"，包括那些具有历史专业背景的学者，似乎形成一种政治共识，即"自由国际秩序"正遭遇严重挫折，日本战略环境中的"不确定因素"增多，"挑战"乃至"威胁"不断出现。日本做出上述判断的一个假想前提是，中国在俄乌冲突中没有与美日欧保持一致，等同于"变相支持"俄罗斯，这与日本国家利益相左。包括日本政府高层也这样认为，他们不仅指责中国没有像美欧那样制裁俄罗斯，还诋毁中俄之间的正常经贸合作关系。

为诱导国际舆论、增强安全战略的指向性、将中俄绑定在一起，日本在新出台的安全政策文件中，进一步从国家战略层面明确了所谓"中俄挑战国际秩序论"。[①] 为证明日本的论断及渲染俄乌冲突的示范效应，日本称"俄乌事态"也可能在东亚发生，以此借题炒作"中国威胁论"。类似论调在日本右翼学者中普遍存在。

（二）经济安全的作用更加凸显

俄乌冲突使日本认识到，经济制裁作为大国博弈的重要手段，已被越来越多地使用，一些主要经济体试图强化与美国的经济联盟，利用美国市场、资金、科技成果等资源，获得更多排他性权益。同时，借此可以加强同美欧等主要经济体的联系，有利于提升在经济领域的国际话语权，促进双方战略

---

① 「国家安全保障戦略について」、2022年12月16日、https://www.mod.go.jp/j/approach/agenda/guideline/pdf/security_strategy.pdf［2022-12-22］。

合作。2022年5月23日，美日印三国首脑在东京出席"印太经济框架"启动仪式，该框架被拜登视为"21世纪经济规则"的典范。尽管亚太区域经贸合作已有几个多边机制，但美日印三方还要"另起炉灶""叠床架屋"，其原因主要是，在特朗普政府宣布美国退出TPP后的5年时间里，亚太地区经贸合作取得了重要进展，《全面与进步跨太平洋伙伴关系协定》（CPTPP）和《区域全面经济伙伴关系协定》（RCEP）先后生效。美国没有参与这两个多边经贸合作机制，而中国不仅是RCEP的重要成员，还展示了参与CPTPP谈判的积极意愿。美国担心中国的影响力进一步扩大，尤其在高技术领域，将逐渐蚕食美国的优势。显然，三方推动"印太经济框架"的重点并不在于经贸本身，更不是关心东盟国家所希望的市场准入问题，而是为了建立一个排他性的集团组织。对于由美日印主导构建的经济合作"新标杆"，岸田首相给予高度评价，称"美国已经显示出对印太经济合作的关心，日本对美国这种姿态给予高度评价"。[1] 自民党提出的"经济安全保障战略制定建议"重点涵盖能源、科技、金融、信息等方面的安全构想，这不仅体现日本对大国博弈趋势的认识，也可以说是日本国际安全观的雏形。[2] 不过，日本精英学者都清楚，虽然强化经济安全是美日提升维护国际秩序能力的有效手段，但它同时也是一把"双刃剑"，缺少与中国的协调合作，包括在应对能源、气候变化以及生物多样性等问题上，不可能有效应对全球性挑战。实际上，日本主流思潮对于究竟是维护世界政治经济全球化、民主化，还是搞集团化、阵营化，存在纠结和艰难的选择。

（三）"印太"在中美战略博弈中的地位上升

中印作为亚太地区重要大国，都奉行独立自主的外交路线，拒绝全盘接受西方价值观，两国已成为国际格局中不可或缺的中坚力量。对中印在未来国际秩序中的地位和作用，日本更多的是从西方与俄罗斯安全博弈的视角进

---

[1] 戸田雄・山内竜介「問われる日米　揺らぐ国際秩序（中）米、経済の関与に復帰」、『読売新聞』2022年5月24日。
[2] 颜泽洋：《日本经济安全保障战略新动向》，《现代国际关系》2022年第4期。

行审视。如京都大学教授中西宽就认为,俄乌冲突对国际秩序影响的一个重要体现是,冲突有可能加速推进全球政治重心向印太地区转移,俄罗斯在冲突前就重视发展与中印两国的关系,冲突将进一步增强这种倾向。同时,以日本为代表的亚洲国家将加强与北约的联系,这从一个侧面提高了全球对印太地区的关注度。[1] 有日本学者还从国际格局角度对中印两国的作用进行分析,认为中印是作为国际秩序"第三极"的存在,世界形势将更加复杂,如果能够利用好"第三极",西方就将处于较为有利的位置,反之西方有分裂的危险,"第三极"的存在对西方世界而言有时也是有利的。[2] 少数战略派学者主张,"印太"是东西方战略博弈的关键地带,应给予足够的重视,并提出日本要立足国情扩展政治视野,不应该被"西方"与"俄罗斯"的简单二元对立结构所限制,要全方位思考、谋划战略布局,将重心置于印太地区。

(四)多极化趋势不可避免

尽管日本政府认为在对待俄乌冲突问题上"自由民主国家协调与整合取得前所未有的进展",美欧日的凝聚力不断加强,但这只是美日等少数国家的看法。从世界格局看,很多国家对于俄乌冲突都保持独立的政策主张,拒绝"选边站队"。日本舆论也承认,目前仅有40多个国家对俄罗斯实施经济制裁,而被称为"全球南方"的国家仍占多数,虽然美欧日在俄乌冲突问题上展现出协调的一面,但这并不足以说明其做法的正当性与合理性。

日本智库学者通过观察俄乌冲突后欧洲战略界的舆论动向,认为欧盟对美国的单极国际秩序体系出现了动摇的态度和质疑的声音。虽然欧盟与中俄在政治价值观上的分歧较大,但在外交上不是隔绝的。欧盟国家外交政策并未与中俄彻底切割,对中俄仍采取谨慎小心的策略,避免出现中俄大幅走近

---

[1] 中西寛「ウクライナ戦争をめぐる国際政治の文脈」、一般財団法人・国際経済連携推進センター、2022年8月26日、https://www.cfiec.jp/2022/0070-nakanishi/ [2023-02-13]。

[2] 「『竹森俊平の世界潮流』対中政策 西側結束に暗雲(寄稿)」、『読売新聞』2022年2月3日。

的态势。基于此，日本少数务实学者从建构主义立场出发，虽不否定官方强化日美同盟的政策主张，但认为美国主导的单边霸权国际秩序不符合当今国际政治的发展趋势，脱离地区实际，忽略了一些新兴国家不"选边站队"的诉求。其依据是，单极世界决策逻辑存在弊端，无视一些中小国家的合理主张。同时，期待借美国单边霸权体系主导亚太的想法不切实际。随着全球政治重心向亚太地区转移，尽管美国的影响力依然存在，但在中国快速发展、美国一强体制明显动摇的背景下，日本追随美国单级霸权的战略风险在不断上升，东亚各国会愈发将日本视作美国的从属变量，日本作为独立战略个体所能发挥的作用渐趋萎缩，盲目的战略冲动将扰乱东亚政治和安全格局。为此，当今世界更占优势的并非美国所说的"民主与威权"两极格局，而是新兴国家独立行事的多极化秩序。①

总之，除上述主流研判之外，日本还有一种倾向，即由于国际社会在制裁俄罗斯问题上出现分歧以及日本"入常"愿望的驱动，一些学者从俄乌冲突爆发伊始就"唱衰"联合国的作用。他们宣扬国际政治已经进入大国竞争时代，只要俄罗斯仍然拥有联合国安理会常任理事国的否决权，联合国就难以履行职能，日本不应对联合国的作用给予过高期待。②

三 日本因应国际秩序调整的举措

近代国际秩序的调整都是以主导国的综合实力为背景，按照主导国的权力和利益要求来完成的。如今的日本在应对国际秩序调整问题上，不再把外部环境视作给定条件，而是主动抓住作为国际秩序核心要素的国际法的工具性与重要性，基于实用主义立场，片面界定和取舍国际法，引领或塑造国际秩序向于己有利的方向展开。俄乌冲突被西方视为冷战后国际社会面临的最

---

① 脇祐三「いまなぜグローバルサウスが重要か」、『日本経済新聞』2023年2月7日。
② 「『世界秩序』ロシア・ウクライナ戦争で揺らぐ、根幹機能不全の国連はどんな役割を担っていくのか」、『東洋経済』2022年6月27日、https：//toyokeizai.net/articles/-/598949?page＝2［2022-12-26］。

大政治挑战，日本充分利用危机带来的冲击和辐射效应，推动内外政策调整，试图从多个层面协助美国增强维护国际秩序的能力。

（一）强化对美国单边霸权合作

随着冷战结束，日美同盟的适用范围从亚太区域向世界范围拓展，同盟目标被定义为维系并强化"自由国际秩序"。[①] 拜登上台后，日本基于世界"阵营化"以及拜登政府重视与盟国关系的判断，放弃安倍政权曾做出的改善中日关系的尝试，菅义伟以及岸田文雄两任内阁对推进中日关系的意愿显著降低，联美遏华的主动态势渐趋明显，将对华战略重心更多地置于维护"自由国际秩序"方面，自视为国际秩序的守护者。

2023年，日本担任七国集团轮值主席国，再度成为联合国安理会非常任理事国，自诩"至少主导全球外交一年"。为此，新年伊始，岸田首相便开始欧美五国之行。岸田表面上是为5月广岛七国集团首脑峰会做准备，实际是借东道国身份兜售"私货"，强化针对中俄的阵营对抗，协调各方立场。同时，岸田还希望借此行向美欧国家展示日本强军扩武、与美欧战略捆绑的决心，维护基于法制支配和规则的国际秩序。[②] 就在岸田出访的同时，日美外长与防长举行了磋商会议（"2+2"会议），讨论深化两国外交安全合作事宜，增加针对"台湾有事"的军事一体化行动。岸田访英期间，日英签订了便利日本自卫队和英军顺利进驻对方基地的《互惠准入协定》。对此，日媒称，该协定是自20世纪初日英同盟以来双边关系中最重要的防卫协定，相当于"准同盟"条约。访法时，岸田表示要强化与"全球南方"国家的关系，重点指向非洲、拉美、太平洋岛国等区域。联系2022年底美非峰会上拜登总统的表态可以发现，岸田的言论在政策思路上与美国高度契

[①] 外务省「日米安全保障共同宣言—21世紀に向けての同盟—（仮訳）」、1996年4月17日、http：//www.mofa.go.jp/mofaj/area/usa/hosho/sengen.html［2023-01-28］。
[②] 「安全保障、世界経済…『G7の連携確認』岸田首相、米欧歴訪へ」、『毎日新聞』2023年1月9日。

合，即试图以"道义"和经济援助为诱饵，充当欧美与"全球南方"的桥梁，[1] 将其纳入东西方对抗阵营。不过，大多数"全球南方"国家曾是美日欧的殖民地，若西方执意强迫它们"选边站队"，则容易使人联想起西方殖民扩张的黑历史，结果未必能如其所愿。

此外，自民党在政权公约中多次提出"要最大限度地发挥日美同盟能力的相乘效果""提高日美同盟的遏制力、应对力"，主张在构建未来国际秩序时，以中美力量对比为核心，加强日美合作，特别是在全球公共问题以及海上安全领域，共同应对"中国的挑战"。在具体行动上，自民党政权公约主张实施台海、东海、南海三海联动，将其作为对华压制的军事前沿和战略博弈场，挑战中国领土主权和海洋权益。同时，日本还将以七国集团、北约为政治和安全平台，打造全方位遏华联盟，将中国限定在所谓"自由国际秩序"框架下，维护美国"世界一尊"的霸权体系。

（二）加强自主军力建设，扩大军事影响力

从世界近代史来看，每逢发生重大国际事件往往会演变成国际秩序调整的契机，一战、二战以及冷战都是如此，而战争结果则是决定新的国际秩序重构的重要基础。日本在经历中日甲午战争、日俄战争两场胜利之后，成功地影响和塑造了近代东亚国际秩序，这为其加入帝国主义行列奠定了基础。尤其是冷战结束后，日本每次提升军力、突破战后"和平宪法"的束缚，都是在国际局势出现重大变故之际，其通过国会临时立法或内阁决议等手段快速完成。2022年2月俄乌冲突爆发后，自民党连续召开有识者会议，岸田首相多次指示战略起草团队与相关实务部门密切协调磋商，为出台新版国家安全保障战略建言献策。其间，起草团队建议修改对华、对俄定位；鼓动放弃"专守防卫"政策，重点发展防区外进攻型武器以及可执行复杂任务的无人装备，强化综合遏制力；提出要确保自卫队长期作战能力、增加弹药库存、提升装备完好率、加固军事设施、改善运输及后勤设施便于机动部署

---

[1] 細谷雄一「価値押し付けぬ日本外交で秩序再建を」、『産経新聞』2023年1月30日。

及撤侨；建议大幅增加军费，5年后提升至 GDP 的2%。上述建议已基本体现在新版安全政策相关文件当中。同时，日本国内也出现"对敌基地攻击""核共享"等言论，以提升战争能力为突破口的军事单边主义思潮越来越夺人眼球。① 值得关注的是，日本军事单边主义或称军事冒险主义思潮泛起，除了有右翼势力的推动之外，来自民间的强军扩武言论也很兴盛。由日本东京大学的2022年5月所做的一项舆论调查显示，有超过60%的受访者赞成日本强化防卫力量建设，有近80%的受访民众赞同讨论"核共享"议题。

（三）推进日美经济安全保障合作

俄乌冲突爆发后，岸田首相在内外场合多次强调维护所谓的"经济安全"，声称要减少"对特定国家的经济依赖"。日本以"经济安全保障"为实施主线，在经贸合作中愈发强调所谓的"经济安全"，对经贸问题的政治性介入逐步增多，加快实施节奏。其主要表现如下。一是响应美国打造"排华供应链"要求，深度调整涉华产业链布局，降低特定领域的对华依赖。同时，积极配合美国"科技遏华"动向，迟滞中国科技创新与进步速度。实质上，日本相关动向反映其以维护"供应链安全"之名，谋求对华技术封锁之实，确保对华技术优势。二是通过《经济安全保障推进法》。日本国会于2022年5月正式通过"经济安全保障"专项法案，内容涉及强化特定重要物资的供应链稳定。政府将制定特定重要物资的范围，符合条件的企业才可被准入参与，并对能源、通信、金融、运输等14个领域实施事前审查，加大对尖端科技的开发支援力度，制定专利非公开制度。日本欲以此为抓手，增强对企业的控制能力。三是将半导体产业振兴作为强化"经济安全"的重要手段。日本政府将稳步推进半导体产业发展的战略部署，拟定与美国等伙伴国联合推进新一代半导体研发，以构建更为稳定安全的供应链体系。为配合美国《芯片与科学法案》，2022年7月，日美首次召开经济

---

① 松井芳郎「多国間主義の危機、ウクライナ侵略と国際社会の進路」、『世界』2022年7月号。

版"2+2"会议,决定联合研发新一代半导体,未来仅对拥有"相同价值观"的国家开放,并扶植半导体生产基地留在国内,以提升关键技术环节的"不可替代性",确保在关键时刻"卡住对方脖子"。

事实上,对于日本盲目追随美国、以中国为假想敌的政策思路,并不能诠释日本对华政策的合理性和有效性。对此,一些外交界人士提出了自己的看法,如日本前驻法国公使、《外交》杂志前主编渡边启贵就主张,日本要以俄乌冲突为契机,大力拓展外交视野,不要局限于狭隘的本国利益,推行能够被国际社会广泛认可的"有见识的外交"。其内涵如下。一是要以具有国际视野和勇气担当的政治家来主导,建立亚洲区域内的集体安全机制。日本应在"理念"层次主导构建集体安全保障机制,建立包括中国在内的亚洲区域合作关系,避免形成以战争为前提的敌对关系。二是要构筑"亲美自立"的日美关系。所谓"亲美自立",即既能与美同舟共济,又能对美直言不讳。诸如在俄乌冲突以及台海等问题上,日本需要帮助美国明辨战略利害关系,而不是一味地揣度美国的心思。渡边还建议,推进"有见识的外交"既要善于制定富有内涵的理念,凸显日本的国际秩序观,展示对亚太乃至世界的美好愿景,又要善于描述情境,即日本在向世界提出理念时,应注意叙事方式及时间节点,为本国外交政策行为"搭建正当逻辑"。[①] 虽然渡边启贵的政策主张基于日本国家利益,但其外交视野更具务实性和前瞻性,符合亚太地区的整体利益。

结　语

日本的政治文化传统潜藏着尊卑有序的等级意识、服膺强者的实力意识、区隔内外的阵营意识以及与邻交恶的独霸意识,[②] 这些常常成为左右和限制日本国际秩序观的因素,进而对其外交政策产生潜移默化的影响。其结

---

① 渡邊啓貴「多極世界観をもって、親米自立を目指すべき」、『潮』2022年10月号。
② 田庆立:《日本人的国际秩序观》,《世界知识》2015年第6期。

果是，一方面，在全球化的时代背景下，大国间的竞争与合作本应成为国际交往的基本态势，而日本在审视和观察国际秩序时，难以摆脱政治文化传统的束缚，崇尚和迷恋基于实力博弈的国际权力观；另一方面，因自身实力地位以及自然禀赋的限制，日本似乎感到正陷入一个脆弱的国际环境，国民性也随着全球化的进程而不断发生波动，从重视相互依赖、自由贸易的理想状态到屈从美国霸权搞阵营对抗的僵化思维，日本的对外政策行为变得越来越激进和偏执。

从本质上讲，日本理想中的全球化是在美西方主导下的全球化，所以，从冷战结束时起，日本就将日美同盟关系定位在全球层面，而强化对美结盟战略无疑是日本参与国际秩序构建的最佳选择。[1] 进入20世纪90年代后，随着中国不断发展，日本国际秩序观中的等级实力意识受到强烈冲击，导致心理失衡，但日本始终认为，在国家类型上，美日欧都是西方民主国家，而中国是发展中的"转型国家"，在政治体制上与其迥然不同。所以，日本在对华政策上越来越强调所谓"自由、民主、人权、基于法制"等价值观，以价值观为纽带拉近与美欧的距离，试图用价值观秩序替代战后国际秩序。基于意识形态划线的"阵营观念"和冷战思维成为日本推行联美遏华战略的思想渊源。在冷战已经结束的历史背景下，日本仍反复操弄和标榜意识形态，以在国际舞台上凸显"价值观优势"，抢占"道义"高位，表明日本仍没有摆脱历史窠臼，缺乏与周边国家和谐相处的共生意识。

总体而言，为了在新的国际秩序中站稳脚跟，与主导者进行合作，依托强者影响和引领国际秩序走向，往往成为日本进入世界权力核心的捷径。日本在新版《国家安全保障战略》中提出，将强化基于法律支配地位、自由开放的国际秩序，并以此为国家安全目标之一，防止出现特定国家轻易改变现状的事态，增强安全的可预见性，加强与同盟国、"志同道合"国家的联合，在印太地区实现国际关系的新平衡。[2] 为实现这一目标，日本甚至提

---

[1] 钟飞腾：《日本的国际秩序观》，《复旦国际关系评论》2014年第1期。
[2] 「国家安全保障戦略について」，2022年12月16日，https：//www.mod.go.jp/j/approach/agenda/guideline/pdf/security_strategy.pdf［2022-12-22］。

出，当与日本有密切关系的国家遭到武力攻击事态时，可以率先发动"对敌基地攻击"，其中包括对敌国指挥机构的打击。这种战略思维无益于主动挑战生战，不仅表明日本协美维霸的决心和意志，也蕴含极大的战争风险。仍有学者无视这一严峻现实，宣扬世界又重回冷战时代，并已形成民主国家团结一致对抗"威权主义国家"发起的战争的对决格局，[1] 意在表明战争都是由"威权主义国家"发动、民主国家是捍卫国际秩序的坚固堡垒。这种论调显然无视冷战后中东、北非、南联盟等多场战争是由以美国为首的民主国家所发动的基本事实。历史的教训足以证明，战争将给人类文明造成巨大破坏，尤其是核武器在战争进程中的决定性作用，使任何黩武好战国家都不可能全身而退，各国唯有增强人类命运共同体意识，践行共同、综合、合作、可持续的安全观，尊重人类文明的多样性，超越意识形态偏见以及地缘政治纷争，才能构建起公正合理的国际新秩序。

（审读专家：张　勇）

---

[1] 「世界戦争を防げ　国際政治学者・田中明彦氏」、『毎日新聞』2023年2月6日。

B.16
俄乌冲突背景下的日本能源外交

庞中鹏*

摘　要： 在俄乌冲突背景下，国际能源形势日趋紧张，日本不失时机地加强了能源外交，重点与中东传统油气国加强能源合作关系，拓展并深化对非洲和亚太地区一些国家能源外交。长期以来，日本对国际能源环境的重大变化保持高度关注。为了防患于未然，日本往往快速做出反应，把强化能源外交作为确保国内能源安全的重要手段。俄乌冲突对国际能源地缘政治影响深远，使得日本能源外交面临不少新的挑战与问题。受限于日本外交结构性因素以及国际大环境影响，今后日本能源外交能否顺利推行还有待进一步观察。

关键词： 能源外交　中东地区　国际能源市场　能源危机　地缘政治

2022年2月24日，俄乌冲突爆发，其直接后果是引发欧盟能源危机。欧盟能源危机愈发严重，令国际能源形势愈发紧张。随着国际能源形势日益呈现复杂化态势，全球能源博弈更趋激烈。日本作为典型的本土缺乏能源资源国家，面对俄乌冲突发生后紧张的国际能源市场、高企的国际原油价格，急需加大能源外交力度，以因应突变的国际能源局势。有鉴于此，在俄乌冲突背景下，日本重点加强对中东地区的能源外交，不失时机地拓展了对非洲一些国家的能源外交，有针对性地深化了对亚太地区一些国家的能源外交。

---

* 庞中鹏，法学博士，中国社会科学院日本研究所副研究员，主要研究方向为日本能源外交、日本与中东关系、日本与亚太地区国际关系等。

俄乌冲突深刻改变了国际能源地缘政治格局，尤其对国际能源政治影响深远。本报告拟对俄乌冲突背景下的日本能源外交动态做出梳理，深入分析日本加强能源外交的深层原因，深刻剖析日本能源外交面临的挑战与问题，并对日本能源外交的前景与走向做出初步研判与展望。

一 俄乌冲突下日本能源外交动向

俄乌冲突发生后，日本高度重视能源外交。首相与外务大臣等政要通过出访能源出产国、电话外交或者邀请重要能源出产国政要访问日本等形式，重点加强与中东传统油气出产大国的能源合作关系，拓展了对非洲地区一些国家的能源外交，深化了与亚太地区一些国家的能源合作关系。

首先，日本高度重视对中东的能源外交。

沙特阿拉伯是全球最大的石油出口国之一，日本进口的原油中约四成来自沙特阿拉伯，因此，加强对沙特阿拉伯的能源外交对日本维护能源安全具有重要的战略意义。

2022年3月17日，首相岸田文雄与沙特王储穆罕默德·本·萨勒曼举行电话会谈。在会谈中，双方着重讨论日趋高涨的国际原油价格；岸田希望沙特方面能够为稳定国际原油价格发挥独特的国际影响力。另外，双方还同意在"碳中和"领域加强合作。[1]

7月19日，岸田文雄会见了到访日本的沙特外交大臣费萨尔。岸田指出沙特向日本继续稳定供应原油的重要性，希望与沙特方面就稳定国际原油市场不断深化合作；费萨尔表示沙特方面将继续与日本强化战略伙伴关系，愿意与日本继续在能源领域深化合作。[2] 当天，外务大臣林芳正与沙特外交大臣费萨尔举行会谈。林芳正请求沙特方面继续增加石油产量，以稳定国际

---

[1] 外務省「岸田総理大臣とムハンマド・サウジアラビア皇太子の電話会談」、2022年3月17日、https://www.mofa.go.jp/mofaj/me_a/me2/sa/page3_003242.html［2023-01-20］。
[2] 外務省「ファイサル・サウジアラビア外相による岸田総理大臣表敬」、2022年7月19日、https://www.mofa.go.jp/mofaj/me_a/me2/sa/page3_003377.html［2023-01-20］。

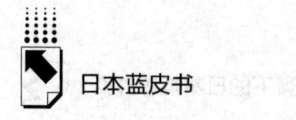

原油市场，并提议今后日沙两国可以在可再生能源、气候变化、基础设施建设以及文化与旅游等领域进一步加深合作。费萨尔表示，沙特愿意与日本加强战略伙伴关系，愿意在稳定国际原油市场方面与日本保持紧密合作关系。①

9月12日，岸田文雄首相与沙特王储穆罕默德举行电话会谈。双方讨论乌克兰形势紧张致使国际原油市场不稳定等国际能源问题；岸田强烈期待沙特能够在稳定国际原油市场行情方面发挥应有的引领作用；双方一致认为要加强绿色能源合作，今后双方可以通过积极利用清洁能源以实现"碳中和"。② 9月27日，林芳正外务大臣与到访日本的沙特外交大臣费萨尔（专程参加已故安倍前首相葬礼）举行会谈。林芳正首先对沙特向日本稳定供应原油表达诚挚谢意，而费萨尔则承诺沙特方面会继续向日本稳定供应原油。③

此外，日本还极为重视对阿联酋的能源外交，其进口的原油中约有三成来自阿联酋，且这一占比在俄乌冲突爆发后还呈现快速增加的势头。

2022年3月15日，岸田文雄与阿联酋阿布扎比王储穆罕默德·本·扎耶德·阿勒纳哈扬举行电话会谈。双方就因乌克兰形势而不断上涨的国际原油价格交换意见；岸田期望阿联酋作为石油输出国组织（OPEC）重要成员能在稳定国际原油市场方面发挥积极作用；双方确认愿意携手合作以稳定国际原油市场。④

3月20日，林芳正外务大臣访问阿联酋。在与阿联酋外交与国际合作部长阿卜杜拉举行会谈时，林芳正希望阿联酋继续稳定向日本供应原

---

① 外務省「日・サウジアラビア外相会談」、2022年7月19日、https：//www.mofa.go.jp/mofaj/press/release/press3_ 000879.html［2023-01-21］。
② 外務省「岸田総理大臣とムハンマド・サウジアラビア皇太子の電話会談」、2022年9月12日、https：//www.mofa.go.jp/mofaj/me_ a/me2/sa/page3_ 003435.html［2023-01-22］。
③ 外務省「日・サウジアラビア外相会談」、2022年9月27日、https：//www.mofa.go.jp/mofaj/press/release/press1_ 001060.html［2023-01-22］。
④ 外務省「岸田総理大臣とムハンマド・アブダビ皇太子の電話会談」、2022年3月15日、https：//www.mofa.go.jp/mofaj/me_ a/me2/ae/page4_ 005525.html［2023-01-22］。

油，表示日本企业会继续积极参与阿联酋原油开发项目，期待阿联酋能积极发挥作为石油输出国组织重要成员的影响力，继续大力提高原油生产能力，为稳定国际原油市场做出重要贡献；阿卜杜拉表示，两国要继续强化战略合作关系，双方应继续在能源等各个领域深化合作。① 林芳正访问阿联酋期间，还与阿联酋工业与先进技术部长兼阿布扎比国家石油公司首席执行官苏尔坦·贾比尔举行会谈。在会谈中，林芳正对国际原油市场趋于不稳定表达忧虑之情，希望阿联酋能够增加石油产量，以确保国际原油市场稳定；贾比尔表示，阿联酋愿意加强与日本的战略伙伴关系，希望今后两国进一步强化各层级合作关系，特别要在稳定国际原油市场、削减碳排放、实现"碳中和"与可再生能源等领域加强合作。②

6月6日，阿联酋工业与先进技术部长兼阿布扎比国家石油公司首席执行官苏尔坦·贾比尔访问日本，与松野博一内阁官房长官举行会谈。松野赞成阿联酋增加石油产量，请求阿联酋继续增加石油产量以稳定国际原油市场；贾比尔表示阿联酋愿意与日本进一步加深战略合作关系，愿意与日本在稳定国际原油价格与削减碳排放方面保持深度合作关系。③

9月13日，岸田文雄首相与阿联酋新任总统穆罕默德·本·扎耶德·阿勒纳哈扬举行电话会谈。岸田重点谈及：双方要加深合作以稳定国际原油市场，加快能源转型对气候变化与"碳中和"起着关键作用；岸田高度评价阿联酋对削减碳排放所起的领导作用；穆罕默德总统表示要继续与日本在

---

① 外務省「日・アラブ首長国連邦外相会談」、2022年3月20日、https://www.mofa.go.jp/mofaj/me_a/me2/ae/page4_005533.html［2023-01-22］。
② 外務省「林外務大臣とスルターン・アル・ジャーベル産業・先端技術大臣兼日本担当特使兼アブダビ国営石油会社CEOの会談」、2022年3月20日、https://www.mofa.go.jp/mofaj/me_a/me2/ae/page3_003251.html［2023-01-22］。
③ 外務省「ジャーベル・アラブ首長国連邦産業先端技術大臣兼日本担当特使兼アブダビ国営石油会社CEOによる松野博一内閣官房長官表敬」、2022年6月6日、https://www.mofa.go.jp/mofaj/me_a/me2/ae/page3_003336.html［2023-01-22］。

能源领域加强合作。①

其次，日本加强对非洲一些国家的能源外交。

2022年11月22日，日本经济产业大臣西村康稔与到访日本的莫桑比克经济和财政部长托内拉举行会谈。双方确认继续深化两国能源合作关系，西村向托内拉表明莫桑比克液化天然气（LNG）项目对日本很重要，希望莫桑比克能为两国能源合作提供稳定与健康的投资环境。②同日，日本外务副大臣山田贤司与托内拉举行会谈。山田指出，莫桑比克北部液化天然气如能早日实现稳定开发，将给全球液化天然气市场带来积极影响；托内拉指出，莫桑比克希望能够平稳顺畅地开发本国的天然气资源，莫桑比克天然气项目不仅有利于本国经济社会发展，也有助于日本实现能源进口多元化的目标，对双方而言，这是双赢的事情。③

最后，日本拓展对亚太地区一些国家的能源外交。

2022年10月9日，外务大臣林芳正访问马来西亚，与该国外长与国际贸易产业部长分别举行会谈。在会谈中，林芳正与马来西亚方面谈及要加强两国能源合作关系，特别是希望马来西亚方面能继续稳定向日本供应液化天然气。④10月22日，首相岸田文雄访问澳大利亚，在与澳大利亚总理阿尔巴尼斯举行会晤时，如何具体强化双方能源合作关系是会谈的重点。在双方发表的共同声明中，日澳首脑一致认为"加强能源合作是极端重要的课题"。⑤

---

① 外務省「日・アラブ首長国連邦首脳電話会談」、2022年9月13日、https://www.mofa.go.jp/mofaj/me_a/me2/ae/page6_000740.html［2023-01-22］。
② 経済産業省「西村経済産業大臣がモザンビークのトネラ経済・財務大臣と会談を行いました」、2022年11月22日、https://www.meti.go.jp/press/2022/11/20221122002/20221122002.html［2023-01-23］。
③ 外務省「山田外務副大臣とトネラ・モザンビーク経済財務大臣及びマガラ運輸通信大臣の会談」、2022年11月22日、https://www.mofa.go.jp/mofaj/press/release/press3_000995.html［2023-01-22］。
④ 外務省「日・マレーシア外相会談及びアズミン・アリ上級大臣兼国際貿易産業大臣との会談等」、2022年10月9日、https://www.mofa.go.jp/mofaj/s_sa/sea2/my/page1_001355.html［2023-01-22］。
⑤ 外務省「日豪首脳共同声明」、2022年10月22日、https://www.mofa.go.jp/mofaj/files/100410295.pdf［2023-01-22］。

二 俄乌冲突下日本加强能源外交的深层原因

俄乌冲突是一场深刻的地缘政治危机，这场危机引发了诸多连锁反应。特别是欧盟遭遇了重大能源危机，以及由此触发了其他能源消费与进口大国强烈危机感。日本作为本土能源资源贫乏国家，对国际能源环境的重大变化高度敏感。为了防患于未然，防止欧盟能源危机牵连日本本土，日本须快速做出反应，以强化能源外交为主要措施之一，力保海外能源供应不出现中断危险。

第一，在俄乌冲突背景下，国际能源形势日趋紧张，日本要未雨绸缪，力图避免发生能源危机。

俄乌冲突发生后，美国等西方国家对俄罗斯能源出口出台一系列制裁措施，致使国际能源形势日趋紧张。美国等西方国家对俄罗斯能源出口施加制裁，虽说其主要目的是切断俄罗斯能源出口收入，但其"反噬效应"开始显现：对俄罗斯能源依赖最大的欧盟国家首当其冲，遭遇能源危机，而能源危机随之发生"连锁反应"，欧盟国家不得不承受通胀"痛苦"，经济增长乏力。为了摆脱能源危机，欧盟国家不得不紧急寻找替代进口俄罗斯能源来源地。欧盟国家加大寻求国际能源进口来源地的力度，致使国际能源市场出现紧张局面——国际油价居高不下，欧盟能源危机有外溢到全球的危险。鉴于日本本土缺乏常规油气资源，且历史上曾经遭受能源危机的巨大冲击，所以日本对全球可能出现能源危机高度敏感。为了防止欧盟能源危机"殃及"日本，日本急需未雨绸缪，做好防范，在俄乌冲突发生后，日本不得不加大了能源外交的力度。

第二，在俄乌冲突背景下，中东能源地缘政治重要性更加凸显，日本必然要高度重视对中东的能源外交。

俄乌冲突发生后，欧盟受美国压力而欲要与俄罗斯能源完全"脱钩"，其直接结果就是无形中凸显了中东能源在全球能源版图中的异常重要的地位。对于欧盟来说，如果完全中断进口俄罗斯能源，那么，接下来把能源进口来源地选择为中东的可能性更大一些。中东能源地缘政治重要性更加彰显，中东能源出口国的"买家"与"客户"增多，对于中东能源出口国来说肯定是好事，但对于日本来说，则意味着激烈竞争。

二战后迄今，日本高度依赖进口中东地区的能源，一直把中东作为能源外交重点开展地区，视中东地区为日本维护能源进口安全的"大本营"与"基地"。福岛核事故后，日本更加依赖从中东地区进口能源，特别是安倍晋三在第二次执政期间高度重视对中东的能源外交，频频出访中东国家。面对俄乌冲突引发的国际能源紧张局势，岸田内阁不能无动于衷，不得不高度重视对中东的能源外交。即使在国内疫情还未得到彻底遏制的情况下，岸田仍旧派遣外务大臣林芳正紧急出访中东，其本人则通过"电话外交"与中东重要能源出产国领导人通话协调，以确保中东重点产油国对日本能源的稳定供应，维护日本能源进口安全。在俄乌冲突可能进入长期化的紧张国际环境中，中东成为日本能源外交的重中之重。日本既要稳定传统能源进口来源地不至于出现"断链"危机，又要预防中东能源"份额"被欧盟抢走。

第三，在俄乌冲突背景下，日本要乘势在中东地区扩展战略影响力。

日本与中东地区保持长期友好合作关系，并认为自己可以在中东地区发挥"独一无二"的作用：既能发挥美国不能发挥的作用，又能凸显自身是亚洲唯一西方大国的身份定位，亦能扮演中东地区和西方之间协调各种关系的"桥梁"与"纽带"角色。日本谋划为俄乌冲突之后的国际格局调整做战略准备。2022年3月19日，外务大臣林芳正"闪电"访问土耳其，就有为后俄乌冲突时代国际格局大调整下"先手棋"的深远意味。[①] 土耳其尽管不是能源出产大国，但是中东有重要战略影响力的地缘政治大国，特别是在海洋地缘政治领域占有非常重要的地位。后俄乌冲突时代，俄罗斯将占有黑海北岸海洋地缘优势地位，而土耳其则在黑海南岸享有海洋地缘天然地位，土耳其的海洋地缘优势位置更加凸显。日本加强与北约成员国土耳其的关系的重要促成因素就是要在后俄乌冲突时代抢得战略先机，在黑海与东地中海

---

① 外務省「日・トルコ外相会談」、2022年3月19日、https://www.mofa.go.jp/mofaj/me_a/me1/tr/page3_003246.html［2023-01-22］。

地区扩大其海洋地缘战略影响力。

第四，在俄乌冲突背景下，全球能源海上航线安全重要性日益提升，日本须与关键海上航线国家加强战略合作关系。

在俄乌冲突背景下，能源的重要性有增无减。一般而言，能源出产地与能源消费地不在同一个地方，且出产地与消费地相距遥远，这就促使能源海运业发展，即能源运输都需要经过长距离海上运输才能到达目的地。在俄乌冲突背景下，各国为了预防能源危机发生，不得不增加从海上运输能源的数量与频率。但海上长距离运输，必须考虑任何突发事件发生的可能性，比如，恐怖袭击、国与国之间爆发武装冲突、自然灾害以及各种意外事件等，如果这些突发事件发生在关键海上航线，就会造成海上咽喉要道中断、拥堵甚至长时间停运。作为海洋国家，日本国内所需能源绝大多数需要从海上远距离运输，所以，对于日本而言，关键海上航线安全关乎国家能源安全，必须予以高度重视。

位于中东波斯湾出口的霍尔木兹海峡、沟通印度洋与太平洋的马六甲海峡，对日本而言是非常关键的两条海上战略航线。俄乌冲突发生后，日本为了防患于未然，避免在海上关键航线出现意外事件，乘势加大了与海上要道周边国家协调交往的力度。通过政要会面沟通，当面说明海峡要道对日本海上能源运输的极端重要性，既能为能源外交保驾护航，又能拓展、深化与海上要道周边国家之间的关系。比如，2022年9月21日，首相岸田文雄在美国纽约出席联合国会议间隙，与伊朗总统莱希会晤，岸田向莱希说明了霍尔木兹海峡对于日本的重要性，希望与伊朗方面协调确保海上航线安全。[1] 10月7~10日，林芳正访问新加坡与马来西亚两国，这两国都是马六甲海峡沿岸重要国家，对马六甲海峡安全担负着重要国际安全职责。林芳正与两国政要会谈时均提及确保海上安全的重要性。[2]

---

[1] 外務省「日・イラン首脳会談」、2022年9月21日、https://www.mofa.go.jp/mofaj/me_a/me2/ir/page3_003442.html［2023-01-22］。

[2] 外務省「林外務大臣のシンガポール共和国及びマレーシア訪問（令和4年10月7日~10日）」、2022年10月9日、https://www.mofa.go.jp/mofaj/s_sa/sea2/page1_001348.html［2023-01-22］。

第五，鉴于过度依赖中东能源会出现风险，日本出于分散风险考虑积极拓展中东地区以外的能源进口渠道。

日本能源进口长期以来都非常依赖中东地区，而近年来这种依赖还呈加深的趋势。俄乌冲突的发生、国际能源市场的趋紧，使得日本加速聚焦中东能源进口。但日本向中东能源聚拢"愈近"，随之产生的风险也会"愈多"。为了分散过于依赖中东能源产生的风险，日本积极把能源外交触角延伸到中东以外地区。

全球能源版图中除了中东地区外，能源富足地区还有非洲、大洋洲、中亚地区、东南亚与中南美洲地区等。俄乌冲突发生后，日本与非洲一些国家、中亚国家、澳大利亚和马来西亚等进行协调或接触，以使这些地区成为日本稳定的能源进口来源地。澳大利亚人口稀少、地域广大，本身拥有各种丰富的能源资源储藏，是未来全球重要能源出口大国。日本与澳大利亚同属西方阵营，且近年来日本与澳大利亚不断加强双边战略合作关系，加深能源合作成为日澳深化战略合作关系的重要一环。

第六，以深化能源合作为手段，为岸田内阁构建"亚洲零排放共同体"充实内涵。

日本认为自己拥有较为先进的可再生能源技术，在削减碳排放与实现"碳中和"方面能够走在世界前列，作为亚洲唯一的七国集团（G7）成员国，日本借2023年主办广岛七国集团峰会之机，向国际社会宣介日本在能源绿色转型方面的经验与做法，以乘势扩展日本在全球能源治理领域的国际影响力。2022年1月与2023年1月，日本首相岸田文雄在国会施政演说中先后提及"亚洲零排放共同体"构想：为全球尤其是为亚洲的脱碳进程做出贡献，要和亚洲"志同道合"的国家齐心协力，共建"亚洲零排放共同体"；① 面对全球范围内的能源危机，亚洲务实能源转型越来越显现重要性，要具体落实2022年以来倡导的"亚洲零排放共同体"构想，推动亚洲的脱

---

① 首相官邸「第二百八回国会における岸田内閣総理大臣施政方針演説」、2022年1月17日、https：//www.kantei.go.jp/jp/101_kishida/statement/2022/0117shiseihoshin.html［2023-01-22］。

碳化进程。① 在2022年10月岸田访问澳大利亚时，他与澳大利亚总理阿尔巴尼斯会晤时，明确提到了"亚洲零排放共同体"构想，并得到了阿尔巴尼斯的支持。②

三 俄乌冲突下日本开展能源外交面临的挑战

俄乌冲突造成的直接后果之一就是给欧盟造成了很大的能源冲击，欧盟遭受的能源冲击外溢到了国际能源市场，使得国际能源市场竞争激烈。欧盟成为中东能源出口的重要"买家"，无形中给日本增加了能源竞争对手。日本过度依赖中东能源进口会产生很大风险，但拓展能源进口来源地的努力，因其他多种因素而有"落空"的危险。岸田内阁推行的外交政策不一定能给日本能源外交带来快速拉抬效应，再加上日本外交固有的结构性局限等因素，日本在俄乌冲突下强化能源外交面临诸多困难与挑战。

第一，中东能源地缘政治地位进一步凸显，中东能源处于"待价而沽"的优势状态，不利于日本稳定和廉价地从中东进口能源。

俄乌冲突发生后，日本持续加强对中东能源外交，其中一个重要目标就是说服中东能源出产国可以增加能源产能并能为联合平抑急剧上涨的国际油价发挥主导作用。不过，中东主要能源出产国沙特与阿联酋等对是否立即增产没有明确定论。目前，国际油价处于高位运行状态，中东主要能源出产国未能出台一致应对措施，反而处于观望状态。对于日本来说，如果国际油价长期居高不下，抑或是中东主要能源出产国未能施行增产政策，将极大地损害日本国内能源安全，进而对日本经济从疫情中快速复苏形成非常大的掣肘。

---

① 首相官邸「第二百十一回国会における岸田内閣総理大臣施政方針演説」、2023年1月23日、https://www.kantei.go.jp/jp/101_kishida/statement/2023/0123shiseihoshin.html［2023-02-22］。

② 外務省「日豪首脳会談」、2022年10月22日、https://www.mofa.go.jp/mofaj/a_o/ocn/au/page6_000768.html［2023-01-22］。

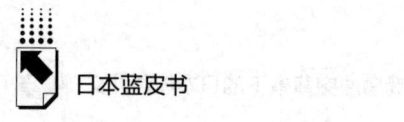

俄乌冲突发生后，欧洲深陷"能源危机"，中东能源成为全球关注的焦点。未来几年，日本可能面临两种挑战：一是中东能源出口地多元化，不愁"买家"，日本多了欧盟这一强劲竞争对手；二是中东一些能源出口国可能会乘势"减产涨价"，继续推高国际油价上涨势头，日本面临以高油价进口油气的尴尬局面。

第二，岸田内阁推行"新现实主义外交"，未必能对日本能源外交产生快速拉抬效应。

岸田内阁在2022年1月和2023年1月均重点提及要积极推行"新现实主义外交"。但岸田"新现实主义外交"不一定可以对能源外交产生"立竿见影"的积极效果。所谓"新现实主义外交"太过实用化与功利化，且标榜西方价值观，而许多能源出产国是发展中国家，发展中国家未必完全认同日本的西方价值观思想，未必会对岸田"新现实主义外交"感兴趣。加之，所谓"新现实主义外交"如果用在中东国家身上，就是单纯地为了"能源"，这会让中东能源出产国感到日本直接冲着"能源利益"而来，与以前的西方殖民国家并无二致。这不仅无助于在中东开展有效能源外交，反而有损于日本与中东多年构筑起的互信合作关系。而且，所谓"新现实主义外交"，对于如何协调与平衡全球各个能源出产国家之间的关系，岸田没有经验可循，如何巧妙"出牌"将检验岸田的外交能力与水平。

第三，一些能源储量与产量不一定非常丰富的国家可能要优先确保本国能源消费。在这一前提下，日本分散过度依赖中东能源进口风险的计划有"落空"的危险。

俄乌冲突加剧了欧盟能源危机，而且欧盟能源危机有外溢到全球的可能。这就使得一些能源生产与出口国会以优先发展本国经济为"借口"，削减能源出口量。澳大利亚与马来西亚等亚太地区能源生产与出口国也处在经济快速发展当中，本国需要耗费大量的能源资源。在全球因俄乌冲突高度关注能源资源的紧急关头，亚太地区一些能源生产与出口国，可能会为了"自保"而限制能源出口，从而给日本拓展亚太地区能源进口来源地的计划增添更多不确定性。

第四，一些能源储量丰富的国家的政治形势不稳定，恐袭事件频发，可能会使日本投资这些国家进行能源开发的战略规划"搁浅"。

一些非洲国家尽管蕴藏丰富的能源资源，却面临国内政治形势不稳定的问题。近年来，这些非洲国家频频遭受恐怖主义袭击，致使社会治安混乱、民众流离失所。由于恐袭事件频发，想要投资这些国家的能源公司要么中断投资，要么观望徘徊。比如地处非洲东南部的莫桑比克，近年来因在该国北部发现蕴藏丰富的油气资源而吸引许多国家能源投资者的目光。但是，该国北部近年来屡遭恐怖分子袭扰，油气开采难以在治安混乱的形势下维持下去。① 日本近年来不断深化与莫桑比克的能源合作关系，2022年11月，莫桑比克经济和财政部长访问日本，与日本谈及要尽快采取有效对策以平息该国北部恐袭事件频发的势头，以使莫桑比克天然气开发项目顺利进行。② 如果该国不能完全清剿恐怖主义势力，那么，日本投资开发莫桑比克能源的战略规划就有"搁浅触礁"的可能。

第五，在是否制裁俄罗斯问题上，日本受限于日美同盟关系而与诸多能源出产国产生分歧，这会给日本能源外交带来潜在消极影响。

俄乌冲突发生后，作为美国的坚定盟友，日本对美国要求盟友制裁俄罗斯的"外交指令"表示了"配合"与"跟进"，凸显了俄乌冲突背景下日美同盟"保持一致"的一面。为了应对俄乌冲突引发的能源危机，日本积极开展能源外交，力图确保一些能源出产大国对日本稳定供应能源的渠道畅通无阻。但是，俄乌冲突对全球形势影响深远，诸多能源出产国在是否跟随美国制裁俄罗斯方面态度谨慎，并未彻底"附和"美国的"选边站队"外交的政策。日本选择追随美国制裁俄罗斯，在是否制裁俄罗斯问题上，日本与一些能源出产国存在分歧和矛盾。如果日本今后继续强硬制裁俄罗斯，那

---

① 《非洲特大 LNG 项目因恐袭陷入停顿，连道达尔也无能为力》，澎湃新闻，https://www.thepaper.cn/newsDetail_forward_12709533 [2023-01-22]。
② 外務省「山田外務副大臣とトネラ・モザンビーク経済財務大臣及びマガラ運輸通信大臣の会談」、2022年11月22日、https://www.mofa.go.jp/mofaj/press/release/press3_000995.html [2023-01-22]。

么，一些能源出产国会因为忌惮俄罗斯而不一定会完全满足日本希望稳定供应能源的请求。

第六，同处于东北亚的韩国与日本在能源进口来源地方面近似或重叠，客观上会给日本带来竞争压力。

韩国本土缺乏油气资源，非常依赖从国外进口。韩国在俄乌冲突发生后不失时机地加强能源外交，而且，韩国能源外交的重点也是中东地区，这与日本能源进口重点地区高度重叠。俄乌冲突发生后，国际能源形势紧张，韩国领导人接连访问中东地区，以确保关键油气资源进口渠道畅通。2022年3月，韩国国务总理金富谦对土耳其和卡塔尔进行访问。① 2023年1月，韩国总统尹锡悦访问阿联酋。② 本来在俄乌冲突发生后，中东能源版图的重要性就更加凸显，各个能源消费大国不约而同地加强对中东的能源外交。对于日本来说，韩国加入中东能源外交竞逐行列，无形中会进一步加剧对中东能源份额的争夺，客观上会给日本带来竞争压力，不利于日本在中东巩固与拓展能源合作关系。

四 俄乌冲突下日本能源外交的展望

在俄乌冲突走势尚不明朗的情况下，日本能源外交会及时因应国际形势发展，在复杂多变的国际能源环境中，大致会出现三种趋向。一是日本能源外交在以往多年积淀的经验基础上，展现出富有日本特色的能源外交风格与影响力，能源外交取得很大成效，确保日本国内能源安全。二是尽管国际能源市场竞争激烈，但日本多方争取机会，深化与拓展全球各地的能源外交，虽说遇到了一些困难，但最终还是收获了一定的成果。三是国际形势紧张，国际能源市场吃紧，国际能源环境不利于日本这样的能源消费与进口大国，

---

① 《韩总理金富谦启程赴中东两国访问》，韩联社，2022年3月17日，https：//m-cn. yna. co. kr/view/ACK20220317003700881 ［2023-01-22］。

② 《尹锡悦启程赴阿联酋　开启非欧访问之旅》，韩联社，2023年1月14日，https：//cn. yna. co. kr/view/ACK20230113004600881 ［2023-01-22］。

尽管日本加大了能源外交力度，但所获成果非常有限。

第一，如果俄乌冲突长期化，国际能源局势呈高度紧张状态，且国际油价持续处于高位运行区间，那么，日本会继续加大能源外交力度，以稳健与有效的能源外交确保能源安全。

如果俄乌冲突进入长期化、复杂化阶段，那么，将给国际能源局势带来深远影响。一是国际原油市场有进入"卖方市场"长期化的可能，"卖方市场"若长期占据有利地位，将进一步提高以中东产油国为主导的石油输出国组织的国际话语权与影响力。二是如果美国与西方国家继续长期执行对俄罗斯实施的各项制裁，那么，将会削弱甚至隔断欧盟对俄罗斯长期形成的能源依赖关系，俄罗斯作为欧盟传统能源进口来源地的地位进一步下降，而欧盟为了解决能源危机，必然会努力寻求拓展其他能源进口来源地，这样就会使欧盟成为新的国际能源消费与进口的"一极"。三是欧盟不断增加对国际能源的进口，进一步加剧了国际能源市场竞争，各国争相积极开展能源外交。有鉴于此，日本必然会多方出击、积极谋划与强化能源外交，凭借多年来的能源外交经验，协调好与能源出产国的关系，周旋于各个能源消费国与进口国之间，以推出一系列成本低、见效快的能源外交举措，不断提升日本能源外交的影响力，从而确保日本能源安全不受损失。

第二，如果俄乌冲突继续无限期拖延下去，那么美国等西方国家不断加大制裁俄罗斯的力度，俄罗斯能源出产空间逐渐收窄，欧盟未能有效化解能源危机，国际能源局势进一步紧张，能源的地缘政治属性更加突出。日本要在复杂国际环境之下排除万难拓展能源外交。

如果俄乌冲突没有出现能有效遏制的因素且呈扩大化趋势，那么，美国等西方国家必然会层层"加码"对俄罗斯的制裁，特别在能源出口领域，美国等西方国家将继续收紧俄罗斯能源出口的范围。在此情况下，国际能源局势有进一步紧张的趋势，国际能源市场竞争更趋激烈。日本作为传统能源消费国与进口国，首先要应对复杂国际能源形势；其次要守好长期经营的能源外交"版图"，即要经营好对中东能源外交，在中东能源外交方面不出现大的失误；最后，要选择时机，拓展对其他地区的能源外交，防止因中东能

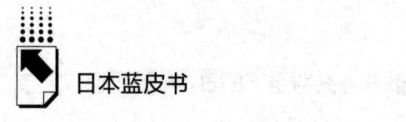

源地缘政治紧张而出现中东能源进口渠道"断供"的情况。

第三，如果俄乌冲突出现恶化趋势，那么美国等西方国家在加紧制裁俄罗斯的同时，甚至不排除以某种方式介入俄乌冲突的可能性，届时，国际能源局势更趋紧张，国际能源市场竞争白热化，尽管日本加大力度深化能源外交，但仍可能会出现能源外交效果不彰的情形。

如果俄乌冲突继续无限制扩大下去，有可能在某种程度上出现恶化的征兆。美国等西方国家还在实施高压制裁措施，甚至不惜以某种方式介入俄乌冲突，从而推高了俄乌局势的紧张程度。俄乌局势趋紧会导致国际能源市场竞争异常激烈，国际能源在"卖方市场"操纵下，出现不利于能源消费国与进口国的苗头。在此背景下，日本处于非常艰难的国际能源环境，有可能出现以下情况。一是由于更多能源进口国加入中东能源竞逐行列，在激烈竞争后，日本中东能源外交"阵地"出现缺口，一些原有的油气项目或者被竞争对手"抢走"，或者油气份额缩减。二是尽管日本也在扩大能源进口来源地，但结果不尽如人意，主要原因可能在于其他能源进口来源地的能源产出本身很有限，难以弥补日本中东能源进口出现的"短缺"。

（审读专家：卢　昊）

B.17 日本岸田政府"印太战略"新动向及其影响

孟晓旭*

摘　要： 岸田政府在强调"基于规则"和"自由开放"的关键词下继续深化"印太战略"，注重联合欧洲主要国家并扩大与北约的安全合作，在强化日美印澳"四边机制"（QUAD）的同时，深化与小国的合作，积极参加"印太经济框架"并侧重强调经济安全合作，主张维持"印太"经济安全秩序。日本"印太战略"引入外部因素介入亚太，恶化了亚太安全形势，加剧大国竞争。同时，其或激化中国周边的复杂形势，不利于区域经济合作深化，也不利于"一带一路"建设。日本应摒弃"印太战略"的对抗性，对地区和平、稳定、繁荣发挥积极作用。

关键词： 岸田政府　印太战略　一带一路　印太经济框架

2022年6月10日，岸田在第19届香格里拉对话会的主旨演讲中，谈及日本对俄乌冲突的主张与立场，进而强调日本将更加积极地应对亚洲面临的挑战与危机，明言将在2023年制定旨在维持"印太"海洋秩序

---

* 孟晓旭，历史学博士，中国社会科学院日本研究所综合战略研究室研究员，主要研究方向为日本对外关系、日本安全战略。

的新计划①，推进新版"印太战略"。日本新版《国家安全保障战略》强调，俄乌冲突破坏了基于规则的国际秩序，认为不排除今后在印太地区特别是东亚会出现类似严重局势的可能性。同时，面对俄罗斯的能源等经济优势，日本以提升经济影响力的中国为主要应对目标，加入美国提出的"印太经济框架"，在提出"安全目标已扩大到经济领域，需要更多经济手段来确保安全"②的同时，在"印太"经济安全秩序强化上加强对外合作，岸田政府"印太战略"体现出新的特点。

一 日本"印太战略"新动向

在俄乌冲突背景下，岸田政府在强调"基于规则"和"自由开放"的关键词下，将"印太战略"的重点落在"不允许通过实力改变现状"、维持"印太"安全秩序、维持反对经济胁迫的基于规则的"印太"经济秩序层面，推进与"志同道合"国家间的合作强化维持"印太战略"的基础。

（一）注重联合欧洲主要国家，加强与北约的安全合作

基于欧洲国家担忧俄乌冲突可能会在亚洲得到支持和发生连锁效应，以及担忧在亚洲产生对欧的负面安全效应，日本不断渲染俄乌冲突与"印太"的关系，强调欧洲安全与"印太"安全的所谓"一体性"，在对欧方向深化"印太战略"，基于所谓民主价值观，积极拉拢欧洲国家介入"印太"事务，扩大"印太战略"的国际支持基础，构筑多层复合协作网络。日本2022年版《防卫白皮书》强调，美国和德国等欧洲国家都是在印太地区有着地理

---

① 首相官邸「シャングリラ・ダイアローグ（アジア安全保障会議）における岸田総理基調講演」、2022年6月10日、https：//www.kantei.go.jp/jp/101_kishida/statement/2022/0610speech.html［2023-01-08］。
② 防衛省「国家安全保障戦略について」、2022年12月16日、https：//www.mod.go.jp/j/approach/agenda/guideline/pdf/security_strategy.pdf［2023-02-14］。

性和历史性联系的国家,日本在促使这些国家更加深入地参与"印太"事务的同时,在印太地区加强合作,开展防务合作与交流,实施比日本单独行动更有效的合作。① 2022年5月24日,日美印澳"四边机制"峰会发表的联合声明强调:"欢迎欧盟于2021年9月发布《印太合作战略》,以加强欧盟在印太地区的参与。"

日本与北约加强合作更具实质性。俄乌冲突之后,日本与北约的互动日渐密切。2022年3月,岸田与北约秘书长斯图尔滕贝格会谈,表示要加强与北约的合作以共同制裁俄罗斯。4月、5月,林芳正以及自卫队统合幕僚长山崎幸二分别出席北约外长会、北约军事委员会参谋长级会。6月,日本自卫队舰艇在地中海与北约常设海上部队举行联合训练,北约军事委员会主席罗布·鲍尔访日,特别是岸田成为首位出席北约峰会的日本首相。此外,日本还以北约成员国军费开支为参照将防卫预算提升至国内生产总值的2%以上。11月,日本正式加入北约合作网络防御卓越中心。

在与欧盟的合作上,2022年2月22日,外务大臣林芳正出席法国和欧盟联合举办的"印太合作部长级会议",称赞会议是维护"普世价值观"的同盟国合作的见证,呼吁欧洲各国在海洋安全、基础设施开发、数字技术、经济安全等方面合作,实现"自由开放的印太",并指出俄罗斯承认乌克兰东部两地区"独立"以及中国的海洋维护活动"动摇了现有国际秩序"。5月12日,日本与欧盟(EU)领导人定期磋商后发表联合声明,强调扩大在印太地区的合作。日欧领导人在联合声明中对东海和南海局势表示"严重关切",表明反对单方面改变现状的立场。联合声明继上年之后再次提及"台湾海峡和平与稳定的重要性",并提出为实现"印太战略"将与东盟(ASEAN)等合作。

英国提出"全球英国"构想,与美澳组成AUKUS联盟,印太地区有印度、澳大利亚、新西兰等英联邦国家,日本"印太战略"重视英国的战略

---

① 防卫省「令和4年版防衛白書」、https://www.mod.go.jp/j/publication/wp/wp2022/pdf/wp2022_JP_Full_01.pdf[2023-01-12]。

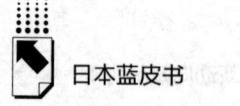

作用。① 9月20日，日英首脑会谈强调所谓对"凭借实力在东海与南海单方面改变现状"的尝试严重关切，确认在下一代战机合作研发、加快磋商早日缔结日本自卫队与英军可相互顺畅往来的《互惠准入协定》，并讨论让英国加入《跨太平洋伙伴关系协定》（TPP）的手续问题。10月11日，日本防卫相滨田靖一与英国国防大臣华莱士会谈，就加强两国防卫合作达成一致，并表示"强烈反对凭借实力单方面改变现状"。德国是北约的重要成员，日本的目的是通过与德国开展军事合作进而将北约成员国引入亚太制约中国。9月，德军战机抵达日本，与航空自卫队实施联合飞行，这是双方首次在日本领空举行演习，也是第二次世界大战后，德国首度将战机派到印太地区。9月29日，日本航空自卫队航空幕僚长井筒俊司与德国空军总监格哈茨举行会谈，强调今后将在"印太"加强两国的合作。井筒在记者会上提及俄乌冲突，强调欧洲与"印太"安全不可分割，凭借实力改变现状在任何地区都不允许。11月3日，日德举行外长和防长"2+2"会谈，一致同意为了缔结旨在使自卫队和德军相互融通燃料、弹药等物资的协定而启动谈判，并讨论了2023年以后进行联合训练及德军访日事宜。此外，双方还对东海和南海局势等"印太安全"表示关切。

　　基于俄乌冲突下G7国家的作用，日本"印太战略"重视拉拢G7国家，除英法德等欧洲强国外，日本还开始与加拿大在"印太战略"上加强合作。2022年10月11日，日本外务大臣林芳正与首次访日的加拿大外交部长乔利举行会谈，就加强两国安全保障领域的合作达成共识，并汇总了加快实现"自由开放的印太"构想的行动计划，双方还一致同意朝着尽快缔结《情报保护协定》的目标启动谈判。10月13日，岸田在会见乔利时强调希望为实现"自由开放的印太"携手合作。

---

① 孟晓旭：《"印太战略"与"全球英国"战略交汇下的日英安全合作》，《现代国际关系》2020年第3期，第11页。

（二）强化在日美印澳"四边机制"中的主导作用，并深化与小国的合作

四边合作上，日美澳印反对单方面改变现状。2022年5月24日，日美印澳"四边机制"举行首脑会谈，会议发表的联合声明强烈反对任何企图改变现状及加剧印太地区紧张局势的胁迫、挑衅或单边行动。日本还试图利用俄乌冲突借助日美印澳"四边机制"推动联合国安理会改革。9月23日，四国借联合国大会在纽约召开之机举行外长会议，就"印太"局势交换意见，重申强烈反对任何单方面改变现状的做法，表示将以实现"自由开放的印太"构想为目标。林芳正基于俄乌冲突提出，"国际社会正面临国际秩序出现动摇"等诸多课题，"包括进行联合国安理会改革在内，加强联合国的职能十分重要"。四国外长一致同意努力推动包括扩大联合国安理会常任理事国席位在内的联合国改革。

三边合作上，日本与美国、澳大利亚、印度加强了经济安全合作。2022年3月15日，日澳印三国举行贸易部长级会议并发表共同声明，一致同意将尽快制定"供应链原则"，重视可持续发展、环境和人权，确保数据的透明性和可信赖性，以强化"印太"供应链。6月11日，日美澳三国防长会议商定将强化包括增加三国联合训练等在内的安全合作。10月2日，日美澳三国防长举行会谈。滨田表示"为维护和加强基于法治的'自由开放的印太'，日美澳三国紧密合作比以前更加重要"。三方确认加强防务合作、扩大联合训练以及促进防务装备和技术合作。

双边合作上，日本"印太战略"主张通过日美印澳"四边机制"框架深化与有志国的合作。日本认为，以日美安全体系为核心的日美同盟不仅对日本的安全，而且对实现包括印太地区在内的国际社会的和平与稳定都起着至关重要的作用。日澳方面，在2022年6月12日的日澳防长会谈中，双方就加强与太平洋岛国的合作达成一致，并确认朝着自卫队和澳军相互往来的《互惠准入协定》生效而努力。6月15日，日澳防长会谈决定将日澳防卫合作朝着"具有野心且积极"的方向推进，包括加强自卫队和澳军的联合训

练，推进太空与电磁波领域合作，促进科学技术合作等。10月22日，日澳首脑会谈后签署两国安全保障合作的新版联合宣言，强调遵守国际法规和秩序、维护海洋安全的重要性，并写明双方将就可能给两国及周边地区造成影响的紧急事态展开协商和探讨应对措施。日印方面，9月8日，日印外长和防长"2+2"会谈确认，反对所谓"单方面改变现状的尝试"和经济施压，强调深化在海洋安全领域的合作，同意多层次进行包含日印在内的多国联合训练，并为尽早实现航空自卫队和印度空军首次战机训练推进协调。林芳正在磋商开始时强调全球现有秩序遭遇挑战，合作的必要性升高。10月15日，据日本媒体报道，日本政府拟基于《防卫装备及技术转移协定》，首次向印度出口海上自卫队新型护卫舰搭载的通信天线，有意借此帮助印度摆脱在武器采购方面对俄罗斯的依赖，并牵制中国。

在俄乌冲突下，日本更加关注小国在国际社会中日益增强的影响力，加大与它们的外交接触力度，与尽可能多的国家一道"维护以法治为基础的自由和开放的国际秩序"。5月24日，日美印澳"四边机制"峰会同意构建"印太海域态势感知伙伴关系"（IPMDA）、"印太人道主义援助和救灾四方伙伴关系"（HADR）、"四方债务管理资源门户"（QDMRP），主要就是侧重从海上合作、公共产品供给、基础设施等领域与小国加强合作，强调IPMDA将与"印太"国家和印度洋区域信息融合中心协商，为东南亚和太平洋岛屿提供技术和培训以支持和分享海洋领域意识，促进海洋的稳定和繁荣；强调将单边与集体行动相结合，强化与太平洋岛屿国家的合作，以提高其经济福祉、卫生基础设施和环境恢复能力，改善海洋安全环境和维持渔业，提供可持续使用的基础设施。在基础设施领域提出四方合作伙伴将以累积数十年的技术和经验，促进印太地区基础设施建设，于未来五年内为印太地区提供超500亿美元的基础设施援助和投资，并开展能力建设援助，以提高债务的可持续性和透明度，加强相关国家应对债务问题的能力。

东盟在"印太战略"中处于中心地位。在大国竞争背景下，日本在推进"印太战略"时注重拉拢东盟。岸田政府的"印太战略"强调与东盟及南太平洋国家之间的合作。2022年10月3日，岸田在国会施政方针演说中表示，为推进"印太战略"将"加强与东盟、欧洲、大洋洲等志同道合国家间的合作，我将为此制订新的计划"①，其中将东盟排在了第一位。"岸田和平愿景"强调"在印太地区与东盟的合作不可或缺"，"太平洋岛屿国家也同东盟国家一样，都是日本非常重要的伙伴"，并宣布将"公布一个重点放在提供巡逻船、加强海上执法能力、网络安全、数字、绿色、经济安全保障等领域的，旨在加强进一步推进自由开放的印太这一愿景的'自由开放的印太和平计划'"②。6月1日，日美两国政府首次围绕东盟局势进行外务省局长级战略对话，介绍各自与东盟各国的关系并共享情报，欲合作推动东盟各国发展。11月12日，日本与东盟峰会期间，岸田强调"将为可持续发展提供支持"，展现出向东盟各国靠拢的姿态。在双边层面，4月9日，日菲举行首次外长和防长"2+2"会谈，发表以扩大防务合作为主要内容的联合声明，日本是继美国之后第2个与菲律宾举行"2+2"会谈的国家，菲律宾则是第9个与日本建立该机制的国家。4月21日，日本与新西兰首脑会谈表示，绝不能容许凭借实力单方面改变现状的尝试，并强烈反对这种尝试，双方确认将为实现"自由开放的印太"构想开展合作。为了加强两国安全领域的合作，两国还就正式启动旨在缔结《情报保护协定》的谈判达成一致。5月2日，日泰首脑进行会谈并签署《防卫装备及技术转移协定》，还就经济合作与经济安全交换意见。8月17日，日菲外长进行会谈并就讨论缔结《互惠准入协定》和《物资劳务相互提供协定》（ACSA）达成共识。6月11日，日本与新加坡首脑会谈确认加强两国安全合作，并一致同意启动可从日本向新加坡出口防卫装备品的《防卫装备及技术转移协定》的谈判，会谈中，岸田谴责俄罗斯对乌克兰发动的军事行动，强调"在任何地区都不能容忍以实力改变现状"。由于新加坡是东盟成员国中唯一一个对俄罗斯

---

① 首相官邸「第二百十回国会における岸田内閣総理大臣所信表明演説」、2022年10月3日、https://www.kantei.go.jp/jp/101_kishida/statement/2022/1003shoshinhyomei.html［2023-01-18］。

② 「シャングリラ・ダイアローグ（アジア安全保障会議）における岸田総理基調講演」、2022年6月10日、https://www.kantei.go.jp/jp/101_kishida/statement/2022/0610speech.html［2023-01-08］。

实施制裁的国家，双方就有效实施制裁交换了意见。在太平洋岛国方面，从5月7日起，林芳正赴斐济、帕劳访问，对两国首脑均表达了对中国和所罗门群岛签订的安全保障合作协议的担忧。9月9日，岸田与帕劳总统惠普斯会谈，就合作实现"自由开放的印太"构想达成共识。会谈前，日本承诺为完善帕劳电网提供最高21.4亿日元的无偿资金援助。

（三）在"印太经济框架"下侧重经济安全

在俄乌冲突下，日本强调所谓"俄罗斯经济胁迫"，其"印太战略"不仅针对中国的经济优势，还积极参加美国主导的"印太经济框架"以谋求区域经济秩序主导权。日本侧重强调经济安全合作尤其是供应链安全合作，主张维持"印太"经济安全秩序。

日本"印太战略"在经济安全领域重视与有志国家开展先进技术合作，谋求主导权。2022年5月24日，日美印澳"四边机制"峰会针对关键和新兴技术领域合作强调，将进一步利用互补优势构建多样化和竞争性的半导体市场。峰会发布的《关键技术供应链原则共同声明》旨在推进半导体和其他关键技术方面的合作。日欧领导人就创设新合作机制达成共识的是建立"数字伙伴关系"，目的是促进经济增长以及数据自由流通，双方将在半导体供应链及5G和下一代6G、人工智能等领域推进合作，意在确保在尖端技术领域的主导权。

为谋求区域经济主导权，日本采取经济上对美追随的政策。5月，美国提出的"印太经济框架"启动，其四大支柱是贸易、供应链、绿色经济和公平经济，旨在抗衡中国不断增强的地区影响力，日本是初创成员国之一。在贸易领域，强调保护劳动者权利。在供应链领域，参加"印太经济框架"的各国任命负责信息收集的协调人以掌握供应链断裂的状况。在绿色经济领域，强调推进降低化石能源依赖度的技术普及等。在公平经济领域，强调防止贪污和逃税。

供应链安全是日本"印太战略"在经济安全领域的构建重点，人才培养被置于其中。3月15日，日澳印三国举行贸易部长级会议后发表的共同声明,一致同意将尽快制定"供应链原则",重视可持续发展、环境和人权,确保数据的透明性和可信赖性,以强化印太地区的供应链。6月,日美创设名为"矿物资源安保伙伴关系"的新型国际框架,保障稀土等重要矿物资源的稳定供应,改变供应链的对华依赖状况,降低经济安保方面的风险。6月11日,日本首相与新加坡总理确认,将通过举办旨在强化供应链的研修活动等方式加强两国在经济安全领域的合作,并商定尽快召开数字领域的专家会议。

日本"印太战略"在维护"印太"经济安全秩序上强调反对经济胁迫和威压,主张维持"高规则",主张美国重返《全面与进步的跨太平洋伙伴关系协定》(CPTPP)。7月29日,日本外务大臣林芳正同美国国务卿布林肯举行会谈,双方一致认为美国参与区域经济秩序建设愈加重要,林芳正希望美国尽快重返CPTPP。10月,日澳新宣言提出为了实现"自由开放的印太",日澳两国将合作遏制"侵略"并对抗"经济施压"。10月11日,日加外长会谈对于中国申请加入CPTPP一致认为将维持"高规则",并商定坚持"不容许经济威压和不公平贸易惯例"这一原则的重要性。10月12日,日澳经济部长对话通过的联合声明强调在"印太经济框架"下开展合作以应对所谓的"经济施压"。

东盟是日本"印太战略"在经济安全方面的重要合作对象。2022年9月18日,日本经济产业大臣西村康稔在东盟经济部长会议上表示日本与东盟协调合作十分重要,提议在日本与东盟之间开展新经济合作项目,日本企业将与东盟的合作企业积极共享库存和物流等数据信息等,以加强供应链安全。

二 相关影响

受美国拜登政府持续强化大国竞争和深度推进"印太战略"的影响,日本"印太战略"在维持"基于规则"的国际秩序的口号下日渐流露出较强的针对中国的指向。日本新版《国家安全保障战略》表示,日本周边存在的"单方面改变现状"的压力越来越大，一些国家以削弱其他国家利益的方式扩大本国利益，加剧了各国在军事、外交、经济、技术等广泛领域的竞争和对抗，动摇了国际秩序的基础，并特别突出"单方面改变现状的企图"[①]。2022年11月13日，岸田在柬埔寨金边东亚峰会上还对中国在东海正常的开发活动妄加指责，并宣称中国的行为持续加剧了地区紧张态势。当前，日本已成为美国在印太地区的重要追随者，其"印太战略"的相关影响不容忽视。

（一）恶化周边战略安全环境

日本的"印太战略"引入欧洲因素介入亚太，推动"北约亚太化"，使亚太地区面临的大国竞争压力增大。日本利用俄乌冲突下北约对中国战略认知发生的负面转向，趁机与北约深化务实合作，加大中国面临的整体外部安全压力。基于判断欧洲强国及北约在未来地区安全中的重要作用，日本拉入这些外部因素来影响亚太安全形势。2022年5月26日，岸田在第27届国际交流会议上提出日本"应对动荡的世界格局"的基本思路，其中就有"增强七国集团（G7）的凝聚力"[②]。岸田在香格里拉对话会提出的"印太战略"的"五点计划"中强调，日本"印太愿景"与北约保护欧盟及其伙伴不受侵略的努力一致并且相辅相成，要求北约关注亚太特别是中国。这无疑会使中国周边战略和安全环境趋于复杂化，刺激地区本就存在的复杂性争端和矛盾。同时，在日美同盟框架下，日本扩大和增加与美国演训规模和频次，积极推动对外军事协作、深化日美印澳"四边机制"以及在印太地区继续深耕等战略举措都将增强美国在"印太"对华开展战略竞争的资本和力量。

[①] 「国家安全保障戦略について」、2022年12月16日、https：//www.mod.go.jp/j/approach/agenda/guideline/pdf/security_strategy.pdf［2023-02-14］。

[②] 「第27回国際交流会議『アジアの未来』晩さん会　岸田総理スピーチ」、2022年5月26日、https：//www.kantei.go.jp/jp/101_kishida/statement/2022/0526speech.html［2023-02-16］。

（二）加剧台海形势紧张

日本的"印太战略"对准台海，在绝不允许"凭借实力在全球任何地区单方面改变现状"的口号下，日本在俄乌冲突背景下"绑定中俄"，兜售"危机叙事"，其真实目的是维持破坏中国国家安全和主权的"印太现状"，妄图将台湾问题"乌克兰化"，联合各国在台湾问题上对中国施压，干涉中国内政。2022年6月11日，美日韩三国防长表示强烈反对任何在印太地区试图改变现状、加剧紧张局势的行为，并强调台湾海峡和平与稳定的重要性，这是美日韩三国防长会谈发表的联合声明第一次明确提及中国台湾。同日，日美澳三国防长的联合声明强调台湾海峡和平与稳定的重要性，敦促和平解决两岸问题。日澳还在签署的联合宣言中提出，对于影响两国主权和地区安全利益的紧急事态，"将相互磋商并讨论应对措施"，并再次确认台湾海峡和平稳定的重要性。日澳针对"台海有事"积极筹划美日澳部队的一体化运用。

（三）激化南海争端

在"印太战略"下，岸田宣传反对单方面改变现状，提升与中国在南海有争端的相关国家的底气。2022年4月，岸田在访问印尼期间表示强烈反对在南海以实力为背景单方面改变现状的企图和经济方面的胁迫。岸田在"印太战略"下将与小国的合作置于其海洋安全保障战略之下开展，强调"尤其是，近年来，日本运用卫星、人工智能、无人飞机等先进技术加强海洋安保，今后将与各国分享相关知识与经验。未来三年内，日本将向20多个国家提供有助于加强海上执法能力的技术合作和培训等，以推动培养800名以上海上安保领域人才，加强人才网络建设"。此外，岸田还宣布，日本在未来3年内，向"印太"国家提供至少价值20亿美元的包括巡逻船在内的海上安保设备以及海上运输基础设施援助。[①] 日本还与这些国家扩大安

---

① 「シャングリラ・ダイアローグ（アジア安全保障会議）における岸田総理基調講演」、2022年6月10日、https://www.kantei.go.jp/jp/101_kishida/statement/2022/0610speech.html［2023-01-08］。

合作，包括将太空领域纳入视野，强调向地区国家提供能力建设支持，强化地区国家对中国维权活动的监视。6月23日，日本表示将推进向菲律宾的防务技术转移，在太空领域强化防务合作，重点关注如何利用人造卫星收集情报信息。在俄乌冲突背景下，日本变更"防卫装备转移三原则"，并不断向南海相关国家提供更多的安全防卫设备，这势必给南海安全稳定带来威胁与挑战。日本还积极谋划与菲律宾达成《互惠准入协定》和《物资劳务相互提供协定》，这将为日本进入南海提供新的立足点和跳板，这样日本自卫队就可以成建制、成体系地把物资远程投送到南海及周边地区，甚至在此基础上配合美国在南海的军事行动，使南海形势更加复杂。

（四）影响"一带一路"建设

在"印太战略"下，美国"印太经济框架"的重点是推动建立芯片、关键矿物等重要产业供应链同盟，并利用高标准构筑一个脱离中国的经济体系。日本积极与美国联手，努力拉拢"印太"小国，捏造所谓"中国威胁""债务陷阱"等，将涉及技术、经济的议题泛安全化，以"经济安保"为名推动印太地区在经济和技术上减少对华经济联系，甚至达到"去中国化"的目的，削弱"一带一路"在印太地区的影响力。日本试图通过改善海洋安全环境主导"印太"海洋秩序的努力，将影响"21世纪海上丝绸之路"的建设，岸田强调"将进一步开展日本享有优势的海洋安全保障领域的合作"[1]，日本海上自卫队明确表示将加大"印太"方向的训练强度，增加港口访问和联演联训频次，这些举措的目的就是在海上牵制"一带一路"建设。2022年10月，日本防卫大臣滨田靖一在日美澳防长会谈后的记者会上强调，日本担心中国在包括所罗门群岛在内的太平洋岛国地区增强影响力，决心提高自身在该地区的影响力。

---

[1] 「第27回国際交流会議『アジアの未来』晩さん会　岸田総理スピーチ」、2022年5月26日、https：//www.kantei.go.jp/jp/101_kishida/statement/2022/0526speech.html［2023-02-16］。

结　语

　　日本"印太战略"还将继续深化，包括致力拉拢"全球南方"国家等，目的是让更多的国家合作以在"印太"投入更多的资源。岸田强调日本的"印太战略""以包容性（inclusiveness）为基本理念"[1]，称日本要为发挥连接性的桥梁作用做出贡献。但日本在美国加强对华战略竞争和俄乌冲突背景下，基于"新时代现实主义外交"在"印太战略"上对中国的针对性明显，与自身宣传的"包容性"不符，引发地区国家怀疑。地区国家更愿意进行合作式而非对抗式发展，反对"针对中国"的指向，拒绝"选边站队"。印尼国防部长普拉博沃在香格里拉对话会上表示，印尼尊重所有大国，因此不会参与任何军事同盟。马来西亚政府高级部长兼国防部长希沙姆丁同样强调"东盟将决定自己的道路"。对于俄乌冲突，绝大部分东盟国家明确表示保持中立，不愿跟随美日"选边站队"。地区国家并不愿绑在美国的"战车"上与他国搞对抗，日本追随美国构建所谓"印太同盟"的小圈子与地区的利益背离。促进亚太地区稳定与繁荣是地区各国的共同责任，日本作为亚洲一员，应摒弃"印太战略"的对抗性，为地区和平、稳定、繁荣发挥建设性作用。

（审读专家：卢　昊）

---

[1]「シャングリラ・ダイアローグ（アジア安全保障会議）における岸田総理基調講演」、2022年6月10日、https：//www.kantei.go.jp/jp/101_kishida/statement/2022/0610speech.html［2023-01-08］。

B.18 俄乌冲突下的日美同盟形势与战略影响

卢 昊*

摘　要： 在俄乌冲突背景下，拜登政府基于积极调动盟国、促其支持美国全球及区域战略的考量，继续重视日本的战略角色。日本亦对美国的战略号召做出积极响应，以应对俄乌冲突、维护国际秩序稳定为名积极加强同盟战略合作，推进"同盟现代化"，联手拓展军事安全和经济安全合作，加强地区战略配合。日本综合评估认为，为应对俄乌冲突背景下大国博弈、国际秩序及地缘竞争形势，以及传统与非传统安全领域的风险威胁，需要充分认识并积极利用日美同盟的战略价值。在美国主导、日本配合下，日美联合遏华态势日益明确，中美、中日关系结构性矛盾将继续加剧。日美同盟战略产生更强外溢，导致地区安全形势更趋动荡。日本的"战略能动"更趋凸显，对中日美关系影响的权重上升。

关键词： 日美关系　同盟　俄乌冲突　中日关系

　　战后日美关系经历了冷战时期同盟关系的确立、冷战后同盟的"漂流"与调整以及21世纪以来同盟的持续强化等历史阶段。当前，国际权力转移与秩序重构加速，美国全球战略需要与日本的"正常国家化"战略追求日趋交汇，推动日美同盟在深度与广度上不断拓展，并日益明确以中国为战略

---

* 卢昊，法学博士，中国社会科学院日本研究所综合战略研究室主任、副研究员，东海问题研究中心秘书长，主要研究方向为日本外交与安全、中美日关系等。

针对对象。美国拜登政府上台后继续强化对华竞争战略，2022年出台的美国《国家安全战略》等战略文件明确将中国定位为"最大战略竞争对手"，并更积极拉拢日本等盟国共同制衡、防范中国；同时，日本岸田文雄政府在内外战略压力及竞争博弈思维驱动下，继续谋求"战略自主"与有利国际地位，明确将安全领域作为驱动国家战略转型的突破口，并基于此调整对美、对华关系。需要看到，俄乌冲突的爆发与持续深刻影响了大国博弈与地缘战略形势，成为当下日美同盟持续强化，特别是日本主动增强与美同盟关系的重要催化因素。俄乌冲突正值日本修改《国家安全保障战略》、积极寻求外交安全政策"突破进取"的关键时期。日本政界保守势力借机推动《国家安全保障战略》"大国化"及"正常化"，依托利用与美国的同盟关系响应美国加强对华竞争遏制，由此导致中日美关系呈现新的形势。

一 俄乌冲突下日美同盟强化态势

2022年至今，在大国博弈长期化、俄乌冲突爆发并持续的背景下，日美同盟进一步强化。拜登政府基于积极调动盟国、促其支持美国全球及区域战略的考量，继续重视日本并加强战略协调。日本亦在坚持依托美西方阵营发挥自身战略作用的方针下，对美国的战略号召做出更积极的响应，以推进"同盟现代化"为名，与美国联手巩固并拓展安全合作议程，加强地区战略配合。这一时期，在俄乌冲突加剧美欧战略分歧的情况下，日美间战略协作反而加强，同盟强化态势凸显，并具体体现在以下几个方面。

（一）日美以应对俄乌冲突、维护国际秩序稳定为名，加强同盟战略合作

针对当前国际变局特别是俄乌冲突形势，美国为充分贯彻其战略、维护自身主导的霸权秩序，要求其他西方盟国与其保持立场、步调一致，坚持对俄严厉制裁并支援乌克兰。2022年2月底俄乌冲突爆发后，日本彻底扭转此前对俄协调政策，宣布并多次追加对俄制裁措施，并逐步加大对乌援助力

度。根据日本政府的统计数据，2022年，日本对乌相关援助总额约为16亿美元。① 日本坚持与美方就俄乌冲突保持沟通，展现一致立场与"团结姿态"，成为七国集团（G7）乃至整个西方阵营中追随美国行动最为积极的国家。2022年至今，日美首脑间举行多次会谈及通话，进一步加强战略协调。② 双方高层会谈涉及议题广泛，但围绕俄乌冲突的磋商始终处于中心地位。在立场一致、行动同步的情况下，日美围绕俄乌冲突的协调成为牵引两国关系气氛持续改善、战略合作逐步推进的关键。日美互称对方为"前所未有紧密的盟国与友人"，并对日美战略合作的重要性与前景持日益乐观的看法和态度。③

以俄乌冲突为背景，日美同盟战略合作不仅应对俄、乌当事方，而且着眼于统合西方阵营，联手维持有利于己的国际秩序，并继续共同应对"最大的战略竞争对手"——中国。此举既是为了树立日美自身国际战略的"道义高度"，又是为了进一步聚焦中长期战略针对方向。2022年，日美高层在会谈中多次强调，双方当前面临的主要问题是维护因俄乌冲突而"严重动摇"的国际秩序，推广"支持以规则为基础的国际秩序的共同价值观与规范"，并反对"任何凭借强力单方面改变现状的行动"。2023年1月中旬岸田文雄访美时，日美首脑宣称聚焦当前国际秩序所面临的"迄今为止最大的战略挑战"，团结其他"民主盟国"予以共同应对。美国强调支持日本主办七国集团峰会，在当前维护国际秩序的外交协调中发挥"领导作用"。④ 围绕俄乌冲突，日美

---

① 《日本声称"劝说纠正"中国对发展中国家的不透明援助》，俄罗斯卫星通信社网站，https://sputniknews.cn/20230315/1048713095.html［2023-01-25］。
② 2022年初至2023年5月，日美首脑会谈及通话包括：2022年1月21日，岸田与拜登进行视频会晤；3月24日，岸田与拜登在比利时七国集团峰会期间短暂会谈；2022年5月22~24日，拜登访日并与岸田会谈；2022年6月27日，岸田与拜登在德国七国集团峰会期间会谈；2022年7月9日，岸田与拜登进行电话会谈；2022年9月21日，岸田赴美出席联合国大会期间与拜登短暂会谈；2022年10月4日，岸田与拜登进行电话会谈；2022年11月13日，岸田与拜登在柬埔寨东盟系列峰会期间会谈；2023年1月13日，岸田访美并与拜登会谈；2023年5月18日，岸田与拜登在日本七国集团峰会期间会谈。
③ 外務省「日米首脳会談」、2023年5月18日、https://www.mofa.go.jp/mofaj/na/na1/us/page4_005887.html［2023-05-23］。
④ 外務省「日米首脳会談」、2023年1月13日、https://www.mofa.go.jp/mofaj/na/na1/us/page1_001475.html［2023-03-03］。

在首脑及部长级会谈中，反复强调安全危机与"秩序颠覆"问题，企图将俄罗斯彻底置于国际社会的对立面，并基于欧洲与亚洲安全"普遍联系"的逻辑，渲染台湾海峡爆发冲突的可能性，并不断重申"台湾海峡和平与稳定的重要性"，为日美在亚太持续强化战略合作、维持乃至加大对华牵制遏阻力度制造所谓"合法性"依据。

（二）日美以推进"同盟现代化"、增强同盟威慑力为名，拓展军事防务合作

基于俄乌冲突所带来的"安全挑战"，日美一方面各自强化自身国家安全战略的战略进攻态势；另一方面积极推动"同盟现代化"，以更大幅度、深度及力度的军事防务合作驱动同盟战略合作。2022年1月，在日美外长和防长"2+2"会谈上，双方强调"以前所未有的方式、跨越所有国力手段、领域及事态，应对不断变化的安全挑战。完全整合各自战略与共同优先目标，不断推进同盟现代化，增强共同作战能力"。[1] 2023年1月中旬，在日美外长和防长"2+2"会谈上，双方进一步强调建设"在战略竞争的新时代取得胜利的现代化同盟"，决心"推进深化双边措施，以建立更有能力、联合、灵活的联盟"。[2] 日本基于2022年底出台的新版"安保三文件"，宣布在大幅增加预算、加强防卫力量的前提下，与以美国为首的安全伙伴加强战略合作，美国对此表示强烈支持，认为这是强化同盟威慑力与应对力的"重要进展"。同时，美国表明将继续加强并优化包括日本在内的"印太"地区军力，日本表示全力支持美国的军事部署计划，并欢迎美国"维持在本地区强大存在的坚定承诺"。[3] 2023年5月，在七国集团广岛峰会期间，岸田文雄与拜登会谈时特别强调，支持有关美国加强"延伸威慑"能力，

---

[1] 防衛省「日米安全保障協議委員会（2+2）共同発表」、2022年1月7日、https://www.mod.go.jp/j/approach/anpo/2022/0107a_usa-j.html［2023-03-03］。
[2] 防衛省「日米安全保障協議委員会（2+2）共同発表」、2023年1月12日、https://www.mod.go.jp/j/approach/anpo/2023/0112a_usa-j.html［2023-03-03］。
[3] 防衛省「日米安全保障協議委員会（2+2）共同発表」、2023年1月12日、https://www.mod.go.jp/j/approach/anpo/2023/0112a_usa-j.html［2023-03-03］。

即依托核威慑及常规军力手段阻止他国对美国盟友发动袭击的能力的研讨，并基于此深化美国与盟国的防务合作关系。①

以推动"同盟现代化"为名，目前，日美在以下重点领域全面推进双边防务合作。第一，加速日美军事防务机制一体化建设。在日美外长和防长"2+2"会谈机制下，重点增强高级别事务磋商以及同盟协调机制（ACM）的功能，在自卫队设立一元化指挥陆海空自卫队的"联合司令部"前提下，强化驻日美军司令部权限及与自卫队司令部的协调，增强日美部队相互运用与快速反应能力。第二，强化日美常态化军事部署以遏止潜在威胁，加强双方在"平时状态"下情报收集、警戒监视和侦察（ISR）以及灵活的威慑选项（FDO）等合作。加大日本自卫队对驻日美军的"后方支援"演练力度；在日本的西南地区即冲绳、九州共享弹药库等军事设施，围绕"远征前沿基地作战"（EABO）等作战概念增加演习频率及增强实战性。第三，提升日美联合实战能力与军事威慑力。日美在综合防空及导弹防御、水面战、反潜战、水雷战、两栖作战、空降作战、情报收集、警戒监视、侦察和目标定位（ISRT）、后勤和运输等领域全面强化合作，开展能力共建。在美国支持下确保日本"高效地运用反击能力"，即构建具有先制人能力的海陆空作战体系。第四，拓展日美在新兴领域的防务合作。日美加快在太空、网络、电磁波等高新边疆领域的军事合作，将太空安全纳入《日美安保条约》范围，签署落实太空合作协议。加强网络战合作与重要军事情报保护。第五，确保日美军工产业及技术的竞争力，加强装备技术合作，推进军民融合以支持国防产业发展，相互支持构建强韧且多元化的国防装备供应链。

（三）日美以稳定国际经济秩序、共同确保经济安全为名，开展经济技术合作

日美强调俄乌冲突对当前国际经济秩序造成严重冲击，经济安全问题凸

---

① 外务省「日米首脳会談」，2023年5月18日，https://www.mofa.go.jp/mofaj/na/na1/us/page4_005887.html ［2023-05-23］。

显，亟须团结调动"民主盟国"予以共同应对。为此，日美大幅提升经济技术议程在双边战略合作中的优先级。在2021年4月"竞争力与韧性伙伴关系"的基础上，双方进一步加强在尖端技术、供应链保障、核能等新能源及蓄能设备、领域的商业合作。2022年2月下旬，日美启动"贸易合作框架"机制，就双边货物及数字贸易中存在的问题以及在国际贸易规则协商中的共同立场进行磋商。日美还利用财长会谈等场合，加强了在货币金融政策上的协调。同时，日美积极寻求制定有利于己的国际经济新框架及规则。2022年5月，拜登在访日期间宣布启动"印太经济框架"（Indo-Pacific Economic Framework，IPEF），聚焦数字与传统贸易、提升供应链韧性、清洁能源、"去碳化"与基础设施、税制与反贪污等领域，试图掌控对相关经济规则的制定权。[1] 日本成为首批参加IPEF的14个成员国之一，也是美国推进IPEF的重要助力。2022年7月下旬，日美首次召开由外交、经济部门阁僚出席的"日美经济政策磋商委员会"，即经济版"2+2"会谈，会议除探讨深化双边经济合作外，还表示将"主导构建基于自由主义的经济秩序"，反对任何形式的"经济胁迫"，并出台包括强化半导体等重要物资供应链、共同开发尖端技术、对抗经济施压等内容的行动计划。2023年1月，岸田与拜登在华盛顿举行会谈时称，日美经济版"2+2"会谈及日美主导构建的IPEF标志着"日美经济关系上升到战略性阶段"。[2]

为维护在科技领域的国际霸权，日美以确保经济安全为名，大力加强在半导体、人工智能、量子技术、生物科学、下一代通信设备等领域的技术产业及供应链合作，力图构建科学与技术创新的新型战略伙伴关系。其中，日美在半导体领域的合作尤其受到外部关注。2022年5月，日美部长级会谈确定了日美半导体合作的基本原则。当月下旬，拜登在访日时与岸田确认加强半导体合作。7月，日美召开经济版"2+2"部长级磋商，宣布设立日美

---

[1] 外務省「インド太平洋経済枠組み（IPEF）の立上げに関する首脳級会合」、2022年5月23日、https：//www.mofa.go.jp/mofaj/na/na2/us/page3_003323.html［2023-01-03］。

[2] 外務省「日米首脳会談」、2023年1月13日、https：//www.mofa.go.jp/mofaj/na/na1/us/page1_001475.html［2023-03-03］。

尖端半导体共同研究机构。11月，丰田等8家日企出资组建名为"Rapidus"的半导体公司，并于12月与美国IBM签署半导体技术合作协议。2023年1月岸田访美时与拜登商定日美国家半导体技术研究部门互派科研人员，共同培养人才。为遏制中国半导体技术的发展，2022年10月，美国商务部公布了对华半导体出口管制新措施，严控高性能芯片材料制造设备等对华出口。在美国推动下，2023年1月下旬，日本与荷兰同意配合美国联合加强尖端半导体技术对华出口管制。5月下旬，日方管制措施出台。事实上，围绕限制尖端技术出口，日美一直磋商并考虑设立新框架，并将协调欧洲"民主盟国"加入，打造现代版"巴黎统筹委员会"（简称"巴统"）。

（四）日美以加强盟国团结、应对地区安全挑战为名，推进"印太"地缘战略合作

2022年2月中旬，拜登政府公布任内首部《印太战略报告》。日本对此迅速做出响应，表示欢迎并承诺继续与美国共同推进"自由开放的印太"。5月拜登访日期间，日美首脑发表联合声明，称印太地区对于全球安全与繁荣"极为重要"，同时在秩序稳定方面面临"日益增高的战略性挑战"，因此需要加强围绕印太地区的战略合作，特别是与"民主盟国"及"志同道合"国家进行广泛而深入的合作。① 同月，在日本主持下，日美印澳"四边机制"在东京举行第二次首脑会议，强调在气候、医疗、新兴技术和网络安全等领域加强合作，并发布"四方债务管理资源门户"（Quad Debt Management Resource Portal）、"适应和减缓气候变化一揽子计划"（Quad Climate Change Adaptation and Mitigation Package）、"四方卫星数据门户"（Quad Satellite Data Portal）、"印太人道主义援助和灾害救援四方伙伴关系"［Quad Partnership on Humanitarian Assistance and Disaster Relief（HADR）in the Indo-Pacific］等一系列协议框架。② 在2023年1

---

① 外务省「日米首脳共同声明：自由で開かれた国際秩序の強化」、2022年5月23日、https://www.mofa.go.jp/mofaj/files/100347254.pdf ［2023-02-01］。
② 首相官邸「日米豪印首脳会合の概要」、https://www.kantei.go.jp/quad-leaders-meeting-tokyo2022/index_j.html ［2023-02-01］。

月的日美首脑会谈上，双方强调日美同盟将继续以"印太战略"合作为中心，使其"成为印太地区和平、安全及繁荣的基础"。

在推进"印太战略"合作中，日美声称应对"新安全威胁"，着眼于强化经济及非传统安全功能合作。除推动 IPEF 谈判、拉拢"印太"国家参与日美主导的区域供应链合作外，日美还以协助他国应对债务问题为名，加大对"印太"新兴国家的经济援助力度。2022 年日美印澳"四边机制"第二次首脑线下会谈承诺五年内提供 500 亿美元，支持"印太"国家完善基础设施。海洋安全方面，2022 年，日美除继续积极在印度洋开展联合巡航、多边演习外，还牵头提出建立"印太海洋领域意识伙伴关系"（Indo-Pacific Partnership for Maritime Domain Awareness），从非传统安全议题切入，与地区各国加强在海洋信息共享、卫星监控、防灾救难、打击非法捕捞、网络安全等领域的合作。同时，日美在印太地区积极构建并扩大"多层次的同盟国和志同道合国家的网络"，即"日美+1（N）"的小多边安全机制。[1] 特别是巩固日美澳三边"准同盟"，拉拢韩国参与"印太"安全事务协商，推动日美菲三方加强防务合作，谋求与岛屿国家加强安全合作等。同时，在北约介入"印太"的"新战略概念"及日本的积极响应下，日本与北约围绕"印太"的战略协调与防务合作显著加强。[2] 日美联动其他西方盟国及"印太"国家称将共同应对"基于规则的印太海洋秩序所面临的挑战"，频繁在南海问题乃至台湾问题上宣示立场，做出强势干预姿态。

二 日本强化日美同盟的战略考量

在俄乌冲突背景下，日美进一步进行战略靠近，在各领域强化合作，

---

[1] 森本敏「民主主義の危機もある中で、日本の安全保障をどう構築するか?」、『財界』2022 年 2 月号、40-43 頁。

[2] 2022 年 4~5 月，日本外务大臣林芳正、自卫队统合幕僚长山崎幸二、首相岸田文雄先后赴布鲁塞尔出席北约外长会议、参谋长级会议和首脑会议。这也是日本外务大臣、自卫队统合幕僚长和首相首次出席北约的相关会议。通过磋商，日本与北约明确表示将构建"特殊战略伙伴关系"。

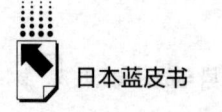

这既是21世纪以来日美持续推进同盟转型的表现，也受当前形势下日美各自寻求战略利益最大化的具体选择驱动。需要看到，俄乌冲突的爆发与持续深刻影响大国博弈与地缘战略形势，成为当下日美同盟持续强化的重要外部背景与催化因素。从日本角度看，一方面，美国基于对华战略竞争及维护东亚区域主导权目标，始终保持并不断加强对日本的战略牵引，促使其服务于美方战略；另一方面，日本基于维护自身国际及区域战略地位、争取对华博弈优势等目的，日益主动依托日美同盟体制，加强对其的"战略性利用"。

在俄乌冲突背景下，为应对中美博弈，日本对外政策总体上以如下战略考量为基础：第一，与美国的同盟关系仍是日本外交最重要的基础，日美拥有共同战略目标及价值观追求，同盟是否稳固涉及日本根本的安全利益；第二，有必要与中国维持建设性的、稳定的关系，但更需要重视并应对中国快速发展对日本自身及其所依托的国际秩序带来的"战略性挑战"；[1] 第三，需要在密切关注中美博弈形势的同时，在中美之外的国际社会寻求外交支持，拓展新战略的立足点。俄乌冲突爆发至今，日本基于对俄乌冲突及其外溢效应的评估，从上述总体考量出发，进一步将强化日美同盟作为优先战略选择，并联合美国加强针对中国的"战略聚焦"与制衡施压。当前日本强化日美同盟有以下具体考量。

（一）日本认为俄乌冲突对中美博弈形势产生重要影响，有必要积极驱动同盟制衡中国

日本认为，虽然俄乌冲突在形式上是俄罗斯与以美国为首的西方阵营之间的对抗，但美国需将一部分战略关注转向欧洲，同时将中国视为中长期"压倒一切的威胁"，因此其仍将努力聚焦亚洲而压制中国。同时，俄乌冲突对国际力量格局特别是大国实力对比产生了影响。俄罗斯陷入长期

---

[1] 森本敏「国家の防衛戦略をどう構築するべきか、より高度な判断が問われている」、『財界』2022年6月号、34-37頁。

战事消耗与国际制裁，欧洲则面临严峻的安全危机与能源短缺。与此形成对照的是中、美的力量持续增长。日本认为，俄乌冲突加速了国际格局变化与权力转移进程，日本需要适应新的现实。但是，目前世界的主导权仍在美国领导的西方阵营手中，"日本现行的政策只能以自身为（西方）民主世界一员为前提"[1]。

基于俄乌冲突下中美博弈形势的变化，日本逐步形成以下逻辑。第一，俄乌冲突加剧了东西方阵营对立，使得所谓"中立"固有的战略空间被进一步压缩。在俄对乌军事行动"不具备国际合法性"的前提下，日本为"维护道义"立场，必须选择紧靠以美国为首的西方阵营。[2] 第二，在美国相对实力下降且需同时在欧、亚两线推进战略的情况下，为确保日本拥有有利的战略位置，必须积极将美国"抑留"在亚太，"锁定"其安全保护及战略承诺，其中主要办法之一是促使美国始终聚焦"中国威胁"。[3] 第三，美国将更加重视盟友的地位和作用，这有助于日本在同盟关系中争取有利地位与实质利益。第四，根据中美权力转移的当前态势、当前制衡中国"仍具备可行性"，现在可能是决定成败的关键时期。[4] 在上述逻辑下，日本认为加强与美国的同盟关系，并将同盟战略聚焦制衡中国，是对己更为有利的选择。

（二）日本认为俄乌冲突加剧安全环境风险，有必要利用同盟强化自身安全战略的自主能力

俄乌冲突爆发后，日本国内主流媒体称，这反映了"即使在当代，一国单方面（向另一国）发起武力攻击也是可能的现实"，"即使存在联合国等国际安全机制，也无法阻止战争的爆发"。在俄乌冲突背景下，日本社会

---

[1] 森本敏「ウクライナ戦争の展望と教訓」、『政経往来』2022年4月号、5-8頁。
[2] 小泉悠「ロシア・ウクライナ戦争と日本の安全保障」、『経済倶楽部講演録』2023年1月号、44-99頁。
[3] 辰已由紀「さらに深化し拡大する日米同盟」、『外交』2023年1月号、34-39頁。
[4] 村野将「リソース制約下での日米の防衛戦略」、『Voice』2022年6月号、70-77頁。

的安全危机意识显著受到刺激,并转化为对日本周边安全环境的担忧,"今日乌克兰即明日东亚"的论调大幅增加。一方面,确实越来越多的日本民众担心被动卷入周边的军事冲突当中;① 另一方面,日本政治保守势力利用这一情绪,渲染周边安全形势的紧迫性,将其作为支持本国迅速推进国家安全战略转型、发展超出"专守防卫"乃至先发制人军事能力的依据。日本的保守政客乃至主流战略界日益直接把日本的国家利益与"保护台湾安全"结合在一起,甚至主张在冲突期间直接军事介入。

基于俄乌冲突加剧安全环境风险的评估,日本一方面更加强调以自主的姿态、自助的方式实现国家安全;另一方面,日本趋向认定,为了在中长期增强日本安全战略的自主能力,在当下必须更为积极地依托并利用日美同盟。其具体逻辑包括以下内容。第一,在可预见时期,日本面临周边"安全压力",为遏止竞争对手的武力威胁,日本仍需要继续依托美国强大的核力量及常规军力,以同盟方式维持威慑力。② 第二,在周边区域可能爆发冲突的情况下,日本需要明确与美国共同行动的原则与方式,否则将会陷入被动。换言之,如果美国介入冲突而日本无法向其提供军事协助,不仅意味着日美同盟将"陷入危机",也很可能导致日美军事干预失败。③ 第三,与美国在军事装备、技术、训练及情报等方面的合作,将为日本增强自主防卫力量提供必需的资源与条件。④ 第四,在西方主导国际舆论话语的情况下,日本推动安全战略转型如欲获得国际认可,离不开美国的认可与支持。在上述逻辑下,日本期望最大限度利用日美同盟,在顺应美国战略以获得其支持的同时,使得同盟资产尽可能服务于实现自身的安全战略目标。

---

① 五百旗頭真「ウクライナ危機と日本国民の意識変化」、『防衛学研究』2023 年 3 月号、1-2 頁。
② 神保謙「日本を取り巻く安全保障環境の変化:パワーバランス変化と中国・北朝鮮・ロシア3 正面の構図」、『安全保障研究』2022 年 12 月号、1-16 頁。
③ 徳地秀士「米中対立の中の『台湾有事』:日本の対応について」、『国際安全保障』2022 年 9 月号、38-55 頁。
④ 兼原信克「DIMEに基づく国家戦略を築け」、『Voice』2022 年 6 月号、62-69 頁。

（三）日本认为俄乌冲突下国际秩序与地缘战略竞争加剧，有必要借助同盟确保自身战略主动

在日本看来，俄乌冲突加剧了国际社会的分裂，加速了国际及地区秩序"洗牌"的进程，使得地缘战略竞争更为激烈。一方面，"以规则为基础的国际秩序"发生根本动摇，新的政治与安全框架正在形成。新兴大国正在"凭借实力"推广自己的秩序规则主张。[①] 而且，基于意识形态偏见与竞争意识，日本认定中国主张的秩序规则"与现有秩序规则及其基本价值观不适应"，中国的发展是"迄今为止最大的战略挑战"。另一方面，在大国阵营对立的同时，广大发展中国家或者称为"全球南方"的新兴势力面临选择，从目前来看，它们希望尽可能避免"选边站队"。大国希望加强对这些中小国家的控制，为此积极推动对全球各地缘战略区域特别是过去一些"边缘区域"的影响。[②] 日本认为，在上述情势下，日本无论维护对己有利的国际秩序，还是确保在其他地区及中小国家影响力方面都面临重大挑战。

基于国际秩序及地缘战略竞争加剧的评估，日本有以下考量。第一，在地缘竞争加剧情况下，仍需聚焦印太地区并将其打造成日本外交最重要的战略根据地，而日美围绕"印太"的地缘战略合作则是日本这一举措的关键。[③] 第二，美国在亚洲及欧洲的广泛盟友体系可为日本在发达国家内部及南北国家之间发挥"桥梁作用"、联合"中等强国"共同稳定国际秩序提供重要的资源。[④] 第三，美国主导的西方价值观将为日本构建主导国际秩序提供理念基础。第四，对冲与抗衡中国所提倡的国际秩序规则主张，以及在全

---

① 石田淳「武力による現状の変更：ロシアによるウクライナ侵攻における対立の構図」、『国際問題』2022年10月号、6-15頁。
② 神谷万丈「国際秩序維持へ強靭な軍事力持て」、『正論』2022年8月号、92-99頁。
③ 市原麻衣子等「重層化する国際秩序と日本キーフードで読み解く」、『外交』2022年1月号、6-17頁。
④ 日本认为，"中等强国"虽无法成为"超大型国家"，但是具备一定经济实力和外交实力且价值观相同的国家，它们"是肩负着稳定国际秩序重任的为数不多的存在"。它们包括日本以及欧洲的德国、法国、英国，亚太地区的印度、澳大利亚等国家。

球范围内积极拉住其他中小国家，单凭日本的力量难以实现，必须依托美国及其盟国的力量。总之，日本希望在国际秩序及地缘战略竞争中推动多元化的外交战略，但同时仍然认为这一战略实现的前提是保持与美国的紧密合作。

（四）日本认为俄乌冲突下经济技术及新兴安全风险增加，有必要依托同盟争取对自身有利处境

在日本看来，俄乌冲突引发的国际格局震荡与当前科技产业革命叠加，已引起全球经济技术格局重塑，并且凸显了经济产业链在系统风险及突发危机面前的脆弱性。对于日本而言，一方面因严重的对外依赖性，其正面临更为严峻的能源、粮食、金融、信息及生态风险；另一方面在新兴产业如太空利用、数字经济基础设施、新能源车辆及蓄能设备等领域，日本由于自身体量或战略失误等原因已落后于美国、中国，甚至可能错过此轮技术革命发展机遇。① 日本要扭转上述不利处境，除强化自身能力外还必须依靠外力，特别是美国的支持。有日方观点指出，尽管中国的超大市场需求对于日本外向型经济发展是重要的，但在优先规避经济技术及新兴安全风险的前提下，与拥有尖端技术传统优势并与其他"民主盟国"共享经济及产业体系的美国合作对于日本的价值似乎更大。②

基于应对经济技术及新兴安全风险，日本从以下角度理解强化日美同盟的重要性。第一，美国在尖端技术领域的优势仍然明显，且为了争取外部支持，美国正与盟国开展"新尖端技术的相关合作"，部分开放敏感及涉密技术领域，这将为日本紧跟当前潮流，在相关技术领域发展创造条件。③ 比如，目前，日本已将本国半导体产业"弯道超车"的突破口定在与美国半导体的官民合作上，力图以自身材料及设备上的优势换取美国的技术优势。

---

① 森本敏「ウクライナ侵略の行方と世界の動き：平和への模索」、『経済』2023年1月号、12-26页。
② 根据2023年2月笔者对日本学习院大学江藤名保子教授的访谈内容整理而成。
③ 秋山信将「安定―不安定のパラドクス」、『Voice』2022年6月号、78-85页。

第二，美国正以"友岸外包"的方式在盟国及友好国家内部强化供应链网络，无论从经济角度来看还是从政治角度来看，日本均"难以脱离这一网络"。① 第三，考虑到中国持续的经济增长及快速的技术升级，为防止来自中国的所谓"经济胁迫"，与美国共同阻遏中国通过国际合作发展尖端技术、建立排除中国的技术联盟和供应链联盟，有利于日本在对华博弈中确保优势。总体上，日本力图在经济与技术上确保自身的"战略不可或缺性"，稳定外部经济安全保障，并日趋强调对中国的经济竞争手段，因而更加重视与美国的经济战略合作。

三 日美同盟强化产生的战略影响

基于上述考量，日本主动响应并积极配合当前美国战略举措，日美的"战略共振"进一步增强，战略互动更趋活跃。在俄乌冲突背景下，大国战略竞争加剧，无论涵盖外交、军事、经济、技术等领域的综合国力竞争，还是地缘政治战略势力均衡的竞争，日美日益倾向于相似战略立场，彼此借重、相互利用，且矛头进一步聚焦"中国因素"，制华态势趋向强化，这导致中日美三边关系呈现以下趋势。

（一）日美联合遏华态势日益明确，中美、中日关系结构性矛盾将加剧

在中美博弈长期化、复杂化的大背景下，针对中国的竞争与遏制日益成为推动日美同盟强化的根本动因。拜登政府在2022年出台的《国家安全战略》将中国明确定位为"唯一的竞争者，既有重塑国际秩序的意图，也愈发拥有推动这一目标的经济、外交、军事和技术力量"。② 而岸田政府在2022年底出台的新版《国家安全保障战略》也明确将中国定位为"迄今为

---

① 神谷万丈「経済安全保障をめぐる諸論点」、『安全保障研究』2022年3月号、51-65頁。
② White House, "U.S. National Security Strategy," October 2022, https://www.whitehouse.gov/wp-content/uploads/2022/11/8-November-Combined-PDF-for-Upload.pdf［2023-01-22］。

止最大的战略挑战"。而且在该战略制定过程中，日本执政集团内部有相当高的呼声认为应将中国明确定位为"威胁"。这表明日本已经锁定安全保障外交和军事战略的"中国指向"。当前，日美仍然宣称谋求对华关系稳定，如2023年5月在广岛举行的G7峰会上，会后公布的联合公报称"随时准备与中国建立建设性和稳定的关系"，"鉴于中国在国际社会中的作用及其经济规模，有必要在全球挑战和共同利益领域与中国合作"。但同时，在日美推动下，G7仍然对东海和南海局势表示"严重关切"，重申所谓"台海和平稳定的重要性"，关注所谓"人权问题"，还抹黑中国，在多个维度渲染彰显所谓"中国威胁论"，并强调"民主盟国"面对来自中国"战略挑战"的紧密团结，反映出以美国为首的西方阵营全面推进对华竞争的企图。

在推动对华战略竞争方面，美国不仅意识明确、手段强硬，而且力图在西方阵营发挥牵头作用，中美结构性矛盾因此更趋尖锐，对抗风险持续上升。同时，需要看到，在联美制华方面，日本正从"战略模糊"趋向"战略清晰"。两者的区别在于：前者在保持对美同盟或者伙伴关系的同时，仍注重与中国保持密切的经贸联系，同时由于警惕美国将"新冷战"强压给本地区，因而倾向于在中美博弈中不"选边站队"，不直接参与美国对华打压；后者则强调对美国的同盟责任、认同美国对中国的政治污蔑和战略打压，乃至在未来可能的对华冲突中与美国共同行动。[①] 如果说当前地区中小国家仍倾向于前者，日本则日益倾向于后者。当然，在对华安全认知、战略应对和防务责任分担等方面，日美仍存在一定的具体差异。相比美国强硬阻遏中国发展、力图迅速取得对华战略优势的行动，日本更倾向于相对有弹性但能够切实制衡中国，乃至开展"预防性遏制"的做法。但是，在中美间改变相对平衡姿态、谋求"战略清晰"的日本，更加聚焦未来在周边可能出现的冲突，并将追随、配合甚至在个别问题上主动推动美国对华遏制。同时，日本将主动调整对华经贸与科技合作的原有框架，以便降低未来对华关

[①] 朱锋：《地缘战略与大国关系：中日关系基本走势的再分析》，《日本学刊》2022年第1期，第1~21页。

系恶化可能付出的经济代价。尽管日本仍坚称维持对华关系稳定，但很明显，其日益以西方阵营"核心成员"自居，明确与美国联合遏华的立场，其成为加剧中日关系结构性矛盾、导致两国间新旧问题并起且更趋复杂的根源。

（二）日美同盟战略产生更强外溢，导致地区安全形势更趋动荡

在可预见的时期，基于各自战略利益，日美均将继续加强对同盟关系的管理与运用，其基本方向是：第一，巩固同盟利益与价值观基础，通过拓宽战略合作持续推动同盟转型；第二，针对"中长期威胁"及"当前直接威胁"，在亚洲与欧洲共同"两面出击"，配合开展外交与地缘战略竞争；第三，联手积极整合并强化全球同盟及伙伴关系网络，在安全及经济领域积极掌控秩序规则主导权。不可否定，日美仍存在战略分歧，但在目前情况下，双方战略趋同性明显大于差异性，局部性分歧难以动摇同盟的总体性根基。在俄乌冲突长期化背景下，美国一方面统合盟国干预俄乌冲突，持续对俄施压；另一方面继续聚焦亚太大国博弈，保持对华战略压力。日本在这两条"战线"上均给予美国强有力的支持，让美国"颇为满意"且日益倚重日本。尽管日美各自国内政治形势有所区别，但两国执政精英及主流舆论对于日美加强战略协调均持积极态度。正如两国战略界人士所指出的，目前，日美同盟管理是近年来"状态最好的"，两国合作不仅着眼于双边或亚太的"周边地区"，而且企图让同盟产生更强的"示范作用"，促使其战略辐射更广的地缘政治区域，带动欧洲、"印太"的"中等强国"，以及"全球南方"等广大发展中国家，促使其改变所谓"中立姿态"，附和支持日美所提出的战略。相比过去，在日美的积极策动下，同盟的外向型姿态与外溢性影响被提升到了一个新的高度。

日美力图通过战略协调，与盟国及"志同道合"国家更密切联动，宣称为国际和平及繁荣"做出贡献"。事实上，在俄乌冲突背景下，日美同盟更加强调军事对抗、意识形态对立与经济问题武器化，使得该同盟的外溢影响更趋向负面，与其所宣扬的作用背道而驰。日美的战略协调在安全领域所产生

的负面影响至少包括：进一步激化大国间矛盾，并导致中小国家陷入战略困境与安全风险；加剧国际阵营对立与外交对抗，导致安全协调机制失灵；刺激各国军备竞赛与敌意螺旋，引发竞争博弈与对抗策略盛行；驱动安全热点升级扩散，增加危机管控难度；等等。其中，日美围绕台海问题的冒险性、挑衅性举措不仅触犯各自对华政策的"红线"，也让台海自身以及周边海域的安全热点再度升温，导致相关历史及现实纠葛更趋复杂。所谓对"台海和平稳定的关注"事实上是在破坏台海和平稳定，加剧对抗冲突风险。

（三）日本的"战略能动"更趋凸显，对中日美关系影响权重上升

在当前中日美三边体系中，日本在综合国力上的弱势趋于凸显，与中美的差距逐步扩大。但日本在软实力及战略能力运用方面仍具备特定优势，在相当程度上弥补了硬实力不足导致的战略缺陷。2022年，日本除推动出台新版《国家安全保障战略》外，还加速推动其他领域配套战略的规划与实施，包括"印太"地缘战略、经济安全战略、太空战略、海洋战略、对外援助政策等，体现"战略振兴"的强烈意识与行动。与日美同盟关系相关的是，一方面，日本对同盟安稳度、可靠性的信心目前正处于历史高点。在日本看来，拜登时期美国对华竞争的大战略是基本可预测的，美国非常需要日本的战略支持，稳固与发展同盟的前景是"乐观的"。[①] 另一方面，日本对于自身所处战略环境特别是大国博弈关系中的压力感、危机感正日益高涨，更加依赖同盟合作所带来的政治、安全乃至经济效益来推动当前的国家战略转型，维护自身在国际体系格局中"一流国家"的战略地位。基于日美同盟这一前提，日本的战略应对以"体系内发展"与"战略性追随"为基础，并日益体现出"体系外延伸"与"自主化利用"的特点，即谋求拓展同盟之外的战略选择，强调在同盟战略中的自主体系利益。比如，依托日美防务合作迅速提升日本自身的先发制人军事能力（即所谓"反击能

[①] 吴怀中：《"同盟困境"管理与日本对华关系变迁》，《日本学刊》2022年第5期，第15~39页。

力"），依托美国同盟网络加强与其他盟国以及北约等政治军事集团的战略合作等，已成为当前日本的重点目标。

需要看到，日本在主动强化日美同盟的同时，对于能否有效掌控局面、影响中日美三边关系走势并非全无顾虑。作为同盟中的从属方，日本仍不可避免地面临"同盟困境"，即如过度依赖日美同盟将有被卷入或陷进美国对外战争的风险，而如寻求自主权则有可能遭到被盟主美国抛弃的风险。对于日本而言，一方面，随着中美实力日趋接近及平衡，美国随时越过日本谋划对华进行战略交易或中美两国战略避让的可能性仍然存在；另一方面，基于美国在俄乌冲突中"远程操控"但避免直接下场的事实，日本对于美国能否在"有事"情况下充分兑现战略承诺、直接介入并支持盟友仍有较大疑问。[①] 上述事实促使日本持续积极对美国开展工作，试图缓解"同盟困境"，确保战略上的可预见性，并企图引导中日美关系朝着对己有利的方向发展。但考虑到美国相对日本巨大的战略优势与同盟规范制约，日本的自主选择与发挥影响力仍将受到相当程度的限制，而无法理性妥善处理对华关系，将进一步加剧日本的困境。事实证明，日本强化、巩固日美同盟并促使其深度介入地区事务的举措，使得中日关系稳定改善的空间被大幅压缩，而中日结构性矛盾与对抗性风险的增强，对于日本的安全与发展显然并无益处。

结　语

在俄乌冲突背景下，日美同盟强化态势进一步增强，其中既有美国的战略牵引与强势驱使，也有日本的主动顺应与有意利用。日本在评估俄乌冲突下大国博弈、国际秩序及地缘战略竞争形势，以及日本在传统及非传统安全领域面临的风险威胁后，对日美同盟的价值积极加以"再确认"，并将自身战略诉求与同盟合作进一步结合。日本的上述举措使得日美联合遏华态势更

---

① 根据 2023 年 3 月笔者对日本东京大学佐桥亮副教授的访谈内容整理而成，还可参见吴怀中《"同盟困境"管理与日本对华关系变迁》，《日本学刊》2022 年第 5 期，第 15~39 页。

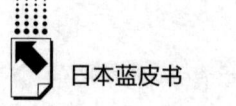

为突出，同盟对地区安全的负面外溢强化，中美、中日关系的未来不确定性与风险因素亦进一步增加。从中国对外战略角度来看，在关注俄乌冲突下大国博弈特别是中美博弈形势变化的同时，仍需要从中日美三边互动的视角，把握并应对日本在其中的"战略活跃"及可能产生的短中长期影响。需要看到，日本依托日美同盟争取"战略自主"乃至扩大同盟外战略选择的行动，尽管有特别的、现实的逻辑，但很显然，同盟约束下的义务与作为独立战略主体的自主之间仍存在矛盾。同时，日本借同盟合作助推政治军事"大国化"与"正常化"并不惜牺牲中日关系、持续"加码"对华强硬的行动，反映出日本对自身国家利益与发展道路的认识已出现重大偏差。日本在战后实现经济崛起与国家振兴，并重获国际社会特别是周边邻国的接纳，靠的是"和平宪法"的精神和"专守防卫"原则，而非重回扩军备武、以邻为壑的历史老路。覆辙在前，殷鉴不远，日本应当深刻思考什么才是真正有利于日本的国家发展之路。

（审读专家：张　勇）

B.19
国际变局下日本与北约的战略协调

陈静静[*]

摘 要： 2022年，在俄乌冲突的影响下，日本与北约的战略协调稳步推进，进入一个新的发展阶段，双方战略合作达到历史最高水平。日本意图借助北约力量逐步实现战后"军事大国化"，北约通过与日本合作日渐介入亚太事务。基于此，日本与北约联手推动"亚太北约化"与"北约印太化"，企图主导亚太安全秩序，维护对双方有利的国际秩序。日本与北约的战略协调不断升级对日本和北约自身、亚太地区的安全以及美国的同盟体系产生了深远影响。在可预见的未来，日本与北约及其重要成员的战略协调将持续推进，并将日趋机制化，同时，需要注意的是，双方战略协调也面临不容忽视的制约因素。

关键词： 日本 北约 亚太安全 战略协调 全球伙伴

在冷战压力下，日本与北约各自关注自身所在区域，双方处于初步接触阶段。冷战结束促使双方走出各自区域，双方战略接触也被提上议事日程。冷战结束30多年以来，日本与北约的战略协调逐步发展，从最开始关注非传统安全问题逐步转向传统安全问题，在俄乌冲突影响下，双方关系快速推进。日本和北约通过加强政治对话和推进具体合作不断深化全球伙伴关系，在此过程中，双方合作已经上升到战略层面，对其自身以及各自所在地区产

---

[*] 陈静静，法学博士，中国社会科学院日本研究所外交研究室副研究员，主要研究方向为日本外交。

生一定影响。有鉴于此，本报告通过概括俄乌冲突下日本与北约战略协调的表现，进而分析双方战略协调的动因，并探讨其影响、发展前景和制约因素。

一 俄乌冲突下日本与北约战略协调的表现

北约是一个军事组织，日本并不是其成员国。有鉴于此，日本与北约的关系比较特殊，发展时间较晚，而且受外部全球形势影响较大。其中冷战结束、"9·11"事件、安倍第二次执政以及俄乌冲突是双方合作过程中较为关键的几个节点。冷战结束后，日本与北约开始确立政治合作关系，自20世纪90年代初双方初步接触以来，北约和日本一直进行政治对话与具体合作，日本成为北约的"全球伙伴"。[①]"9·11"事件成为日本与北约加强战略协调的契机，随着北约介入阿富汗事务，日本和北约在阿富汗问题上积极开展合作，这在很大程度上推动双方关系发展。安倍在第二次执政期间进一步推动日本与北约的战略协调，比较重要的成果包括，2013年，双方发表第一份政治文件《共同政治宣言》[②]以及2014年双方签署《个别伙伴合作计划》（The Individual Partnership and Cooperation Programme，IPCP），[③]前者为进一步发展双方关系提供了框架，后者是日本与北约合作的主要方针文件。

俄乌冲突成为日本与北约相互借重的重要机会。俄乌冲突的爆发使日本在国际舞台上发挥作用有了更大的空间，日本在权衡之后，积极跟进北约严厉制裁俄罗斯，双边关系迅速走近。日本和北约频繁通过双边和多边场合进

[①] NATO, "Relations with Japan," https://www.nato.int/cps/en/natohq/topics_50336.htm ［2023-03-01］.

[②] 外務省『日本・北大西洋条約機構（NATO）共同政治宣言』、2013年4月15日、https://www.mofa.go.jp/mofaj/files/000003487.pdf ［2022-12-11］。

[③] 外務省『安倍総理大臣のラスムセン事務総長との会談及び北大西洋理事会出席（概要）』、2014年5月6日、https://www.mofa.go.jp/mofaj/erp/ep/page24_000273.html ［2023-03-01］。

行高层会晤，高调表明其在俄乌冲突和"印太"安全问题上的一致立场，并大幅推动进行实质性合作。2022年3月，日本首相岸田文雄在赴比利时出席七国集团首脑会议时，与北约秘书长斯托尔滕贝格举行会晤。4月，日本外相林芳正首次出席北约外长会晤，表示日本要加强与北约合作，并公开承诺向乌克兰提供总额为2亿美元的防卫装备品等物资。[1] 6月，北约军事委员会主席罗伯·鲍尔上将对日本进行正式访问，双方讨论北约与日本的长期伙伴关系以及欧洲的安全局势。[2] 同月，北约在马德里召开峰会，首次邀请"北约亚太伙伴国"日本、韩国、澳大利亚、新西兰首脑与会。在峰会上，岸田大肆渲染欧洲和"印太"安全保障不可分割，呼吁北约把注意力转向亚洲，加强对该地区的干预，这表明北约是日本的重要合作伙伴，日本和北约应大幅升级其合作文件《个别伙伴合作计划》。[3] 另外，在此次首脑会议上，北约时隔12年更新其战略概念，明确要与印太地区国家合作。岸田政府极力宣扬其与北约合作所取得的"成绩"，认为北约马德里峰会非常重要，是历史性会议，并将2022年称为日本与北约关系飞跃性提高的历史之年。[4]

与此同时，日本与北约之间的具体合作也在不断推进。2022年4月，日本参加了由北约合作网络防御卓越中心（CCDCOE）组织的网络防御演习"锁定盾牌2022"。[5] 6月，日本海上自卫队与北约舰艇在地中海进行联合演习。[6]

---

[1] 外務省『林外務大臣のNATO外相会合出席（結果）』、2023年4月5日、https://www.mofa.go.jp/mofaj/erp/ep/page1_001128.html［2023-03-01］。

[2] NATO, "NATO and Japan Are Natural Partners, Says Chair of the NATO Military Committee," Jun. 5, 2022, https://www.nato.int/cps/en/natohq/news_196305.htm?selectedLocale=en［2023-03-01］.

[3] 首相官邸『岸田総理大臣のNATO首脳会合出席（結果）』、2022年6月29日、https://www.kantei.go.jp/jp/pages/20220629nato.html［2023-03-01］。

[4] 外務省『外交青書』、2023年、https://www.mofa.go.jp/mofaj/files/100488910.pdf［2023-06-01］。

[5] Ministry of Defense, "Defense of Japan 2022," https://www.mod.go.jp/en/publ/w_paper/wp2022/DOJ2022_EN_Full_02.pdf［2023-03-01］.

[6] NATO, "NATO Ships Train with Japan Maritime Self-Defense Force in Mediterranean Sea," Jun. 9, 2022, https://mc.nato.int/media-centre/news/2022/nato-ships-train-with-japan-maritime-selfdefense-force-in-mediterranean-sea［2023-03-01］.

11月，日本正式加入北约合作网络防御卓越中心，成为继韩国之后第二个加入该组织的亚洲国家。11~12月，日本参加了在爱沙尼亚举行的北约年度最大的网络防御演习"2022年网络联盟"。[①] 当前，日本防卫省与北约之间已经建立"网络防御相关职员会谈"机制，围绕各种网络安全议题进行情报共用和意见交换。

二 日本与北约战略接近的动因

日本与北约不断推进战略接近有多种幕后动因支撑。从日本的角度来看，最为重要的考量是借助北约力量实现战后"军事大国化"，从北约的角度来看，争取获得进入亚太的"入场券"是其最为关注的问题。因此，日本与北约联手推动"亚太北约化"与"北约印太化"，企图主导亚太安全秩序，维护对其有利的国际秩序。日本与北约的战略合作是美国主导的美国同盟体系的协调行为，是对美国"综合威慑战略"的积极配合，符合美国的意图，是得到其授意与积极支持的。

（一）日本图谋借助北约力量实现战后"军事大国化"

二战后，日本作为侵略战争责任国与战败国一度被美国占领，接受民主改造并出台和平宪法及确定"专守防卫"原则，这决定了日本发展军事能力及扩大军力使用权限的行动应受到严格限制。从20世纪80年代起，日本谋求摆脱战后体制、恢复"安全主权"、发展与国力及利益诉求相符的军事能力以及运用能力的权限空间。作为战败国，日本想实现"军事大国化"，需要美国松绑、适当的国际和国内舆论环境，进而实现军事解禁和"海外用武"。在此基础之上，再增强自身军事实力，包括增加军费开支、加强武器装备的研发能力及强化与盟友、伙伴的协调合作

[①] NATO, "Exercise Cyber Coalition 2022 Concludes in Estonia," Dec. 2, 2022, https://act.nato.int/articles/exercise-cyber-coalition-2022-concludes-estonia [2023-03-01].

能力等。为实现以上两点，加强与北约的战略对话和安全方面的具体合作成为重要途径之一。

冷战结束至今，日本安全政策经历了三个阶段。一是冷战结束至21世纪初，在苏联解体与多极化国际格局背景下，日本开始切实推动"军事正常化"。在此期间，日本与北约启动战略合作，并借助阿富汗和伊拉克的战后重建等活动逐步推进。二是安倍第二次执政时期，日本更为急速、激进地推动"军事正常化"。在这一阶段，安倍在推动日美同盟现代化转型的同时强调自主努力，并实质性地加强与北约的战略合作。三是2022年以来，日本安全政策进入新的转型发展期，充分利用俄乌冲突的外溢效应，趁机加速安全政策的顶层战略设计，推动修改"安保三文件"，加快安全战略转型，放弃"专守防卫"原则；在巩固日美同盟的同时，更加积极地加强与亚欧伙伴国家间的防务合作，强化亚太地缘战略的军事功能，借助北约力量实现军事崛起。

日本努力将北约发展成为关键对话伙伴，把北约作为向西方国家宣介政策的重要平台，将加强与北约的合作视为修改和平宪法和解禁集体自卫权的重要途径之一。比如，2014年5月，安倍在北约总部演讲时称，"日本受和平宪法的限制，如果北约军队在执行维和行动时受到武装袭击，日本自卫队将无法予以救援"。安倍发表此言论的目的是争取北约对其修宪和解禁集体自卫权的支持。[①] 俄乌冲突爆发后，日本追随美国和北约支持乌克兰，严厉制裁俄罗斯，旨在寻求与北约建立更牢固的关系，获得北约对其安全战略转型的支持，减少国际社会对其"军事大国化"的警惕和反对之声。为获得北约对其国家安全战略转型的支持，日本多次就相关问题向北约进行说明，重点强调日本调整国家安全战略将为其与盟友和伙伴进一步加强合作打开大门。该战略确实发挥了一定作用，日本新"安保三文件"出台后，北约对此表示支持，对日本军费开支向北约看齐，计划在

[①] MOFA, "Japan and NATO as 'Natural Partners' Speech by H. E. Mr. Shinzo Abe, Prime Minister of Japan, at the North Atlantic Council," May 6, 2014, https://www.mofa.go.jp/files/000037774.pdf [2023-03-01].

2027年达到GDP的2%的北约基准表示欢迎,①并对日本在俄乌冲突中的立场和表现大加赞赏。②

日本谋求加强与北约的战略合作关系以增强军事实力,加强战略协调及增强军力互操作性是其重要方面,因此日本积极参加北约的互操作性相关机制。日本与北约的《个别伙伴合作计划》包括互操作性倡议,③2014年9月,日本参加了北约成员国与伙伴国召开的国防部长级互操作性平台成立大会,④成为北约互操作性平台的成员国。此后,日本参加了北约各部队实现互操作性的主要工具北约成员国军备负责人会议(CNAD)。日本对海上安全领域的培训和发展互操作性特别感兴趣,积极参与北约的相关演习,从而促进双方的具体合作。

(二)日本推动"亚太北约化"与"北约印太化"

自20世纪90年代加强接触以来,日本和北约的安全关注点一直是自身所在地区,同时双方通过政治对话和具体合作向对方传达各自的安全关切,希望对方对各自地区的安全事务有所关注。随着日本和北约战略协调不断推进,双方对彼此的安全认知进一步深化。

在俄乌冲突影响下,日本为拉近与北约的关系,不仅高调表明北约是其重要合作伙伴,而且积极塑造其与欧洲面临共同的威胁和挑战的认知,反复宣称欧洲和印太地区的安全保障不可分割,⑤企图将俄乌冲突引发的焦虑和

---

① 外務省『岸田総理とストルテンベルグNATO事務総長との会談』、2023年1月31日、https://www.mofa.go.jp/mofaj/files/100446115.pdf [2023-03-01]。
② NATO, "Joint Press Point by NATO Secretary General Jens Stoltenberg with Prime Minister Fumio Kishida," Jan. 31, 2023, https://www.nato.int/cps/en/natohq/opinions_210901.htm?selectedLocale=en [2023-03-01].
③ NATO, "Relations with Japan," Feb. 10, 2023, https://www.nato.int/cps/en/natohq/topics_50336.htm [2023-03-01].
④ 外務省『NATOウェールズ首脳会合概要』、2014年9月8日、https://www.mofa.go.jp/mofaj/erp/ep/page22_001428.html [2023-03-01]。
⑤ 外務省『林外務大臣のNATO外相会合出席(結果)』、2022年4月7日、https://www.mofa.go.jp/mofaj/erp/ep/page1_001128.html [2023-03-01]。

不安情绪引入东亚,大肆渲染"今日乌克兰将是明日之东亚",并将此种言论写入其新版《国家安全保障战略》。在行动上,日本与以七国集团为首的合作伙伴统一步调,这使日本和北约及其个别成员国的关系更加紧密,日本和北约的战略接触和协调达到了前所未有的水平。

随着冷战结束,北约逐渐走出欧洲。在国际变局下,北约一直在寻找进入亚太的"入场券",而与日本合作则成为其"敲门砖"。北约将日本视为其在亚太最为重要的伙伴国,日本积极引导北约提高对该地区的关注度,向其传递日本的关切,双方在该地区的互动对北约的"印太观"产生了一定影响。俄乌冲突爆发后,日本借助其外溢效应,不断呼吁北约转向印太地区,而北约越发强调印太地区对其重要性。[1]

在日本的影响和推动下,北约逐步提高对亚太地区的关注度和加大介入力度,导致亚太地区不断"北约化",与此同时,包括日本在内的北约亚太伙伴国与北约的高层会晤频繁,亚太伙伴国不仅参加了北约外长会议,而且出席了北约首脑峰会,高层会晤的机制化倾向越来越明显,这助长了北约的"印太化"趋势。

(三)日本和北约企图相互借重以共同维护对其有利的国际秩序

在国际变局下,日本战略界认为,国际秩序处于变革之中,日本战略环境的"不确定性"愈发凸显,"威胁"及"挑战"不容忽视。在俄乌冲突下,日本的危机感更加强烈,存在借机大肆渲染其面临的威胁的考虑,进而为其安全战略转型扫清障碍。比如,日本新版《国家安全保障战略》趁机提出,自由开放稳定的国际秩序面临重大挑战。[2] 此外,冷战后的日本外交越发重视价值观因素,其外交战略强调日本与西方国家间的相似性,突出价值观的工具属性。有鉴于此,日本高调宣扬自己属于"成熟的自由民主国

---

[1] NATO, "Madrid Summit Ends with Far-reaching Decisions to Transform NATO," Jun. 30, 2022, https://www.nato.int/cps/en/natohq/news_197574.htm?selectedLocale=en [2023-03-01].

[2] 内閣官房『国家安全保障戦略』、2022 年 12 月 16 日、https://www.cas.go.jp/jp/siryou/221216anzenhoshou/nss-j.pdf [2023-03-01]。

家"，并以此为名号拉拢北约。

与之相关联的是，北约并不满足于仅做一个军事同盟，它自诩为价值共同体，并将"捍卫和促进民主价值观和自由国际秩序"作为其所谓的"使命"。随着冷战结束，北约越发想要凸显其政治影响，因此更加强调其价值观属性，并提出，如果没有共同的价值观和政治凝聚力，其就不可能成为基于规则的国际秩序的支柱。基于此，北约对维护国际秩序感兴趣，一直以"国际秩序坚定的守护者"自居。北约秘书长提出，世界充满不确定性和不可预测性，国际秩序正受到挑战，北约必须尽最大努力保护它。① 《马德里首脑会议宣言》重申了这一点。②

有鉴于此，日本和北约都将价值观作为拉拢对方的有效工具，旨在相互借重维护对其自身有利的国际秩序，在双方战略协调进程中，价值观因素越来越重要，这明显体现在双方高层会晤中。2007年，安倍第一次访问北约时提出，日本和北约是合作伙伴，共享自由、民主、人权和法治等基本价值观。③ 2014年，安倍第二次访问北约时发表演讲的标题为"作为天然伙伴的日本和北约"，其提出经过多年合作，双方已经发展成为"可靠的天然伙伴"。④ 2018年，日本时任外相河野太郎强调维持自由开放的国际秩序对日欧合作的重要性。⑤ 此后，日本一直延续该说法。⑥ 北约一直声称与日本共享价值观，在国际秩序面临挑战的情况下，与日本等"志同道合"的国家

---

① NATO, "Speech by NATO Secretary General Jens Stoltenberg at the Munich Security Conference," Feb. 6, 2015, https://www.nato.int/cps/en/natohq/opinions_117320.htm [2023-03-01].
② Luis Tomé, "NATO as a Community of Values and Political Role," *Atlantisch Perspetive*, 2022 (4).
③ NATO, "Statement by Prime Minister Shinzo Abe to the North Atlantic Council, Japan and NATO: toward Further Collaboration," Jan. 12, 2007, https://www.nato.int/docu/speech/2007/s070112b.html [2023-03-01].
④ MOFA, "Japan and NATO as 'Natural Partners' Speech by H. E. Mr. Shinzo Abe," May 6, 2014, https://www.mofa.go.jp/files/000037774.pdf [2023-03-01].
⑤ 外務省『NATO加盟国国会議員会議（NATO-PA）代表団の訪日』、2018年6月18日、https://www.mofa.go.jp/mofaj/erp/ep/page4_004139.html [2023-03-01]。
⑥ 外務省『日NATO安全保障シンポジウムにおける宇都外務副大臣ビデオ・メッセージの発出』、2020年11月20日、https://www.mofa.go.jp/mofaj/erp/ep/page6_000478.html [2023-03-01]。

进行合作非常重要。①

俄乌冲突爆发后,日本与北约大肆渲染该冲突带来的挑战,双方认为俄乌冲突不仅是欧洲危机,也是对国际秩序的挑战,动摇了整个国际秩序的根基,标志着后冷战时代的结束。② 双方通过这种表态为日本干预俄乌冲突以及北约介入亚太制造口实,同时,双方通过渲染风险,无论是在其内部还是在国际社会营造一种双方应加强合作应对全球挑战、维护所谓"基于规则的国际秩序"的氛围。在此氛围下,双方的战略协调行动更为频繁。日本外相首次参加北约外长会议,日本首相参加北约峰会,北约秘书长回访日本。为了实现"自由开放的印太",日本希望加强与北约合作,推进北约进一步参与印太地区具体事务。③ 鉴于俄乌冲突和"印太"局势不可预断,双方确认,日本和北约将进一步加强合作,④ 通过坚定的伙伴关系维护和加强基于规则的自由开放的国际秩序。⑤

(四)美国积极推动日本和北约战略协调

尽管美国将中国定位为"战略竞争对手",但它没有足够的力量和资源单独应对中国。美国正寻求通过动员和协调其盟友来塑造中国的选择及其所处的战略环境,拜登政府称之为"巨大的力量源泉和独特的美

---

① NATO, "NATO and Japan Sign Cooperation Accord to Deepen Partnership, Discuss Ukraine Crisis," May 6, 2014, https://www.nato.int/cps/en/natohq/news_109508.htm?selectedLocale=en, [2023-03-01].
② NATO, "Joint Press Point by NATO Secretary General Jens Stoltenberg with Prime Minister Fumio Kishida," Jan. 31, 2023, https://www.nato.int/cps/en/natohq/opinions_210901.htm?selectedLocale=en [2023-03-01].
③ 外務省『林外務大臣のNATO外相会合出席(結果)』、2022年4月7日、https://www.mofa.go.jp/mofaj/erp/ep/page1_001128.html [2023-03-01]。
④ 外務省『岸田総理とストルテンベルグNATO事務総長との会談』、2023年1月31日、https://www.mofa.go.jp/mofaj/files/100446115.pdf [2023-03-01]。
⑤ NATO, "Joint Statement Issued on the Occasion of the Meeting between H.E. Mr Jens Stoltenberg, NATO Secretary General and H.E. Mr Kishida Fumio, Prime Minister of Japan," Jan. 31, 2023, https://www.nato.int/cps/en/natohq/opinions_211294.htm?selectedLocale=en [2023-03-01].

国优势"。①为此，拜登政府正在推进"综合威慑"战略，旨在加强其跨太平洋与跨大西洋盟友的战略合作。在这一战略中，美国寻求利用现有能力，同时开发新的能力，并以"网络化的方式"与其盟友和伙伴携手跨越多个领域。这意味着美国不仅需要专注于与盟友的合作，还需要鼓励它们彼此合作。正如拜登政府的《临时国家安全战略指南》所述，美国的目标是"与盟国合作，公平分担责任，同时鼓励它们投资自身相对优势领域，以应对当前和未来的共同威胁"。与这些盟友合作，使它们能够"凝聚集体力量，推进共同利益，遏制共同威胁"。②拜登政府于2022年初发布的《印太战略报告》明确欢迎欧洲参与该地区的活动，并承认欧洲的战略价值。③俄乌冲突爆发后，美国仍将中国视为"战略竞争对手"，并进一步强化上述战略。

美国积极支持日本和北约之间的战略合作，旨在促使其亚太盟友与欧洲盟友实现更大程度的网络化融合。由此将在亚欧大陆东西两端形成一条围堵中俄的美国同盟体系链条，使美国在战略上得以从"两只手打人"向"攥紧一个拳头打人"转变。美国在亚太地区和欧洲将传统盟友和伙伴聚集在一起，日本是一个特别重要的战略伙伴。日本与北约的战略合作不仅不会取代日本与美国的同盟关系，而且是日美同盟的有效补充。俄乌冲突爆发后，虽然美国仍将中国视为"战略竞争对手"，但美国和北约都不得不将其关注点主要集中在欧洲安全上，这可能会限制美国在世界其他地区特别是亚太地区的关键能力。因此，美国支持日本和北约安全合作持续发展，促使日本更加关注欧洲安全，而北约继续寻求在亚太地区的参与。

---

① White House, "National Security Strategy 2022," Oct. 12, 2022, https：//www. whitehouse. gov/wp‐content/uploads/2022/10/Biden‐Harris‐Administrations‐National‐Security‐Strategy‐10. 2022. pdf［2023‐03‐01］.

② White House, "Interim National Security Strategic Guidance," Mar. 2021, https：//www. whitehouse. gov/wp‐content/uploads/2021/03/NSC‐1v2. pdf［2023‐03‐01］.

③ White House, "Indo‐Pacific Strategy," Feb. 2022, https：//www. whitehouse. gov/wp‐content/uploads/2022/02/U. S. ‐Indo‐Pacific‐Strategy. pdf［2023‐03‐01］.

三 日本与北约战略协调的影响、发展前景与制约因素

在俄乌冲突的刺激下，日本和北约的战略协调已经进入一个新的发展阶段，并对日本和北约自身、亚太地区的安全以及美国的同盟体系产生一定影响。在可预见的未来，日本与北约及其重要成员的战略协调将持续推进，并将日趋机制化，同时，双方战略协调面临不容忽视的制约因素。

（一）日本与北约战略协调的影响

日本借势加快军事崛起。对日本而言，对中国快速发展的警惕与防范已成为影响其安全政策的核心因素。在中美博弈将引发国际秩序总体变化的基本认知下，以俄乌冲突为背景，日本的安全危机意识与自助意识进一步上升，更加重视凭借自身力量、基于实力保障自身安全，同时更倾向于利用"同盟+"的多重复合方式应对安全威胁。随着日本与北约的战略协调与合作不断推进，日本借势加快"军事大国化"，以图联手主导亚太安全秩序。这不仅对中国周边安全造成较大压力，而且加剧地区对抗。

推动"亚太北约化"和"北约印太化"。日本与北约及其成员国的防务合作将进一步升级，北约力量对亚太事务的干预将逐步走上机制化和法制化道路，北约对亚太安全事务的介入日趋频繁。日本与英、法、德等国所签署的安全防务协议及制度安排，将成为未来日本与其他北约国家合作的范本，其他有意拓展亚太势力范围的北约国家也会更积极地与日本开展合作。这将加快北约东进亚太的节奏，进一步推动"北约亚太化"与"印太北约化"，以提升一体化互操作能力为核心，形成推动"北约亚太化"军事进程的合力，实质性增强美国"一体化威慑"效能。尽管日本在短期内无法突破和平宪法及《日美安保条约》框架，也不可能和美国之外的国家确立完全意义上的军事同盟关系，但是日本将通过以上方式与北约及其主要成员紧密勾连，搅动亚太的和平与稳定。

有利于支持美国主导的军事同盟体系。日本和北约在军事演习和培训、安全协议、国防工业等方面的合作对美国推进其综合威慑战略特别有利。具体来说，日本和北约及其成员国各军种的军事训练和演习越来越多，该行动传达出美国盟友的合作意愿和潜在能力。日本和北约通过这些合作行动可以提高相互配合协作能力，并在此基础之上提高军队之间的互操作性。日本与北约及其成员国签订了一系列安全防务相关协议，此类协议为双方合作提供了法理依据，有利于敏感信息的共享、军事物资的采购和军事技术的互换，使得各国军事力量的直接合作更加容易。日本与北约成员国之间的安全合作相关协议的数量和类型不断增加，从美国的角度来看，这无疑是一个积极因素，有利于美国、北约和日本之间的相互协助与配合。

（二）日本与北约战略协调的发展前景

日本与北约的战略协调越来越机制化。对北约来说，其认识到亚太地区的重要性，在俄乌冲突的刺激下，北约正在积极介入该地区事务，但目前并没有针对该地区的战略。有鉴于此，北约积极加强与亚太国家的对话与合作，比如2022年首次邀请亚太伙伴四国参加马德里北约峰会。今后，日本与北约的战略合作与协调将在各个方面增强机制化和制度化。北约已经将与"亚太四国"的合作制度化，正在以许多不同的方式加强这种伙伴关系，并在海事、网络和其他问题上加强务实合作。2023年，北约邀请四国首脑参加在维尔纽斯举行的峰会，除了首脑级会议之外，北约还将邀请亚太伙伴参加更多部长级会议。[①]

日本积极加强与北约重要国家的战略合作。特别是其与英国、法国、德国等欧洲大国不断签署各种军事安全备忘录和协议，不断扩大安全合作范围，并将其制度化。目前，日本已分别与英、法、德三国建立起外长和防长"2+2"会谈机制，缔结交换机密信息的《军事情报保护协定》，日英、日法

---

① NATO, "Speech by NATO Secretary General Jens Stoltenberg at Keio University," Feb. 1, 2023, https：//www.nato.int/cps/en/natohq/opinions_211398.htm? selectedLocale = en ［2023－03－01］.

已先后签订相互融通物资和劳务的《物资劳务相互提供协定》（ACSA），日德正在就该协定进行磋商，日英、日法已签署《防卫装备及技术转移协定》，日英已签署《互惠准入协定》，日德正在推动《互惠准入协定》的初步谈判。

未来日本与北约及其成员国的战略协调和合作将继续深化。北约及其成员国将不断介入亚太事务，将频繁与日本在该地区进行联合训练和演习。参加联合训练和演习的力量以各方海军为主，但未来几年可能会有更多空军参与。[①] 日本与北约的合作主要在四个方面：政治外交的对话伙伴、军事领域的协作伙伴、国防装备领域的合作伙伴（以与北约重要成员国的合作为主）、"大美盟"合作伙伴。国防工业合作正迅速成为日本与北约重要国家安全关系的新支柱。在很长一段时间里，日本无法与美国以外国家进行国际防卫装备合作，2014 年，日本突破防卫技术转让限制，此后，日本与欧洲国家签署一系列国防装备和技术转让协议，从英国开始，法国、意大利和德国紧随其后。目前，北约和日本的安全合作还处于提高双方互操作性的早期阶段，但是从发展前景来看，双方在互操作性合作上将更加紧密。

（三）日本与北约战略协调的制约因素

双方对中国的态度不尽一致。目前，北约及其成员国对中国的态度发生一定变化，整体来看，将中国视为经济机遇和潜在的合作伙伴，同时开始认为中国对其构成挑战。但是，各国对中国的态度并不完全一致，而且它们与日本对华态度存在较大区别。欧盟于 2019 年出台《欧盟－中国：战略展望》，提出了"三位一体"的对华定位，即战略合作伙伴、科技领域的竞争对手、治理模式的"系统性竞争对手"。2022 年，北约新"战略概念"将中国视为"系统性挑战"，但北约秘书长也强调"中国不是敌人"。

[①] Scott W. Harold, Mathieu Duchâtel, Jeffrey W. Hornung, Veerle Nouwens, Alexandra Sakaki, Michito Tsuruoka, "Expanding Japan–Europe Defense Cooperation: Implications for the U. S.–Japan Alliance," https：//www. rand. org/pubs/conf_ proceedings/CFA2070－2. html ［2023－03－01］.

北约的战略资源有限。俄乌冲突前景仍不明朗，其对北约及欧洲国家的安全政策影响很大，也是向亚太地区投入大量资源的制约因素。北约与亚太地区的参与以不损害对俄威慑为前提，因此北约及其成员国需在欧洲安全和亚太安全方面保持一定平衡。作为北约和美日同盟"盟主"的美国，即使在俄乌冲突爆发的背景下仍将中国视为"最重要的战略竞争对手"，并运用加强联盟的方式应对中国。因此，在亚太和欧洲安全问题上，美国寻求与其北约盟国进行适当分工，北约应确保将大部分精力集中在欧洲的防务责任上，并适当参与亚太事务遏制中国，这样美国可以将大部分注意力集中在应对中国的挑战上。

整体来看，日本与北约的战略协调与合作关系的演进与亚太地区和北约东部地区的地缘政治事件相伴发生并交错共振，同时，日本国内防卫安全政策的变化和北约在全球的行动成为影响双方关系的重要因素。特别是，在俄乌冲突的刺激下，双方关于国际安全和地区安全的认知更加趋同，这为双方进行更深入的合作创造了条件。此外，日本和北约也都有借俄乌冲突实现自身战略转型的考量。鉴于日本奉行极力榨取俄乌冲突的外溢效应的政策，日本与北约合作的势头仍将持续，双方将谋划更为深入的伙伴关系。考虑到以上提到的相关制约因素，双方在人道主义支持、海上互操作性、网络和行动后勤方面的合作可能会更加频繁，并扩展到新的领域。除了在印太地区的行动外，北约和日本可能会考虑在北约的东部和北部地区开展一定程度的合作。

（审读专家：张　勇）

B.20
国际变局下日本对俄政策调整及其走势

张 勇 陈梦莉*

摘 要： 俄乌冲突爆发后，日本的外交活跃度进一步提升，开始紧跟美欧对俄制裁节奏主动调整对俄政策，采取了包括经济、外交等在内的多方面对俄制裁措施，并视情况不断加大制裁力度。与克里米亚"入俄"时的情况不同，俄乌冲突爆发后的日本对俄新政策立场鲜明，指向明确。出于维护自身国家利益需要，日本加入"挺乌反俄"一方，欲借俄乌冲突加速推进自身战略调整与外交转型，积极参与国际秩序重塑。目前，岸田政府已放弃安倍执政时期的拉拢与分化策略，重回对俄传统外交路线。未来，在战事延宕加剧的背景下，日俄关系短期内难以转圜，和平条约谈判中断，经济合作前景不容乐观。

关键词： 俄乌冲突 日俄关系 北方领土 大国关系 日本国际战略

俄乌冲突爆发后，日本紧跟美欧对俄制裁节奏主动调整对俄政策，采取了包括经济、外交等在内的多方面的对俄制裁措施，并视情况不断加大制裁力度。这一做法与克里米亚"入俄"时日本的举措形成鲜明对比。2014年危机爆发后，日本在强化日俄关系和追随美西方之间开展平衡外交，一方面最低限度地配合美国对俄制裁，另一方面通过首脑外交试图在日俄关系上取得进展。与美欧国家相比，日本制裁措施的象征意义远大于现实意义，对俄

---

* 张勇，法学博士，中国社会科学院日本研究所外交研究室主任、研究员，主要研究方向为日本外交与安全、对外战略与决策机制、东北亚国际关系；陈梦莉，法学博士，中国社会科学院日本研究所编辑，主要研究方向为日俄关系、日本外交。

罗斯的制裁力度较小，并未影响日俄间正常的经济往来。随着俄乌冲突的升级与胶着，日本对俄政策从居中斡旋转变为积极构建"挺乌反俄"阵营，在对俄实施持续的经济和金融制裁的同时，其对乌克兰提供多轮援助以牵制俄罗斯，致使日俄关系降至冰点。

一 俄乌冲突爆发后日本对俄政策

俄乌冲突爆发后，日本加入"挺乌反俄"一方，紧跟美欧节奏对俄实施严厉制裁，并随着战事的延宕加剧不断追加制裁措施。同时，日本政府持续增加包括对乌克兰提供物质和财政援助、接收乌克兰难民在内的各种支援措施，展示对乌克兰全面的支持。俄罗斯对此实施反制措施，宣布将日本列入"不友好国家（地区）清单"，中断与日本的和平条约谈判，并暂停与日本关于"北方领土"①的联合经济活动，日俄关系空前冷却。

（一）日本对俄实施多轮经济和金融制裁

俄乌冲突爆发后的第三天（2022年2月26日），日本政府首次宣布对俄实施制裁，"冻结包括俄罗斯总统普京在内的俄罗斯政府官员的资产，对三家俄罗斯银行实施资产冻结，与欧美共同采取措施，将俄罗斯排除出环球同业银行金融电信协会（SWIFT）管理的国际资金清算系统"。② 3月16日，日本取消了对俄罗斯的最惠国待遇。3月25日，日本外务省表示，日本决定对俄罗斯实施新一轮制裁。日本将冻结25名俄罗斯个人的资产，并对81家俄罗斯实体进行出口限制。③ 29日，日本宣布禁止向俄罗斯出口奢侈品，

---

① 关于"北方领土"问题的概念，这是日方称谓，俄称"南千岛群岛"，本报告为行文方便暂且使用日方称谓，不涉及主权归属。
② 外務省「ウクライナ情勢に関する外国為替及び外国貿易法に基づく措置について」、2022年2月26日、https：//www.mofa.go.jp/mofaj/press/release/press1_000744.html [2022-05-28]。
③ 外務省「ウクライナ情勢に関する外国為替及び外国貿易法に基づく措置について」、2022年3月25日、https：//www.mofa.go.jp/mofaj/press/release/press6_001094.html [2022-05-28]。

具体包括豪华汽车、宝石和珠宝等。4月19日，日本宣布新的对俄制裁措施，俄罗斯生产的伏特加、木材等38种商品都被禁止进口。5月5日，首相岸田文雄宣布将同七国集团联合加强对俄制裁，并决定追加对约140名俄罗斯公民实施个人资产冻结，同时将禁止向其出口产品的俄罗斯军事团体增至70多个，还公布了禁止向俄出口量子计算机等尖端物品的制裁措施。① 6月10日，日本政府继续对俄罗斯实施追加制裁，禁止向俄出口包括卡车和推土机在内的67种商品。7月5日，日本政府在内阁会议上批准了禁止进口俄罗斯产黄金等追加制裁措施，还禁止对俄提供信托和会计等服务，增加冻结资产的俄罗斯个人和团体，把禁止出口对象扩大至军事相关团体。② 9月26日，日本经济产业省宣布扩大对俄制裁范围，禁止向俄罗斯出口"与化学武器相关"的商品和材料，以作为对俄罗斯的额外制裁。10月7日，日本政府对81人以及包括俄罗斯国家技术集团（Rostec）、加里宁格勒扬塔尔（Yantar）造船厂在内的9家实体实施资产冻结措施。

整体来看，日本不断扩大对俄罗斯的投资、出口禁令，对俄罗斯个人和团体的制裁基本每月都在增加。据相关统计，截至2022年12月，日本已经对俄罗斯的900人、50多个团体采取了一揽子制裁措施，冻结了一系列银行资产，并还会继续扩大出口限制。③ 截至2022年底，根据日本经济产业省统计，日本政府相继颁布和实施14次对俄出口禁令，不断扩大出口禁令清单，禁止向俄罗斯出口半导体、高科技产品、量子计算机等尖端物品、化学武器生产相关材料、关键战略物资和疫苗等，不断追加对俄制裁。④ 同时，日本政府对俄罗斯采取相关支付和特定资本交易限制，不断对俄罗斯政

---

① 「岸田首相、対ロシア追加制裁は『世界の平和秩序を守り抜くため』」、『毎日新聞』2022年5月6日、https：//mainichi.jp/articles/20220506/k00/00m/010/019000c［2022-09-18］。
② 「政府ロシア産の金輸入禁止など決定 ウクライナ侵攻の追加制裁」、NHK、2022年7月5日、https：//www3.nhk.or.jp/news/html/20220705/k10013702891000.html［2022-09-18］。
③ 「史上もっとも厳しい時期となった露日関係」、2022年12月23日、https：//sputniknews.jp/20221223/14352739.html［2022-12-28］。
④ 経済産業省「対ロシア等制裁関連」、2022年10月20日、https：//www.meti.go.jp/policy/external_economy/trade_control/01_seido/04_seisai/crimea.html［2023-02-01］。

府官员和团体追加制裁措施，实施资产冻结。① 2023 年，日本作为七国集团轮值主席国，继续推动其他国家加强对俄罗斯的制裁。

（二）日本对乌克兰提供多轮援助以牵制俄罗斯

日本在对俄罗斯实施多轮经济和金融制裁的同时，对乌克兰提供多轮援助以牵制俄罗斯，展现出了"挺乌反俄"的鲜明立场。2022 年 3 月 25 日，日本政府宣布向乌克兰提供 1 亿美元紧急人道援助和 1 亿美元贷款。3~4 月，日本政府通过国际组织和非政府组织向乌克兰提供保健、医疗、粮食、难民保护等价值 2 亿美元的紧急人道主义援助，以及支持乌克兰经济发展的 1 亿美元贷款。② 日本政府还派遣调查团，从难民援助的角度对接收乌克兰难民的摩尔多瓦等国家提供医疗保健方面的援助。③ 4 月 1 日，外务大臣林芳正以首相特使身份出访波兰，讨论接收乌克兰难民问题，并用所乘政府专机带回 20 名乌克兰难民。截至 2022 年 10 月底，日本政府已经接收了超过 2000 名乌克兰难民。④ 5 月 19 日，岸田宣布将把对乌克兰的援助资金由 3 亿美元增至 6 亿美元，称"作为七国集团中的一员，日本必须支持乌克兰短期财政资金的需求"。11 月 22 日，日本外务省宣布，将向基辅提供紧急援助，包括提供约 257 万美元的紧急赠款援助，并向乌克兰提供发电机和太阳能灯等，以在俄罗斯袭击乌克兰能源基础设施的情况下支持乌克兰电力等部门过冬。⑤ 需要注意的是，由于受制于国内法律，日本只能在有限的框架下

---

① 経済産業省「対ロシア等制裁関連」、2022 年 10 月 20 日、https：//www.meti.go.jp/policy/external_economy/trade_control/01_seido/04_seisai/crimea.html［2023-02-01］。

② 外務省「岸田総理大臣によるEU・カナダ共催ウクライナ避難民向けプレッジング・イベントへの出席（ビデオ・メッセージ）」、2022 年 4 月 10 日、https：//www.mofa.go.jp/mofaj/ic/cap3/page4_005556.html［2022-06-12］。

③ 外務省「モルドバ共和国・政府調査団の派遣」、2022 年 4 月 4 日、https：//www.mofa.go.jp/mofaj/press/release/press3_000788.html［2022-06-12］。

④ 外務省「吉川外務大臣政務官のKazka来日文化交流会・ファンミーティングへの出席」、2022 年 10 月 19 日、https：//www.mofa.go.jp/mofaj/press/release/press4_009494.html［2022-11-07］。

⑤ 外務省「ウクライナにおける越冬支援のための緊急無償資金協力」、2022 年 11 月 22 日、https：//www.mofa.go.jp/mofaj/press/release/press4_009533.html［2022-12-12］。

向乌克兰提供援助，如提供有限的军事装备、资金支持和人道主义物资。

日本支援乌克兰的措施包括：提供物资和财政援助、接收乌克兰避难人员入境日本、批准在日乌克兰人延长在日停留期限的申请并向避难人员提供物资援助等。此外，日本还多次与乌克兰举行首脑、外长等多级别会谈，传达日本政府的立场、协商对乌克兰援助以及对俄罗斯的制裁措施等，以展示对乌克兰的支持。

（三）日本对俄领土政策发生重要转变

2021年10月，岸田文雄在刚上任时表示，"与俄罗斯之间不解决领土问题，就不会缔结和平条约。将努力构筑首脑间的信赖关系，并力争实现包括缔结和平条约在内的日俄关系的全面发展"。[①] 但俄乌冲突爆发后，岸田对俄领土政策发生重要转变。2022年3月17日，岸田在参议院预算委员会上就"北方领土"表示："俄罗斯的占领没有任何法律依据，属于非法占领。"这是岸田自就任首相以来，首次在国会上就日俄领土争议使用"非法占领"一词。4月22日，2022年版《外交蓝皮书》严厉批评"俄罗斯入侵乌克兰是对国际秩序的根本挑战"，再次将"北方领土"的表述修改为俄罗斯"非法占领"的"日本固有领土"，对俄罗斯的定位取消了"极其重视"字样，甚至认为日俄关系进入国家间竞争的时代。[②] 这是时隔近19年日本文件再次出现俄方"非法占领"的表述。此前，日本政府一直对使用"非法占领"等刺激性表述保持克制，安倍执政时期为推进与俄罗斯的和平条约谈判，一直避免使用"日本固有领土""非法占领"等，对使用这一说法十分谨慎。岸田政府在日俄争议领土问题上，将其定性为俄罗斯"非法占领"，这表明其在日俄争议领土问题上的态度正变得强硬。

---

① 首相官邸「第二百五回国会における岸田内閣総理大臣所信表明演説」、2021年10月7日、https：//www. kantei. go. jp/jp/100_ kishida/statement/2021/1008shoshinhyomei. html［2022 - 02 - 10］。

② 外務省『外交青書2022』、2022年4月22日、https：//www. mofa. go. jp/mofaj/files/100334590. pdf［2022 - 05 - 18］。

俄罗斯对此表示抗议，2022年3月21日，俄罗斯外交部单方面发表声明，停止与日本的和平条约谈判、废除俄罗斯南千岛群岛（日本称"北方四岛"）与日本之间的"免签证交流"、放弃与日本关于南千岛群岛联合经济活动协议等。① 此外，俄罗斯宣布在南千岛群岛引入免税制度，创建免税特区，以强化对这一地区的实际支配，对日本进行反制。4月25日，俄罗斯副总理兼俄总统驻远东联邦区全权代表尤里·特鲁特涅夫表示，俄罗斯将对南千岛群岛进行工业和旅游开发，以回应日本外务省所谓"非法占领这些岛屿部分地区"的声明。②

（四）日本外交高度活跃，积极构建反俄阵营

作为对俄制裁的配套举措，日本开展了频繁的穿梭外交。日本政府非常担心国际舆论的分化，特别关注东亚多数国家与美欧之间的政策差异。日本在紧随西方发起对俄制裁的同时利用各种双边、多边场合借题发挥，高举"制裁俄罗斯"旗帜，游说于各国之间，反复强调俄罗斯"违反国际法、动摇国际秩序根基，应予以强烈谴责"。俄乌冲突爆发后，东南亚各国的反应总体表态较为克制，仅有部分国家跟随美西方脚步对俄进行谴责。2022年4月29日，岸田对印度尼西亚、越南、泰国等进行访问，就加强对俄施压一事寻求东南亚国家理解。日本还积极游说、拉拢印度、中亚及大洋洲国家，劝说其"选边站队"追随西方立场，有意在美欧与各国之间充当"中间人"。

此外，日本不断与北约走近，对俄政策与美西方国家保持相同路线，使日俄关系降至冰点。2022年2月，北约秘书长斯托尔滕贝格先后访问韩国、日本，岸田与到访的北约秘书长斯托尔滕贝格举行会谈，双方一致表示，为了维护基于法治的自由开放的国际秩序，日本和北约将强化在保障网络安

---

① 「ロシア外務省 日本との平和条約交渉を中断する意向を表明」、NHK、2022年3月22日、https://www3.nhk.or.jp/news/html/20220322/k10013544671000.html［2022-05-18］。
② 「露副首相 北方領土『ロシアのものにする』」、『産経新聞』2022年4月25日、https://www.sankei.com/article/20220425-CCBE2ZGPJZL5JFYXNUL2APQKRI/［2022-05-18］。

全、太空安全等方面的合作。① 4月，林芳正出席北约及伙伴国外长会议，成为首位与会的日本外务大臣，就"维护现有国际秩序"表达了深化日本与北约合作的决心。② 5月，自卫队统合幕僚长山崎幸二参加了北约军事委员会参谋长级会议，这是统合幕僚长首次出席该会议，意在就日本与北约在亚太地区安全环境等问题上进行讨论并达成共识。③ 在6月底召开的北约峰会上，日本、韩国等亚太国家领导人首次受邀参会，正式迈出"北约亚太化"的步伐。在俄乌冲突背景下，日本与北约互动频繁，有意充当"北约亚太化"的急先锋。俄罗斯驻日本大使加卢津对此警告称："我们认为，美国及其盟友包括日本，采取让北约参与亚太地区问题的政策会是非常危险的，因为只要哪里有北约的参与，哪里就没有和平、没有稳定、没有繁荣。"④

二 日本对俄政策调整动因

俄乌冲突爆发后，日本紧跟美欧对俄制裁节奏，采取了包括经济、外交、领土政策等在内的多方面对俄制裁措施，并根据冲突的进展不断对制裁"加码"，使日俄关系降至冰点。究其原因，日本是出于自身国家利益借俄乌冲突加速推进战略调整，扩大自身影响力，积极参与国际秩序重塑。

（一）借俄乌冲突参与国际秩序重塑

俄乌冲突爆发后，岸田政府将其定性为"侵略"，不断强调俄罗斯对乌克兰的军事行动是威胁国际秩序的根基，称其"可能演化为二战以来世界

---

① 《北约秘书长与日本首相会谈 承诺将加强关系》，光明网，2022年2月1日，https://m.gmw.cn/baijia/2023-02/01/1303268767.html ［2022-05-28］。
② 外務省「林外務大臣のNATO外相会合出席（結果）」、2022年4月7日、https://www.mofa.go.jp/mofaj/erp/ep/page1_001128.html ［2022-05-28］。
③ 「統合幕僚長、NATO参謀長会議に初参加へ 安保認識共有」、『日本経済新聞』2022年5月17日、https://www.nikkei.com/article/DGXZQOUA163CM0W2A510C2000000/ ［2022-05-28］。
④ 駐日ロシア大使「G7諸国は、ロシアの目標を誤解している」、2022年7月1日、https://www.arabnews.jp/article/japan/article_65552/［2022-09-28］。

和日本最大的危机"。① 日本紧跟美欧国家对俄实施制裁，积极助美塑造"民主阵营"，对抗"威权阵营"国际格局，试图获取新的冷战红利。日本经济产业大臣西村康稔在美国战略与国际研究中心（CSIS）发表的题为"超越幻想后的国际新秩序"主旨演讲中提出，在俄罗斯对乌克兰发动"特别军事行动"对国际秩序构成重大挑战的时代，呼吁日本与"志同道合"国家建立一个"新国际秩序"。日本将再次回到世界的中心，与美国一起发挥强有力的领导作用，来对付"威权国家"。② 日本助力美国划分阵营，塑造"新冷战"对立格局，意在分享美国在国际秩序中的权威，反向捆绑美国霸权，从而扩大自身影响力，在国际秩序重构中发挥引领作用。进一步而言，日本通过对俄政策调整强化了与美国主导的西方阵营的战略依靠与绑定，其首要目标是争取提高国际地位并增加国际博弈资本，力图掌握国际及地区秩序塑造进程。

此外，日本的另一个重要目标是借俄乌冲突要求改革联合国，成为联合国安理会常任理事国，实现日本战后政治大国的梦想。2022年9月20日，岸田在联合国大会发表演讲，称作为联合国安理会常任理事国的俄罗斯对乌克兰发动军事行动是对《联合国宪章》理念和原则的践踏，使联合国的信誉面临危机，为贯彻"以法治为基础"的国际秩序，他呼吁有必要对联合国进行改革和强化其功能。③ 岸田要求限制联合国安理会五个常任理事国拥有的否决权，相关国家必须对使用否决权保持最大限度的克制。④ 实际上，日本是在以推动联合国安理会改革为借口，削弱五个常任理事国的否决权，从而增加日本入常的机会。联合国是二战后国际秩序的核心架构，日

---

① 細谷雄一「動揺するリベラル国際秩序」、『外交』2022年第72号、7頁。
② 経済産業省「西村大臣が米国・戦略国際問題研究所（CSIS）でスピーチをしました」、2023年1月9日、https://www.meti.go.jp/press/2022/01/20230109001/20230109001.html［2023-01-12］。
③ 外務省「第77回国連総会における岸田総理大臣一般討論演説」、2022年9月20日、https://www.mofa.go.jp/mofaj/fp/unp_a/page3_003441.html［2022-09-29］。
④ 「首相、安保理改革を提起 拒否権制限へ仏などと協力」、『日本経済新聞』2022年3月19日、https://www.nikkei.com/article/DGXZQOUA1426G0U2A310C2000000/［2023-03-20］。

本借改革联合国名义成为安理会常任理事国，意在推动战后秩序进行重大转变。①

（二）借俄乌冲突推动国家战略转型

俄乌冲突爆发后的日本对俄政策，不是简单地追随和附和美欧国家对俄罗斯实施制裁，而是借此谋求自我松绑、对抗所谓中俄"威胁"，不断加速内政外交、军事安全等的战略调整，向"正常化"国家和军事大国迈进。

俄乌冲突成为日本增加防卫费的绝佳契机和借口。受俄乌冲突刺激，欧洲各国争相增加军费。俄乌冲突爆发后第四天（2月27日），德国总理朔尔茨就宣布增设千亿欧元国防基金，并承诺将GDP的2%以上用于国防开支。② 这极大地刺激了同为二战战败国的日本，日本也加快增长防卫费的步伐。实际上，日本自民党内部不断有声音要将俄乌局势与台海挂钩以要求增加防卫费，进而敦促日本政府引进提高抑制力的装备。③ 4月3日，日本前首相安倍晋三在山口市发表演讲，在提到德国宣布将防卫费提升至GDP的逾2%时表示"日本也有必要朝这个方向加速"，如果日本不按照北约国家标准提高国防预算，就将成为"笑柄"。④ 6月28~30日，在北约马德里峰会上，以美国为首的北约领导人大力渲染俄罗斯的"直接威胁"，再次要求成员国增加对军事方面的投入。日本首次出席北约峰会，承诺将在五年内彻底增强日本的防卫力量，确保相当大程度地增加防卫费。⑤ 日本借此对标北

---

① 杨伯江：《俄乌冲突催生日本新一轮战略躁动》，中国日报网，https：//cn.chinadaily.com.cn/a/202203/24/WS623bdea6a3101c3ee7acd256.html［2022-05-29］。
② 「ドイツ、国防費をGDP比2%超へ ロシア侵攻で方針転換」、『日本経済新聞』2022年2月27日、https：//www.nikkei.com/article/DGXZQOGR273M50X20C22A2000000/［2022-03-25］。
③ 「防衛費増、自民が4月中に提言 台湾有事へ備え」、『日本経済新聞』2022年4月6日、https：//www.nikkei.com/article/DGXZQOUA017S00R00C22A4000000/［2022-06-12］。
④ 「安倍元首相『防衛費6兆円を』 敵基地『中枢』攻撃も」、『日本経済新聞』2022年4月3日、https：//www.nikkei.com/article/DGXZQOUA032SD0T00C22A4000000/［2022-05-25］。
⑤ 首相官邸「岸田総理大臣のNATO首脳会合出席（結果）」、2022年6月29日、https：//www.kantei.go.jp/jp/pages/20220629nato.html［2022-07-03］。

约成员国军费标准，向北约组织成员国军费开支目标看齐，为自身增加防卫费寻找借口。12月，日本政府在新版《国家安全保障战略》中明确写入"未来5~10年防卫费翻倍"的目标，确定2023~2027年的防卫费总额约为43万亿日元，确保在2027年从根本上强化防卫力量，防卫费占国内生产总值（GDP）的比例由不到1%增至2%的水平。①

此外，日本还试图借俄乌冲突搅动修宪议题。俄乌冲突爆发后，自民党内部以安全环境发生变化为由，多次在与修宪相关的事务上制造声势。岸田表示，宪法已经施行75年，有些内容不合时宜，应修改与时代不符的部分、不足的部分。②俄乌冲突大大助力自民党在修宪问题上的舆论造势，日本国内的修宪意愿整体上有所增强。2022年5月3日，《读卖新闻》关于宪法的全国舆论调查结果显示，回答"修改宪法会比较好"的受访者占60%（2021年3~4月实施的上次调查数据为56%），创下自2015年实施该调查以来的最高比例，这表明俄乌冲突令日本民众加强了对安全问题的关注。③同时期，《朝日新闻》关于宪法的舆论调查结果与此几乎不相上下，对于"是否有必要修改现行宪法"的提问，回答"有必要修改宪法"的占56%（2021年的调查数据为45%），超过了回答"没有必要修改宪法"的37%（2021年的调查数据为44%）。④

（三）国内外环境变化促使日本对俄政策调整

日美同盟的持续强化加剧了日俄的战略不信任感，日俄谈判进程受阻。俄乌冲突爆发后，日本持续深化与美国的军事合作，并不断强化与美国的协

---

① 内阁官房「国家安全保障戦略（概要）」、2022年12月17日、https：//www.cas.go.jp/jp/siryou/131217anze nhoshou/gaiyou.html［2023-01-12］。
② 「憲法記念日特集 施行75年で各政党の主張は」、NHK、2022年5月2日、https：//www.nhk.or.jp/politics/articles/statement/81867.html［2022-11-12］。
③ 「憲法改正『賛成』60%、『自衛のための軍隊保持』は45%…読売世論調査」、『読売新聞』2022年5月3日、https：//www.yomiuri.co.jp/election/yoron-chosa/20220502-OYT1T50225/［2022-06-12］。
④ 「改憲『必要』56%、9条『変えない』59% 朝日新聞世論調査」、『朝日新聞』2022年5月2日、https：//www.asahi.com/articles/ASQ52549ZQ52UZPS008.html［2022-06-12］。

同作战能力。2022年5月3~6日，日本防卫大臣岸信夫访问美国，围绕俄乌冲突等议题进行沟通，并确认深化日美同盟关系。5月23日，日美领导人举行会晤并发表联合声明，双方将确保美对日延伸威慑的可靠性和韧性，巩固关于延伸威慑的双边对话机制。除加强高层战略互动外，日美还加强军事互动。2022年1~7月，日美联合演习和共同训练多达51次，与2021年同期相比增长了50%，比2020年同期增长了2倍。① 同时，日美还加强与域外国家的联合军演。8月16日，美日韩三国在夏威夷进行2017年以来的首次联合军演。11月15日，日美印澳联合举行"马拉巴尔2022"军演，日美商定加强远东战略军事合作，并指明中俄为"主要威胁"。俄罗斯外交部对此警告，"俄罗斯正密切关注日本与美国密切合作以加强自身军事力量的有关计划，此类行为对我们国家的安全和整个地区的稳定构成潜在威胁，俄方保留在日美军事合作构成安全威胁时采取报复措施的权利"。②

就本质而言，俄罗斯对日外交政策的核心关切表面是经济合作，实则是日美同盟。2021年，在俄罗斯修改宪法后，普京表示，"对与日本缔结和平条约的态度没有改变，但在与日本签订和平条约时，有必要考虑到现实，其中一条是确保一个和平的未来，这意味着俄罗斯应当得到保障，不受到美国在俄罗斯边界附近部署军事力量甚至更多导弹系统的影响"。③ 但在俄乌冲突爆发后，随着日本紧跟美国对俄实施制裁并不断强化日美同盟，俄罗斯明确表示拒绝与日本进行和平条约谈判，将日本列为"不友好国家"，对日采取反制措施。日俄谈判环境的恶化使日俄关系陷入僵局，成为日本对俄政策调整的重要客观原因。

---

① 日本安全保障戦略研究所「日米防衛協力2022」、2022年12月11日、https://www.ssri-j.com/MediaReport/JPN/USJPNMD_2022.html［2023-01-12］。
② 「日米の協力関係による脅威が生じた場合、ロシアは報復する権利を保持している」、https://sputniknews.jp/20230131/14765809.html［2023-02-02］。
③ 参见「平和条約交渉『改憲考慮して継続の用意』―プーチン大統領対日平和条約交渉をめぐるプーチン大統領の発言―」、『ロシア政策動向』2021年第14号、7頁；"Meeting with Heads of International News Agencies," June 4, 2021, President of Russia Website, http://en.kremlin.ru/events/president/news/65749［2022-03-02］。

此外，日本国内缺乏对俄关系的政治和舆论环境，成为日本对俄政策调整的重要因素。虽然，日本在安倍第二次内阁时期积极寻求改善与俄罗斯的关系，日俄关系有所缓和，但在后安倍时期，日本政府重回"领土先行"的对俄传统路线，国内对俄"强硬派"占主导地位。俄乌冲突爆发后，为获得日本国民的支持，重新拉高执政支持率，岸田政府完全放弃了安倍执政时期的拉拢策略，转而强烈谴责俄罗斯并对俄实施一系列制裁措施。

三 政策调整下的日俄关系未来展望

2022年是日俄关系史上极不寻常的一年。众议院议员铃木宗男称数十年"积累"的日俄关系温度降至零。实际上，两国关系水平如此之低，在冷战时期也从未有过。中国与现代亚洲研究所日本研究中心主任瓦列里·基斯塔诺夫就日俄状况表示，对日本来说，俄罗斯最"严峻"的决定之一就是完全停止缔结和平条约的谈判。① 日俄关系正处于非常困难的时期，双方无法就和平条约进行协商谈判。可以看出，日俄关系空前冷却，短期内难以恢复。

第一，日俄和平条约谈判陷入中断状态。俄乌冲突爆发后，由于日本对俄采取严厉制裁措施，俄罗斯外交部宣布中断与日本的和平条约谈判。2022年3月22日，俄罗斯前总理梅德韦杰夫表示，俄罗斯和日本绝不会就南千岛群岛问题达成共识，并主张谈判只是象征意义的，俄罗斯修改后的宪法已经明确禁止割让任何领土，现在的协商已经失去全部意义。② 实际上，解决"北方领土"问题并缔结和平条约是1956年以后日本政府一贯采取的立场，普京在2000年就任总统后也多次明确《日苏共同宣言》的有效性。但俄乌冲突后，俄罗斯政府对缔结和平条约谈判的声明和态度具有改变俄罗斯对日

---

① 《透视俄罗斯》，https：//issuu.com/ezhong/docs/gt_2013_04_all［2022-03-02］。
② 「ロシア前首相、北方領土巡る对日協議 常に『単なる儀式だった』」、2022年3月22日、https：//sn-jp.com/archives/74719［2022-06-12］。

政策的性质。2023年1月3日，俄罗斯外交部副部长鲁坚科表示，由于日本公开执行不友好的对俄政策，直接威胁俄罗斯的利益，因此，在现在的条件下，两国无法签订和平条约。①不过，也不排除一种情况，虽然"在现在的条件下，两国无法进行和平条约谈判"，但是如果条件发生变化，俄罗斯可能会重新回到和平条约的谈判桌上。可以肯定的是，若俄乌局势继续紧张，日本继续对俄实施制裁，日俄关系将继续冷却，和平条约谈判会一直陷入中断状态。

第二，日俄经济合作前景并不乐观。日本对俄实施了数轮制裁，给日俄双边贸易带来影响。日本财务省数据显示，2022年，日本对俄出口减少了29.8%，日本自俄进口石油减少56.4%，自俄进口粮食下降38.5%，煤炭减少41.3%，有色金属矿石减少38.8%。由于能源价格飙升，日俄贸易额不降反升，自俄进口额增长26.2%。②与此同时，与日本政府对俄罗斯实施经济制裁成正比的是，日本企业在加速"去俄罗斯化"。DMG森精机作为世界上最大的机床制造企业，是最早从俄罗斯市场上撤出的大型企业之一。2022年3~4月，日本企业加速"去俄罗斯化"，随后撤出速度逐渐放缓。日本帝国数据库的调查结果显示，截至2022年10月25日，在俄罗斯活动的168家日本企业中，有75家撤出或中断了业务。其中，正着手或计划完全撤出俄罗斯业务的企业达18家，占总数的一成。与截至8月的数据比较，当时表明退出俄罗斯业务的企业还不到10家，但9月以后数量剧增（经营领域扩散）。③日本企业加速"去俄罗斯化"会给企业和消费者带来负担，使依赖贸易的日本面临更多的地缘政治风险。此外，在日本对俄实施制裁的背景下，俄罗斯拒绝同日本协商争议领土近海捕捞问题，无法同意日方想就南千岛群岛地区渔业合作展开磋商的要求，表示日方采取的反俄措施违背了两国在1998年

---

① 「ロシア次官、日本の反ロシア路線で平和条約協議不可能に」、『朝日新聞』2023年1月3日、https://www.asahi.com/international/reuters/CRWKBN2TI07O.html ［2023-01-12］。
② 財務省「日本の貿易統計」、2022年12月、https://www.customs.go.jp/toukei/info/ ［2023-01-12］。
③ 「日本企業の『ロシア進出』状況調査（10月）」、帝国データバンク、2022年10月31日、https://www.tdb.co.jp/report/watching/press/p221011.html ［2022-12-12］。

签署的渔业协定。① 这在经济和政治层面都给日本造成"重伤",瓦列里·基斯塔诺夫对此指出,"渔业协定对日本来说具有政治意义,在日本看来,渔业协定具有逐步返还争议领土的意义,这也是该协定的本质意义"②。另外,值得指出的是,虽然日本跟随欧美对俄罗斯发动多轮制裁,但在关系日本国家利益的能源进口等领域,日本尽可能弱化制裁政策产生的负面影响,拒绝退出俄罗斯能源项目。未来日俄经济合作之门尚未关闭,日本依赖俄罗斯天然气,在追随美欧加强对俄制裁和稳定能源采购价格之间,日本面临艰难选择,在短期间内不会退出日俄能源合作项目。未来日俄的经济合作将是有限的,经济合作在日俄双边关系中也不占主要地位,目前,两国的能源合作很难带来双边关系的显著改善。

第三,日本国内主张对俄强硬政策的"激进派"占主流,日俄关系很难在短期内有转圜。长期以来,围绕日俄关系,日本国内政界、学界和民众存在不同的看法,形成主张对俄强硬政策的"激进派"和对俄缓和政策的"温和派"。目前,对于俄乌冲突后的日俄关系,日本国内"激进派"占据主导地位,而主张对俄缓和或改善的人会立即引起争议和批判。其中最具影响力的是,日本前首相森喜朗对日俄关系表示:"好不容易积累到现在,对乌克兰投入这么大的精力真的好吗?"森喜朗质疑日本政府对乌克兰的援助,认为俄罗斯在这场冲突中不太可能会输,这在日本国内引发强烈争议。③ 日本维新会的铃木宗男参议院议员也因连日更新博客"拥护俄罗斯"而引起争议,日本维新会也受到波及。④ 同时,日本国内媒体关于俄乌冲突后日俄关系的整体论调都较为激进,《读卖新闻》称,"政府必须毫不动摇

---

① 「ロシア外務省、日本との漁業交渉を否定 制裁強化受け」、『朝日新聞』2023年1月29日、https://www.asahi.com/international/reuters/CRWKBN2U8042.html [2023-02-01]。
② 「ロシア 北方四島周辺『安全操業』政府間協議応じず」、NHK、2023年1月22日、https://www3.nhk.or.jp/sapporo-news/20230122/7000054459.html [2023-06-12]。
③ 「森元首相『ロシアの負けは考えられない』ウクライナ支援を疑問視」、NHK、2022年5月12日、https://www.nhk.or.jp/politics/articles/lastweek/94967.html [2022-06-12]。
④ 「鈴木宗男氏 止まらない"ロシア擁護"発言…日本維新の会にも『放置するな』」、https://www.excite.co.jp/news/article/Jisin_2141671/?p=3 [2022-06-12]。

地加强与国际社会的合作,让俄罗斯为侵略付出代价。政府在要求俄罗斯返还非法占据的北方领土的同时,也要提高对俄罗斯制裁的实效性"①;《朝日新闻》称,"挑起侵略战争的俄罗斯无意遵守国际法和协议,日俄谈和平条约已经失去意义。日本应该先表明中断日俄交涉,不能重蹈安倍时期对俄采取怀柔姿态的覆辙"②。另外,日本国内民众对日俄关系的看法也不友好,2023 年 2 月 3 日日本内阁府关于外交的舆论调查结果显示,对关于日本与俄罗斯的关系,回答"认为良好"的人的比例只有 3%,是迄今为止关于两国关系的调查中此回答比例最低的。③ 整体来看,当前日本国内主张对俄强硬姿态的"激进派"占据主导地位,在政治和社会思潮保守右倾化不断发展的大背景下,日本国内对于俄乌冲突的看法和对俄政策缺乏理论多元的争论④,使日俄关系在短期内难以有所转圜。

第四,日俄关系中存在的一个重要问题是,在日美同盟框架下,日本对俄外交受制于美俄关系,只要美俄关系不佳,日俄关系的进展自然会受到限制。俄乌冲突爆发后,不同于在克里米亚"入俄"时日本在美俄之间不进行大踏步"选边站队"的温和政策,日本采取完全积极追随美国的对俄强硬外交政策,更是利用日美同盟猛增防卫费,向军事强国迈进,并积极构建新的同盟关系网络,成为美国在亚太地区的"代理者"。日本视俄乌冲突为谋求"自我松绑"的契机,更是将俄乌冲突与亚太地区强行挂钩,加紧巩固日美同盟。在美俄对立延长线上的日本,针对两次危机和冲突采取不同的政策。未来,日本受制于美国是日俄关系的最大变数。随着俄乌冲突持续加剧,美俄关系将继续恶化,日本会跟随美国对俄实施制裁,并"借船出

---

① 「(社説)北方領土問題 交渉中断の非はロシアにある」、『読売新聞』2022 年 3 月 23 日、https://www.yomiuri.co.jp/editorial/20220322-OYT1T50293/[2022-08-04]。
② 「(社説)日ロ交渉中断 懐柔外交から脱却せよ」、『朝日新聞』2022 年 3 月 23 日、https://www.asahi.com/articles/DA3S15241926.html[2022-08-04]。
③ 「ロシアとの関係『良好だと思う』過去最低 3.1% 内閣府世論調査」、NHK、2023 年 2 月 3 日、https://www3.nhk.or.jp/news/html/20230203/k10013969621000.html[2023-02-05]。
④ 项昊宇:《日本对俄强硬做派的盘算与代价》,《世界知识》2022 年第 8 期。

海",提升军力和国际地位。由于日本不断追加对俄罗斯的制裁,俄罗斯政府已宣布中断与日本的和平条约谈判,关闭了解决领土问题的通道,日俄和平条约谈判前景"目前无从谈起"。未来,如果美国考虑调整对俄关系,那么就到了日俄关系改善、谋求日俄和平条约缔结交涉的活跃期了。[1]

(审读专家:卢 昊)

---

[1] 上野俊彦「プーチン体制と日ロ関係の行方」、『ロシアNIS調査月報』2015年7月号、26頁。

B.21
日本对非洲的外交新动向

——以第八届东京非洲发展国际会议为中心

王一晨[*]

摘　要： 长期以来，日本政府视东京非洲发展国际会议为对非洲外交的重要基础平台。2022年，日本时隔3年举办第八届东京非洲发展国际会议，此次会议既是新冠疫情后日本举办的首次大规模、高规格、全方位的对非洲整体外交议程，也是该系列会议继2016年后再次走进非洲。第八届东京非洲发展国际会议不仅延续了此前安倍晋三政府的长期对非合作大方向，还出台了具有岸田文雄政府执政特色的对非合作新倡议。会上，日非双方通过了《突尼斯宣言》，并计划出台"突尼斯行动计划"以持续推动落实日非合作新成果。当前，国际格局发生深刻调整，第八届东京非洲发展国际会议的成功召开将对今后的日非合作及各自发展具有重要意义。

关键词： 日非关系　东京非洲发展国际会议　政府开发援助　印太战略　中非关系

非洲作为全球发展中国家最集中的大陆，因长期面临严峻复杂的发展安全挑战而受到国际社会的高度关注，特别是在当下国际格局进入深度调整

---

[*] 王一晨，法学博士，中国社会科学院日本研究所综合战略研究室助理研究员，主要研究方向为日本对外战略、日非关系。

期，非洲在大国地缘政治博弈中的地位愈发凸显。日本早在1993年就成立了"东京非洲发展国际会议"（TICAD），成为首个对非洲建立论坛外交的亚洲国家。日本在近30年里共举办了八届东京非洲发展国际会议，不仅构建了对非外交的统一基础平台，也在国际对非合作论坛中独树一帜，为其他国家开展对非论坛外交提供了参考先例。2022年8月27~28日，日本政府与联合国、联合国开发计划署、世界银行、非盟委员会共同在北非国家突尼斯举办第八届东京非洲发展国际会议。本报告拟从第八届东京非洲发展国际会议的主要内容与特点切入，重点整理2022年日本为召开第八届东京非洲发展国际会议所采取的主要配套政策，并在对日本加强对非外交进行动因分析的基础上尝试研判后疫情时代日本对非外交的整体变化趋势。

一 第八届东京非洲发展国际会议的主要内容与特点

长期以来，日本在对外关系中并未对非洲给予足够的重视。直到日本于1993年连同联合国、联合国开发计划署、世界银行等国际组织共同成立东京非洲发展国际会议之后，日本才确定把该平台作为对非开展全方位合作的重要外交"基轴"。目前，东京非洲发展国际会议已经召开了八届，为日非合作明确了方向与重点，成为日本开展对非多边外交的重要抓手。自2013年以来，东京非洲发展国际会议由最初五年举办一届改为三年举办一届，在2016年的肯尼亚内罗毕会议后，日非确定了由双方轮流主办东京非洲发展国际会议的相关机制。2022年8月，日本召开第八届东京非洲发展国际会议，包含非洲48国在内的20国政府首脑及代表，联合国、世界银行等国际组织的代表出席会议，日本首相岸田文雄因临行前突染新冠而选择以视频方式参会，外相林芳正作为首相特使与非盟轮值主席、塞内加尔总统萨勒作为会议共同主席主持开幕式。自第五届东京非洲发展国际会议以来的三届会议均由时任首相安倍晋三主导召开，呈现明显的"安倍特色"。而在突尼斯举办的第八届东京非洲发展国际会议，不仅是该系列会议第二次走进非洲，还是岸田文雄执政后首次举行的对非大规模、高级别、全方位外交活动，岸田借此机会出台了具有个人特点的新倡议，致力于将东京非洲发展国际会议打造为更为全面、系统的国际对非多边合作平台。

（一）丰富会议议程以彰显对非合作良好氛围

在 2019 年横滨召开的第七届东京非洲发展国际会议上，非洲 54 国中有 53 个国家派代表与会，其中 42 个国家元首及政府首脑出席。此外，还有 108 个国际机构和地区机构代表、民间部门以及非政府组织等民间代表逾 10000 人参加各类会议活动。第七届东京非洲发展国际会议无论在参会国数量、出席会议人数还是各类相关活动的场次和规模等方面均创下该系列会议的历史最高纪录。与此相比，第八届东京非洲发展国际会议却因新冠疫情而导致整体会议规模、参会人数等出现大幅下降，除岸田文雄首相外，原本预定出席会议的南非、科特迪瓦等国总统均临时取消相关行程，摩洛哥更因主办国突尼斯提出的"西撒哈拉问题"而拒绝派代表参会。因此，日方在议程设置上煞费苦心地弥补会议规模不足的问题。岸田首相虽未到场参会，但仍借会议场合在线上积极开展首脑外交。在短短两天议程中，岸田与林芳正共与 30 余名非洲各国首脑及国际组织代表举行数十场"背靠背"式双边会谈。日本在会议伊始即发布《2019 年横滨行动计划进展报告》，为第八届东京非洲发展国际会议召开奠定了良好的基调。在会议主议程的开、闭幕式及"社会""经济""安全"三大主分科会之外，日本贸易振兴机构还举办了"TICAD 8 商业论坛"，日非 200 余家企业参会，共签署了 92 个合作谅解备忘录。日本还与非洲各国和国际组织携手，在日本国内、突尼斯本地围绕卫生健康、经贸投资、文化教育、农业粮食、科学技术等议题举办了 120 余场线上线下的正式边会。日本政府更首次在会议闭幕式上举行了"野口英世非洲奖"的颁奖典礼，由岸田首相向为非洲卫生健康做出杰出贡献的人士颁奖，营造暖心热络的会议氛围。[1]

---

[1] 外務省「第 8 回アフリカ開発会議（TICAD8）」、2022 年 10 月 3 日、https://www.mofa.go.jp/mofaj/afr/af2/page24_001517.html［2022-12-18］。

（二）注重"投资于人"以加强对非洲的社会发展援助

在第八届东京非洲发展国际会议上，岸田提出了"投资于人"的新倡议，强调基于"以人为本"的理念开展对非社会发展援助，注重加强对非洲社会个体的投资支持以塑造日本在非洲各国社会基层的良好形象和影响力。一是加紧在非洲推动"全民健康覆盖"（UHC）。在应对疫情方面，日本将继续通过日本国际协力机构（JICA）、日本贸易保险（NEXI）等为非洲各国实施新冠疫苗研发、接种以及"最后一公里"冷链技术提供资金支持。同时，在一般公共卫生领域，持续加强对非洲传染病预防、医疗人员培训、营养健康管理、自来水安全供应等长期援助，共同推进"非洲健康构想"落地。二是深化开展对非洲教育援助。开设"大家的学校"项目，为1300万名非洲学生提供高质量教育，建立日非大学合作网络以为5000名非洲学生提供赴日留学进修机会，推动日非在科学技术领域开展合作研究。三是援助非洲提高应对气候变化能力建设。针对拥有热带雨林的非洲43国，为900名森林管理人才提供培训项目；持续在非洲108个城市推广"美丽都市平台"计划，就废弃物可再生回收管理等加强交流与合作；在防灾领域为非洲10国培训1500名以上专业人才等。[①] 可以看到，日本对非洲的发展援助主要集中在对卫生、教育、环境领域的人才培养和能力建设上。

（三）聚焦深化经贸联系以推动日非合作转型升级

自2013年第五届东京非洲发展国际会议以来，推动日非关系由单一的"援助与被援助"关系向更加紧密的经贸合作关系转型成为日本开展对非合作的重要议题。在第六届、第七届东京非洲发展国际会议上，日本政府均做出大额投资承诺以推动日非经贸合作关系转型升级。岸田政府的对非政策也延续了这一做法，其在会上再次做出未来3年内进行300亿美元的对非官民

---

① 外務省「TICAD8における日本の取組」、2022年8月、https：//www.mofa.go.jp/mofaj/files/100386135.pdf［2022-12-18］。

投资的承诺。一是构建自由开放的国际经济体系。日本将与非洲开发银行、非洲贸易机构合作，出资50亿美元资金推动更多日企赴非投资；与非洲开发银行合作融资30亿美元，培训20万名农业技术人才以应对俄乌冲突所导致的全球粮食危机；在此前7国的基础上与突尼斯等4国新建双边营商环境改善委员会，构建"三大走廊综合计划2.0"助力非洲内部基础设施互联互通。二是与非洲深度开展脱碳绿色合作。日本政府提出"非洲绿色成长倡议"并视其为第八届东京非洲发展国际会议的重点内容，其中主要包括由日本出资40亿美元，改造非洲基础设施，构建氢能供应链、研发氢气直接燃烧技术、为780万人提供110兆瓦的地热与可再生能源发电量、保障脱碳核心有色金属矿产的稳定供应等。三是为初创企业在非投资提供更多支援。日本将为非洲各国培训5000名产业技术人才，出台"忍者计划"，以为360家初创中小型企业在非投资提供支援，并进一步发挥日本贸易振兴机构在推动日企在非投资方面的统筹平台作用。[①]

（四）进一步发掘日非在和平安全领域合作的潜力

早在2008年第四届东京非洲发展国际会议上，日本就提出"人的安全保障"理念，并将其视为助力非洲应对日益严峻的非传统安全挑战的重要指导原则。时任首相安倍在2019年第七届东京非洲发展国际会议上发起"非洲和平稳定新途径"以作为加强与非洲在和平安全领域合作的总体框架。岸田在第八届东京非洲发展国际会议上延续了相关内容，将对非安全合作视为保障非洲社会稳定、经济发展的重要前提。一是强调"民主主义"与"法的支配"核心原则。日本通过器材、资金援助促进非洲民主选举和平稳定，为5000名司法行政领域工作人员提供管理培训项目以缓解非洲贪腐问题，为东非海洋国家提供海洋执法能力建设援助。二是增强非洲在冲突预防方面的能力。主要包含对参与联合国在非维和行动人员提供培训，支援

---

① 外務省「TICAD8における日本の取組」、2022年8月、https：//www.mofa.go.jp/mofaj/files/100386135.pdf［2022-12-18］。

非盟在萨赫勒地区和"非洲之角"的安全能力建设，以联合国三方合作项目助力非洲国家改善安全制度。值得注意的是，岸田在会上首次宣布将任命"非洲之角"民主主义担当特使加大对该区域安全事务的参与力度。三是深入社区，确保民众的生活环境安全。日本深入民间，助力非洲社区与地方行政部门构建良好的沟通机制，关注女性问题，为 500 万人提供行政服务改善项目，积极为接收 150 万名国际难民的地方社区提供紧急人道主义援助。①

二 日本举办第八届东京非洲发展国际会议的配套政策

由于地理位置遥远、历史联系较弱，无论是在对非合作深度、广度还是在非洲的实际战略利益上，日本与中美欧等国相比均存在一定差距。因此，通过三年举办一届东京非洲发展国际会议确立对非合作的总体方针成为日本深化对非关系的重要方式。2016 年，第六届东京非洲发展国际会议在肯尼亚举办，日本提出了"印太战略"，视非洲为重要域内地区。随着俄乌冲突爆发，日本提出"印太战略新计划"，推动"印太战略"与"全球南方"概念融合，倡导塑造所谓的"共同国际秩序"以强化对中俄的地缘战略制衡。因此，日本召开部长级会议为第八届东京非洲发展国际会议预热，聚焦对非新冠疫苗和紧急粮食援助，迅速举办双边首脑会谈以落实会议合作成果等，持续放大第八届东京非洲发展国际会议在日非关系中的积极效果，旨在为后疫情时代深化日非合作铺路搭桥，并进一步发挥非洲在助力其开展"印太"地缘政治博弈中的重要作用。

（一）召开部长级会议为东京非洲发展国际会议预热、铺垫

2022 年 3 月 26~27 日，日本按惯例在东京非洲发展国际会议举办前由外相林芳正主持召开部长级会议。日本原首相安倍通过主办此前三届东京非

---

① 外務省「TICAD8 における日本の取組」、2022 年 8 月、https：//www.mofa.go.jp/mofaj/files/100386135.pdf［2022-12-18］。

洲发展国际会议，确立了"社会""经济""安全"的三大对非合作支柱，岸田政府也继承了该政策方针，本次会议设置同样的三大议题，明确了日本将在该框架内，聚焦对非合作中的"人"与"高质量成长"。在社会层面，日本将继续以抗疫援助为抓手，加大对非新冠疫苗及其保存、运输等冷链技术的相关援助力度，推动"全民健康覆盖"理念在非落地；在经济层面，日本将着重在企业数字化转型、绿色经济、新兴能源等领域加强对非合作，并持续推动日企赴非投资；在安全层面，日本将进一步在海洋、反恐等领域加强对非盟、各次区域组织安全机制构建和各国安全能力建设的支援。林芳正除全程出席部长会所有议程外，还在短短两天时间内接连安排七场外长会见，着重围绕联合国安理会改革、战略资源稳定供给等与非洲重点国家开展高密度会谈。无论是在会议致辞，还是与七国外长会谈中，日本外相都无一例外地着重强调俄罗斯对乌克兰发动的"特别军事行动""强行改变国际现状、公然违反国际法，对国际秩序造成负面影响"，同时不遗余力地宣传日本在俄乌冲突中对俄实施制裁的强硬态度，彰显自身所谓"负责任的大国形象"，拉拢非洲国家"选边站队"。此外，虽然林芳正在记者会上多次强调会议并未涉及中国相关内容，但其在致辞和总结中均重点提及非洲债务问题，指出"目前存在债权国借债务左右非洲政府决策、换取非洲港口长期经营权等风险，日本将助力非洲改善债务问题"，其虽未直接"点名"中国，但污蔑抹黑的意图十分明显。[1]

（二）深化与国际组织合作以对非洲开展新冠疫苗援助

新冠疫情令原本十分脆弱的非洲卫生医疗体系遭受严重冲击，随着非洲应对新冠疫情逐渐从应急预防阶段进入常态化医疗管理阶段，进一步提高新冠疫苗的普及率和接种率成为非洲各国面临的重要课题。日本自2021年"全球疫苗峰会"承诺向"新冠感染疫苗实施计划"（COVAX）提供15亿

---

[1] 外務省「アフリカ開発会議（TICAD）閣僚会合（結果概要）」、2022年3月28日、https：//www.mofa.go.jp/mofaj/press/release/press1_000805.html［2022-12-18］。

美元资金，并在 12 月"东京营养峰会"上重点保证向非洲国家提供 1000 万剂国产新冠疫苗以来，着眼在全球疫苗援助领域打造自身"负责任"大国形象。因此，2022 年上半年，通过与国际组织合作提供新冠疫苗援助成为日本在第八届东京非洲发展国际会议召开前对非洲的最重要的援助项目之一。一方面，日本通过 COVAX 向非洲六国提供无偿疫苗援助。2022 年 2~4 月，日本通过 COVAX 共向尼日利亚、马拉维、喀麦隆、加纳、肯尼亚、塞拉利昂等国提供了 222 万剂新冠疫苗，助力当地提高疫苗普及率、接种率。① 另一方面，日本与联合国儿童基金会持续开展合作，向埃及提供 300 万美元的无偿援助并签署"新冠疫苗扩大接种计划"②，对加蓬、几内亚比绍、纳米比亚等非洲 10 国提供 3000 万美元以推广新冠疫苗保存、冷藏、运输、接种等"最后一公里"的冷链基础技术援助。③ 如丰田汽车在加纳开发的"新冠疫苗专运车"成为世界卫生组织认证的世界首台疫苗运输专用车辆而受到加纳政府的欢迎。④ 2022 年下半年，日本对非洲的疫苗援助力度随着非洲应对疫情常态化以及俄乌冲突加剧而有所减小。

（三）聚焦俄乌冲突影响而加大对非洲的粮食援助力度

2022 年，俄乌冲突朝着长期化、复杂化发展，俄乌两国的小麦、玉米和大豆供应被迫中断，粮食价格高企，非洲各国面临至少 3000 万吨的粮食短缺。因此，日本聚焦日益严峻恶化的非洲粮食危机，将通过国际多边机制对非洲开展粮食援助视为深化日非关系、拉拢非洲国家"选边站队"的重

---

① 外務省「日本の新型コロナウイルス感染症対策支援」、2022 年 10 月 31 日、https：//www.mofa.go.jp/mofaj/ic/ap_m/page23_003186.html ［2022-12-18］。
② 外務省「エジプト・アラブ共和国に対する新型コロナウイルスワクチン接種拡大のための支援」、2022 年 2 月 21 日、https：//www.mofa.go.jp/mofaj/press/release/press1_000726.html ［2022-12-18］。
③ 外務省「中南米諸国及びアフリカ諸国における新型コロナワクチン接種促進に係る緊急無償資金協力について」、2022 年 2 月 25 日、https：//www.mofa.go.jp/mofaj/press/release/press1_000737.html ［2022-12-18］。
④ 「トヨタや豊通のワクチン輸送車、WHO 認証 コロナも対応」、『日本経済新聞』2021 年 3 月 31 日。

要抓手，特别是在第八届东京非洲发展国际会议召开前，其在短期内对非洲国家高频次地开展多个紧急粮食援助项目。粮食援助继新冠疫苗援助后成为日本在2022年下半年对非洲开展的重点援助项目。2022年7月，岸田文雄在出席于德国举行的七国集团（G7）峰会时表示，将向非洲、中东地区提供2亿美元粮食援助以改善全球粮食安全保障问题。日本此次对外提供紧急粮食援助的主要路径包括，经非政府组织等双边途径提供粮食援助、与世界粮食计划署共同开展的粮食援助以及与联合国粮农组织合作开展粮食生产能力建设等。[1] 7~9月，日本集中向非洲13国提供35.5亿日元紧急人道主义粮食无偿援助，加紧落实其在G7峰会和第八届东京非洲发展国际会议上的双重承诺。其中，在双边层面，日本向埃塞俄比亚、刚果（金）提供了9.5亿日元粮食援助；在多边层面，日本主要通过与世界粮食计划署开展多边合作，利用其在非洲的成熟援助机制向10国提供了24亿日元的无偿粮食援助，包括塞拉利昂（2亿日元）、喀麦隆（1.5亿日元）、乍得（1.5亿日元）、中非（2亿日元）、莫桑比克（3亿日元）、莱索托（2.5亿日元）、南苏丹（4亿日元）、布基纳法索（2.5亿日元）、刚果（布）（2亿日元）、几内亚（3亿日元）。[2]

（四）召开日塞线下首脑会谈以加快落实会议成果

2022年12月17~20日，非盟轮值主席、第八届东京非洲发展国际会议非方共同主席、塞内加尔总统萨勒受邀对日本进行国事访问，成为第八届东京非洲发展国际会议后首位也是2022年内唯一一位到访日本的非洲国家元首。萨勒受邀访日，旨在代表非盟与日方共同落实第八届东京非洲发展国际会议的相关成果。岸田文雄首相与萨勒总统举行首脑会谈，并发表日塞共同声明，主要就双边关系以及国际多边事务合作达成共识。在双边层面，日塞就"基础教育普及100亿日元贷款""全民健康覆盖医疗卫生援助""海水

---

[1] 外務省「ウクライナ情勢の影響を受けたグローバルな食料安全保障への対応」、2022年7月5日、https://www.mofa.go.jp/mofaj/press/release/press1_000958.html［2022-12-18］。
[2] 相关数据为笔者根据日本外务省公布的信息整理总结所得。

淡化日元贷款""国立水产品研究所建设15亿日元无偿援助"等项目签署合作协议，此外，双方还就持续推动日企赴塞投资、保障油气矿产等战略资源供给安全、建设双边营商环境改善委员会等经贸领域合作达成多项共识。在多边层面，双方主要围绕加速推动联合国安理会改革、支持非盟加入二十国集团、维护自由开放的"印太"海洋秩序、携手应对区域经济威压、维护国际法及国家主权领土完整等问题发表联合声明。[①] 日本在第八届东京非洲发展国际会议后迅速邀请萨勒总统访日，一方面固然旨在巩固落实东京非洲发展国际会议合作成果，进一步放大会议在日非关系中的积极效应；另一方面借助与非盟轮值主席开展首脑会谈，在所谓"民主主义"和"法的支配"的共同理念下，与非洲国家就共同建立印太区域国际秩序彰显日方立场，达成新共识。特别是在针对联合国安理会改革、俄乌冲突后国际秩序、领土争端问题、东海南海海洋规则秩序、对华经济安全保障等问题上，日方希望拉拢非盟代表非洲统一立场予以支持站台，助力其在国际多边场合的政治博弈中建立相对优势地位。

三 日本强化对非外交的动因分析

随着世界主要大国博弈影响加速向非洲传导，非洲在国际地缘政治中的重要地位愈发凸显。特别是近年来，非洲国家在国际多边场合采取了对俄乌冲突相对平衡中立的立场，令主导对俄制裁的美西方深受打击。美西方深感在非洲的传统影响力不断下降。因此，日本在对非外交理念上表现出现实利益优先的实用主义色彩，虽然日本在对非合作中着力倡导由发展援助向经贸投资转型，但针对中俄在非洲日益增长的影响力而开展以意识形态为基础的地缘政治博弈，成为日本在非洲实现战略利益和政治大国目标的重要手段。以1993年首届东京非洲发展国际会议为标志，日本逐渐形成以论坛外交为

---

① 外務省「日・セネガル首脳会談及びワーキング・ランチ」、2022年12月19日、https://www.mofa.go.jp/mofaj/af/af1/sn/page3_003557.html［2022-12-22］。

核心的对非整体合作模式，特别是在 2000 年中非合作论坛成立以来，日本更是将中国视为在非洲的主要战略竞争对手，不断强化对非外交以扩大自身在非洲的政治经济影响力，着眼在国际多边场合彰显"负责任"大国形象。

（一）聚焦在国际对非多边合作领域塑造领导力

"联合国中心主义"一直是日本战后外交的三大支柱之一，日本十分注重通过联合国等国际多边机制开展对非合作。东京非洲发展国际会议最初成立的契机就是在日本倡导下由联合国、联合国开发计划署以及世界银行等国际组织共同主办，后来为了凸显非洲意志而吸收非洲联盟委员会成为共同主办方。日本认为，东京非洲发展国际会议自始至终就不是日本与非洲国家举办的双边合作论坛，而是在联合国框架下的国际对非多边合作论坛，这也成为东京非洲发展国际会议与中非合作论坛的最大不同之处。基于东京非洲发展国际会议的国际多边合作属性，日本高度重视在国际多边机制框架下开展对非合作。如日本在 OECD 框架下持续加大对非洲政府开发援助力度，参与联合国在非洲维和行动，以 G7 轮值主席国身份首次邀请非洲国家参与并加入讨论涉非相关议题，积极支持非盟委员会成为 G20 成员，通过 COVAX 向非洲捐赠新冠疫苗，与联合国儿童基金会和世界粮食计划署开展长期合作以为非洲提供卫生和粮食援助等。可以看到，与强化双边合作关系相比，日本更加注重在国际大、小多边框架下建立对非合作机制，着眼借此塑造自身在国际对非多边合作领域的领导力。

（二）彰显与非共同立场以寻求联合国安理会改革突破口

2005 年，日本连同德国、印度、巴西组成"四国同盟"奋力冲击联合国安理会常任理事国席位，但以失败告终后，认为非洲国家的不支持态度是其联合国安理会改革（以下简称"安改"）方案难以实现的最大原因。因此，拉拢"票仓"非洲的支持从而推动联合国进行安理会改革以跻身常任理事国之列成为日本深化对非合作的长期战略目标。近年来，日本逐渐改变策略，尽量避免让各国直接对"是否支持日本入常"做出二选一的抉择，转而采取"两步走"方针，即首先推动各国达成共识使得"安改"进入议事日程，再围绕各自"入常"方案进行探讨。因此，日本不断寻求与"非盟安改共同立场"进行捆绑，表态支持非洲出任联合国安理会常任理事国以拉拢非洲对"安改"声援"站台"。在近几届东京非洲发展国际会议成果文件中，日方均夹带大量涉"安改"的相关内容，特别是在俄乌冲突后美西方积极制造舆论企图将俄罗斯"踢出安理会"，日本在第八届东京非洲发展国际会议上再次强调"携手推动联合国安理会改革"。2022年6月，日本成功当选新一届联合国安理会非常任理事国，成为当选次数最多、在任时间最长的国家。日本此次任期到2024年12月，2025年恰逢联合国"逢五逢十"的"安改"大年，届时势必会在非洲掀起新的一波"安改热"。

（三）以秩序与债务为抓手对冲中国在非的战略影响力

中非合作论坛成立20余年来长期引领国际对非合作，中国已连续13年稳居非洲最大贸易伙伴国地位。因此，"中国因素"日益成为日本调整对非战略的重要参考变量，非洲成为日本谋求实现对华战略制衡的新多边战场。近年来，日本积极迎合美国，在印太区域谋求对华实现战略围堵，而非洲成为其拉拢"站队"的重要对象。长期以来，非洲国家对美西方开展的附带条件式"价值观外交"并不认同。一方面，日本做出调整，聚焦推广"国际秩序外交"，强调以维护由美西方主导的既有"国际规则秩序"为日非合作的基础理念共识。日本在多次东京非洲发展国际会议成果文件中均夹带涉东海、南海"航行自由"等所谓"海洋秩序安全"相关内容，试图将中国污蔑为"国际法原则的挑战者"。在第八届东京非洲发展国际会议上，日本以"国际秩序维护者"自居，积极拉拢非洲国家"选边站队"，加强对俄制裁与战略围堵。可见，日本已将东京非洲发展国际会议视作向非洲彰显其"维护国际秩序"形象的重要舆论平台，不断提升其助力对华战略牵制的作用。另一方面，日本在抹黑中非合作的同时竭力塑造日本助力非洲实现债务可持续发展的"正面形象"，持续对冲中国在非日益增长的影响力。

（四）发掘日非经贸合作潜力以助力经济恢复发展

长期以来，日本面临经济发展停滞的问题，亟须进一步扩大海外市场以推动经济恢复发展。近年来，虽然新冠疫情和俄乌冲突令非洲经济遭受严重影响，但巨大的市场潜力和人口红利也令其经济复苏展现出强劲韧性。《2022 年非洲经济展望报告》预估非洲经济增速将恢复至 4.1%，特别是电子商务、服务业等的复苏态势显著。日本在 2016 年、2019 年的两届东京非洲发展国际会议上均着重强调对非合作向经贸投资的转型趋势，进一步开发日非经贸投资潜力成为日本深化对非合作的重点方向。事实上，虽然日本近年来力推东京非洲发展国际会议向经贸投资转型，但与全球对非投资高涨相悖，日本实际对非投资存量从 2013 年的 120 亿美元持续下降至 2022 年的 48 亿美元，甚至在对非投资来源国中更是排在第 10 名以后，日媒更是发出"TICAD 将只能举办 10 届"的消极论调。[①] 日本企业囿于非洲高风险的营商环境以及人身安全隐患而对"走进非洲"的态度并不积极，因此日本政府为拓展外部市场实现多元化发展，通过签署双边投资协定、商业贸易保险、银行优惠贷款等不断加大对日企赴非投资的政策支持力度。此外，俄乌冲突爆发后，全球能源格局发生深刻转变。日本出台《经济安全保障推进法》，加大对重点资源稳定供给的保障力度。非洲是日本重要的有色金属矿产来源地，南非更是日本铂族有色金属矿产长期以来的最大来源国。随着"脱碳化"进程的加快，日本对于作为汽车尾气催化剂主要原材料的铂族金属进口需求不断增加，因此强化与非洲矿产资源合作对于日本实现经济安全至关重要。

四　日非合作的趋势与展望

1993～2022 年，日本共举办了八届东京非洲发展国际会议，成为连续举办对非合作论坛会议最多的国家之一。30 年来，随着日本对外战略的不断

---

① 「TICADあと2回？　最後の巨大市場アフリカの攻略法」、『日本経済新聞』2022 年 6 月 10 日。

变化发展，为配合外交重点，该系列会议呈现不同的变化趋势。1993~2008年的第一届至第四届会议表现出极为浓重的国际对非援助色彩。虽然日本采取与欧美不同的优惠贷款援助方式以及突出"人的安全保障"理念，但会议本质上仍是日本基于对非洲国家的"援助与被援助"关系而主导的国际对非援助合作。2013~2019年的第五届至第七届会议均在时任首相安倍晋三的主导下召开。自安倍开启日本自民党政权长期执政以来，其为东京非洲发展国际会议系列会议确立了由"援助向经济"转型的大方针。日本通过承诺进行大额对非官民投资、邀请民间企业成为会议主体、建立官民经济论坛等方式积极推动日企赴非投资。东京非洲发展国际会议彰显了鲜明的"经济中心主义"以及深化日本对非经贸投资合作的经济外交需求。此外，随着2000年中非合作论坛正式成立，特别是在2015年约翰内斯堡峰会、2018年北京峰会相继成功举办后，中非关系迎来历史上最好时期。日本深感在非洲面临对华竞争压力，愈发视中国为在非主要战略竞争对手。因此，在2016年第六届东京非洲发展国际会议首次走进非洲后，该系列会议的政治属性，特别是对冲中国在非影响力的一面愈发凸显。安倍在第六届东京非洲发展国际会议上提出的"印太战略"着眼对冲"一带一路"的影响力，为在非开展对华地缘政治博弈确立了总体方针。岸田在第八届东京非洲发展国际会议上借俄乌冲突、涉海问题等大力倡导"国际秩序外交"，聚焦以所谓"维护共同国际秩序"拉拢非洲对华形成战略牵制。因此，由于东京非洲发展国际会议在推动日非经贸投资合作领域长期以来的效果不彰，日本势必将进一步发挥该平台在彰显本国价值观、秩序观上的政治宣传功能，强化其对华地缘政治博弈的一面。

2022年是中非合作论坛达喀尔会议成果落实之年，俄乌冲突令国际格局发生深刻改变。美西方纷纷加大对非拉拢力度，企图裹挟非洲"选边站队"以对华实施战略围堵。因此，非洲已不仅是中国与发展中国家关系"基础中的基础"，还是中国高效开展国际多边外交的重要助力。随着东京非洲发展国际会议中的涉华因素愈发凸显，中国将在非洲面临更为严峻复杂的对日博弈局面。一方面，面对日本等针对中国的攻讦抹黑应予以正本清源。在明确指出非洲债务的最大来源方系国际对非多边债务的同时，也要从长远着眼，看清非洲所面临的"债务赤字"既限制了中非合作深入发展，也成为日本等抹黑中非关系的主要借口。对此，中国应推动更多对非减免债务以用于生产领域的融资支持，促进非洲工业化，进一步发挥中国对非贷款助力其可持续发展的积极作用。另一方面，虽然日本在非经贸投资规模、企业、人数等方面与中国存在较大差距，但要看到其对非援助经营多年，深入"草根"阶层的制度化合作机制值得参考借鉴，特别是在清洁能源、公共卫生、基础设施等领域与中国存在较大合作空间。因此，在后疫情时代，中日在优势互补领域探索在非第三方市场进行合作具有较大潜力。

（审读专家：卢　昊）

B.22
RCEP机遇与中日经贸关系现状与展望

吕克俭*

摘　要： 2022年是中日邦交正常化50周年，也是两国相向而行、共同开创契合新时代要求的中日关系的重要一年。历经70多年风风雨雨，中日经贸关系已构筑起坚实的基础，形成了互惠互补、互利共赢的良好局面，这成为双边关系的重要组成部分。尽管面临新冠疫情、地缘冲突等因素的冲击，两国多领域交流与务实合作仍不断深化，经贸合作在RCEP生效等重大利好助力下保持稳定发展势头，民间交流也呈现积极动向，中日关系进入持续稳步发展轨道，但依然面临复杂外部环境和诸多不确定性的敏感因素。

关键词： RCEP　中日贸易　产业链供应链　科技创新　双向投资

2022年是中日邦交正常化50周年，2023年迎来《中日和平友好条约》缔结45周年。中国始终坚持对外开放的基本国策，始终高度重视发展稳健的中日经贸关系，日本经济界及民间友好人士始终致力于推动中日经贸关系发展。站在新的历史起点上，不断推动两国经贸关系向前发展符合两国的共同利益。中日双方应重温实现邦交正常化时的初心使命，坚持相互成就、互利共赢，着眼"下一个50年"，深化各领域全方位合作，进一步助力中日经贸关系在新时代继续迈上新的台阶。

---

* 吕克俭，中华人民共和国商务部亚洲司原司长、全国日本经济学会副会长。

一 中日经贸关系70年简要回顾

历经70年风风雨雨，中日经贸关系虽历经起伏，但已构筑起坚实的基础，形成了互惠互补、互利共赢的良好局面。稳固而强韧的中日经贸关系既是双边关系的重要组成部分，也是中日关系长期稳步发展的"压舱石"和"稳定器"。特别是1972年邦交正常化以来，两国经贸关系由单纯货物贸易往来发展为货物与服务贸易、相互投资、人员交流、技术合作、多边与区域合作并举的全方位、深层次合作，形成了互惠、互补、共赢的良好合作局面。

20世纪50~60年代，中日贸易发展处于初级阶段，主要采用开展民间贸易的方式推进中日贸易发展，发挥"以民促官"的作用。在此期间，中日两国先后签署4个民间贸易协定。受到政治、经济等多方面因素的影响，中日民间贸易额的绝对量在此阶段并不多，1952年时仅为1550万美元，1958年时由于发生了日本暴徒侮辱中国国旗的"长崎国旗事件"，中日贸易被迫中断。

20世纪60~70年代，中日贸易实现了进一步的发展。与此前"以民促官"的做法不同，在这一阶段，中日贸易表现出"半官半民"的特点。廖承志与日本前通商产业大臣高碕达之助于1962年在北京签署《中日长期综合贸易备忘录》。周恩来总理、陈毅副总理、外贸部部长叶季壮、冈崎嘉平太等出席签字仪式。该备忘录的签署不仅推动了中日贸易的发展，而且为中日两国"半官半民"的接触和交流打开了窗口。到1970年，中日贸易额增加到8.1亿美元，占中国对外贸易总额的13.7%。[1]

中日贸易往来的快速发展，使两国经济界迫切希望两国政府能早日实现复交，以解除政治障碍，进一步拓宽两国经贸交往的渠道。活跃的贸易往来

---

[1] 《中日经济贸易发展历程简要大事记》，中华人民共和国驻日本国大使馆经济商务处网站，2019年4月9日，http://jp.mofcom.gov.cn/article/about/fzlc/201709/20170902645148.shtml [2023-02-20]。

起到了"以经促政"的效果。

20世纪70~80年代，中日贸易发展进入"官民并举"的新阶段。1972年中日两国实现邦交正常化之后，日本政府与民间企业都积极参与中日贸易活动，使中日贸易得以迅速发展。1980年的中日贸易额进一步增加到89亿美元，占中国当时对外贸易总额的24%。日本从此成为中国主要的贸易伙伴之一。1989年，西方对中国实施"制裁"，中日经贸活动减少。中日贸易额从1989年的146.6亿美元下降到1990年的129.3亿美元。但是，日本于1990年率先宣布解除对中国的"制裁"，从而使中日贸易得到迅速恢复。中日贸易额从1991年的202.8亿美元增加到1999年的661.7亿美元。[1]

20世纪90年代至今，中日贸易进入大规模发展和走向成熟的阶段。1993~2003年，日本连续11年成为中国的第一大贸易伙伴。与此同时，中国逐渐成为日本的第二大贸易伙伴。2007年，中国超过美国成为日本的第一大贸易伙伴，并保持至今。特别是在中国于2001年加入世界贸易组织（WTO）之后，随着关税的降低，中日贸易进入快速发展期，中日贸易额每5年迈上一个新台阶，中日贸易额从2001年的877.5亿美元增加到2006年的2073.6亿美元，2011年时达到3428.9亿美元，2021年达到3714亿美元，同比增长17%。[2]

2020年以来，在新冠疫情冲击下，中日贸易逆势增长，自2018年以来连续5年保持3000亿美元规模。这既体现了中日经济关系的强韧性，也反映出日本经济对中国的依存度上升。面对复杂的外部环境，进一步加强中日经贸合作既有利于日本实现经济复苏，也有利于推动中国经济实现高质量发展。

---

[1] 《政府信息公开》，中华人民共和国海关总署网站，2023年2月3日，http://guangzhou.customs.gov.cn/customs/302249/zfxxgk/2799825/302274/index.html［2023-02-20］。

[2] 《中国同日本的关系》，中华人民共和国外交部网站，2023年2月1日，https://www.fmprc.gov.cn/web/gjhdq_676201/gj_676203/yz_676205/1206_676836/sbgx_676840/［2023-02-20］。

二 2020年以来中日经贸关系的发展

2020年以来，中日双方共同抗疫、两国人民守望相助，不仅拓展了两国的合作领域及互助空间，也有助于进一步推动两国经贸长期稳定合作。2021年10月，习近平主席与岸田首相举行电话会谈，为两国关系下一步发展做出了规划，明确了方向。

2022年1月1日，《区域全面经济伙伴关系协定》（RCEP）对已批准生效的中日等多个成员国生效。全球第二大和第三大经济体首次达成自贸减税安排，实现了历史性突破，有利于共同维护和强化以各项规则为基础的多边贸易体制，也将进一步促进中日经贸关系发展。同时，围绕服务贸易、知识产权、数字贸易等议题，中日两国也将在RCEP大框架下实现新的突破，这将有效助力金融市场开放、跨境电商合作、数字经济标准对接等。

2022年11月，习近平主席与岸田首相在泰国曼谷举行重要会晤，两国领导人一致同意共同致力于构建契合新时代要求的建设性的、稳定的中日关系，为今后一个时期中日关系的健康稳定发展和各领域交流合作指引航向。习近平主席特别强调，两国经济相互依存度很高，要在数字经济、绿色发展、财政金融、医疗养老、维护产业链供应链稳定畅通等方面加强对话合作，实现高水平互利共赢。

两国应抓住机遇、相向而行，以中日邦交正常化50周年为里程碑和新起点，继续深化务实合作，探索协作互利共赢的新路径。

2022年，中国进出口总值首次突破40万亿元人民币关口，连续6年保持世界第一货物贸易国地位，对共建"一带一路"国家的进出口额达13.8万亿元，比上年增加19.4%。对RCEP其他成员国的进出口总额达12.95万亿元，同比增长7.5%，占中国进出口总额的30.8%。[1] 2022年的中日贸易

---

[1] 《2022年我国对RCEP其他14个成员国进出口占外贸进出口总值的30.8%》，中国政府网，2023年2月2日，http://www.gov.cn/shuju/2023-02/02/content_5739623.htm［2023-02-20］。

额达3574亿美元，同比下降3.7%。其中，中国对日出口额为1729亿美元，同比增长4.4%；自日进口额为1845亿美元，同比下降10.2%。在贸易伙伴方面，当前日本是中国的第五大贸易伙伴，排在东盟、欧盟、美国、韩国之后。按国别排名，日本是中国的第二大出口对象国，也是第二大进口来源国，还是中国的第三大贸易伙伴。中国则连续15年为日本第一大贸易伙伴国。

日本海关数据显示，2022年，日本对华双边货物贸易总额为3352.08亿美元，同比下降4.3%，占日本全部货物贸易总额的20.26%。其中，日本对华出口总额为1455.00亿美元，同比下降11.4%，占日本全部货物出口总额的19.36%；自华进口总额为1897.08亿美元，同比增长2.0%，占日本全部货物进口总额的21.02%。对日本而言，中国仍然是其第一大贸易伙伴、第一大出口目的地，也是第一大进口来源国。

另外，日本对华直接投资在疫情持续冲击下仍保持稳定态势，2022年，日本在华新设立日资企业828家，同比下降17%，截至2022年底，日本在华设立日资企业达到5.5万家。2022年实际使用日本对华直接投资金额为46.1亿美元，实际使用金额累计达1275.9亿美元，居国别第二位。日本对华投资的重点集中于零售业、运输机械及金融保险业，占日本对华投资总额的70%以上。此外，在疫情等不利外部因素的影响下，2022年，中国在日承包工程完成营业额为3.2亿美元；向日本派遣技能实习生14287人，中国在日技能实习生总数达5.1万人。

特别值得强调的是，借助RCEP，中国与日本首次实现自由贸易关系，这是中国推动高水平对外开放取得的重大成就。2022年上半年，中国贸促会的统计结果显示，日本连续6个月成为第一大RCEP证书出口目的国，在服装与衣着附件、鞋靴、有机化学品、塑料及其制品等方面对日出口增加显著。① 同时，日本农林水产省统计数据显示，2022年，日本农林水产品和食

---

① 《贸促会：日本连续6个月排RCEP签证国首位》，中国自由贸易区服务网，2022年8月1日，http://fta.mofcom.gov.cn/article/rcep/rcepgfgd/202208/49341_1.html［2023-02-20］。

品的出口额比上年增加14.3%，达到创历史新高的1.4148万亿日元。从出口目的地来看，中国的贡献最大，增长25.2%，达2783亿日元。

另外，随着RCEP的生效实施，中日经贸关系的发展不仅表现在货物贸易领域，而且在诸多规则领域达成重要共识，包括海关手续与贸易便利化、原产地规则、卫生与植物卫生措施、标准技术法规、贸易救济、服务贸易、自然人移动、电子商务、知识产权、竞争政策、中小企业发展等。受此影响，中日经贸关系将进一步深化发展。

在中日实现邦交正常化50年以来，中日之间开展了全方位的经贸合作，形成了互利、互补的合作伙伴关系。在国际政治经济局势复杂变化的背景下，中日两国作为世界第二大和第三大经济体，更加需要加强经济领域的合作，形成深度融合、相互依存的发展局面，对于这一合作共赢的结果，双方应当倍加珍惜。中日全方位经贸合作不仅给两国人民带来福祉，也为亚太乃至世界经济的稳定发展做出了积极贡献。

三　中日经贸合作关系前景展望

2023年，两国将迎来《中日和平友好条约》缔结45周年的重要历史节点。着眼于"下一个50年"，站在新的历史起点，中日都迎来了新的发展机遇。中国坚持对外开放的基本国策，坚定奉行互利共赢的开放战略，推动建设开放型世界经济，推动共建"一带一路"高质量发展，不断以中国新发展为世界提供新机遇。中日两国应积极把握RCEP生效等利好，重温初心、相向而行，更加积极加强在数字经济、绿色发展、财政金融、医疗养老、维护产业链供应链稳定畅通等领域的务实合作，实现高水平互利共赢。同时，两国应发挥自身优势，携手推动以下领域的务实合作。

（一）紧抓RCEP生效契机，维护产业链供应链稳定畅通，构建面向新时代的中日经贸关系

在RCEP框架下，中日两国首次达成双边关税减让安排，将有力重塑中

日经济合作新格局。RCEP 生效后，大幅提高两国之间零关税产品覆盖率以及促进区域累计原产地规则施行，将有助于进一步推动两国贸易、投资一体化进程，持续加强中日两国在产业链供应链领域的合作，形成深度融合的发展局面，使得中日两国的生产网络格局更加符合时代需要。根据联合国贸易和发展会议（UNCTAD）的测算，RCEP 生效后，日本对区域内出口将比 2019 年增加 5.5%，按金额计算增加约 200 亿美元。[1]

RCEP 生效后，在货物贸易领域，日本对华出口成本将大幅降低。在服务贸易领域，中国采取正面清单方式，日本采取负面清单方式承诺开放，将进一步开放房地产、金融、运输等部门。在完成过渡期后，超过 85% 的日本出口到中国的货物可以享受零关税待遇，与此同时，接近 90% 的中国出口到日本的商品也将享受零关税待遇。

中国日本商会发布的《中国经济与日本企业 2022 年白皮书》显示，2021 年，日本企业的业绩回复明显，72.2% 的日本企业盈利，达到 2007 年以来的最高水平，只有少数日企考虑减少、转移或撤出其对华投资业务，未出现大规模转移或撤出中国市场的情况，40.9% 的企业表示将在未来 1~2 年内"扩大业务规模"。[2] 可见，即使日本政府近年来出于种种考虑，持续推动产业链供应链调整政策，在全球范围内调整日本企业的产业链供应链布局，日本企业界也仍然认为中国是重要的产品销售市场，同时，中国所具备的完整产业链供应链体系使其具有无可替代的地位。

随着 RCEP 各成员国，特别是中日两国经济发展所带来的红利，中日两国企业可以充分使用 RCEP 的优惠关税措施和贸易便利化措施，不断优化、调整亚太产业链供应链布局，加快自身发展步伐，助力今后一个时期中日贸易实现稳步增长。

---

[1]《RCEP 1 月 1 日生效，推动日本出口增 5%》，日经中文网，2021 年 12 月 31 日，https://cn.nikkei.com/politicsaeconomy/investtrade/47173-2021-12-31-04-59-21.html ［2023-02-20］。

[2]《中国经济与日本企业 2022 年白皮书》，中国日本商会网站，2022 年 7 月 29 日，http://www.cjcci.org/detail/576/576/4210.html ［2023-02-20］。

（二）加强科技创新及数字贸易等领域的合作

多年来，中日两国在科技创新领域进行卓有成效的合作，仍有很大潜力。在2022年中央经济工作会议明确提出"要加快数字化转型，推广先进适用技术，着力提升高端化、智能化、绿色化水平"的背景下，进一步深化中日两国在科技创新特别是数字经济领域的合作具有更为重要的现实和长远意义。特别是在5G、AI、区块链、大数据、智能机器人、新能源汽车等领域，中日应携手合作，充分发挥两国在新技术转化方面的优势，将新技术以最快的速度转化为新产品，推动两国经济发展。

在中日科技创新合作中，数字贸易领域的合作潜力巨大。近年来，世界各国都在利用大数据、物联网、AI等新技术驱动产业升级与跨界融合。日本在半导体制造设备、半导体原材料、电子零部件等信息技术硬件产品生产领域具有丰富的技术，积累了诸多经验。由此可见，中日两国在数字经济、电子商务等创新领域有着广泛的合作前景，双方应抓住机遇，努力推动中日数字经济合作实现新跨越，进一步释放数字经济发展红利。

（三）加大"碳达峰""碳中和"领域的合作力度

中日两国都是能源消耗大国，与此同时，中日两国均提出了实现"碳中和"的目标。中国提出在2060年前实现"碳中和"，日本则提出在2050年实现"碳中和"。由此可见，"碳达峰""碳中和"领域是中日经贸合作的重点领域。日本在制造"绿氢"、氢能储存、高压气态氢能运输等领域具有先进的技术与经验。中日两国可进一步深化氢能领域的技术交流与合作。

当前，氢能在日本的能源发展战略中占据重要地位，日本早在2017年就制定了"氢能基本战略"，在2020年制定"面向2050年碳中和绿色增长战略"，在2022年"清洁能源战略中间报告"，日本将氢能发展置于重要位置。近年来，中日两国均投入大量资金发展氢能技术及进行应用。在氢能技术领域，日本占据先发优势，中国可以学习和借鉴日本的经验与做法，推动中日两国在氢能开发利用方面加强合作，包括氢能相关法律规则的制定、技术创新、应用场景多样化等领域。

（四）大力推动医疗康养等现代服务业领域的合作

根据RCEP相关规定，中国进一步扩大对日本的服务贸易开放范围，提高了对日本的金融服务、医疗康养、房地产等开发水平。日本相应地向中国提高了金融、交通、房地产领域的开放水平。

当前，中国65岁以上老龄人口已接近2.1亿人，占总人口的14.9%，据推算，这将为医疗康养产业带来上万亿元级的生产和消费市场；日本目前已迈入深度老龄化社会，在医疗健康、养老产业的投资管理、人才培训和项目运营方面有着丰富的经验与技术。着眼后疫情时代，中日双方在人口老龄化和医疗康养领域具有广阔的合作空间。在现实市场需要和广阔的市场前景的推动下，中日两国在医疗康养产业方面合作必将互利共赢。

此外，中日两国在金融领域的合作空间巨大，包括金融科技、绿色金融、第三方市场金融协作等。推动中日两国在第三方市场进行合作，离不开金融领域的有力支持。同时，日本近年来积极推动发展绿色金融，积累了丰富的经验，并持续扩大绿色金融市场。为此，为推动东亚地区的区域性气候变化金融体系建设，中日两国需要加强在绿色金融标准制定领域的合作，推动金融产品相互认证与产品互通。

（五）以地方合作示范区为龙头，积极推动中日地方合作

中日两国的地方合作始终是中日经贸合作的重要组成部分，当前中日两国的友好县市数量已经有250余对。中日两国的地方交流与互利合作不仅是中日两国推动友好往来的重要渠道，也拓宽了中日经贸的合作领域，为增进中日两国的民间互信、推动人员往来发挥了重要的作用。在疫情常态化背景下，两国地方友城以线上线下结合等模式积极探索开展交流的新方式，宣传推介自身产业优势、特色产品等，不断深化互利合作，共同推动中日地方城市互利合作走向深化。

在两国政府支持下建立的北京、上海、苏州、成都、大连、青岛、天津等中日地方合作示范区，是两国地方合作的新框架。这些示范区都是中国最具创新活力、最富投资潜力的地区，拥有开展中日地方合作的旺盛需求、坚实基础和广阔空间。

今后，应继续鼓励和支持中日地方发挥各自优势，抓住邦交正常化50周年的契机，找准自身产业定位，加强在贸易投资、科技创新、中小企业、农水产品进出口等领域的交流与合作，实现优势互补和共同发展，从地方层面助力"后疫情时代"两国关系行稳致远。

（六）深入推动两国现代农业、乡村建设合作

中国正致力于实施"乡村振兴战略"，巩固全面建成小康社会的奋斗成果，这给中日两国农业合作创造了广阔的空间。由于日本国土面积狭小，日本始终致力于发展高附加价值农业，日本的农业农村现代化走在了亚洲前列。中国可以借鉴日本建设农业农村现代化的体制机制和具体做法。中日两国在农业农村现代化领域还可以具体开展动植物育种、农业机械设备现代化、农产品加工与运输等领域的合作。此外，中日两国可以在经济发展数字化转型背景下，运用"互联网+农业"方式，提升农业产业链供应链韧性，将中日两国农业农村合作提升到新的水平。

RCEP生效后，除了实施关税减让外，在原产地规则、贸易便利化、服务投资、非关税壁垒等方面均有高水平承诺，为拓展和深化中日农业贸易合作创造了条件。农业贸易企业可结合自身情况和RCEP相关规则进行综合分析和发展战略设计，以充分利用优惠政策。在RCEP框架下，两国可携手合作，进行优势互补，共同拓展亚太区域农业合作及农产品贸易，实现互利共赢。

（七）有效增加两国企业双向投资，积极拓展第三方市场

习近平总书记在第五届进博会开幕式上宣布，"中国将推动各国各方共享制度型开放机遇，稳步扩大规则、规制、管理、标准等制度型开放，实施

好新版《鼓励外商投资产业目录》，深化国家服务业扩大开放综合示范区建设"①。中日两国应着眼"后疫情时代"，不断改善本国投资环境，进一步开拓市场，从制度和商业习惯上创造良好的营商环境，努力促进中日企业相互投资。

近年来，中日两国在东南亚等市场存在较为广阔的投资合作机遇。2022年9月，第19届中国-东盟博览会"日本企业广西行"以"中日企业通过中国-东盟博览会平台共拓共享 RCEP 经贸合作新机遇"为主题，采取线上线下相结合的形式举办。与会日本企业纷纷表示希望充分发挥日资企业在技术、管理等方面的优势，与广西深化多领域务实合作，共同开启双方合作新篇章，为两国友好做出积极贡献。

（八）积极参与"后疫情时代"全球经济治理

当前，百年未有之大变局加速演进，地缘局势急剧动荡，全球金融、粮食、能源等多重危机显现，世界经济复苏步履维艰。同为亚洲重要国家和世界主要经济体的中日两国的经贸合作已超越双边层面，对引领区域一体化、推动构建开放性世界经济体系具有重要影响。双方应广泛参与"后疫情时代"全球经济治理，深化 RCEP 框架下的互利合作，推进中日韩合作提质升级，有效提升东亚地区经济的增长潜力，实现地区经济长期稳定增长。

同时，中日两国作为本地区和世界负责任的国家，应积极参与联合国、世界贸易组织、G20、亚太经合组织等机制合作，积极推动国际经济机构改革，坚持多边主义、开放包容、互利合作、与时俱进，共同维护正常的国际贸易秩序和环境，推动全球治理朝着更加公正合理的方向发展，在后疫情时代的国际秩序和全球经济治理方面发挥更大的引领作用。

1972 年中日邦交正常化以来，中日经贸合作在波折起伏的两国关系中总体保持稳定增长。当下全球面临诸多挑战与困难等不确定性因素，和平合

---

① 《习近平在第五届中国国际进口博览会开幕式上的致辞（全文）》，中国政府网，2022年11月4日，http://www.gov.cn/xinwen/2022-11/04/content_5724715.htm［2023-02-20］。

作发展共赢是唯一选择。展望中日关系下一个 50 年，同为全球价值链的深度参与者，中日两国应在 RCEP 框架下加强合作，联合面对疫情、地区冲突等突发事件可能给全球价值链带来的冲击等共同课题。作为友好近邻和合作伙伴，中日应以此为契机，在复杂局面下坚守友好合作初心，积极加强两国之间的经济和人文交流，增进民众友好感情。同时，两国还应恪守中日四个政治文件各项原则，坚持以两国元首重要共识为指引，本着相互尊重、平等对待、合作共赢、高度发展的原则，致力于增强互信、管控分歧，构建契合新时代要求的建设性的、稳定的中日经贸关系，不断推动中日关系进一步稳定向好发展。

（审读专家：田　正）

附　录　2022年日本大事记

吴　限　孙家珅　沈丁心[*]

1月

1日　《区域全面经济伙伴关系协定》（RCEP）正式生效。中日两国由此建立自贸协定关系，双边贸易促进效应快速显现。

6日　日本与澳大利亚正式签署《互惠准入协定》（RAA）。该协定将简化日澳联合军演期间人员、装备弹药等入境方面的相关手续。

7日　日美两国政府召开"日美安全保障协议委员会（2+2）"会议，双方签署防卫装备合作研究协定。该协定旨在抗衡中国和朝鲜推进研制高超音速导弹等新型武器。

9日　日本前首相海部俊树去世，享年91岁。海部生前一直关心、支持中日友好事业，为推动中日关系改善做出积极贡献，并曾就南京大屠杀"向南京人民表示深深的道歉"。

10日　日本政府统计，截至2022年1月1日，日本国内达到20岁的"新成人"有120万人，比上一年减少4万人，创历年最低。

12日　财务省公布的国际收支初步统计结果显示，2021年11月，日本

---

[*] 吴限，历史学博士，中国社会科学院日本研究所副研究员，主要研究方向为日本社会文化、中日关系；孙家珅，历史学博士，中国社会科学院日本研究所助理研究员，主要研究方向为日本外交、东海问题；沈丁心，法学博士，中国社会科学院日本研究所在站博士后，主要研究方向为日本文化外交、经济外交。

经常项目收支顺差为 8973 亿日元，同比减少 48.2%，贸易逆差为 4313 亿日元。

17 日 防卫省决定在 2022 年度预算案中投入 65 亿日元用于研发拦截 5 倍音速及以上的高超音速导弹的电磁炮技术。

日本政府向国会提交 2022 财年预算案，预算案总额达 107.5964 万亿日元，比上一财年增加 0.9%，连续 10 年创新高。

21 日 首相岸田文雄与美国总统拜登举行电视电话会谈，就 2022 年上半年拜登访日和召开日美印澳首脑会议达成协议。

日法两国政府以视频会议方式举行外长和防长"2+2"会议。双方就"自由开放的印太"、朝鲜核问题以及日法联合演习等深入交换意见。

22 日 日本奥委会表示参加北京冬奥会的日本运动员人数达到 124 名，创造日本参加海外冬奥会运动员人数之最。

25 日 日本政府决定将北海道、大阪府、京都府等 18 个地区纳入"防止新冠疫情蔓延等重点措施"实施地区，期限为 1 月 27 日至 2 月 20 日。

26 日 日本为在年内完成对《国家安全保障战略》《防卫计划大纲》《中期防卫力量整备计划》三个文件的修订举行听证会。国家安全保障局前局长北村滋、谷内正太郎、原防卫大臣森本敏等人就攻击敌方基地、经济安全等议题发表意见。

2月

1 日 东京都原知事、众议院议员石原慎太郎去世。石原慎太郎为日本右翼保守派政客，顽固秉持错误"历史观"，曾掀起"购买"钓鱼岛及其附属岛屿闹剧，对中日关系造成严重破坏。

总务省公布的报告显示，2021 年度，日本平均完全失业率为 2.8%，较上一年度下降 0.1 个百分点，两年来首次得到改善。

3 日 日本广播协会报道，2 日，东京都新增新冠确诊病例 2.1576 万例，刷新 1 月 28 日新增 1.7631 万例的最高纪录。

4日 首相岸田文雄与美驻日大使拉姆·伊曼纽尔举行会谈,双方确认将进一步加强日美同盟的紧密合作。

8日 日本众议院全体会议通过"要求改善乌克兰令人担忧状况的决议"。

财务省公布的国际收支初步统计结果显示,2021年12月,日本经常项目逆差为3708亿日元,第一次所得收支盈余为3988亿日元,盈余额缩小。

13日 日美韩外长在美国檀香山举行会谈,时隔5年再次发表联合声明,强调三国将扩大在安全保障和经济领域的合作。

15日 内阁府公布的报告显示,2021年第四季度,日本实际GDP按年率计算增幅为5.4%,为半年以来的首次正增长。

首相岸田文雄与乌克兰总统泽连斯基进行电话会谈,双方就通过外交努力缓解紧张局势、加强日乌合作达成一致。

16日 防卫装备厅约谈川崎重工、三菱电机、富士通等15家军工企业,向其宣介政府新的军工扶持政策,并听取相关企业的诉求。

17日 厚生劳动省统计数据显示,截至2月9日,日本全国居家疗养的新冠病毒感染者人数达54.3045万例,与前一周相比增加约10.8万例,连续三周刷新历史最高纪录。

22日 首相岸田文雄表示,因俄罗斯承认"顿涅茨克人民共和国"和"卢甘斯克人民共和国"独立,日本将对其实施相应的谴责和制裁。

24日 日本量子科学技术研究开发机构(QST)将在2022年秋季正式运行新一代热核聚变实验装置(JT-60SA)。相关技术不仅可用于核聚变反应堆,还有望用于制造锂离子电池。

25日 财务大臣铃木俊一宣布,日本政府决定冻结俄罗斯三家银行的资产,冻结俄罗斯个人及团体的资产并停止发放签证,限制对俄军事相关团体的物资出口。

26日 日本政府将俄乌冲突定义为俄罗斯对乌克兰的"侵略"。

27日 首相岸田文雄表示,日本将参与对俄罗斯的制裁,将俄部分银行排除在环球同业银行金融电信协会(SWIFT)管理的国际资金清算系统之外。

首相岸田文雄宣布,实施对俄制裁和冻结普京等俄官员在日资产,并宣布向乌克兰提供价值约1亿美元的紧急人道主义援助。

28日 日本政府宣布，作为对俄罗斯的追加制裁，日本将对包括俄罗斯准军事团体瓦格纳组织在内的21个团体实施禁运。

3月

3日 外务省宣布将暂时关闭日本驻乌克兰大使馆，在靠近波兰的边境城市利沃夫设立临时事务所，负责确保滞留日侨安全并协助其撤离。

4日 总务省公布的报告显示，1月，全国完全失业率为2.8%，较上月上升0.1个百分点，就业人数较上月减少19万人。

7日 内阁官房长官松野博一通过外交渠道就俄罗斯政府将日本列为"非友好国家和地区"向俄罗斯政府表示强烈抗议。

10日 厚生劳动省的统计数据显示，2021年，日本最低生活保障申请数量约为23.5万件，较2020年增加约1.1万件，增长4.9%，连续两年呈增长趋势。

14日 内阁府公布在2021年12月至2022年1月进行的"治安相关舆论调查"的结果。结果显示，过半数受访者认为"近10年来治安恶化"。

15日 厚生劳动省公布的数据显示，2021年，日本国内自杀者达21007人。其中，男性为13939人，连续12年下降；女性为7068人，连续两年呈增长趋势。

16日 日本福岛县附近海域发生里氏7.4级地震，福岛、宫城两地震感强烈，截至当日已造成4人死亡。

17日 日本陆上自卫队成立电子作战部队，总部设在朝霞驻地。该部队约有540人，除应对网络空间攻击外，还将负责人才培养、实战训练支援和信息通信网络的管理运营等。

日本央行公布的报告显示，截至2021年12月，日本家庭金融资产总额达2023万亿日元，约为日本经济规模的4倍，较上年同期增长4.5%。

19日 首相岸田文雄同印度总理莫迪举行会谈并发表联合声明，对

"乌克兰的人道危机"表示严重关切，但并未直接提及俄罗斯。

22日 日本参议院通过2022财年财政预算案，总额达107.6万亿日元，连续十年创新高。其中，国防预算较上一财年增长542亿日元，达到历史最高的53687亿日元。

23日 乌克兰总统泽连斯基通过视频方式在日本国会发表演讲，请求日本政府进一步加强对俄制裁和对乌援助。

24日 警察厅公布的数据显示，2021年，日本查处涉及大麻案件人数达5482人，比2020年增加448人，连续五年刷新历史最高纪录。

25日 日本国会通过未来5年驻日美军费用分摊协定。根据协定，2022～2026财年，日本需承担驻日美军经费约1.055万亿日元，增加的费用将主要用于提高日本自卫队和美军的协同作战能力、购买新军事系统及进行基地设施维护等。

26日 首相岸田文雄与美驻日大使拉姆·伊曼纽尔视察广岛和平纪念资料馆，在原子弹死难者慰灵碑前献花并默哀。

28日 《读卖新闻》公布的日本社会等级差别现状调查结果显示，八成以上受访者认为日本等级差距严重，半数人认为差距仍将拉大。

30日 福岛县和宫城县的四个民间团体向日本经济产业省和东京电力公司递交了约18万人的联合署名请求，坚决反对核污染水排海。

4月

1日 外务大臣林芳正访问波兰。

5日 林芳正与来自乌克兰的20名难民同乘政府专机抵达日本。日本政府初步决定，将为抵达日本的乌克兰难民提供临时住所，向其发放生活费和医疗费。

日本央行公布的企业短期经济观测调查结果显示，2022年第一季度，日本大型制造业企业信心指数近两年来首次下滑14%。

8日 外务省要求俄驻日外交官及通商代表部职员共计8人离境。

首相岸田文雄宣布把俄罗斯储蓄银行和阿尔法银行列入制裁名单，对俄实施新投资禁令，对俄煤炭供应实行全面禁运，并将减少对俄能源依赖。

9日 日本、菲律宾两国政府举行首次外长和防长"2+2"会议，菲律宾成为第九个同日本实施"2+2"机制的国家。双方同意就缔结《互惠准入协定》和《物资劳务相互提供协定》（ACSA）展开讨论。

12日 日本央行公布的报告显示，2021年度，日本国内企业物价指数初值为107.5，较上一年度上升7.3%，为历史最高水平。

14日 日本民众在东京举行日中邦交正常化50周年集会，呼吁政府践行《日中联合声明》精神，推动日中友好合作。

15日 日本京都大学医学部附属医院和日本移植学会联合宣布，该院成功实施全球首例不同血型的活体肺移植手术。

18日 日本大阪高等法院宣布"森友学园"案二审判决结果，维持一审对森友学园前理事长笼池泰典有期徒刑5年的判决结果，其妻刑期则从3年改判为2年6个月。

首相岸田文雄同首次访日的瑞士联邦主席卡西斯举行会谈。双方围绕朝鲜局势交换意见，并一致同意将继续对俄罗斯实施强有力的制裁。

19日 福岛县发生5.3级地震，包括福岛县、茨城县、宫城县在内的多地有明显震感，地震未引发海啸。

20日 日本有识之士组成的"中国文物返还运动推进会"在东京举行集会，要求日方返还战争期间从中国掠夺的文物。

财务省公布的贸易统计初值显示，2021年度，日本的贸易逆差为5.3749万亿日元（约合人民币2660亿元）。

21日 首相岸田文雄以"内阁总理大臣岸田文雄"之名向靖国神社供奉真榊，原首相安倍晋三和自民党政调会会长高市早苗参拜靖国神社。

25日 外务大臣林芳正与韩国"韩日政策协商代表团"举行会谈，双方一致同意维持并进一步加强合作。

26日 首相岸田文雄与乌克兰总统泽连斯基举行电话会谈。岸田表示将向乌提供3亿美元援助，并提供无人机、食品和医药品等装备物资。

内阁会议决定根据物价上涨的情况紧急出台向石油企业及低收入育儿家庭增加支付补助金等措施。

27日 日本政府和东京电力公司宣布，福岛第一核电站共计约137万吨核污染水储存罐存满时间推迟到2023年秋季。

警察厅发布的报告显示，2021年共破获网络犯罪案件1.2万余起，较上一年增加2300多起，创历史新高。

28日 首相岸田文雄与德国总理朔尔茨举行首脑会谈，双方表示针对俄乌局势将继续加强两国间的紧密合作。

5月

2日 日本与泰国举行首脑会谈并签署《防卫装备及技术转移协定》。日本政府希望借此加强与泰国的安全合作。

3日 日本国家安全保障局局长秋叶刚男与美国总统国家安全事务助理沙利文在白宫举行会谈。双方认为亚太地区的安全环境日益严峻，必须提升日美同盟威慑力。

4日 俄罗斯外交部宣布永久禁止日本首相岸田文雄、众议院议长细田博之、读卖新闻社总裁渡边恒雄等63人入境俄罗斯。

5日 总务省公布的全国儿童人口推算数据显示，截至4月1日，日本全国不满15岁的儿童人口总数为1465万人，与上一年同期相比减少25万人，再次刷新历史最低纪录。

首相岸田文雄与英国首相约翰逊举行会谈，双方一致确认将继续对俄罗斯实施严厉制裁，进一步向乌克兰提供支援。双方还就深化安保合作达成意向。

6日 东京电力公司启动海底挖掘作业，为福岛第一核电站核污染水排海做准备。此举引发日本各界强烈反对。

7日 防卫省发布消息称，朝鲜向日本海方向先后发射的四枚导弹均坠入"日本专属经济区"，日本对此表示强烈抗议。

8日 东京都一项调查结果显示，东京都 23 区内无家可归者的平均年龄为 65.1 岁，无家可归者呈现高龄化趋势。

9日 首相岸田文雄出席七国集团领导人线上会议。岸田表示将进一步采取措施制裁俄罗斯和加强对乌克兰的援助。

10日 财务省公布的报告显示，截至 3 月底，国家长期债务余额达到 1017.1 万亿日元，首次突破 1000 万亿日元大关。

11日 据警察厅统计，2021 年，由 75 岁以上高龄驾驶员驾驶汽车或摩托车引发的死亡事故达 346 起，较上一年增加 13 起，占年度全部死亡事故的 15.1%，再次刷新历史最高纪录。

日本参议院全体会议表决通过《经济安全保障推进法》。

12日 财务省公布的 2021 年度国际收支初值显示，经常项目盈余为 12.6442 万亿日元（约合人民币 6550 亿元），较上一年度减少 22.3%。

13日 日本知名就职信息网站公布的调查结果显示，截至 5 月 1 日，2022 年春季应届大学毕业生就职内定率为 58.4%，与上一年相比增长了 7.1 个百分点，创下 2017 年以来的最高纪录。

18日 23 岁青年作家荒木茜获得日本推理作家协会主办的第 68 届"江户川乱步奖"，创下获奖者最年少纪录。

内阁府发布的 GDP 初次速报结果显示，2022 年第一季度，日本实际 GDP 同比增长 0.18%，连续三个季度同比增速下降，换算成年率则下降了 0.98%。

外务大臣林芳正与中国外交部长王毅举行视频会议。双方同意进一步促进对话，强化民间经济交流。

19日 日本参议院法务委员会审议通过实现民事审判和离婚调解全面 IT 化的民事诉讼法等修订案。

22~23日 美国第 46 任总统拜登首次访日，与首相岸田文雄举行会谈。双方表示将在乌克兰局势、安全保障和经济等多个方面进一步密切合作，尤其要增强日美同盟的威慑力量和应对力量。

24日 日美印澳"四边机制"首脑会议在东京举行。四国首脑发表领导人联合声明，就应对俄乌冲突、东盟印太展望、欧盟的印太参与、东海与南海局势、朝鲜导弹试射、气候治理和新冠疫情等进一步加强合作。

26日 首相岸田文雄会见新加坡总理李显龙，并表达了对双方在"自由开放的印太"、应对俄乌冲突以及数字问题等方面加强合作的愿望。

27日 财务省公布的报告显示，截至2021年末，日本对外净资产高达411万亿日元，连续31年居世界首位。

31日 日本国会通过2022年度补充预算案，总额为2.7万亿日元，其中一部分将被用于应对物价高涨。

6月

3日 厚生劳动省发布的数据显示，2021年，日本新生儿数量不足81.2万人，自1973年达到209万人高峰后，呈逐年减少的趋势。

5日 防卫省宣布朝鲜有六枚弹道导弹落入日本海。

7日 日本国家安全保障局局长秋叶刚男与中共中央政治局委员、中央外事工作委员会办公室主任杨洁篪举行电话会谈，双方就中日关系、乌克兰和朝鲜局势等交换意见。

日本政府通过《2022年经济财政运营和改革的基本方针》与"开拓未来的新资本主义"实施计划。

8日 内阁府发布的2022年第一季度GDP修正值显示，剔除物价变动因素后的实际GDP比上一季度下降0.1%。

9日 日本第12次当选联合国安理会非常任理事国，成为联合国会员国中当选次数最多的国家。

10日 "日本永青文库捐赠汉籍"专题数据库在中国国家图书馆"中华古籍资源库"正式上线。该数据库包含汉籍资源36部、793种，共计37万余页。

11日 防卫相岸信夫与美韩国防部长举行会谈。会后三国防长发表联合声明，强调台湾海峡和平稳定的重要性，并强烈谴责朝鲜接连发射弹道导弹，三国将为此实施联合训练。

12日 防卫相岸信夫在新加坡与中国国务委员兼国防部长魏凤和举行会谈，双方就东海和南海局势、俄乌冲突等进行讨论，并同意促进防务部门之间的对话与交流。

13日 日本通过刑法修正案，该修正案旨在遏制网络诽谤中伤行为，对"侮辱罪"追加了"1年以下徒刑或监禁、最高罚款30万日元"的处罚条款。

15日 日本10年期国债期货盘中大跌2.01日元至145.58日元，创2013年来最大单日跌幅。

16日 日本2022年版《男女共同参与白皮书》指出，2021年，日本结婚登记数量为51.4万对，比1970年的102.9万对减少了一半，在30多岁单身男女中，每4人中有1人没有结婚意愿。

17日 日本最高法院对福岛核事故灾民提出的4起集体诉讼做出统一判决，认为政府无须承担赔偿责任。判决结果引发灾民强烈不满。

首相岸田文雄出席主要经济体能源与气候论坛（MEF）领导人会议。岸田表示，日本将在国际社会，尤其是印太地区的脱碳方面发挥主导作用，日本不仅要调整能源供应结构，还要推进整个经济社会的变革。

23日 警察厅的统计数据显示，2021年，日本全国共有17636人因认知障碍失踪，刷新历史最高纪录。

中日两国政府举行海洋事务高级别磋商团长级会谈。双方就尽快开设防卫热线并于年内召开海洋事务高级别磋商全体会议达成一致。

冲绳迎来战后第77个"慰灵日"。冲绳县政府举办战争死难者追悼仪式，重温和平誓言。首相岸田文雄和众参两院议长为死难者默哀。

26~28日 首相岸田文雄出席七国集团首脑会议。七国集团将致力于实现全球经济稳定、推进经济转型，增强供应链韧性，确保公平竞争，并重申要维护一个基于包容和法治的"自由开放的印太"和支持东盟发挥中心作用。

29日 首相岸田文雄出席北大西洋公约组织（NATO）首脑会议。峰会召开期间，岸田与美国总统拜登和韩国总统尹锡悦举行三方会谈。三国领导人确认将推进安保合作，共同应对朝鲜核问题。

7月

1日 日本全国渔业协会联合会召开大会，一致通过"重申坚决反对福岛核污染水排放入海立场"的特别决议。

财务省公布的报告显示，2021年度税收收入达67万亿日元，创历史新高，较2020年度增长10%。

8日 前首相安倍晋三在奈良市遭枪击不治身亡，享年67岁。

9日 中国国家主席习近平、国务院总理李克强就日本前首相安倍晋三逝世向日本首相岸田文雄致唁电。

10日 日本举行第26届参议院选举。自民党、公明党、日本维新会等修宪势力的议席达166席，满足修宪所需2/3以上的议席数。

11日 美国国务卿布林肯访日，与首相岸田文雄举行会谈，并对安倍去世表示深切哀悼。此前，两人就美日共同捍卫和平民主以及如何继承安倍政治遗产等问题进行讨论。

12~13日 首相岸田文雄分别与澳大利亚、法国、加拿大和英国等国元首举行电话会谈。上述国家元首对安倍去世表示深切哀悼。

14日 首相岸田文雄召开记者会表示，将重启10座火力发电厂和多地的老旧核电站，以应对2022年冬季可能存在的电力紧缺风险。

首相岸田文雄在新闻发布会上表示，要积极深入讨论修改"和平宪法"问题，推动尽快促成修宪提案。

18日 外务大臣林芳正与韩国外长朴振举行会谈。双方同意尽早解决强征劳工索赔问题。

21日 日本共同社的调查结果显示，2020年，日本约有956万名中小学生，比2010年减少近100万人，中小学校数量在10年内减少了3000所。

22日 日本原子能规制委员会正式认可东京电力公司福岛第一核电站

的核污染水排海计划。如该计划再获地方政府同意，东京电力公司将于2023年春开始排放核污染水。

防卫省发布《2022年度防卫白皮书》。新版白皮书再次提及涉华议题，并增加了与俄乌冲突、信息战和网络战相关的内容。

23日 东京地方检察厅特搜部以涉嫌收取贿赂分别对东京奥组委原理事高桥治之和日本西装品牌AOKI公司前会长青木扩宪的住宅展开搜查。

26日 日本政府公布2022年度《厚生劳动白皮书》，预计到2040年，日本医疗福利领域共需1070万名就业者，届时只有974万人在岗，将出现近100万名人才缺口。

29日 日美两国政府首次召开"日美经济政策磋商委员会"（经济版"2+2"）会议。会议出台了强化半导体等重要物资供应链、共同开发尖端技术、对抗经济施压等4项行动计划。

8月

1日 首相岸田文雄出席第10届《不扩散核武器条约》（NPT）讨论会议。岸田提出实现"无核武世界"的行动计划，其中包括不使用核武等五项内容。

厚生劳动省中央最低工资审议会决定将2022年最低工资（时薪）平均上调31日元，达到961日元，上涨3.3%。

4~5日 美国众议院议长佩洛西访日。双方就加强日美同盟等合作事务、俄乌冲突等地区形势交换意见，并确认将继续为维护东亚及中国周边和平与稳定密切合作。

6日 首相岸田文雄陪同联合国秘书长古特雷斯等国际机构代表出席广岛市原子弹爆炸死难者慰灵及和平祈愿仪式。

10日 首相岸田文雄进行内阁改组。经济再生担当大臣山际大志郎和外相林芳正继续留任，加藤胜信任厚生劳动大臣，滨田靖一再次担任防卫大臣。出于平衡和分化党内派阀势力的考虑，岸田任命河野太郎为数字化大臣，高市早苗为经济安保担当大臣。

11日 总务省公布的人口动态调查结果显示，截至2022年1月1日，日本总人口约为1.23亿人，同比减少近62万人，连续13年负增长。

15日 在日本战败并宣布无条件投降77周年日，市民走上东京街头，发出反对战争、反对修改和平宪法的呼声，表达维护和平的愿望。

日本政府在武道馆举办全国战争死难者追悼仪式。德仁天皇和皇后、首相岸田文雄、死难者遗属等共约1000人参加。

16日 厚生劳动省发布消息称，截至8月10日，日本全国现有居家疗养的新冠病毒感染患者1544096人，已连续4周刷新历史最高纪录。

新任防卫大臣滨田靖一与美国国防部长奥斯汀举行电话会谈，双方就日美韩三国合作应对朝鲜问题达成一致。

17日 据东京大学研究团队的调查，2020年3月至2022年6月，日本国内受新冠疫情影响增加的自杀者有8000多人，自杀者中以20多岁的女性居多。

18日 日本国家安全保障局局长秋叶刚男与中共中央政治局委员、中央外事工作委员会办公室主任杨洁篪举行会谈。双方同意构筑建设性且稳定的双边关系，强调开展多层级沟通至关重要。

21日 首相岸田文雄确诊感染新冠病毒，其夫人及长子被确认为密接者。

23日 日本与蒙古国召开建交50周年纪念交流会，双方就加强日蒙关系展开协商。

24日 日本政府计划新设规模为数千亿日元的基金，加大对培养理工科人才的大学和高等专门学校的支援力度。

26日 日本政府决定，从2022年度预备费中支出2.494亿日元以作为前首相安倍晋三的"国葬"费用。

27日 敦煌研究院和日中和平发展促进会共同主办的"敦煌文化艺术与日本的渊源"线上交流会在敦煌和东京两地举办。

29日 日本全国新增新冠确诊病例达15.7966万例，新增死亡病例为221例，重症病例为627例，新冠病床使用率为53.4%，重症病床使用率为 30.7%。

30 日 福岛第一核电站所在的福岛县双叶町部分地区于当地时间零时解除避难指示。这是双叶町自 2011 年福岛核事故后首次解除避难指示。

著名实业家、京瓷名誉会长稻盛和夫去世，享年 90 岁。

9月

5 日 俄罗斯联邦政府宣布废除南千岛群岛交流和自由访问协议。

8 日 受安倍晋三枪击事件影响，自民党干事长茂木敏充公布所属议员中与"世界和平统一家庭联合会"（"统一教"）有关系者多达 179 人。

9 日 厚生劳动省公布的 2021 年国民生活基础情况调查显示，53% 的家庭感到"生活很辛苦"，其中，60% 以上是育儿家庭，比例高于整体和老龄家庭。

"物价、工资、生活综合对策总部"会议在首相官邸召开，正式决定向低收入家庭每户发放 5 万日元补贴。

日本与印度防长和外长"2+2"会议在东京举行。双方就实现"自由开放的印太"构想发表联合声明，并同意举行两国战斗机联合训练，在国防装备和技术上继续推进合作。

12 日 厚生劳动省公布的人口统计数据显示，2022 年上半年，日本出生人数约为 38.5 万人，较上一年同期下降 5%，首次跌破 40 万人，再次刷新 2000 年以来的最低值。

神奈川县横须贺市就驻日美军横须贺基地向海中排放的废水中含有超标有害物向美军提出抗议。

16 日 "一衣带水 共创未来"纪念中日邦交正常化五十周年庆典晚会在日本东京举办。中国驻日大使孔铉佑、日本前首相福田康夫出席并致辞。

18 日 据总务省推算，日本 65 岁及以上老年人口为 3627 万人，同比增加 6 万人，在总人口中的占比（老龄化率）达到 29.1%，均创历史新高。

20 日 总务省公布的人口估算数据显示，2022 年，日本 75 岁及以上老龄人口较上一年增加 72 万人，达 1937 万人，占总人口的比例首次超过 15%。

国土交通省公布的 2022 年基准地价显示，日本全国住宅用地和商业用地均价比 2021 年上涨 0.3%，三年来首次出现上涨。

22 日 日本政府与日本央行为阻止日元急剧贬值，首次实施汇率干预措施。

首相岸田文雄与韩国总统尹锡悦举行会谈。双方就改善两国关系、加快推进外交部门对话进程、继续保持沟通协调达成一致。

23 日 外相林芳正与韩国外长朴振、美国国务卿布林肯举行会晤，就朝鲜第七次核试验动向等交换意见，并商定进一步加强三边合作。

26 日 日本政府宣布从 10 月 11 日起原则上撤销入境时的新冠防疫检查，但入境人员需要提交第三针新冠疫苗接种证明或 72 小时内核酸检测阴性证明。

27 日 日本武道馆举行安倍晋三"国葬"仪式，来自国内外的 4183 人列席仪式。安倍成为吉田茂之后首位获得"国葬"待遇的首相。

28 日 东京电力公司以远程操作方式开始拆除设置在福岛第一核电站 1 号机组的应急冷却装置。

29 日 习近平主席、李克强总理与日本首相岸田文雄互致贺电，积极评价 50 年前中日实现邦交正常化的重大历史意义和 50 年来的双边关系发展成就，为两国关系未来发展做出展望、指明方向。

文部科学省发布的一项调查结果显示，受新冠疫情影响，大三或大四的受访学生的精神状态和朋友关系都呈现下降趋势。

30 日 日美韩三国在日本海区域举行反潜联合演习，意在抗议朝鲜高频率发射导弹。

10月

4 日 朝鲜向太平洋方向发射导弹，日本启动瞬时警报系统。

5~6日 日本众参两院一致通过《抗议朝鲜发射弹道导弹的决议案》。

6日 日韩首脑举行电话会谈。双方就提高日美同盟和美韩同盟的威慑力、强化日美韩三边安全保障合作达成共识。

12日 日本全国新增新冠确诊病例4.6389万例，当日新增死亡病例77例，重症病例为135例。

中国人民对外友好协会与日本自治体国际化协会共同举办中日友城"合作共赢 共同发展"论坛。

14日 日本全国渔业协会联合会召开集会，反对东京电力公司福岛第一核电站核污染水排海，要求其增设大型基金支援全国渔业人士维持业务。

17日 首相岸田文雄表示将依据《宗教法人法》对"世界和平统一家庭联合会"（"统一教"）实施调查。

首相岸田文雄在靖国神社举行"秋季例行大祭"之际，以"内阁总理大臣"名义供奉被称为"真榊"的供品。

18日 "永远的邻居——纪念中日邦交正常化50周年摄影展"日本巡回展在东京多元文化会馆开幕。

19日 厚生劳动省公布的统计数据显示，截至10月19日，一周内全国新增新冠确诊病例约为24.8万例，时隔两个月再次呈现增长趋势。

20日 东京外汇市场日元对美元汇率一度跌破1美元兑150日元，创下过去32年新低。

21日 2022年9月，日本全国消费者物价指数同比上升3.0%。排除上调消费税税率的影响，1991年9月以来，全国消费者物价指数涨幅首次达到3%。

22日 日澳举行首脑会谈。双方签署有关安全保障合作的新版联合宣言，针对可能给两国及周边地区造成影响的紧急事态展开协商和探讨应对措施。

24~25日 受"统一教"问题影响，日本经济再生担当大臣山际大志郎向首相岸田文雄递交辞呈，该职位由前厚生劳动大臣后藤茂之接任。

28日 为实现到2050年温室气体净零排放目标，日本政府成立官民基金"去碳化支援机构",将大力支援可再生能源、保护森林、研发替代塑料的原料等广泛项目。

11月

1日 日本政府决定对全国的家庭和企业实施冬季节电措施,节电期从2022年12月1日到2023年3月31日。

经济产业大臣西村康稔宣布,日方正式决定保留在俄罗斯"萨哈林1号"油气项目中的股份。

2日 农林水产省通报,日本香川县观音寺市一家农场发生禽流感疫情,基因检测结果显示,病毒为H5亚型高致病性禽流感病毒。

4日 首相岸田文雄与新任英国首相苏纳克举行首次首脑电话会谈。两国将就应对朝鲜核武器、导弹研发以及朝鲜绑架日本人等问题继续携手合作。

6日 首相岸田文雄出席纪念海上自卫队创建70周年"国际阅舰式"。

12日 首相岸田文雄访问柬埔寨、印度尼西亚和泰国,并出席东盟领导人峰会、G20峰会和亚太经合组织领导人非正式会议。

13日 首相岸田文雄同美国总统拜登在柬埔寨首都金边举行会谈。双方一致同意,进一步增强日美同盟的威慑能力和应对能力。

15日 内阁府公布的2022年第三季度GDP数据显示,剔除物价变动因素后的实际GDP比上一季度减少0.3%,换算成年率则减少1.2%。

16日 日本国家观光局公布的数据显示,10月,访日外国人数达49.8万人,其中游客约为29万人,是9月的15倍以上。

17日 中国国家主席习近平在亚太经合组织(APEC)第二十九次领导人非正式会议期间会见日本首相岸田文雄。双方一致同意,加强各个层级的密切沟通,努力改善两国关系。

18日 防卫省宣布,朝鲜从平壤近郊向东发射了一枚洲际弹道导弹,导弹最终落在北海道渡岛大岛西侧的"日本专属经济区"内。

总务省公布的报告显示，剔除生鲜食品的消费者物价指数同比上涨3.6%，这是自1982年2月以来的最大涨幅。

20日 首相岸田文雄更换接连曝出政治资金问题的总务大臣寺田稔，随后起用原外务大臣松本刚明接任该职位。

22日 厚生劳动省紧急批准盐野义制药的新冠口服药"Xocova"上市，日本国产新冠口服药首次投入使用。

28日 茨城县发布一项有关"未成年护理人"的调查结果，9.6%的小学生需要照护家人，他们的日常生活和学业因此受到很大影响。

29日 首相岸田文雄与蒙古国总统呼日勒苏赫举行会谈。双方就两国建立"致力于和平繁荣的特别战略伙伴关系"达成共识。

12月

3日 首相岸田文雄与摩尔多瓦总统马娅·桑杜举行首脑会谈。日本将在卫生、粮食、能源等领域向摩尔多瓦提供价值2700万美元的援助。

8日 经济产业省审议会决定在核能政策上实施重大转变，包括改建已确定要销毁反应堆的核电站、延长过去规定的最长60年运转期限等。

日本内阁府发布的2022年第三季度GDP修正值显示，剔除物价变动因素后的实际GDP较上一季度减少0.2%，换算成年率则减少0.8%。

9日 日本、英国、意大利三国达成《全球战斗航空计划》（GCAP），决定联合开发第六代战机。

10日 日美澳等14国将围绕由美国主导的新经济圈构想"印太经济框架"召开首席谈判代表会议。

12日 日本汉字能力检定协会公布"战"字成为2022年最能代表日本社会情绪的年度汉字。

15日 财务省公布的11月贸易统计初值显示，贸易收支逆差为2.0274万亿日元（约合人民币1040亿元），贸易收支已连续16个月呈现逆差走势。

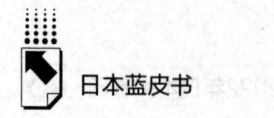

16日 日本政府在内阁会议上通过修改后的《国家安全保障战略》《国家防卫战略》《防卫力量整备计划》三份安全保障文件。

18日 世界卫生组织（WHO）的新冠疫情统计数据显示，12月12~18日，日本新增确诊病例数较前一周增长23%，达到104.6650万例，已连续七周居全球首位。

19日 首相岸田文雄与塞内加尔总统萨勒举行会谈。两国领导人就开发塞内加尔国内的石油、天然气资源和支持日企进驻塞内加尔达成一致。

20日 日本央行决定调整大规模货币宽松政策，把长期利率上限从±0.25%上调至±0.5%。

纽约外汇市场的日元对美元汇率骤升，一度达到1美元兑换130.58日元，处在8月上旬以来的高位。

22日 总务省公布的2022年12月全国消费者物价指数为104.1，较上年同期上涨4.0%，这是1981年12月以来的最大同比涨幅。

23日 日本内阁会议确定2023年度预算案，一般会计支出总额达到创新高的114.3812万亿日元（约合人民币6万亿元）。包括4.8万亿日元防卫费及其他经费在内，整体预算较2022年度原始预算增加了6.7848万亿日元。

24日 外相林芳正与乌兹别克斯坦、哈萨克斯坦、吉尔吉斯斯坦、塔吉克斯坦、土库曼斯坦等中亚五国外长举行会谈。六国外长就加强食品、能源和人才投资等诸多领域的合作达成一致。

26日 2022年度设备投资动向调查显示，日本全部产业投资额比上一财年增长25.1%，增至30.8048万亿日元，创2007年度以来的新高。

27日 日本复兴大臣秋叶贤也因政治资金丑闻向首相岸田文雄递交辞呈。秋叶贤也成为岸田内阁改组以来第四名辞职的大臣。该职位由前复兴大臣渡边博道接替。

30日 国立社会保障和人口问题研究所公布的调查结果显示，日本全国50岁仍未结婚的男性的占比为28.25%，女性为17.81%。

Abstract

In 2022, Japan suffered from the COVID-19, the Russia-Ukraine conflict, the rise of US interest rate, Abe's death and other internal and external shocks, and the economic and social situation fluctuated. Prime Minister Fumio Kishida's ruling foundation has been weakened, "new capitalism" has been unable to be implemented, and the cabinet support rate has repeatedly fallen below the "dangerous waters". Japan has strengthened its national security awareness through the turmoil of the international situation and changes in the geopolitical security environment, and accelerated the construction of "normalization" by issuing the "Three Security Documents". Japan took advantage of the Russia-Ukraine conflict to strengthen the construction of Japan-US military integration, and security and defense cooperation with "like-minded partners" such as Europe, South Korea, Canada, Australia and Southeast Asian countries to actively involve NATO in Asia Pacific affairs. At the same time, it intends to compare the Political status of Taiwan with the Russia-Ukraine conflict and implement strategic binding between China and Russia.

In 2022, the political situation in Japan showed a fluctuating state. In the first half of the year, when the Russia-Ukraine conflict was tackled, the Kishida government gained public support, maintained a stable high support rate, and followed the trend to lead the Liberal Democratic Party to a complete victory in the Senate election. In the second half of the year, the political situation caused a chain reaction due to the death of former Prime Minister Abe, and the Kishida government become unfavourable, leading to a continuous decline in the support rate and disapproval rate reversed over support rate. Abe's death also triggered significant changes in the political dynamics and faction strength within the Liberal

Democratic Party, bringing some uncertainty to the future of the "Abe Doctrine". However, on the whole, supported by the three factors of Kishida's personal political needs, the mainstream will of the Liberal Democratic Party and Japan's strategic security awareness, Japan is expected to continue to develop along the policies set by Shinzo Abe's era.

Against the background of complex changes in the international economy and sustained global inflation, Japan's economy has shown a slow recovery. Faced with short-term problems such as the Russia-Ukraine conflict, repeated outbreaks, the devaluation of the yen, and rising inflation, structural problems such as the aging of the population and the decline of innovation ability have not been effectively alleviated. Japan's actual GDP returned to pre pandemic levels in the second quarter of 2022, and enterprise equipment investment became an important support for economic growth. However, household consumption was sluggish, industrial production was volatile, and the effect of external demand was not significant, resulting in a significant lack of growth momentum. The government's fiscal expenditure is constantly increasing, debt is accumulating, and monetary policy remains in a dilemma. The Kishida government has implemented the "new capitalism" policy, focusing on enhancing human capital investment, implementing economic security policies, promoting the development of start-up enterprises, and strengthening the promotion of foreign economic and trade strategies, but the effectiveness remains to be observed. In the context of complex changes in the external environment, Japan's economic prospects are not still optimistic.

In 2022, the Japanese financial market experienced significant fluctuations, with the yen rapidly depreciating against the US dollar in the foreign exchange market, falling below 150 yen per dollar, the lowest level in 32 years. The negative impact of the significant depreciation of the yen on the economy has intensified, and the Japanese government and central bank have implemented the largest foreign exchange intervention in history three times every 24 years. At the same time, in December 2022, the Bank of Japan adjusted the yield curve control (YCC) framework to expand the range of changes in long-term interest rates from ± 0.25% to ± 0.5%, but this does not mean that the trend of long-term

Abstract

unconventional ultra loose policies has changed. After Kazuo Ueda succeeded as president of Bank of Japan, based on the external economic environment and Japan's own reality, although some policy adjustments may be made, the price target of 2% and the tone of ultra loose monetary policy will not change in the short term.

In 2022, the Japanese Congress passed the Law on the Promotion of Economic security Guarantee, marking that the signboard policy pushed by Yasuda since he cameto power has officially become a domestic law. The law contains four pillars, which focus on the development trend of Japan's economic security strategy in the context of the game of great powers. It is intended to benchmark the United States and Europe to make up for Japan's institutional weaknesses in the field of Economic security; To pave the way for incorporating economic and security elements into the new version of Japan's National Security Guarantee Strategy released at the end of the year; Provide the Japanese government with privileged space to bypass parliament and intervene in economic operations solely through government orders. In addition, the law also has a clear direction of containing China, aiming to cooperate with the US to strengthen supply chain restrictions and technological competition against China.

The Japanese government has issued the "Three Security Documents" through a cabinet resolution to promote the strategic transformation of "shifting from defense to attack". Kishida proposed the concept of "New Era Realistic Diplomacy", focusing on values diplomacy, "human rights issues", and "strengthening Japan's defense capabilities" as key diplomatic and security policies. The Kishida government, relying on the Japan-US alliance to strengthen the "free and open Indo Pacific" and its security mechanism, has established the tone of "the biggest strategic challenge to date" in its security policy towards China. Taking advantage of the Russia-Ukraine conflict, Japan, while following the US and Europe to constantly increase sanctions against Russia, plays up the "China threat", creates regional tension, undermines peace and stability in East Asia, and makes excuses for giving up the principle of "exclusive defense" and increasing defense budget.

In 2022, under the impact of various fields at home and abroad, the uncertainty of the situation and the actual and potential risks will increase, with the rising aging population with fewer children, the national burden rate and social security pressure will continue to rise. At the same time, social conflicts occur frequently, social division intensifies, and the process of "crowdsourcing" accelerates. In response to this, the Japanese government is accelerates the reform of the social security system and plans to establish the "Department of Family and Children" to provide comprehensive support to families, in order to increase the birth rate of the population. In addition, we will actively build a diversified and inclusive society, accelerate local entrepreneurship, implement the "same-sex partner oath system" in some regions, and expand the introduction of Foreign worker. The issue of searching a way out in the uncertainties era has become a prominent challenge faced by Japanese society.

In 2022, the strategic competition between China and the United States and the Russia-Ukraine conflict broke out. The external environment of China-Japan relations was more complex and severe, encountering more diversified challenges and shocks. The structural contradictions remained unchanged, Political security differences were not bridged, and bilateral relations remained low and volatile, without effective improvement. Japan has been more actively involved in the political status of Taiwan, and has introduced economic security laws and related policies and measures that are clearly China oriented, further increasing the political obstacles to the improvement and development of China-Japan relations. The year 2023 marks the 45th anniversary of the signing of the Treaty of Peace and Friendship between Japan and China. Whether the bilateral relations can take this opportunity to gradually return to the normal development track will depend on the result of a series of cross interactions between internal and external factors.

Keywords: Fumio Kishida; Russia-Ukraine Conflict; Abe Assassinated; Realism Diplomacy for a New Era; Three Security Documents

Contents

I General Report

B.1 Multiple Shocks and Strategic Activeness: A Review and Prospect of Japan's Situation in 2022

Yang Bojiang, Zhu Qingxiu and Chen Xiang / 001

Abstract: In 2022, Japan's domestic affairs and diplomacy faced the impact of multiple factors. The continuous spread of the COVID-19 epidemic, the assassination of Abe, and the rapid depreciation of the Japanese Yen triggered Japan's domestic political, economic, and social turmoil. The support rate of the Kishida cabinet repeatedly dropped below "dangerous waters." The outbreak of the Russia-Uzbekistan conflict seriously undermined the Japan-Russia policy implemented during the Abe administration and pushed Japan-Russia relations to the brink of collapse. At a time of domestic and foreign difficulties, Kishida used active shuttle diplomacy to regain the approval of Japanese voters. On the one hand, he actively strengthened the Japan-US alliance, accelerated the process of Japan-US military "integration", and on the other hand, deepened Japan's relationship with Europe, India, and Southeast Asia. The relationship between countries promoted the development of Japan-UK, Japan-Germany, and Japan-France relations in the direction of "alliance" and won over NATO to actively intervene in Asia-Pacific affairs. Kishida's diplomatic aggressiveness not only won a more favorable international environment for Japan but also curbed the unilateral decline in domestic support. Meanwhile, Kishida took advantage of the turbulent international situation and the deteriorating surrounding geographical environment to reshape and strengthen the security awareness of the Japanese nationals and cleared the obstacles of public opinion for the smooth implementation of the "Three Security Policy Documents." The release of the "Three Security Policy Documents" is a phased achievement of Japan breaking through the shackles of the post-war peace constitution and seeking a "normal country." The transition of the defense policy from adhering to "exclusive defense" to building a "counterattack capability" will not only severely impact postwar Japan's pacifist path but also accelerate the disintegration of the "Peace Constitution", at the same time, it will also shake the foundation of the security order in the Asia-Pacific region and the development of China-Japan relations, which will have a far-reaching impact. 2022 is the 45th anniversary of the signing of the Sino-Japanese Treaty of Peace and Friendship. China and Japan should uphold the spirit of the treaty, insist on using peaceful means to resolve differences between the two countries, ease the increasingly acute structural conflicts between the two countries, and promote the return of China-Japan relations to on track.

Keywords: Fumio Kishida; Russia-Ukraine Conflict; New Capitalism; Three Security Policy Documents; Indo-Pacific Economic Framework

Ⅱ Situation Reports

B.2 Japan's Politics in 2022: Kishida Cabinet's "One-year Test"

Zhang Boyu / 030

Abstract: By the end of December 2022, the Fumio Kishida cabinet had been in power for nearly one year and three months. After leading the Liberal Democratic Party to win an absolutely stable majority of seats in October 2021, it won a majority of the Senate's re-election seats in July 2022. Judging from the results of the congressional elections of the House of Representatives and the House of Representatives, the Kishida cabinet has passed the two major congressional election exams with high scores to help with long-term governance issues. From the study of domestic affairs, diplomacy, and other governance capabilities, it scored high in dealing with hot issues, such as the conflict between Russia and Ukraine, and scored low in dealing with domestic affairs, especially the series of issues caused by the assassination and death of Shinzo Abe and the cabinet scandal. As a result, its ruling situation generally presents an unstable state. Since Kishida has been in power for more than a year, in the three major ability tests Kishida faces, namely "election ability", "diplomatic ability" and "internal affairs ability" exams, he has passed the election and diplomatic, and failed the internal affairs.

Keywords: Japanese Politics; Kishida Cabinet; Upper House Election; long-term Ruling; Unstable Ruling

B.3 Japan's Economy in 2022: a Difficult Recovery in the Post-Epidemic Era　　　　　　　　　　　　　*Tian Zheng* / 048

Abstract: In 2022, Japan's economic development showed a slow recovery. Enterprise equipment investment became an essential support for economic growth. However, residents' consumption fluctuations, industrial production shocks, and low external demand pulling effects slowed economic growth momentum. Japan's economic development is facing short-term problems such as conflicts between Russia and Ukraine, repeated epidemics, depreciation of the yen, and rising inflation. Structural problems such as the aging population and declining innovation capabilities have not been effectively alleviated. As Japan's fiscal expenditures continue to increase and government debts continue to accumulate, monetary policy is caught in a dilemma. The Kishida government is actively implementing the "new capitalism" policy, focusing on increasing investment in human capital, implementing economic security policies, promoting the development of start-ups, and strengthening the implementation of foreign economic and trade strategies, but the effect remains to be seen. Under the background of complex changes in the international political and economic situation, Japan's economic situation is hardly optimistic.

Keywords: Japan's Economy; Yen Depreciation; Inflation; Population Aging; New Capitalism

B.4 Japan's Foreign Affairs in 2022: Kishida's "Realism Diplomacy in the New Era" and Its Orientation *Lyu Yaodong* / 065

Abstract: In 2022, the political situation in Japan will undergo significant changes, coupled with the impact of the "Russia-Ukraine Conflict," Japan's domestic and foreign affairs will enter a period of adjustment. The Kishida administration put forward the concept of "realism diplomacy for a new era" and put Value-oriented Diplomacy, "human rights issues" and "strengthening Japan's defense" as the focus of diplomacy and security. The Kishida government's intention to strengthen a "free and open Indo-Pacific" and its security mechanism, relying on the Japan-US alliance, stands in sharp contrast to its China policy, which is "the greatest strategic challenge to date." With the "Russia-Ukraine Conflict", Japan, together with the United States and Europe, has increased sanctions against Russia while playing up China as the biggest "regional threat", constantly undermining peace and stability in East Asia, to increase the defense budget and improve the "defense force" of its interests.

Keywords: Russia-Ukraine Conflict; Kishida Cabinet; Realism Diplomacy for a New Era; Japan-US Alliance; China-Japan Relations

B.5 Japan's Society in 2022: Seeking a Development Way under Multiple Risks *Guo Pei, Hu Peng* / 084

Abstract: In 2022, Japanese society will face a series of international and domestic uncertainty risks under the continuous influence of the world's significant changes and the COVID-19 mutation virus, Omicron. The development of Japan's population aging and fewer children are accelerating, and the national burden rate and social security pressure are constantly increasing. At the same time, social conflicts have increased, social divisions have intensified, and the process of individualization has accelerated. The Japanese government has stepped up the reform of the social security system, planning to set up the "Children and Families Agency," and intends to provide all-round support to families in order to increase the birth rate. In addition, the Japanese government is promoting building a "Symbiotic and Inclusive" society, such as accelerating local creation, implementing the "same-sex partner oath system" in some regions, and expanding the scope of foreign labor. How to find new opportunities for social development in the uncertain trend of the times has become a severe challenge for Japan's future society.

Keywords: Population Aging; Declining Birthrate; Social Divisions; "Symbiotic and Inclusive" Society

B.6 Japan's Culture in 2022: Difficulties and Disputes over National Development Concept *Zhang Jianli* / 102

Abstract: In 2022, facing the increasing uncertainty of domestic and international situations, there has been a serious divergence in Japanese values regarding their national development philosophy. Regarding the national development route, the Japanese are debating whether to continue to adhere to capitalism or seek a post capitalist development route. It is difficult to decide whether to adhere to neoliberalism or pursue new capitalism among those who persist in continuing capitalism; Advocates of seeking post capitalism also have their own opinions, with some advocating for seeking the "communism" mentioned in Marx's *Das Capital* and others advocating for returning to the Meiji Edo era before Japan entered capitalism. There is no consensus. Regarding the main body of national governance, the phenomenon of generational opposition between the elderly and young people is becoming increasingly prominent. This difference in understanding may not only promote Japanese society to further approach a mature society, but also anger others due to the lack of room for entanglement and depression, ultimately causing serious harm to Japan itself and even world peace and development.

Keywords: Japan; Neoliberalism; New Capitalism; Post Capitalism

B.7　The Evaluation and Prospect of China-Japan Relations in 2022
Wu Huaizhong, Zhu Qingxiu / 115

Abstract: At the historical point of the 50th anniversary of the normalization of diplomatic relations, the political and security relations between China and Japan continue to hover at a low level, and economic, trade, and non-governmental relations are also facing multiple negative impacts. China-Japan relations, which are developing despite difficulties, have not achieved the expected recovery. Japan has strengthened its alliance with the United States to check and balance China and took the opportunity to strengthen the transformation of its own security strategy, which had exacerbated the lack of security mutual trust between China and Japan. At the same time, the Taiwan issue had also become a prominent and sensitive core issue affecting China-Japan relations. Deep-rooted issues, such as historical issues and weak national sentiments still exist, which continue to disrupt China-Japan relations. In the future, China-Japan relations will still have both opportunities and challenges, and the challenges will become more prominent due to the more complex internal and external situations. China and Japan are neighbors to each other, and Japan should uphold an objective and rational understanding of China, implement the critical consensus reached by the leaders of the two countries into specific policies and practical actions, practice genuine multilateralism and open regionalism, and work with China to build the China-Japan relations that meets the requirements of the new era has promoted the stability and long-term development of the relationship between the two countries in the face of adversity.

Keywords: China-Japan Relations; Normalization of Diplomatic Relations; Taiwan Issue; Civil Relations; National Sentiment

Ⅲ Japan under Dramatic Changes

B.8 The Impact of the Russia-Ukraine Conflict on Japan's Economy and Society *Zhang Xiaolei, Zhang Mei* / 134

Abstract: The conflict between Russia and Ukraine has multifaceted impacted Japan's economy and society. Economically, the implementation of Japan's economic security strategies and policies will be accelerated, including the clearance of Japanese enterprises' industries and investment chains in Russia and the structural risks of Japan's energy resources. At the social level, it had a huge psychological impact on the Japanese people, who were accustomed to a peaceful international environment after WWII. The public's sense of crisis has risen, prompting a heated discussion of Japan's security. The energy crisis has affected Japanese daily life; It has impacted the Japanese view of life and death and triggered the Japanese society to think about the way of death. In the medium and long term, the direct impact of the Russia-Ukraine conflict on Japan's economy may decline marginally, but the lag effect cannot be ignored. The indirect impact on Japanese society may continue to deepen, and social problems that may have a direct impact on Japan, such as receiving Ukrainian refugees, will also emerge one after another.

Keywords: Japan; Economic Security; Energy Resources Security; Japan-Russia Relations; Ukrainian Refugees

B.9 Changes in Factional Politics within the Liberal Democratic Party and Its Impact on the "Abe Doctrine"

Meng Mingming / 150

Abstract: After Shinzo Abe came to power again in 2012, under his leadership, the Japanese government adopted a series of decisive measures that obviously changed Japan's national path. These policy propositions can be summarized as the "Abe Doctrine." Abe himself is the soul and critical guide in forming this line, and he used his solid political energy to push the implementation of this route. In July 2022, former Japanese Prime Minister Shinzo Abe was assassinated, causing a strong and widespread impact on the political landscape in Japan, especially the internal structure of the ruling Liberal Democratic Party. After Abe's death, there were significant changes in the political dynamics and factional strength within the Liberal Democratic Party, which created some uncertainty about the future of the "Abe Doctrine." However, constrained by the personal political needs of Prime Minister Kishida, the overall will of the Liberal Democratic Party, and Japan's strategic security awareness, Japan will continue to develop according to the route set by Shinzo Abe for a long time.

Keywords: Japanese Politics; Shinzo Abe; Abe Doctrine; Fumio Kishida; Liberal Democratic Party

B.10 The Influence of Russia-Ukraine Conflict on Japan's Supply Chain Security Policy

Cui Jian, Chen Ziqi / 164

Abstract: Before the outbreak of the Russia-Ukraine conflict, under the influence of the strategic competition between China and the United States, the COVID-19 pandemic, the global chip crisis, and other factors, Japan had already begun to adjust its supply chain security policy and raised it to the height of economic security strategy. It can be seen that the Russia-Ukraine conflict is not a single factor affecting the Japanese supply chain, but it is superimposed with other factors to further expand and deepen its impact. For this reason, on the one hand, Japan has further strengthened and promoted the intensity and pace of the existing supply chain security policy adjustment. On the other hand, Japan has strengthened the pertinence and timeliness of supply chain security policy adjustment. It includes not only clearly targeted policies to stabilize the supply of certain essential materials such as energy, semiconductors and food but also includes consistent and international policies to enhance the security of supply chain processes such as promoting digitalization, visualization and network security, to reflect the systematization of supply chain security policies. Japan's supply chain security policy adjustment is an essential embodiment of its national security strategy and economic security strategy transformation.

Keywords: Supply Chain Security Policy; Russia-Ukraine Conflict; Economic Security; China-US Strategic Competition

B.11 An Analysis of Implementation of Japan's Economic Security Promotion Act *Chang Sichun / 179*

Abstract: Japan has adopted the Economic Security Promotion Act, which is based on four pillars: ensuring the steady supply of certain essential materials and social infrastructure services, supporting the research and development of certain sophisticated technologies, and the non-disclosure of specific patent applications. Currently, the act has been implemented in phases, and Japan is adopting measures to ensure its effective implementation, including strengthening top-level design, introducing guidelines for the implementation of the act, officially designating important materials, and strengthening economic and security cooperation with the United States. Among them, strengthening the semiconductor supply chain is the top priority for Japan to ensure its economic security. Japan has increased subsidies for the domestic production of semiconductors and other sophisticated products, which not only promotes the domestic production of semiconductors but also encourages related enterprises to expand domestic investment. Japan's attempts to address its declining competitiveness and comparative advantage against China on the grounds of "national security" will inevitably negatively impact Sino-Japan economic cooperation.

Keywords: Economic Security Promotion Act; Supply Chain Security; Important Material; Critical Infrastructure; Semiconductor

B.12 Japan's Financial Market and Monetary Policy in 2022

Liu Rui / 194

Abstract: In 2022, the Japanese financial market fluctuated sharply. The Japanese yen depreciated rapidly against the US dollar in the foreign exchange market, even breaking through 1 US dollar to 150 yen. It was the lowest value in 32 years. In September and October, the Japanese government and the BOJ launched the largest foreign exchange intervention for the first time in 24 years. Meanwhile, in December 2022, the BOJ adjusted the YCC framework to expand the range of long-term interest rate from ±0.25% to ±0.5%. But this does not mean that the unconventional ultra-loose policy has been changed. After Kazuo Ueda became president of the BOJ, based on the external economy and Japan's own reality, although some policies may be adjusted slightly, the 2% price target and the ultra-loose monetary policy may not change immediately.

Keywords: Japanese Yen Depreciation; Foreign Exchange Intervention; Monetary Policy; Yield Curve Control (YCC)

B.13 The Death of Abe and Truth of the Liberal Democratic Party's Political Unconstitutionality

Zhao Gang / 212

Abstract: On July 8, 2022, Shinzo Abe, the longest-serving prime minister in Japan's constitutional history, was assassinated. The assailant was a middle-aged man deeply influenced by the emerging religious group known as the Unification Church. Abe became the first prime minister to be assassinated due to religious motivations since the Meiji Restoration. Despite Japan's current constitution clearly mandating the separation of religion and politics, post-assassination revelations exposed various illicit dealings between influential members of the ruling Liberal Democratic Party (LDP), including Abe, and the Unification Church. Since its inception, the LDP has made constitutional amendment its long-standing political objective. In pursuit of this goal, conservative factions within the LDP colluded with religious groups seeking political protection, engaging in covert transactions. These actions not only contravened the constitutional principle of separation but also inflicted psychological and financial losses on numerous families. This paper seeks to dissect the assassination of Shinzo Abe and uncover the truth regarding the LDP's unconstitutional practices perpetrated by conservative forces.

Keywords: Unification Church; Shinzo Abe; Safeguarding the National Polity; Emerging Religion; Constitutional Amendment.

B.14 The National Security Strategy of the Kishida Cabinet: Centering on Three Security Policy Documents

Zhu Qingxiu, Wu Huaizhong / 225

Abstract: The introduction of the three security documents will not only rapidly enhance Japan's defense capabilities but will also become a significant turning point in Japan's national security strategy. The Kishida Cabinet abandoned the policy of "exclusively defending defense" that the Japanese government has insisted on since the postwar period. It intends to fundamentally strengthen Japan's defense capabilities by building a "counterattack capability" that can preempt strikes and promote the expansion of defense expenses, and then get rid of the "post-war system." and become a "normal country." However, Japan's construction of "counterattack capability" will not only interrupt the post-war Japanese pacifism development line but will also intensify the regional security situation and create new unstable factors for regional peace and stability. In the future, the implementation of the "Three Security Documents" and the deployment and implementation of Japan's security strategy may pose severe challenges to the security and stability situation in East Asia.

Keywords: Kishida Cabinet; Three Security Documents; National Security; Military Power

Ⅳ Japan and the World

B.15 The Influence of Ukraine Crisis on Japan's Perception of International Order　　　　　　　　　　　　　*Wang Shan / 239*

Abstract: As global evolution accelerates and Sino-US relations' uncertainties increase, Japanese strategists have been continuously focusing on and discussing the international order's transition. The outbreak of the Ukraine crisis has added a new variable to the international order's transition, which brought Japanese strategists' discussion into a new stage. On the one hand, most Japanese officials and think tanks believe that the United States remains dominant in the current Liberal International Order and hopes to strengthen its ideology and discourse system advocated by the current international. On the other hand, a few rational and pragmatic scholars, based on the theory of constructivism, believe that US unilateralism has drawbacks, and it is difficult for the US alone to maintain the current international order, which implies a new multi-polar system is unavoidable. At present, most Japanese strategists strongly exaggerate the confrontation between the East and the West, proclaiming China and Russia have eroded and weakened the liberal international order from behind and Japan needs to clarify its national security strategy. At the same time, Japan is also carefully studying the impact of the Ukraine crisis on the international order, intending to improve its political, economic, and military ability to reshape the international order.

Keywords: Russia-Ukraine Conflict; Foreign Strategy; Perception of International Order; Japan-US Alliance; Economic Security

B.16 Japan's Energy Diplomacy under the Russia-Ukraine Conflict

Pang Zhongpeng / 254

Abstract: In the context of the Russia-Ukraine conflict, the international energy situation is becoming increasingly tense, and Japan lost no time in strengthening energy diplomacy. Japan has strengthened energy cooperation relations with traditional oil and gas countries in the Middle East, and expanded and deepened its energy diplomacy with some countries in Africa and the Asia-Pacific region. For a long time, Japan has been paying close attention to significant changes in the international energy environment. In order to prevent a crisis, Japan must respond quickly and strengthen energy diplomacy as an essential means to ensure domestic energy security. The Russia-Ukraine conflict profoundly impacts international energy geopolitics, and Japan's energy diplomacy is facing many new challenges and problems. Limited by the structural factors of Japan's diplomacy and the influence of the international environment, it remains to be seen whether Japan's energy diplomacy may develop smoothly, tortuously, or hesitatingly in the future.

Keywords: Energy Diplomacy; The Middle East; International Energy Market; Energy Crisis; Geopolitics

B.17 The Trend and Influence of Japanese Kishida's Cabinet "Indo-Pacific Strategy"

Meng Xiaoxu / 269

Abstract: the Kishida government continued to deep the "Indo-Pacific strategy" under the key words of "rules-based" and "free and open", focused on uniting major European countries and expanding security cooperation with NATO, strengthened the QUAD mechanism and deepened cooperation with small countries, actively participated in the "Indo-Pacific economic framework" (IPEF) and emphasized economic and security cooperation, advocated maintaining the security order of the Indo-Pacific economy. Japan's "Indo-Pacific strategy" has introduced external factors into the Asia-Pacific region, which has worsened Asia's strategic security environment, and increased the pressure of competition among great powers in the Asia-Pacific region. At the same time, it will intensify tension in the Taiwan Strait and intensify disputes in the South China Sea, which is not conducive to deepening regional economic cooperation and the promotion of the "the Belt and Road Initiative (BRI)". Japan should abandon the antagonism of the India-Pacific strategy and play a positive role in regional peace, stability and prosperity.

Keywords: Kishida Government; Indo Pacific Strategy; The Belt and Road Initiative (BRI); Indo-Pacific Economic Framework

B.18 The Situation and Strategic Influence of the Japan-US Alliance under the Russia-Ukraine Conflict   *Lu Hao* / 282

Abstract: Against the background of the conflict between Russia and Ukraine, the Biden administration continues to attach importance to Japan's strategic role based on the consideration of actively mobilizing allies and urging them to support the US global and regional strategies. Japan has also responded positively to the strategic call of the United States. In the name of responding to the conflict between Russia and Ukraine and maintaining the stability of the international order, Japan has actively strengthened alliance strategic cooperation, promoted "alliance modernization," jointly expanded military security and economic security cooperation, and strengthened regional strategic cooperation. Japan's comprehensive assessment believes that in order to deal with the game of great powers under the background of the Russia-Ukraine conflict, the international order and geo-competitive situation, as well as the risks and threats in the traditional and non-traditional security fields, it is necessary to fully understand and actively utilize the strategic value of the Japan-US alliance. Under the leadership of the United States and the cooperation of Japan, the situation of Japan-US joint containment of China has become increasingly apparent, and the structural contradictions between China and the United States and China-Japan relations will continue to intensify. The Japan-US alliance strategy has more substantial spillovers, leading to more turbulent regional security situations. Japan's "strategic dynamism" has become more prominent, and the weight of its influence on China-Japan-US relations has increased.

Keywords: Japan-US Relations; Alliance; Russia-Ukraine Conflict; China-Japan Relations

B.19 The Strategic Coordination between Japan and NATO under International Changes *Chen Jingjing / 301*

Abstract: In 2022, under the influence of the Russia-Ukraine conflict, the strategic coordination between Japan and NATO has steadily advanced and entered a new development stage. At present, the strategic cooperation between the two sides has reached the highest level in history. Japan gradually achieved its military rise after the WWII with the assistance of NATO, and NATO gradually intervened in Asia Pacific affairs through cooperation with Japan. Based on this, Japan and NATO have joined forces to promote the "NATOlization of the Asia Pacific" and "NATO Indo-Pacificlization," attempting to dominate the security order in the Asia Pacific and maintain an international order that was beneficial to both sides. The continuous escalation of strategic coordination between Japan and NATO has had a profound impact on Japan and NATO themselves, the Asia Pacific region, and the United States' alliance system. In the foreseeable future, strategic coordination between Japan and NATO and its essential members will continue to advance and become increasingly institutionalized. At the same time, it should be noted that strategic coordination between the two sides also faces constraints that cannot be ignored.

Keywords: Japan; NATO; Strategic Coordination; Global Partners

B.20 The Adjustment and Trend of Japan's Policy toward Russia under the Changing International Situation

Zhang Yong, Chen Mengli / 315

Abstract: After the Russia-Ukraine conflict broke out, Japan closely followed the rhythm of sanctions against Russia by the United States and Europe, and adopted various sanctions against Russia, including economic and diplomatic measures, and continued adding sanctions as appropriate. Japan is highly active in diplomacy and is actively building an anti-Russian camp. Unlike when Crimea entered Russia, after the outbreak of the Russia-Ukraine conflict, Japan took a clear stance on Russia's new policy. Out of its own national interests, Japan joined the pro-Ukraine and anti-Russia sides, hoping to take advantage of the Russia-Ukraine conflict to accelerate strategic adjustment and actively participate in the Reshaping of the international order. The Kishida government has wholly abandoned the wooing strategy of the Abe regime and returned to the traditional diplomatic line with Russia. In the future, against the background of the intractable conflict between Russia and Ukraine, Japan-Russia relations will be difficult to turn around in the short term, peace treaty negotiations will continue to be interrupted, and the prospects for economic cooperation are not optimistic.

Keywords: Russia-Ukraine Conflict; Japan-Russia Relations; Northern Territories; Major Power Relations; Japan's International Strategy

B.21 New Trends of Japan's Diplomacy towards Africa:

Focusing on TICAD VIII　　　　　　　　　*Wang Yichen / 331*

Abstract: For a long time, the Japanese government has regarded the "Tokyo International Conference on African Development" (TICAD) as a critical primary platform for its diplomacy towards Africa. In 2022, Japan held the TICAD VIII. This conference is not only the first large-scale, high-level, and all-round diplomatic agenda for Africa held by Japan after the pandemic but also the second time this conference has come to Africa again after 2016. TICAD VIII not only continued the long-term general direction of the Shinzo Abe government's diplomacy policy to Africa but also came up with new cooperation initiatives with the characteristics of the Kishida government. At the conference, Japan and Africa adopted the "Tunis Declaration" and planned to issue the "Tunis Action Plan" to promote the implementation of new achievements in Japan-Africa cooperation. At present, profound adjustments have taken place in the international relations system; the successful holding of TICAD VIII has also played an important role in Japan-Africa's future cooperation and development.

Keywords: Japan's Relations with Africa; Tokyo International Conference on Africa's Development (TICAD); Official Development Assistance (ODA); The Indo-Pacific Strategy; China's Relations with Africa

B.22 Opportunities Brought by RCEP and the Current Situation and

Prospects of China-Japan Economic and Trade Relations

Lyu Kejian / 346

Abstract: The year 2022 marks the 50th anniversary of the normalization of diplomatic relations between China and Japan and is also an important year for the two countries to move towards each other and jointly create China-Japan relations that meet the requirements of the new era. After more than 70 years of ups and downs, China-Japan economic and trade relations have built a solid foundation, forming a good situation of mutual complementarity and mutual benefit, becoming an essential component of bilateral relations. Despite the impact of the COVID-19, geopolitical conflicts and other factors, the bilateral exchanges and practical cooperation in various fields have continued to deepen. Economic and trade cooperation has maintained a stable momentum of development with the significant positive help of RCEP's entry into force, and people-to-people exchanges have also shown positive trends. China-Japan relations have entered the track of sustainable and steady development, but still face a complex external environment and many sensitive factors of uncertainty.

Keywords: RCEP; China-Japan Trade; Supply Chain; Technology Innovation; Bi-directional Investment

Appendix: Chronicles of Events of Japan in 2022

Wu Xian, Sun Jiashen and Shen Dingxin / 358

要　旨

　2022 年、日本は新型コロナウイルスの流行、ウクライナ危機、米国の利上げ、安倍氏の暗殺など内外からの衝撃を受け、経済・社会情勢は揺れ動いた。岸田文雄首相の政権基盤は弱体化になり、「新資本主義」はなかなか定着できず、内閣支持率は何度も「危険水域」を割った。日本は国際情勢の激動、地政学的安全環境の変化を利用して民衆の国家安全意識を強化し、「安全保障三文書」の公布を通じて「正常な国家化」を加速させている。日本はウクライナ危機を利用して、日米の軍事一体化を強化し、ヨーロッパ、韓国、カナダ、オーストラリア、東南アジア諸国などの「同志国」との安保防衛協力を強化し、NATOをアジア太平洋事務に積極的に介入させた。同時に、台湾問題をウクライナ危機のように重要視し、中ロに戦略的バンドルを施すことを意図している。

　2022 年の日本の政治情勢は引き続き変動している。岸田政権は上半期にウクライナ危機対策から、民意の支持を獲得し、高い支持率を安定的に維持し、参議院選挙で自民党を圧勝させた。それに対して、下半期の政治情勢は安倍元首相が銃撃され死亡した事件で連鎖反応を起こし、岸田政府はうまく対応できず、支持率は下落し続け、不支持率は支持率を上回った。安倍氏の死はまた、自民党内の政治力学構造と派閥の実力対比に明らかな変化を引き起こし、「安倍路線」の未来に不確実性をもたらした。しかし、全体的には岸田個人の政治的需要、自民党の主流意志、日本の戦略的安全認識という三つの要素に支えられており、日本は安倍晋三時代に設定された路線に沿って発展し続ける見通しだ。

　国際経済の複雑な変化、世界的なインフレの持続を背景に、日本経済は緩やかな回復状態を呈し、ウクライナ危機・コロナの再流行・円安・インフレの激化などの短期的な問題に直面し、また人口高齢化の加速・革新能力の低下などの構造的な問題は有効的に緩和されていない。日本の実質GDPは2022年第2四半期にコロナ前のレベルに回復し、企業の設備投資は経済成長の重要な支えとなったが、国民の消費の低迷、工業生産の不安定、外部需要の牽引効果は明らかではなく、成長力は明らかに不足している。政府の財政支出が増加し、債務が累増し、金融政策がジレンマに陥っている。岸田政府は「新資本主義」政策を実施し、人的資本投資の強化、経済安全保障政策の実施、ベンチャー企業の発展の促進、対外経済貿易戦略の強化に力を入れているが、効果の有無には検討する必要がある。外部環境の複雑な変化を背景に、日本経済の先行きは決して楽観視できるものではない。

　2022年、日本の金融市場は大きく変動し、その中で外国為替市場の円相場が対ドルで急速に下落し、1ドル＝150円を割り込み、32年ぶりの安値となった。大幅な円安は経済に与える悪影響が深刻化となり、日本政府・中央銀行は24年ぶり3度目の史上最大規模の為替介入を実施した。それと同時に、2022年12月、日銀はイールドカーブ・コントロール（YCC）を調整し、長期金利の変動幅を±0.25％から±0.5％に拡大したが、長期的な大規模な超緩和政策の変化を意味するものではない。植田和男氏は日銀総裁に就任後、外部経済環境や日本自身の現実を踏まえて、一部の政策調整を小幅に行うかもしれないが、2％の物価目標や超緩和通貨政策の基調は短期的には変わらない。

　2022年に日本の国会で『経済安全保障推進法』が可決され、岸田政権が発足して以来推進してきた看板政策が正式に国内の法律になったことを示した。同法は4つの柱の内容を含み、大国間競争を背景にした日本の経済安全保障戦略の発展傾向を集中的に示し、欧米を標的にして、日本の経済安全保障分野における制度的な脆弱性を補うことを意図している。経済安保要素を年末に登場する新版『日本の国家安全保障戦略』に組み入れるための道を開き、日本政府が国会を迂回し、政令だけで経済運営に介入できる特権空間を得た。また、同法は明らかな中国の指向性を持っており、アメリカと協力して対中サプライチェーン規制と科学技術競争を強化することを目的としている。

日本政府は閣議において「安全保障3文書」を決定し、「守勢から逆襲」の戦略的進取を推進している。岸田氏の「新時代リアリズム外交」理念は、価値観外交・「人権問題」・「日本の防衛力強化」などを外交安保政策の重点としている。岸田政府は、日米同盟による「自由で開かれたインド太平洋」とその安全メカニズムの強化を踏まえ、対中安全政策に「これまでにない最大の戦略的な挑戦だ」と明記している。ウクライナ危機を利用して、日本は欧米と足並みをそろえてロシアへの制裁を絶えず強化すると同時に、「中国の脅威」を誇張し、地域の緊張ムードを作り出し、東アジアの平和と安定を破壊し、「専守防衛」の原則を放棄し、防衛予算を増やすために口実を作った。

2022年に日本社会は国内外の各分野の衝撃により、社会情勢の不確実性と現実潜在リスクが高まって、人口の超高齢化と少子化が加速し、国民負担率と社会保障面の負担が上昇し続けている。同時に、社会衝突事件が頻発し、社会分裂が激化し、「分衆化」のプロセスが加速している。これに対し、日本政府は社会保障制度の改革を加速させ、「こども家庭庁」を設立し、家庭に対して全方位的な支援を展開し、人口出生率の向上を図る。また、多様性・包容力ある社会を積極的に構築し、地方創生を加速させ、一部の地域では同性「パートナーシップ宣誓制度」を実施し、外国人労働者受け入れを拡大することを実施している。不確実性に満ちた時代の中でどのように活路を見出すかは、確かに日本社会が直面している挑戦だと言える。

2022年、中米戦略競争とウクライナ危機を重ねて、中日関係の外部

日本蓝皮书

環境はさらに複雑で厳しくなり、より多元的な挑戦と衝撃に直面し、構造的な矛盾は依然として、政治的安全保障の相違は解消されておらず、両国関係は低位振動しつつ、効果的な改善は見られなかった。日本は台湾問題により積極的に介入し、明らかに中国へ対抗するような経済安全保障法と関連政策措置を打ち出し、中日関係の改善に対して、政治的障害をさらに増やした。2023年は「中日平和友好条約」締結45周年であり、両国関係がこれをきっかけに徐々に正常な発展軌道に戻ることができるかどうかは、一連の内外要素の相互作用の結果にかかっている。

キーワード：岸田文雄　ウクライナ危機　安倍元首相銃撃事件　新現実主義外交　安全保障3文書

目　次

Ⅰ　総論

B.1　内外の衝撃と戦略的進取：2022年日本情勢の回顧と展望
　　　　　　　　　　　　　　　楊　伯江　朱　清秀　陳　祥 / 001

　　要　旨：2022年、日本の内政外交は多重的な衝撃に直面している。新型コロナが持続的に拡大し、安倍氏の暗殺、円安の急加速によって、日本国内の政治・経済・社会が動揺し、岸田内閣の支持率は何度も「危険水域」を割り込んだ。ウクライナ危機は安倍政権時代に推進されてきた日ロ関係を大きく破壊し、日ロ関係を崩壊の瀬渡際に追い込んだ。内政と外交が行き詰まる中、岸田氏は積極的なシャトル外交を用いて、日本の有権者の認めを再獲得し、一方では日米同盟関係を積極的に強化し、日米軍事の「一体化」プロセスの推進を加速させる。同時に、日本とヨーロッパ、インド及び東南アジア諸国との関係を深化させ、日英・日独及び日仏関係を「同盟化」方向へ推進し、積極的にNATOをアジア太平洋事務への介入に引きつけている。岸田氏の外交面での積極的な進取は、日本に有利な国際環境を勝ち取っただけでなく、国内支持率の一方的な下落傾向を抑制した。同時に、岸田氏は激動の国際情勢と悪化してきた周辺地政環境を利用して、日本国民の安全認識を再構築し、安全意識を強化し、「安保三文書」を順調に実施できるために、世論の紛争を一掃した。「安保三文書」の決定は日本が戦後の平和憲法の束縛を突破し、「正常な国」を追求した段階的な成果であり、防衛政策の「専守防衛」から「反撃能力」構築への転換は戦後の日本の平和主義の道を深刻に衝撃し、「平和憲法」の解体を加速させるだけでなく、アジア太平洋地域の安全秩序と中日関係の発展の根幹を揺るがし、深い影響があるであろう。2023年は『中日平和友好条約』調印45周年であり、中日両国は条約の精神に立ち返り、平和的手段で両国間の相違を解決することを堅持し、両国の日増しに鋭くなる構造的矛盾を緩和し、中日関係を正常な軌道に戻すことを推進しなければならない。

キーワード：岸田文雄　ウクライナ危機　新資本主義　安保三文書　インド太平洋経済枠組み（IPEF）

Ⅱ　各論

B.2　2022年の日本政治：岸田内閣の「一年間余りの試練」

張　伯玉 / 030

要　旨：2022年12月末まで、岸田文雄内閣が発足してから1年3カ月近くになる。岸田は2021年10月に自由民主党を率いて総選挙で衆議院の絶対安定多数の議席を獲得したのに続き、2022年7月に参議院定期選挙で改選議席の過半数を獲得した。衆参両院の総選挙結果から見ると、岸田内閣は2度の総選挙試験で高得点を取って、長期政権として期待される。内政・外交課題等の施政能力からみると、上半期はウクライナ危機など外交課題への対応が高得点を取り、下半期は内政課題、特に国民の注目を集めた安倍晋三元首相暗殺事件の一連問題や閣僚の不祥事などへの対応が低得点を得た。それによって岸田内閣は全体的に不安定な状態を呈することをもたらした。要するに、岸田は政権を握って一年以上が経ち、直面する三大能力試験即ち「選挙能力」「外交能力」「内政能力」試験では、「選挙能力」は合格、「外交能力」は合格、「内政能力」は不合格と言えるだろう。

キーワード：日本政治　岸田内閣　参議院定期選挙　長期政権　不安定施政

B.3　2022年の日本経済：ポストコロナ時代の困難な回復

田　正 / 048

　要　旨：2022年、日本の経済発展は緩やかに回復し、企業の設備投資は経済成長の重要な支えとなったが、住民の消費変動、工業生産のショック、外需の牽引効果は明らかではなく、経済成長の原動力は不足している。日本の経済発展は、ロシアとウクライナの紛争、コロナ、円安、インフレの上昇などの短期的な問題に直面しており、高齢化やイノベーション能力の低下などの構造的問題は効果的に緩和されていない。日本の財政支出が増え続け、政府債務が積み上がり続ける中、金融政策はジレンマに陥っている。岸田政権は、人的資本への投資の増加、経済安全保障政策の実施、新興企業の開発の促進、対外経済・貿易戦略の実施の強化に焦点を当てた『新資本主義』政策を積極的に実施しているが、その効果はまだ見えない。国際政治経済情勢の複雑な変化を背景に、日本の経済情勢は決して楽観視できるものではない。

　キーワード：日本経済　経済成長　円安　高齢化　新資本主義

B.4　2022年の日本外交：岸田政権の対外関係の重点
　　　分野と方向性

呂　耀東 / 065

　要　旨：2022年、日本政局の深刻な変化と「ウクライナ危機」の影響により、日本の内政・外交は再調整の時期を迎える。岸田文雄政権は「新時代リアリズム外交」理念を掲げ、価値観外交、「人権問題」、「日本の防衛力強化」などを外交・安保の重点においている。日米同盟に基づき、「自由で開かれたインド太平洋」と安全保障メカニズムを強化するという岸田政権の意図は、「これまでにない最大の戦略的な挑戦」である対中政策と鮮明的な対照になる。日本は「ウクライナ危機」を利用して、欧米とともにロシアへの制裁を強化する一方で、防衛予算の増額と「防衛力」の向上という自国の利益のため、中国を「地域の最大の脅威」と誇張し、東アジアの平和と安定を引き続き破壊する。

キーワード：ウクライナ危機　岸田内閣　新時代リアリズム　日米同盟　中日関係

B.5　2022年の日本社会：多重のリスクの下で発展の道を探る

郭　佩　胡　澎／084

要　旨：世界の大変局と新型コロナの影響が続く中、2022年の日本社会は一連の国際環境と国内社会の多重リスクに直面している。例えば、人口超高齢化、少子化の発展が加速し、国民負担率と社会保障の懸念が絶ずに高まっている。同時に、社会衝突事件も頻発し、社会分裂が激化し、個人化のプロセスが加速している。このような社会背景の下で、日本政府は社会保障制度の改革を加速させ、「児童家庭庁」の設立を計画し、家庭に対して全方位的な支援を展開し、人口出生率の向上を図るためである。また、地方創生を加速させ、一部地域では「同性パートナー宣誓制度」を実施し始め、外国人労働者の受け入れを拡大するなどによって、共生社会の形成を積極的に取り組んでいる。不確実性に満ちた時代の流れの中でどのように社会発展の新たなチャンスを探すかは、日本の社会が直面している厳しい挑戦となっている。

キーワード：人口高齢化　少子化　社会分断　共生型社会

目次

B.6　2022年日本文化：国家発展理念に異論噴出

張　建立 / 102

要　旨：2022年、国内外情勢による日増しの不確実性に直面して、日本人は国家発展理念への不満や戸惑いの声が相次いだ。国家発展路線について、資本主義を堅持すべきか、それともポスト資本主義に切り替えるべきか、その対応に苦慮している。資本主義堅持派には、新自由主義か新しい資本主義かの選択に苦慮している。ポスト資本主義派には、マルクスの『資本論』に唱える「共産主義」を目指すべきと主張する者がいる一方、資本主義に入る前の日本江戸・明治時代の社会に戻るべきだと主張する者もいる。国家管理主体について、高齢者と若者との世代間対立がますます深刻化している。このような国家発展理念の違いによって、日本社会の成熟化をさらに促進する一方、逆に鬱憤の累積による逆恨みを他者へ転嫁して、日本自身乃至世界の平和発展にも深刻な被害をもたらしてしまうかもしれない。

キーワード：日本　新自由主義　新しい資本主義　ポスト資本主義

B.7　2022年の中日関係：両国関係についての評価と展望

呉　懐中　朱　清秀 / 115

要　旨：国交正常化50周年の歴史的節目において、中日の政治と安全関係は「低位徘徊」を続け、経済貿易と民間関係も多重の「マイナス問題」に直面し、難航している中日関係は期待されていた暖かさを取り戻すことはできなかった。日本はアメリカと連携して対中バランスを強化し、とともに自身の安全戦略の転換建設を強化するため、中日間の安全信頼感の欠如を激化させた。同時に、台湾問題も中日関係に影響を与える際立った敏感な核心問題となっている。歴史問題、国民感情の弱さなどの深い問題は依然として存在し、中日関係に妨害を与え続けている。未来の中日関係は依然として機会と挑戦が共存しており、内外情勢の更なる複雑化により挑戦の様相が際立ってくるだろう。中日は互いに隣国であり、日本は客観的で理性的な対中認識を持ち、両国指導者の重要な共通認識を具体的な政策と実際の行動に実行に移し、真の多国間主義と開放的な地域主義を実践し、中国と共に新時代の要求に合致する中日関係を構築し、逆境の中で両国関係を安定且つ長く推進しなければならない。

キーワード：中日関係　国交正常化　台湾問題　民間関係　国民感情

Ⅲ　激変中にある日本

B.8　ロシアとウクライナの衝突が日本経済と社会に与える衝撃

張　暁磊　張　梅 / 134

要　旨：ロシアとウクライナの衝突は日本経済と社会に多層的な衝撃を与えている。経済面では、日本経済の安全戦略と政策の定着プロセスを加速させ、日本企業のロシアにおける産業と投資チェーンの輸出を加速させ、日本のエネルギー資源の構造的リスクを浮き彫りにした。社会面では、第二次世界大戦後に平和な国際環境に慣れた日本の人々に大きな心理的衝撃を与えた。民衆の危機感が高まり、日本の安全保障の議論がヒートアップした。エネルギー危機は日本人の日常生活に影響を与え、日本人の死生観に衝撃を与え、日本社会において、死に対する思考を引き起こした。中長期的に見ると、ロシアとウクライナの衝突が日本経済に与える限界効用が減少するが、遅延効果も無視できない。日本社会への間接的な影響は、あるいは深化し続けるだろうし、ウクライナ難民の受け入れなど、日本に直接的な衝撃を与えかねない社会問題も相次ぐだろう。

キーワード：日本　経済安全　エネルギー資源安全　日露関係　ウクライナ難民

B.9　自民党内の派閥政治の動きとその「安倍路線」への影響

孟　明銘 / 150

　　要　旨：2012年に第二次安倍政権が発足した後、その指導下の日本政府は一連の有力な施策を実施することによって、明らかに日本の国家の道を変えた。これらの政策主張は「安倍路線」と呼ばれる。安倍氏自身はこの路線の形成過程における魂の人物であり、重要な指導者でもある。彼は自分の強い政治的パワーを利用してこの路線の着地を助長した。2022年7月、安倍氏が銃撃されたことは日本の政界、特に政権を握っている自民党に大きな衝撃を与え、党内の政治力学構造と派閥の実力対比に明らかな変化が生じ、「安倍路線」はある程度に「人がなくなったから、政治も終わる」という隠れた危険に直面している。しかし、岸田首相の個人的な政治的ニーズ、自民党全体の意志、日本の戦略的安全認識という3つの要素に制約され、将来の長い間では、日本は安倍晋三時代に設定された路線に沿って発展し続けるだろう。
　　キーワード：日本政治　安倍晋三　安倍路線　岸田文雄　自由民主党

B.10　ウクライナ危機が日本のサプライチェーン安全保障政策に与える影響

崔　健　陳　子琪 / 164

　　要　旨：ウクライナ危機が発生する前、中米間の戦略的競争、新型コロナ、世界的な半導体チップの危機などの要因が重なり合って、日本はサプライチェーンの安全保障政策を調整し始め、経済安全保障戦略のレベルにまで引き上げられた。それによって、ウクライナ危機だけが、日本のサプライチェーンに影響を与える単一の要因ではなく、他の要因と重なり合い、その影響をさらに拡大・深化させている。その故、日本は、サプライチェーンの安全政策調整の強度とペースをさらに強化する一方で、サプライチェーンのセキュリティ政策調整の適切性と適時性を強化した。サプライチェーンのセキュリティ政策には、明確な目標性を持つエネルギー、半導体、食料など特定重要物資を安定的な供給する政策、そして、一貫性や国際性を持ち、デジタル化、見える化、サイバーセキュリティを強化するサプライチェーンプロセスの安全政策を含めている、これによってサプライチェーン安全対策の仕組みを形成した。したがって、サプライチェーン安全保障政策の調整は、日本国家安全保障戦略と経済安全保障戦略の変革を具体化した重要なことである。

キーワード:サプライチェーン安全政策 ロシアによるウクライナ侵攻 経済安全保障 中米間戦略的競争

B.11 日本『経済安全保障推進法』実施状況についての評価と分析　　　　　常　思純／179

要　旨:2022年、日本が公布した『経済安全保障推進法』には、特定重要物資の安定的な供給の確保、特定社会インフラサービスの確保、特定重要技術の開発支援、特許出願の非公開という4つの柱が含まれている。現在、日本は司令塔機能を強化し、経済安全保障推進法に基づく基本方針を策定し、特定重要物資を政令で指定し、経済安全保障分野での日米協力を強化することなどを通じて、法律を有効的に施行できるのを確保する。この中で、日本の経済安保上で、最も重要な課題である半導体のサプライチェーンを強化することである。日本は国内半導体などの先端製品生産へ補助金を拠出するほか、半導体企業の国内生産の増加を促進すると同時に、関連企業の日本国内投資の拡大も推進する。日本は「国家安全」を理由として、自国の対中競争力と相対的優位性の低下という問題を解決したいが、これは中日経済協力にも悪影響を与えることは必至である。

　キーワード:『経済安全保障推進法』　サプライチェーンのセキュリティ　重要物資　重要インフラ　半導体

B.12　2022年の日本金融市場と通貨政策への回顧と展望について
　　　　　　　　　　　　　　　　　　　　　　　　　劉　瑞／194

　要　旨:2022年の日本金融市場は大きく変動し、特に外国為替市場では急激な円安が進み、1ドル＝150円を突破し、32年ぶりの安値となった。大幅な円安による日本経済への悪影響が深刻化し、2022年9月と10月には、政府と日銀が24年ぶり3回にわたって、過去最大規模の為替介入を行った。一方、2022年12月にはYCCの枠組みを見直し、長期金利の変動幅を±0.25％から±0.5％に拡大したが、これは長期にわたり「非伝統」とされる大規模金融緩和政策に転換する意味ではない。植田和男氏は日銀総裁に就任後、国内外の情勢に基づき、若干の政策調整が行われる可能性があるものの、短期間に2％の物価目標や超緩和通貨政策基調を変更することはないだろう。

　キーワード:円安　為替介入　金融政策　YCC

B.13　安倍元首相の銃撃事件と自民党保守勢力違憲行為の真相
　　　　　　　　　　　　　　　　　　　　　　　　　趙　剛／212

　要　旨:2022年7月8日、日本憲政史上最も長く在任していた安倍晋三元首相が銃撃されて死去した。暗殺者は新興宗教—統一教会の被害を受けた一人の中年男性であった。明治維新以降、安倍氏は宗教原因で殺された初の首相であった。日本の現行憲法には明確に政教分離という原則を規定されているが、安倍氏が暗殺された後、安倍氏を含め、多数な自民党政治家が統一教会との関わりが浮き彫りになった。憲法改正は自民党成立当初から定めた目標であり、この目標を達成するために、党内の保守勢力は政治の庇護を求める一部の宗教勢力と結託して、様々な私的取引を行った。このような行為は憲法が定めた政教分離の原則に違反するのみならず、数多くな家庭にも精神と財産の損失を受けている。本論は安倍元首相の銃撃事件の分析を通じて、自民党内における保守勢力の違憲行為を明らかにしたい。

キーワード：統一教会　安倍晋三　国体維持　新興宗教　憲法修正

B.14　岸田内閣の国家安全保障戦略を分析する
——安全保障政策三文書を中心に

朱　清秀　呉　懐中／225

要　旨：三つの安全保障文書決定により、日本の防衛力を急速に強化するだけでなく、日本の国家安全保障戦略の重要な転換点にもなるだろう。岸田内閣は、戦後日本政府が一貫して主張してきた「専守防衛」を放棄し、先制攻撃が可能な「反撃能力」の整備や防衛費の拡充などを通じて、防衛力の抜本的強化を図ろうとしている。そして「戦後レジーム」から脱却し、「正常な国家」を目指している。しかし、日本の「反撃能力」の構築は、戦後の日本の平和主義発展路線を中断するだけでなく、地域の安全保障情勢を激化させ、地域の平和と安定に新たな不安定要因を招くことになる。将来的には、「安全保障三文書」の実施状況、および日本の安全保障戦略の実施によって、東アジア地域の安全・安定情勢に対して深刻な挑戦をもたらすのだろう。

キーワード：岸田内閣　国家安全　安保三文書　軍事大国

Ⅳ　日本と世界

**B.15　ウクライナ危機による日本の国際秩序に対する認識、
　　　　判断及び対応**　　　　　　　　　　　　　　　王　珊／239

　　要　旨：世界変局の加速的な進展と米中関係の不確実的な要素の影響により、日本では国際秩序の将来をめぐる各分野からの関心と議論が絶えない。ウクライナ危機の勃発は、新しい変数を加えるうえに、この議論を新たな階段に導いた。国際秩序に対して、日本政府や公的シンクタンクの学者は、米国が主導してきた「リベラルな国際秩序」が現在の国際秩序であると主張し、このような対話体系によって日本が望んでいる価値観を構築しようとする。一方、少数の現実的な学者は、構築主義に基づき、米国一極支配のメカニズムには欠陥があり、米国だけでは国際秩序の維持は困難であり、多極化は避けられないと主張している。現在、日本国内では、中露が「リベラルな国際秩序」を侵食し弱体化させているという東西対立を煽る政治的動きが活発であり、さらにこのような認識を国家安全保障戦略のレベルから明確にしている。同時に、日本はウクライナ危機が国際秩序の行方に与える影響を判断し、政治・経済・軍事などの分野から国際秩序をリードする能力を高めていく。

　　キーワード：ウクライナ危機　対外戦略　国際秩序観　日米同盟　経済安保

B.16　ウクライナ危機による日本のエネルギー外交

龐中鵬／254

　　要　旨：ウクライナ危機によって、国際エネルギー情勢は緊迫化しており、日本はタイミングを逃さずエネルギー外交を強化している。日本は主に中東の伝統的な石油・ガス国とエネルギー協力関係を強化し、同時にアフリカやアジア太平洋地域の一部の国に対するエネルギー外交も絶えず拡大し、深化させている。日本は国際エネルギー情勢めぐる重大な変化に高い関心を持っている一方、未然に防ぐためには、日本はともすれば迅速に対応し、エネルギー外交の強化を国内のエネルギー安全確保の重要な手段としている。ウクライナ危機は国際エネルギー地政学に深い影響を与え、それによって、日本のエネルギー外交も多くの挑戦と問題に直面させている。日本の外交構造的な要素と国際的な情勢に制約され、今後、日本のエネルギー外交は順調に進められるかどうかは、さらなる静観する必要であろう。

キーワード:エネルギー外交　中東地域　国際エネルギー市場　エネルギー危機　地政学

B.17　岸田政府「自由で開かれたインド太平洋」の新たな動向とその影響

孟　曉旭 / 269

要　旨:岸田政府は「ルールに基づく」と「自由開放」のキーワードを強調するもとで、「自由で開かれたインド太平洋」を引き続き深化させ、欧州主要国との連携を重視し、NATOとの安全協力を拡大し、日米豪印クアッド(QUAD)を強化するとともに、小国との協力を深化させ、「インド太平洋経済枠組み」に積極的に参加し、経済安全協力を重視し、インド太平洋経済安全秩序の維持を主張している。日本の「自由で開かれたインド太平洋」は外部要因を導入してアジア太平洋に介入し、アジア太平洋の安全情勢を悪化させ、大国間競争を激化させた。同時に、これは中国周辺の複雑な情勢を激化させ、地域経済協力の深化にも不利であり、「一帯一路」建設にも不利である。日本は「自由で開かれたインド太平洋」の対抗性を見捨て、地域の平和・安定・繁栄のために積極的な役割を果たすべきである。

キーワード:岸田政府 「自由で開かれたインド太平洋」「一帯一路」「インド太平洋経済枠組み」

B.18　ウクライナ危機による日米同盟の情勢と戦略的な影響
盧　昊 / 282

要　旨:ウクライナ危機によって、米国バイデン政権は同盟国に自分の国際戦略および地域戦略を支持してもらうことを促進し、引き続き日本の戦略的役割を重視している。日本も米国の戦略的呼びかけに積極的に応え、ウクライナ危機への対応と国際秩序の安定を守ることという名目で同盟の戦略的協力を強化し、「同盟の現代化」を推進し、軍事安全協力と経済安保協力を拡大し、地域の戦略的協力を強化する。日本の視点から、ウクライナ危機を背景にした大国間競争、国際秩序及び地政学的な競争情勢、及び伝統的と非伝統的な安全保障分野におけるリスク脅威に対応するために、日米同盟の戦略的価値を十分に認識し、積極的に利用する必要があるとみなしている。米国が主導し、日本が協力する中で、日米が中国を制圧する態勢がますます明確になり、中米、中日関係の構造的な矛盾が深刻化になっている。日米同盟戦略はより強いオーバフロー効果を生み、地域の安全情勢はますます不安定になりつつある。日本の「戦略的能動性」は更に際立ち、中米日関係への影響の重みが増していく。

キーワード:日米関係　同盟　ウクライナ危機　中日関係

B.19　国際変局下にある日本とNATOの間の戦略的連携
陳　静静 / 301

要　旨:2022年には、ウクライナ危機の影響を受けて、日本とNATOの戦略的連携は着実に推進され、新たな発展段階を迎えることとなり、現在、双方の戦略的協力は史上最高レベルに達している。日本はNATOの力を借りて戦後の「軍事大国化」を徐々に実現し、NATOも日本との協力を通じてアジア太平洋問題への関与を強めている。これに基づき、日本とNATOは協力して「アジア太平洋のNATO化」と「NATOのインド太平洋化」を推進し、アジア太平洋の安全保障秩序を支配し、双方に有利な国際秩序を維持しようとしている。日本とNATOの間の戦略的連携がエスカレートしているのは、日本とNATO自身、アジア太平洋地域の安全保障、そして米国の同盟体制に深い影響を与えている。近い将来、日本とNATOおよびその主要加盟国との間の戦略的連携は持続的に推進され、ますますメカニズム化と予想されるが、同時に双方の戦略的連携には無視できない制約要素にも直面していることを注意しなければならない。

キーワード：日本　NATO　アジア太平洋の安全　戦略的連携　グローバルパートナー

B.20　国際変局下にある日本の対露政策調整とその動き

張　勇　陳　夢莉 / 315

要　旨：ウクライナ危機の発生後、日本外交の活発度はさらに向上し、米欧の対露制裁のリズムに合わせて、積極的に対露政策を調整し始め、経済・外交などを含む多方面の対露制裁措置をとり、状況に応じて制裁力を高め続けた。クリミアがロシアに併合された時と異なり、ウクライナ危機の発生後の日本対露新政策の立場は鮮明で、明かな方向性を示している。自国の国益を守るために、日本は反ロシア側に加入し、ウクライナ危機を利用して自国の戦略調整と外交転換を加速させ、国際秩序の再構築に積極的に参加している。現在、岸田政権は安倍政権時代に取った引き付けと分化戦略を放棄し、対露伝統外交戦略に戻ってきた。今後、戦況が膠着あるいは難解になる下に、日ロ関係は短期的には転換が難しく、平和条約交渉の中断が続き、経済協力の見通しも楽観できない。

　キーワード：ウクライナ危機　日ロ関係　北方領土　大国関係　日本の国際戦略

B.21　日本の対アフリカ外交新動向－第8回
　　　「アフリカ開発会議」を中心に－　　　　　　　王　一晨／331

　要　旨：日本政府はかねてから、「アフリカ開発会議」（TICAD）を対アフリカ外交の重要な基軸と位置付けてきた。2022年、日本では3年ぶりに第8回のTICADが開催された。今度の会議は新型コロナ後に日本が主催した初の大規模、ハイレベル及びオールラウンドな対アフリカ外交のアジェンダであり、2016年に続きアフリカで開催された2回目の会議でもある。TICAD8は、安倍政権におけるアフリカへの長期的な外交方針を継続しただけでなく、岸田政権における対アフリカ外交の独特なイニシアチブも提唱した。TICAD8では、日本とアフリカは「チュニス宣言」を採択し、日・アフリカ協力における新たな成果の実施を引き続き促進するための「チュニス行動計画」についても検討した。現在、国際情勢が大きく変化するに伴い、今度のTICAD8の開催は、今後の日・アフリカ協力と各自の発展にとって、重要な意義を持っている。

　キーワード：日本・アフリカ関係　アフリカ開発会議　政府開発援助　「インド太平洋戦略」　中国・アフリカ関係

B.22　RCEPチャンスと中日経済貿易関係の現状と展望
　　　　　　　　　　　　　　　　　　　　　　　呂　克俭／346

　要　旨：2022年は中日国交正常化50周年であり、両国が向かい合い、新時代の要求に合致した中日関係を共同で切り開く重要な年でもある。70年余りの風雨を経て、中日経済貿易関係はすでに堅固な基礎を構築し、互恵補完、互恵共栄の良好な局面を形成し、二国間関係の重要な構成部分となった。新型コロナの発生、地縁衝突などの要素の衝撃に直面しているにもかかわらず、両国の多分野交流と実務的協力は絶えず深化しており、経済貿易の協力はRCEP発効などの重大な利益と助力の下で安定した発展の勢いを維持しており、民間交流も積極的な動きを見せており、中日関係は持続的かつ安定した発展軌道に乗っているが、依然として複雑な外部環境と多くの不確実性の敏感な要素に直面している。

キーワード:RECP　中日貿易　産業サプライチェーン　科学技術革新　双方向投資

付録:2022年日本の重大事件　　呉　限　孫　家珅　沈　丁心／358

权威报告·连续出版·独家资源

皮书数据库
ANNUAL REPORT(YEARBOOK) DATABASE

分析解读当下中国发展变迁的高端智库平台

所获荣誉

- 2022年，入选技术赋能"新闻+"推荐案例
- 2020年，入选全国新闻出版深度融合发展创新案例
- 2019年，入选国家新闻出版署数字出版精品遴选推荐计划
- 2016年，入选"十三五"国家重点电子出版物出版规划骨干工程
- 2013年，荣获"中国出版政府奖·网络出版物奖"提名奖

皮书数据库　　"社科数托邦"微信公众号

成为用户

登录网址www.pishu.com.cn访问皮书数据库网站或下载皮书数据库APP，通过手机号码验证或邮箱验证即可成为皮书数据库用户。

用户福利

- 已注册用户购书后可免费获赠100元皮书数据库充值卡。刮开充值卡涂层获取充值密码，登录并进入"会员中心"—"在线充值"—"充值卡充值"，充值成功即可购买和查看数据库内容。
- 用户福利最终解释权归社会科学文献出版社所有。

数据库服务热线：010-59367265
数据库服务QQ：2475522410
数据库服务邮箱：database@ssap.cn
图书销售热线：010-59367070/7028
图书服务QQ：1265056568
图书服务邮箱：duzhe@ssap.cn

皮书系列
卡号：541534252826
密码：

S 基本子库
SUB DATABASE

中国社会发展数据库（下设12个专题子库）

紧扣人口、政治、外交、法律、教育、医疗卫生、资源环境等12个社会发展领域的前沿和热点，全面整合专业著作、智库报告、学术资讯、调研数据等类型资源，帮助用户追踪中国社会发展动态、研究社会发展战略与政策、了解社会热点问题、分析社会发展趋势。

中国经济发展数据库（下设12专题子库）

内容涵盖宏观经济、产业经济、工业经济、农业经济、财政金融、房地产经济、城市经济、商业贸易等12个重点经济领域，为把握经济运行态势、洞察经济发展规律、研判经济发展趋势、进行经济调控决策提供参考和依据。

中国行业发展数据库（下设17个专题子库）

以中国国民经济行业分类为依据，覆盖金融业、旅游业、交通运输业、能源矿产业、制造业等100多个行业，跟踪分析国民经济相关行业市场运行状况和政策导向，汇集行业发展前沿资讯，为投资、从业及各种经济决策提供理论支撑和实践指导。

中国区域发展数据库（下设4个专题子库）

对中国特定区域内的经济、社会、文化等领域现状与发展情况进行深度分析和预测，涉及省级行政区、城市群、城市、农村等不同维度，研究层级至县及县以下行政区，为学者研究地方经济社会宏观态势、经验模式、发展案例提供支撑，为地方政府决策提供参考。

中国文化传媒数据库（下设18个专题子库）

内容覆盖文化产业、新闻传播、电影娱乐、文学艺术、群众文化、图书情报等18个重点研究领域，聚焦文化传媒领域发展前沿、热点话题、行业实践，服务用户的教学科研、文化投资、企业规划等需要。

世界经济与国际关系数据库（下设6个专题子库）

整合世界经济、国际政治、世界文化与科技、全球性问题、国际组织与国际法、区域研究6大领域研究成果，对世界经济形势、国际形势进行连续性深度分析，对年度热点问题进行专题解读，为研判全球发展趋势提供事实和数据支持。

法律声明

"皮书系列"（含蓝皮书、绿皮书、黄皮书）之品牌由社会科学文献出版社最早使用并持续至今，现已被中国图书行业所熟知。"皮书系列"的相关商标已在国家商标管理部门商标局注册，包括但不限于LOGO（ ）、皮书、Pishu、经济蓝皮书、社会蓝皮书等。"皮书系列"图书的注册商标专用权及封面设计、版式设计的著作权均为社会科学文献出版社所有。未经社会科学文献出版社书面授权许可，任何使用与"皮书系列"图书注册商标、封面设计、版式设计相同或者近似的文字、图形或其组合的行为均系侵权行为。

经作者授权，本书的专有出版权及信息网络传播权等为社会科学文献出版社享有。未经社会科学文献出版社书面授权许可，任何就本书内容的复制、发行或以数字形式进行网络传播的行为均系侵权行为。

社会科学文献出版社将通过法律途径追究上述侵权行为的法律责任，维护自身合法权益。

欢迎社会各界人士对侵犯社会科学文献出版社上述权利的侵权行为进行举报。电话：010-59367121，电子邮箱：fawubu@ssap.cn。

社会科学文献出版社